**权威·前沿·原创**

皮书系列为
"十二五""十三五""十四五"时期国家重点出版物出版专项规划项目

BLUE BOOK

皮书系列为国家出版基金资助项目

北京市哲学社会科学研究基地智库报告系列丛书

企业海外发展蓝皮书
**BLUE BOOK** OF OVERSEAS DEVELOPMENT OF
CHINESE ENTERPRISES

# 中国企业海外发展报告（2023）

ANNUAL REPORT ON OVERSEAS DEVELOPMENT OF CHINESE ENTERPRISES (2023)

主　编／张新民　王分棉　杨道广

社会科学文献出版社
SOCIAL SCIENCES ACADEMIC PRESS（CHINA）

图书在版编目（CIP）数据

中国企业海外发展报告 . 2023 / 张新民，王分棉，
杨道广主编 . --北京：社会科学文献出版社，2023.12
（企业海外发展蓝皮书）
ISBN 978-7-5228-3018-6

Ⅰ.①中… Ⅱ.①张… ②王… ③杨… Ⅲ.①海外企
业-企业发展-研究报告-中国-2023 Ⅳ.
①F279.247

中国国家版本馆 CIP 数据核字（2023）第 245982 号

企业海外发展蓝皮书
**中国企业海外发展报告（2023）**

主　　编／张新民　王分棉　杨道广

出 版 人／冀祥德
组稿编辑／恽　薇
责任编辑／孔庆梅
文稿编辑／王　娇
责任印制／王京美

出　　版／社会科学文献出版社·经济与管理分社（010）59367226
　　　　　地址：北京市北三环中路甲 29 号院华龙大厦　邮编：100029
　　　　　网址：www.ssap.com.cn
发　　行／社会科学文献出版社（010）59367028
印　　装／天津千鹤文化传播有限公司

规　　格／开　本：787mm×1092mm　1/16
　　　　　印　张：28.25　字　数：422 千字
版　　次／2023 年 12 月第 1 版　2023 年 12 月第 1 次印刷
书　　号／ISBN 978-7-5228-3018-6
定　　价／188.00 元

读者服务电话：4008918866

本发展报告系：

2022 年北京市社会科学基金决策咨询重点项目"中国企业海外发展报告 2023"（批准号：22JCB027）的研究成果；

教育部哲学社会科学发展报告项目"中国企业海外发展报告"（批准号：13JBGP002）的研究成果；

对外经济贸易大学北京企业国际化经营研究基地和中国企业国际化经营研究中心的研究成果。

# 主编简介

张新民 博士，对外经济贸易大学原副校长，北京企业国际化经营研究基地首席专家，教授，博士生导师，国务院学位委员会工商管理学科评议组成员，享受国务院政府特殊津贴专家，2014 年入选财政部"中国会计名家"培养工程。中国报表分析第一人，引领了中国财务报表分析领域的理论和方法创新，创造性地提出了"张氏财务分析框架"，实现了从使用西方方法分析中国财务报表到使用中国人自己创立的框架分析中国企业财务报告的跨越，并将其广泛运用于课堂教学和企业管理实践，是中国 EMBA 教育界最具影响力的专家之一。主持或完成国家自然科学基金重大项目 1 项、面上项目 1 项，国家社科基金重点项目 2 项、一般项目 1 项，北京市社科基金特别委托项目等省部级项目 9 项；获得北京市第十二届哲学社会科学优秀成果奖一等奖等省部级奖励近 10 项；获得北京教学名师称号，所授课程入选国家第三批精品视频公开课和国家精品课程。

王分棉 博士，对外经济贸易大学国际商学院教授，博士生导师，管理学系副主任，北京企业国际化经营研究基地研究员，中国影视产业研究中心副主任，美国马里兰大学史密斯商学院访问学者。主持 1 项国家自然科学基金项目、2 项国家社科基金项目（包括 1 项重点项目）、1 项教育部项目、3 项北京市社科基金项目；在国内期刊上发表论文近 30 篇；主编 1 部"十二五"国家级规划教材（获得北京市"优质教材"称号）；出版 3 部专著；2 篇研究报告被《成果要报》采用（其中 1 篇获北京市副市长的批示）；获得第八届高等学校科学研究优秀成果奖（人文社会科学）一等奖等9项省部级奖励；获得对外经济贸易大学"教学标兵"称号。主要研究方向为战略管理、国际企业管理。

　　**杨道广**　博士，对外经济贸易大学北京企业国际化经营研究基地研究员，国际商学院教授，博士生导师。现主持国家自然科学基金青年项目、教育部人文社科基金青年项目各1项。相关研究成果见诸国际顶尖学术刊物 *The Accounting Review* 和 *Journal of International Business Studies*、国际权威学术刊物 *Journal of the American Taxation Association* 和 *Journal of Corporate Finance*，以及国内重要学术刊物《经济研究》《南开管理评论》《会计研究》《审计研究》等。独著《超越财务报告内部控制：中国经验》，是"十二五"国家级规划教材《审计》和 MPAcc/MAud 精品系列教材《审计理论与实务》《商业伦理与会计职业道德》的副主编，联合申报的本科"审计"课程荣获"首批国家级一流本科课程——线下课程"称号。担任 *Asian Review of Accounting* 编委以及国内外权威学术刊物的匿名审稿专家。

# 摘　要

百年未有之大变局的加速演变下，中国企业的海外发展面临着更多的压力和不确定性。一方面，全球经济增速大幅减缓，世界经济复苏乏力，通胀率居高不下，金融市场风险增加，地缘政治冲突持续，为中国企业对外贸易带来了多重压力；另一方面，中国坚持推进高水平对外开放，中国经济韧性强、潜力大、活力足，对外贸易发展依然具备诸多有利的条件。面对愈加难以预料的国际形势，中国对外贸易克服困难，稳住基本盘，优化结构，提高质量和水平，提升竞争力，是稳定经济社会大局政策体系的重要组成部分。

《中国企业海外发展报告（2023）》首先对2022年中国企业海外发展进行总体分析与评价；其次重点分析了入围2022年"世界500强"和"最具价值全球品牌100强"的中国企业及中国上市公司的海外投资情况；再次对北京自贸区建设对服务贸易、北京自贸区建设对数字贸易、RCEP对北京国际贸易、RCEP对北京对外投资的高质量发展推动作用进行了专题研究；从次对2022年北京跨境电商发展、北京企业发展"一带一路"数字贸易和北京企业在"一带一路"共建国家投资展开了研究与分析；最后对2022年北京企业海外发展的4家典型企业开展了案例研究。总的来说，本书对中国企业在海外的发展现状、变化趋势、政策取向等问题展开了比较系统的分析与评价。

本书指出，2022年中国对外贸易规模再创新高，贸易布局、商品结构和贸易方式都更加优化。服务贸易继续保持增长态势，旅行服务贸易逐渐恢复，数字贸易发展态势良好。对外直接投资平稳发展，非金融类对外直接投资有所增长。2022 年中国入围"世界 500 强"的企业在数量和营业收入方面均呈现了一定幅度的增长,入围"最具价值全球品牌 100 强"的企业数量呈现了一定幅度的下降,本土尖端品牌短暂受挫。从中国上市公司海外投资来看,2022 年中国上市公司海外投资总量呈现出逆势增长态势;投资地区以地缘优势和互补优势明显的国家和地区为主;投资领域多元并主要聚焦于金属、装备制造和能源电力行业;投资模式以独立投资、增资与并购为主;投资企业地域分布呈"东部地区多,西部地区少"的特点;投资企业主要来源于制造业;投资企业类型以民营企业居多。北京自贸区更侧重于发展服务贸易,服务出口以劳动密集型为主,服务进口则以知识密集型、资本密集型为主,推动了北京数字贸易的高质量发展。RCEP 自正式生效以来,在推动北京国际贸易高质量发展方面红利初释,取得了一定成效,也为推动北京对外投资高质量发展带来了挑战和机遇。2022 年北京跨境电商贸易以进口为主,地区分布上呈现集群效应,利好政策持续出台、RCEP 新发展机遇等在推动北京跨境电商持续发展中发挥着关键作用。此外,北京企业发展"一带一路"数字贸易在数字经济、数字基础设施、企业研发创新、政策支撑体系方面具有优势,同时也面临关键领域核心技术受制于人、数字贸易规则持续碎片化、全球数字贸易集中度提升、数字贸易发展协同性不足等挑战。另外,北京企业在"一带一路"共建国家投资也面临风险与机遇。最后,本书系统梳理和分析了世纪优优、掌阅科技、北京建工和中国电建等典型企业的国际化发展情况及关键影响因素,对中国企业开拓海外市场具有重要的指导价值。

本书建议,中国需要持续推进高水平对外开放,加快发展数字贸易,利用财政金融支持外贸发展,优化对外贸易发展环境。中国企业应把自身发展自觉放在中国式现代化建设全局之中,适应新一轮科技革命和产业变革深入发展新形势新要求,同时要依托我国不断扩大的超大规模市场优势,以国内大循环吸引全球资源要素,增强国内国际两个市场两种资源联动效应,不断提升全球竞争力。中国本土品牌应当继续强化自身品牌质量建设,通过高质量发展抵御各类风险。中国企业"出海"必须持续关注既有成熟市场,增强动力源地区引擎作用，积极构建以风险管控体系为基础，以发挥民营企业引领作用为侧重，以稳定和扩大制造业竞争优势为核心，重点突出、多极发力的区域经济合作新格局。北京自贸区要从政策和企业两个维度努力推动北京服务贸易高质量发展。北京自贸区数字贸易发展要积极探索数字治理路径，做数字贸易规则的构建者，建立完善数字生态体系，形成数字贸易产业集群以及充分利用 RCEP 红利，打破数字贸易国际壁垒。同时，北京要用好用活 RCEP、发挥数字经济优势、推动国际贸易高质量发展和北京对外投资高质量发展。北京跨境电商的发展应充分把握政策支持和"一带一路"、RCEP 等区域合作机遇，推进产业高端化、智能化、绿色化转型升级，同时强化跨境数据风险管理与安全防护，推动北京跨境电商产业的高质量稳增长。北京市政府要保障本地企业"一带一路"数字贸易发展，进一步推动在"一带一路"共建国家投资。

**关键词：** 中国企业 海外投资 北京自贸区 数字贸易 跨境电商

# 目 录 ↖↗

## Ⅰ 总报告

## Ⅱ 分报告

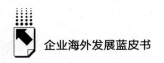
# Ⅲ 专题篇

# Ⅳ 区域篇

# Ⅴ 案例篇

皮书数据库阅读**使用指南**

# 总 报 告

## General Report

**B.1**

# 2022年中国企业海外发展
# 总体分析与评价

张新民　王分棉*

**摘　要：** 2022年，中国对外贸易顶住了多重压力，贸易规模再创新高，贸易布局、商品结构和贸易方式进一步优化，实现了保稳提质的目标，为经济社会大局稳定做出了重要贡献。服务贸易继续保持增长态势，旅行服务贸易逐渐恢复，数字贸易发展态势良好。对外直接投资平稳发展，中国内地是全球第二大FDI流入地区和第三大FDI流出地区，非金融类对外直接投资有所增长。中国企业跨国并购交易金额和数量均有所下降，尤其是大额交易大幅减少，中国新签的对外承包工程合同额也有所减少。

**关键词：** 对外贸易　服务贸易　对外直接投资

---

* 张新民，博士，教授，对外经济贸易大学北京企业国际化经营研究基地首席专家，主要研究方向为企业财务质量；王分棉，博士，教授，对外经济贸易大学北京企业国际化经营研究基地研究员，主要研究方向为战略管理、国际企业管理。

# 一 2022年中国企业对外贸易总体分析与评价

2022年，全球经济增速大幅减缓，通胀率居高不下，金融市场风险增加，地缘政治冲突持续，为中国企业对外贸易带来了多重压力。然而，面对充满不确定性的环境和诸多难以预料的困难，中国的对外贸易还是表现出了较强的韧性，货物进出口规模再创历史新高，贸易伙伴更加多元化，国际市场布局和国内区域结构更趋平衡，民营企业贡献突出，贸易方式和商品结构持续优化，实现了保稳提质的目标。

2022年，中国货物贸易额再创新高，货物进出口总额为63096.0亿美元，比2021年上升了4.4%。货物出口额和进口额都实现了新的突破，出口额同比增长7.0%，为35936.0亿美元，占全世界货物出口总额比重为14.2%，比2021年降低了0.7个百分点；进口额同比增长1.1%，达27160.0亿美元，在全世界货物进口总额中的占比为10.5%，比2021年降低了1.3个百分点。[①]2022年，中国贸易顺差额为8776.0亿美元，相比2021年有所上升（见图1）。

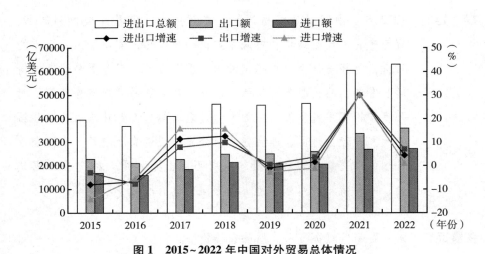

**图1　2015~2022年中国对外贸易总体情况**

资料来源：中国海关统计进出口商品总值表B。

---

① 资料来源：世界贸易组织网站。

（一）2022年中国对外贸易企业的贸易方式情况

2022年，一般贸易方式的进出口总额占中国对外贸易进出口总额的63.8%，贸易额为40229.6亿美元，比2021年提高了7.9%。其中，出口额较2021年增长了11.9%，贸易额为22870.0亿美元；进口额较2021年增长了3.6%，贸易额为17359.6亿美元。一般贸易方式下的贸易顺差额为5510.3亿美元，同比增长了47.8%。

2022年，加工贸易方式的进出口总额占中国对外贸易进出口总额的20.1%，贸易额达12685.4亿美元，较2021年下降了3.6%。加工贸易的出口额和进口额均略有下降，其中，出口额比2021年下降了2.0%，贸易额为8095.4亿美元；进口额较2021年下降了6.2%，贸易额为4590.0亿美元。然而，中国加工贸易方式下的贸易顺差额实现了正增长，具体金额为3505.4亿美元，比2021年增长了4.0%。

2022年，其他贸易方式的进出口总额占中国对外贸易进出口总额的16.1%，贸易额为10181.0亿美元。其中，出口额比2021年增加了1.9%，达4970.6亿美元；进口额基本与上年持平，具体金额为5210.4亿美元（见图2至图5）。

（二）2022年中国对外贸易企业的性质情况

从中国对外贸易的企业主体来看，2022年中国民营企业继续保持了外贸主力军的地位，外贸"稳定器"的作用显著，对全国进出口贸易的增长贡献率达到80.8%。具体而言，有进出口贸易实绩的民营企业达到51万家，民营企业进出口总额达21.4万亿元，占中国对外贸易进出口总额的50.9%，占比首次超过一半。

2022年，国有企业的进出口总额为10158.0亿美元，占中国对外贸易进出口总额的16.1%。其中，出口额为2840.8亿美元，比2021年提升了5.6%；进口额为7317.2亿美元，同比增长了12.5%。外资企业的进出口总额为20763.7亿美元，占中国对外贸易进出口总额的32.9%，占比较2021

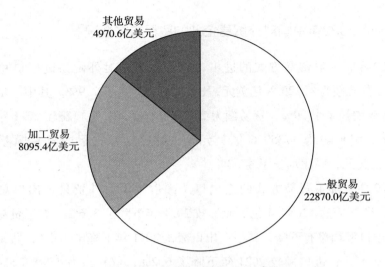

**图 2　2022 年出口额的贸易方式情况**

资料来源：中国海关统计进出口商品贸易方式总值表。

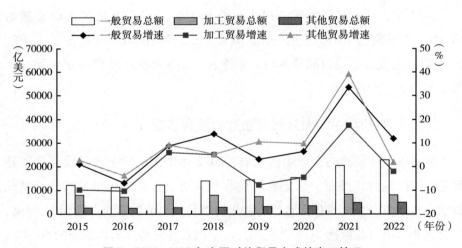

**图 3　2015～2022 年中国对外贸易方式的出口情况**

资料来源：中国海关统计进出口商品贸易方式总值表。

年略有下降。其中，出口额为 11233.3 亿美元，比 2021 年减少了 2.5%；进口额为 9530.4 亿美元，比 2021 年减少了 6.3%（见图 6 至图 9）。

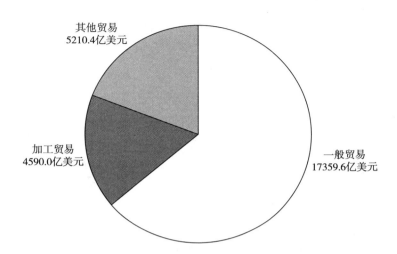

**图4 2022年进口额的贸易方式情况**

资料来源：中国海关统计进出口商品贸易方式总值表。

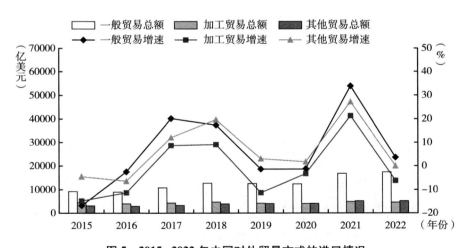

**图5 2015~2022年中国对外贸易方式的进口情况**

资料来源：中国海关统计进出口商品贸易方式总值表。

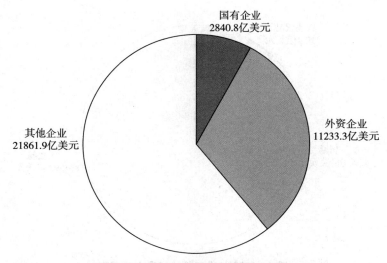

**图6 2022年不同性质企业的出口情况**

资料来源：中国海关统计出口商品贸易方式企业性质总值表。

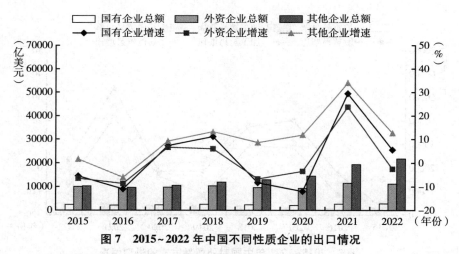

**图7 2015～2022年中国不同性质企业的出口情况**

资料来源：中国海关统计出口商品贸易方式企业性质总值表。

## （三）2022年中国对外贸易企业的国别（地区）分布情况

2022年，中国企业对外贸易的区域市场依然主要是亚洲、欧洲和北美

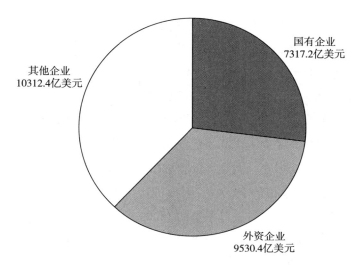

**图 8　2022 年不同性质企业的进口情况**

资料来源：中国海关统计进口商品贸易方式企业性质总值表。

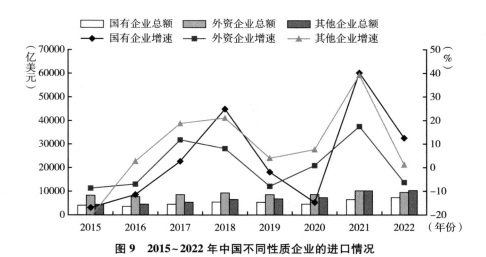

**图 9　2015~2022 年中国不同性质企业的进口情况**

资料来源：中国海关统计进口商品贸易方式企业性质总值表。

三大区域市场，排在前五位的贸易伙伴分别是东盟、欧盟、美国、韩国和日本，中国 2022 年对欧盟、美国、韩国和日本的进口额均略有下降，贸易伙伴呈现更加多元化的分布趋势。

从对外贸易的区域市场分布情况来看，2022 年中国在亚洲市场的进出口总额为 31919.2 亿美元，比 2021 年增加了 4.4%，占对外贸易总值的50.6%，占比与上一年基本持平。其中，对亚洲市场的出口额为 17011.6 亿美元，比 2021 年增长了 8.1%，占出口总值的 47.3%；对亚洲市场的进口额为 14907.6 亿美元，比 2021 年增长了 0.5%，占进口总值的 54.9%。中国在欧洲市场的进出口总额为 12339.0 亿美元，比 2021 年增长了 4.7%，占对外贸易总值的 19.6%。其中，对欧洲市场的出口额为 7449.0 亿美元，同比增长了 6.4%，占出口总值的 20.7%；对欧洲市场的进口额为 4890.0 亿美元，比 2021 年提升了 2.3%，占进口总值的 18.0%。中国在北美市场的进出口总额为 8559.7 亿美元，比 2021 年增长了 2.3%，占对外贸易总值的 13.6%。其中，对北美市场的出口额为 6355.8 亿美元，同比增长了 1.5%，占出口总值的 17.7%；对北美市场的进口额为 2203.9 亿美元，比 2021 年增长了4.7%，占进口总值的 8.1%（见图 10 和图 11）。

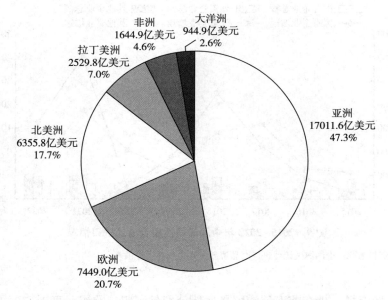

**图 10　2022 年中国企业出口的区域市场分布情况**

资料来源：中国海关统计进出口商品国别（地区）总值表。

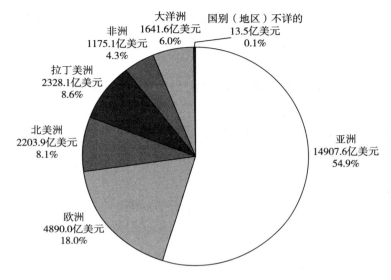

**图 11  2022 年中国企业进口的区域市场分布情况**

资料来源：中国海关统计进出口商品国别（地区）总值表。

　　从对外贸易的伙伴分布情况来看，东盟保持了第一大贸易伙伴的地位，对东盟的进出口总额为 9753.4 亿美元，比 2021 年增长了 11.2%。其中，对东盟的出口额为 5672.9 亿美元，同比增长了 17.7%；对东盟的进口额为 4080.5 亿美元，比 2021 年增长了 3.3%。欧盟依然是中国的第二大贸易伙伴，进出口总额为 8473.2 亿美元，比 2021 年增长了 2.4%。其中，对欧盟的出口额为 5619.7 亿美元，比 2021 年增长了 0.6%；对欧盟的进口额为 2853.5 亿美元，比 2021 年减少了 7.9%。美国是中国的第三大贸易伙伴，对美国的进出口总额为 7594.3 亿美元，比 2021 年增长了 0.6%。其中，对美国的出口额为 5817.8 亿美元，同比增长了 1.2%；对美国的进口额为 1776.4 亿美元，比 2021 年减少了 1.1%。中国的第四大贸易伙伴为韩国，对韩国的进出口总额为 3622.9 亿美元，比 2021 年增长了 0.1%。其中，对韩国的出口额为 1626.2 亿美元，同比增加了 9.5%；对韩国的进口额为 1996.7 亿美元，比 2021 年减少了 6.5%。中国的第五大贸易伙伴为日本，对日本的进出口总额为 3574.2 亿美元，比 2021 年减少了 3.7%。其中，对

日本的出口额为 1729.3 亿美元，同比增加了 4.4%；对日本的进口额为
1844.9 亿美元，比 2021 年减少了 10.2%（见表 1）。

表 1　2022 年中国对外贸易的国别（地区）分布情况

单位：亿美元

| 国别（地区） | 进出口总额 | 出口额 | 进口额 |
|---|---|---|---|
| 总值 | 63096.0 | 35936.0 | 27160.0 |
| 亚洲 | 31919.2 | 17011.6 | 14907.6 |
| 日本 | 3574.2 | 1729.3 | 1844.9 |
| 韩国 | 3622.9 | 1626.2 | 1996.7 |
| 中国香港 | 3053.8 | 2975.3 | 78.5 |
| 中国台湾 | 3196.8 | 815.9 | 2380.9 |
| 东盟 | 9753.4 | 5672.9 | 4080.5 |
| 新加坡 | 1151.3 | 811.7 | 339.6 |
| 非洲 | 2820.0 | 1644.9 | 1175.1 |
| 欧洲 | 12339.0 | 7449.0 | 4890.0 |
| 欧盟 | 8473.2 | 5619.7 | 2853.5 |
| 德国 | 2276.3 | 1162.3 | 1114.0 |
| 法国 | 812.2 | 456.6 | 355.6 |
| 意大利 | 778.8 | 509.1 | 269.8 |
| 荷兰 | 1302.5 | 1177.3 | 125.2 |
| 英国 | 1033.7 | 815.4 | 218.2 |
| 俄罗斯 | 1902.7 | 761.2 | 1141.5 |
| 拉丁美洲 | 4857.9 | 2529.8 | 2328.1 |
| 北美洲 | 8559.7 | 6355.8 | 2203.9 |
| 加拿大 | 960.9 | 537.0 | 423.8 |
| 美国 | 7594.3 | 5817.8 | 1776.4 |
| 大洋洲 | 2586.6 | 944.9 | 1641.6 |
| 澳大利亚 | 2209.2 | 788.3 | 1420.9 |
| 国别（地区）不详的 | 13.5 | 0.0 | 13.5 |

注：东盟，即东南亚国家联盟，包括文莱、印度尼西亚、马来西亚、菲律宾、新加坡、泰国、越
南、老挝、缅甸、柬埔寨；欧盟，即欧洲联盟，包括比利时、丹麦、德国、法国、爱尔兰、意大利、
卢森堡、荷兰、希腊、葡萄牙、西班牙、奥地利、芬兰、瑞典、塞浦路斯、匈牙利、马耳他、波兰、
爱沙尼亚、拉脱维亚、立陶宛、斯洛文尼亚、捷克、斯洛伐克、罗马尼亚、保加利亚、克罗地亚。

资料来源：中国海关统计进出口商品国别（地区）总值表。

2022年，中国对"一带一路"共建国家的进出口总额为138338亿元，同比增加了19.4%，占比为32.9%，较2021年增长了3.2个百分点。其中，出口额为78877亿元，比上一年提高了20.0%；进口额为59461亿元，比2021年提升了18.7%。此外，2022年中国对《区域全面经济伙伴关系协定》（RCEP）其他14个成员国的进出口总额为129499亿元，同比增长了7.5%。

## （四）2022年中国对外贸易企业的商品结构情况

从出口商品结构来看，2022年机电产品的出口额为20527.7亿美元，同比提升了3.4%，占中国出口额的57.1%。其中，自动数据处理设备及其部件的出口额为2360.0亿美元，比2021年减少了7.6%；手机的出口额为1426.7亿美元，比2021年减少了2.5%；家用电器的出口额为855.0亿美元，同比减少了13.3%；汽车和汽车底盘的出口额为601.6亿美元，同比增长了4.5%。高新技术产品的出口额为9513.3亿美元，比2021年减少了2.9%。纺织纱线、织物及制品的出口额为1479.5亿美元，较上年增长了1.9%；家具及其零件的出口额为696.8亿美元，同比减少了5.6%；服装及衣着附件的出口额为1754.0亿美元，鞋类的出口额为575.8亿美元，分别比2021年增长了3.0%和20.1%。总体而言，劳动密集型商品的出口额增幅较为明显（见表2）。

表2　2018~2022年中国主要商品出口情况

单位：亿美元

| 商品名称 | 2018年 | 2019年 | 2020年 | 2021年 | 2022年 |
|---|---|---|---|---|---|
| 纺织纱线、织物及制品 | 1191.0 | 1253.1 | 1538.4 | 1452.0 | 1479.5 |
| 服装及衣着附件 | 1576.3 | 1580.4 | 1373.8 | 1702.6 | 1754.0 |
| 鞋类 | 469.0 | 497.8 | 354.3 | 479.3 | 575.8 |
| 自动数据处理设备及其部件 | 1719.8 | 1726.9 | 2109.6 | 2553.0 | 2360.0 |

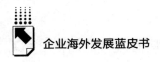

续表

| 商品名称 | 2018 年 | 2019 年 | 2020 年 | 2021 年 | 2022 年 |
|---|---|---|---|---|---|
| 家具及其零件 | 536.9 | 564.3 | 584.1 | 738.3 | 696.8 |
| 机电产品 | 14607.2 | 15206.1 | 15411.1 | 19857.0 | 20527.7 |
| 高新技术产品 | 7468.7 | 7628.5 | 7766.6 | 9795.8 | 9513.3 |

注："机电产品"包括部分本表中已列的相关商品。

资料来源：中国海关统计出口主要商品量值表。

从进口商品结构来看，2022 年受价格带动的持续影响，中国能源资源商品进口额持续增加。其中，进口原油 3655.1 亿美元，同比增长了 42.0%；进口天然气 7614641 万吨，比 2021 年减少了 12.7%，然而进口额为 200.2 亿美元，较上年增长了 25.7%。中国大豆进口数量和金额增幅都较大，进口大豆 6969345 万吨，比 2021 年增加了 30.4%，进口额为 612.4 亿美元，较上年增长了 14.4%。此外，也有一些商品进口额呈下降趋势。其中，铁矿砂及其精矿的进口额为 1281.0 亿美元，同比减少了 30.6%；机电产品和高新技术产品的进口额均略有下降，分别为 10458.5 亿美元和 7634.7 亿美元，分别比 2021 年减少了 8.3% 和 8.8%（见表 3）。

**表 3　2018~2022 年中国主要商品进口情况**

单位：亿美元

| 商品名称 | 2018 年 | 2019 年 | 2020 年 | 2021 年 | 2022 年 |
|---|---|---|---|---|---|
| 大豆 | 380.6 | 368.5 | 395.3 | 535.4 | 612.4 |
| 食用植物油 | 47.3 | 66.2 | 74.4 | 109.2 | 89.8 |
| 铁矿砂及其精矿 | 755.4 | 1057.8 | 1189.4 | 1846.7 | 1281.0 |
| 原油 | 2402.6 | 2514.1 | 1763.2 | 2573.3 | 3655.1 |
| 成品油 | 201.8 | 177.7 | 117.9 | 166.9 | 196.0 |
| 初级形状的塑料 | 564.0 | 555.0 | 524.3 | 611.4 | 561.5 |
| 钢材 | 164.4 | 147.1 | 168.3 | 187.3 | 170.9 |
| 未锻轧铜及铜材 | 374.9 | 338.7 | 431.7 | 524.5 | 543.1 |

| 商品名称 | 2018 年 | 2019 年 | 2020 年 | 2021 年 | 2022 年 |
|---|---|---|---|---|---|
| 汽车和汽车底盘 | 505.1 | 504.9 | 467.0 | 539.1 | 532.4 |
| 机电产品 | 9655.6 | 9464.9 | 9491.5 | 11399.4 | 10458.5 |
| 高新技术产品 | 6714.8 | 6649.8 | 6822.2 | 8373.4 | 7634.7 |

注："机电产品"包括部分本表中已列的相关商品。
资料来源：中国海关统计进口主要商品量值表。

## （五）2022年中国对外贸易企业的区域分布情况

从中国东中西部地区的角度来看，2022 年东部地区的对外贸易占比仍然最大，中部和西部地区的出口额增长较快，中部地区 2022 年出口额同比增长了 9.6%，西部地区 2022 年出口额同比增长了 9.4%，均高于 6.8% 的全国出口额增长率。

2022 年，东部地区对外贸易进出口总额为 51618.8 亿美元，同比上升了 4.8%，占全国对外贸易进出口总额的 81.8%。其中，出口额和进口额分别是 28581.4 亿美元和 23037.4 亿美元，占全国的比重分别为 79.5% 和 84.8%，与上年相比出口额占比有所下降，进口额占比有所上升。

从中部地区的情况来看，中部地区对外贸易进出口总额为 5675.9 亿美元，较上一年略有下降，占全国对外贸易进出口总额的 9.0%。其中，中部地区的出口额和进口额分别为 3849.5 亿美元和 1826.4 亿美元，出口额比 2021 年增长了 9.6%，占全国的 10.7%，进口额比 2021 年减少了 18.7%，占全国的 6.7%。

从西部地区的情况来看，2022 年西部地区对外贸易进出口总额为 5801.1 亿美元，同比增长了 5.3%，占全国对外贸易进出口总额的 9.1%。其中，出口额和进口额占全国的比重分别为 9.8% 和 8.5%，规模分别是 3505.2 亿美元和 2295.9 亿美元，出口额比 2021 年提升了 9.4%，进口额同比下降了 0.3%（见表4）。

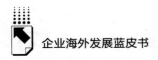

表4 2015~2022年中国对外贸易区域分布的总体情况

单位：亿美元，%

| 年份 | 项目 | 全国 | 东部地区 | | 中部地区 | | 西部地区 | |
|---|---|---|---|---|---|---|---|---|
| | | 金额 | 金额 | 占比 | 金额 | 占比 | 金额 | 占比 |
| 2015 | 进出口 | 39569.0 | 34096.0 | 86.2 | 2881.4 | 7.3 | 2591.6 | 6.5 |
| | 出口 | 22749.5 | 19645.7 | 86.4 | 1729.5 | 7.6 | 1374.4 | 6.0 |
| | 进口 | 16819.5 | 14450.3 | 85.9 | 1151.9 | 6.9 | 1217.2 | 7.2 |
| 2016 | 进出口 | 36855.7 | 31556.0 | 85.6 | 2728.2 | 7.4 | 2571.5 | 7.0 |
| | 出口 | 20981.5 | 17822.0 | 84.9 | 1639.3 | 7.8 | 1520.2 | 7.3 |
| | 进口 | 15874.2 | 13734.0 | 86.5 | 1088.9 | 6.9 | 1051.3 | 6.6 |
| 2017 | 进出口 | 41045.0 | 34994.4 | 85.3 | 3023.3 | 7.4 | 3027.4 | 7.4 |
| | 出口 | 22635.2 | 19337.9 | 85.4 | 1760.1 | 7.8 | 1537.2 | 6.8 |
| | 进口 | 18409.8 | 15656.5 | 85.0 | 1263.2 | 6.9 | 1490.1 | 8.1 |
| 2018 | 进出口 | 46230.3 | 39019.7 | 84.4 | 3449.1 | 7.5 | 3761.5 | 8.1 |
| | 出口 | 24874.0 | 20994.7 | 84.4 | 2009.0 | 8.1 | 1870.3 | 7.5 |
| | 进口 | 21356.3 | 18025.0 | 84.4 | 1440.1 | 6.7 | 1891.2 | 8.9 |
| 2019 | 进出口 | 45761.3 | 37955.3 | 82.9 | 3891.6 | 8.5 | 3914.3 | 8.6 |
| | 出口 | 24990.3 | 20428.3 | 81.7 | 2328.5 | 9.3 | 2233.3 | 8.9 |
| | 进口 | 20771.0 | 17527.0 | 84.4 | 1563.1 | 7.5 | 1681.0 | 8.1 |
| 2020 | 进出口 | 46462.6 | 38616.8 | 83.1 | 4430.0 | 9.5 | 3415.4 | 7.4 |
| | 出口 | 25906.5 | 21268.3 | 82.1 | 2610.6 | 10.1 | 2027.4 | 7.8 |
| | 进口 | 20556.1 | 17348.5 | 84.4 | 1819.4 | 8.9 | 1388.0 | 6.8 |
| 2021 | 进出口 | 60514.9 | 49249.9 | 81.4 | 5757.5 | 9.5 | 5507.4 | 9.1 |
| | 出口 | 33639.6 | 26924.3 | 80.0 | 3511.0 | 10.4 | 3204.3 | 9.5 |
| | 进口 | 26875.3 | 22325.6 | 83.1 | 2246.5 | 8.4 | 2303.1 | 8.6 |
| 2022 | 进出口 | 63096.0 | 51618.8 | 81.8 | 5675.9 | 9.0 | 5801.1 | 9.1 |
| | 出口 | 35936.0 | 28581.4 | 79.5 | 3849.5 | 10.7 | 3505.2 | 9.8 |
| | 进口 | 27160.0 | 23037.4 | 84.8 | 1826.4 | 6.7 | 2295.9 | 8.5 |

注：东部地区包括北京、上海、天津、河北、福建、辽宁、浙江、山东、江苏、广东和海南；中部地区包括河南、山西、吉林、湖南、江西、黑龙江、湖北和安徽；西部地区包括四川、内蒙古、云南、青海、广西、贵州、西藏、陕西、甘肃、重庆、新疆和宁夏。不包括港澳台地区，下同。

资料来源：商务部国际贸易经济合作研究院网站。

从各省（区、市）的角度来看，2022年广东省仍然保持了出口额的领先地位，出口额为7999.6亿美元，相比2021年增长了2.3%；出口额位列第二的是江苏省，出口额为5225.9亿美元，相较于2021年增长了3.8%；出口额位列第三、第四、第五的依次是浙江省、山东省和上海市，年增长速度分别为10.7%、12.0%、5.4%，出口额分别为5158.0亿美元、3047.7亿美元、2563.7亿美元；另外，福建、四川、北京、重庆和河南的出口额分别为1820.4亿美元、931.5亿美元、881.7亿美元、790.9亿美元和787.6亿美元，同比增速分别为8.7%、5.4%、−6.8%、−1.1%和1.2%（见图12和表5）。

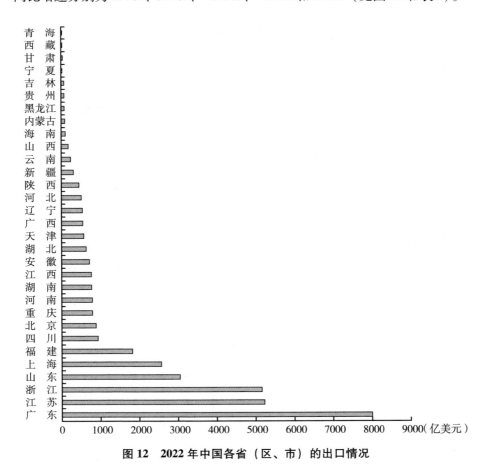

图12　2022年中国各省（区、市）的出口情况

资料来源：商务部国际贸易经济合作研究院网站。

表5 2015~2022年中国各省（区、市）的出口情况

单位：亿美元

| 地区 | 2015年 | 2016年 | 2017年 | 2018年 | 2019年 | 2020年 | 2021年 | 2022年 |
|---|---|---|---|---|---|---|---|---|
| 全 国 | 22749.5 | 20981.5 | 22635.2 | 24874.0 | 24990.3 | 25906.5 | 33639.6 | 35936.0 |
| 北 京 | 546.7 | 518.4 | 585.0 | 741.7 | 750.0 | 670.1 | 946.4 | 881.7 |
| 天 津 | 511.8 | 442.9 | 435.6 | 488.1 | 437.9 | 443.6 | 599.7 | 571.8 |
| 河 北 | 329.4 | 305.8 | 313.6 | 339.9 | 343.8 | 364.6 | 469.0 | 510.5 |
| 山 西 | 84.2 | 99.3 | 102.0 | 122.7 | 116.9 | 127.3 | 211.4 | 181.8 |
| 内蒙古 | 56.5 | 43.7 | 49.4 | 57.3 | 54.7 | 50.4 | 74.1 | 94.3 |
| 辽 宁 | 507.1 | 430.7 | 449.0 | 488.0 | 454.5 | 383.3 | 512.5 | 538.2 |
| 吉 林 | 46.5 | 42.1 | 44.3 | 49.4 | 47.0 | 42.0 | 54.7 | 75.2 |
| 黑龙江 | 80.3 | 50.4 | 51.4 | 44.5 | 50.7 | 52.0 | 69.3 | 81.3 |
| 上 海 | 1959.4 | 1834.7 | 1936.8 | 2071.7 | 1990.0 | 1981.1 | 2433.1 | 2563.7 |
| 江 苏 | 3386.7 | 3192.7 | 3633.0 | 4040.4 | 3948.3 | 3962.8 | 5035.4 | 5225.9 |
| 浙 江 | 2766.0 | 2678.6 | 2868.9 | 3211.5 | 3345.9 | 3632.7 | 4661.2 | 5158.0 |
| 安 徽 | 322.8 | 284.4 | 304.8 | 362.1 | 404.1 | 455.8 | 633.8 | 714.2 |
| 福 建 | 1130.2 | 1036.8 | 1049.3 | 1155.6 | 1201.7 | 1224.0 | 1674.1 | 1820.4 |
| 江 西 | 331.3 | 298.1 | 326.9 | 339.6 | 362.1 | 420.9 | 568.3 | 763.8 |
| 山 东 | 1440.6 | 1371.6 | 1471.0 | 1601.4 | 1614.5 | 1890.4 | 2722.3 | 3047.7 |
| 河 南 | 430.7 | 427.9 | 470.3 | 537.8 | 542.2 | 593.0 | 778.1 | 787.6 |
| 湖 北 | 292.1 | 260.2 | 305.0 | 340.9 | 360.0 | 390.6 | 543.1 | 632.2 |
| 湖 南 | 191.4 | 176.7 | 231.8 | 305.7 | 445.5 | 478.6 | 652.4 | 769.9 |
| 广 东 | 6435.1 | 5988.6 | 6227.8 | 6466.8 | 6291.8 | 6283.7 | 7819.1 | 7999.6 |
| 广 西 | 280.3 | 229.2 | 274.6 | 328.0 | 377.5 | 391.9 | 454.5 | 546.8 |
| 海 南 | 37.4 | 21.2 | 43.7 | 44.9 | 49.9 | 40.1 | 51.5 | 107.4 |
| 重 庆 | 551.9 | 406.9 | 426.0 | 513.8 | 538.0 | 605.3 | 800.1 | 790.9 |
| 四 川 | 332.3 | 279.3 | 375.5 | 504.0 | 563.9 | 672.5 | 884.1 | 931.5 |
| 贵 州 | 99.5 | 47.4 | 57.9 | 51.2 | 47.4 | 62.3 | 75.2 | 77.8 |
| 云 南 | 166.2 | 114.8 | 115.4 | 128.1 | 150.2 | 221.4 | 273.5 | 241.4 |
| 西 藏 | 5.9 | 4.7 | 4.4 | 4.3 | 5.4 | 1.9 | 3.5 | 6.5 |
| 陕 西 | 147.9 | 158.3 | 245.6 | 316.0 | 272.2 | 278.9 | 397.3 | 452.2 |
| 甘 肃 | 58.1 | 40.9 | 18.3 | 22.1 | 19.1 | 12.4 | 15.0 | 19.1 |
| 青 海 | 16.4 | 13.7 | 4.2 | 4.7 | 2.9 | 1.8 | 2.6 | 4.0 |
| 宁 夏 | 29.8 | 25.0 | 36.5 | 27.4 | 21.6 | 12.5 | 27.1 | 29.6 |
| 新 疆 | 175.1 | 156.1 | 177.3 | 164.2 | 180.4 | 158.4 | 197.1 | 311.1 |

资料来源：商务部国际贸易经济合作研究院网站。

从各省（区、市）的进口情况来看，2022年北京市的进口额超过了广东省排在全国各省（区、市）的首位，北京市的进口额为4583.3亿美元，比2021年提升了21.8%，增幅明显；广东省的进口额位列全国第二，为4470.8亿美元，同比减少了10.2%；进口额位列第三、第四、第五的依次是上海市、江苏省和山东省，进口额分别为3708.7亿美元、2951.6亿美元和1946.6亿美元，同比增长率分别为−3.7%、−2.7%和7.3%；此外，浙江省、福建省、天津市、辽宁省和四川省进口额分别为1876.5亿美元、1154.6亿美元、695.7亿美元、649.4亿美元和580.2亿美元，相比2021年分别变化了7.2%、−2.2%、−4.2%、−4.8%和−1.5%（见图13和表6）。

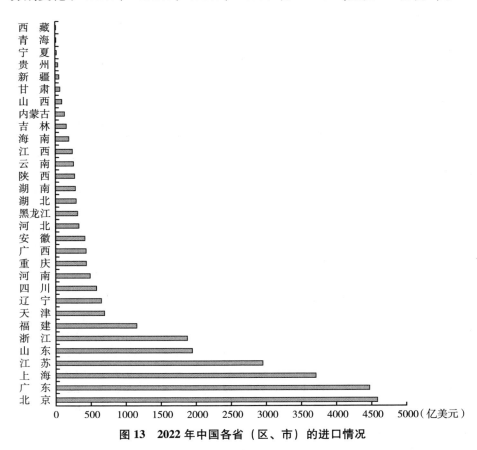

图13　2022年中国各省（区、市）的进口情况

资料来源：商务部国际贸易经济合作研究院网站。

表6　2015～2022年中国各省（区、市）的进口情况

单位：亿美元

| 地区 | 2015年 | 2016年 | 2017年 | 2018年 | 2019年 | 2020年 | 2021年 | 2022年 |
|---|---|---|---|---|---|---|---|---|
| 全　国 | 16819.5 | 15874.2 | 18409.8 | 21356.3 | 20771.0 | 20556.1 | 26875.3 | 27160.0 |
| 北　京 | 2649.5 | 2301.9 | 2652.2 | 3382.3 | 3411.6 | 2680.3 | 3763.8 | 4583.3 |
| 天　津 | 631.6 | 583.7 | 693.8 | 737.2 | 628.5 | 615.7 | 726.0 | 695.7 |
| 河　北 | 185.4 | 160.5 | 184.5 | 198.9 | 236.6 | 273.3 | 369.2 | 332.6 |
| 山　西 | 62.9 | 67.1 | 69.8 | 85.0 | 92.8 | 91.4 | 133.7 | 95.5 |
| 内蒙古 | 71.0 | 72.2 | 89.6 | 99.3 | 104.5 | 100.2 | 117.2 | 133.4 |
| 辽　宁 | 452.5 | 434.6 | 545.5 | 656.3 | 598.3 | 561.3 | 682.0 | 649.4 |
| 吉　林 | 142.8 | 142.4 | 141.1 | 157.3 | 142.0 | 142.9 | 177.7 | 158.6 |
| 黑龙江 | 129.6 | 114.9 | 136.7 | 219.6 | 220.3 | 169.9 | 239.5 | 315.6 |
| 上　海 | 2533.0 | 2503.7 | 2824.4 | 3084.7 | 2948.9 | 3050.8 | 3852.9 | 3708.7 |
| 江　苏 | 2069.5 | 1902.6 | 2278.2 | 2600.0 | 2347.0 | 2464.9 | 3033.3 | 2951.6 |
| 浙　江 | 707.5 | 686.4 | 910.0 | 1113.2 | 1126.4 | 1246.7 | 1749.7 | 1876.5 |
| 安　徽 | 156.9 | 158.9 | 231.5 | 267.7 | 283.3 | 324.6 | 437.1 | 417.1 |
| 福　建 | 563.4 | 531.7 | 661.0 | 719.7 | 729.5 | 802.6 | 1180.9 | 1154.6 |
| 江　西 | 93.4 | 102.6 | 117.8 | 142.8 | 147.2 | 157.3 | 202.1 | 242.9 |
| 山　东 | 976.9 | 970.5 | 1159.5 | 1322.5 | 1348.5 | 1294.1 | 1813.9 | 1946.6 |
| 河　南 | 307.7 | 284.0 | 305.8 | 290.5 | 282.5 | 376.2 | 492.9 | 491.4 |
| 湖　北 | 163.8 | 133.2 | 158.1 | 187.1 | 211.9 | 230.2 | 288.3 | 295.1 |
| 湖　南 | 101.9 | 85.8 | 128.7 | 159.6 | 183.5 | 226.7 | 274.8 | 284.4 |
| 广　东 | 3793.6 | 3566.5 | 3836.9 | 4380.3 | 4070.0 | 3952.6 | 4976.4 | 4470.8 |
| 广　西 | 232.4 | 248.7 | 297.5 | 295.4 | 304.6 | 311.0 | 462.5 | 433.7 |
| 海　南 | 102.2 | 92.1 | 60.0 | 82.6 | 81.7 | 95.2 | 177.2 | 193.4 |
| 重　庆 | 192.9 | 220.8 | 240.0 | 276.6 | 301.7 | 336.5 | 438.3 | 437.4 |
| 四　川 | 182.4 | 213.9 | 305.7 | 395.4 | 416.7 | 495.5 | 589.1 | 580.2 |
| 贵　州 | 22.7 | 9.6 | 23.7 | 24.8 | 18.3 | 16.7 | 25.9 | 41.2 |
| 云　南 | 79.0 | 84.1 | 119.7 | 170.8 | 186.7 | 168.1 | 213.1 | 259.0 |
| 西　藏 | 3.3 | 3.1 | 4.3 | 2.9 | 1.6 | 1.2 | 2.7 | 0.4 |
| 陕　西 | 157.2 | 140.9 | 155.9 | 217.2 | 238.3 | 266.2 | 339.2 | 274.2 |
| 甘　肃 | 21.8 | 27.9 | 32.2 | 37.9 | 36.1 | 41.5 | 60.9 | 69.2 |
| 青　海 | 2.9 | 1.6 | 2.3 | 2.3 | 2.5 | 1.5 | 2.2 | 2.5 |
| 宁　夏 | 8.1 | 7.8 | 13.9 | 10.4 | 13.3 | 5.3 | 6.1 | 9.0 |
| 新　疆 | 21.7 | 20.5 | 29.3 | 35.9 | 56.7 | 55.5 | 45.9 | 55.7 |

资料来源：商务部国际贸易经济合作研究院网站。

### （六）2022年中国跨境电商发展情况

2022 年，中国跨境电商进出口总额为 2.1 万亿元[①]，同比增长了 7.0%（见图 14），占中国对外贸易进出口总额的 4.9%。其中，中国跨境电商出口额为 1.5 万亿元，较 2021 年增长了 9.9%，占中国对外贸易出口额的 6.4%；中国跨境电商进口额为 0.5 万亿元，较 2021 年下降了 0.8%，占中国对外贸易进口额的 2.9%。

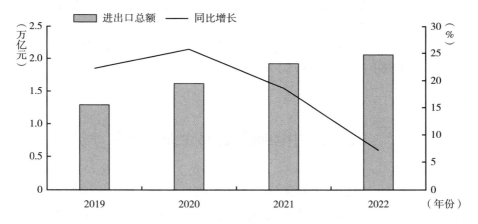

**图 14　2019~2022 年中国跨境电商进出口总额及其同比增速**

资料来源：中国海关总署网站。

从交易模式来看，2022 年中国跨境电商 B2B 进出口总额占中国跨境电商进出口总额的 75.6%，占比有所下降；中国跨境电商 B2C 进出口总额占中国跨境电商进出口总额的 24.4%，占比有所上升。

从用户规模来看，2022 年中国新增跨境电商用户规模为 1.7 亿人，同比增加了 8.4%，增速有所放缓（见图 15）。

---

① 此处出口额及进口额合计与进出口总额的细微出入是由四舍五入导致的。

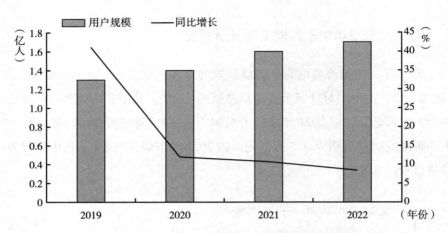

**图 15 2019~2022 年中国新增跨境电商用户规模及其同比增速**

资料来源：网经社电子商务研究中心网站。

## 二 2022年中国服务贸易企业分析与评价

2022 年，中国服务贸易保持了上年的增长态势，其中运输服务进出口总额增幅较大，旅行服务也呈现明显的恢复态势，服务贸易结构进一步优化。

### （一）2022年中国服务贸易整体情况

2022 年，中国服务贸易的进出口总额为 59802 亿元，相对于 2021 年增长了 12.9%，超越了 2019 年的 54153 亿元，达到了历史新高。其中，服务贸易出口额为 28522 亿元，比上一年提升了 12.1%；服务贸易进口额为 31280 亿元，比 2021 年增长了 13.5%；服务贸易的逆差额为 2758 亿元，较 2021 年有所增长。2022 年，服务贸易进出口总额占对外贸易进出口总额的比重为 12.4%，相较于上一年有所增长（见表 7）。

**表 7    2015~2022 年中国服务贸易情况**

单位：亿元

| 年份 | 进出口总额 | 进口额 | 出口额 | 贸易顺差 |
|------|-----------|--------|--------|----------|
| 2015 | 40745 | 27127 | 13617 | −13510 |
| 2016 | 43947 | 30030 | 13918 | −16112 |
| 2017 | 46991 | 31584 | 15407 | −16177 |
| 2018 | 52402 | 34744 | 17658 | −17086 |
| 2019 | 54153 | 34589 | 19564 | −15025 |
| 2020 | 45643 | 26286 | 19357 | −6929 |
| 2021 | 52983 | 27548 | 25435 | −2113 |
| 2022 | 59802 | 31280 | 28522 | −2758 |

资料来源：商务部国际贸易经济合作研究院网站。

### （二）2022年中国服务贸易结构持续优化

从中国服务贸易的行业结构来看，2022 年旅行服务贸易逆转了受疫情影响以来的下降趋势，增长了 8.5%，旅行服务进出口总额为 8559.8 亿元；运输服务进出口总额为 21101.0 亿元，占服务贸易进出口总额的 35.3%，保持了领先地位，并且是服务贸易中增长最快的行业，增速为 25.4%；保险服务的进出口总额在 2022 年也呈现了较高的增速，同比增长了 24.4%，金额为 1704.8 亿元；由于数字贸易的发展，电信、计算机和信息服务与知识产权使用费服务也保持了较好的增长态势，进出口总额分别比 2021 年增长了 8.3% 和 2.5%，金额分别为 8352.7 亿元和 3881.2 亿元；此外，维护和维修服务、加工服务、其他商业服务和政府服务的进出口总额均在 2022 年实现了正向增长，增速分别为 12.4%、8.6%、9.1%、15.2%，金额分别为 847.1 亿元、1459.9 亿元、10240.3 亿元和 355.6 亿元。

然而，建筑服务、金融服务与个人、文化和娱乐服务的进出口总额在 2022 年出现了回落，金额分别为 2410.0 亿元、594.0 亿元和 295.5 亿元，分别比 2021 年减少了 7.2%、10.8% 和 11.4%（见图 16）。

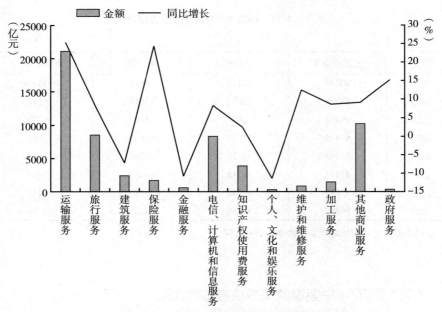

**图 16 2022 年中国服务贸易在不同行业的分布情况**

资料来源：商务部国际贸易经济合作研究院网站。

### （三）2022年中国服务外包产业结构优化

2022 年，中国服务外包产业规模实现了稳步增长。具体来看，我国承接了 13177 亿元的服务外包合同，同比增长了 16.7%，保持了较高的增速。合同的执行额为 8953 亿元，同比增长了 4.1%。其中，我国承接离岸业务流程外包（BPO）的执行额为 1462 亿元、离岸知识流程外包（KPO）的执行额为 3819 亿元，分别比 2021 年增长了 11.8% 和 6.2%。然而，2022 年我国承接的离岸信息技术外包（ITO）的执行额为 3672 亿元，较 2021 年略有下降，但其中的信息技术解决方案服务、新能源技术研发服务和互联网营销推广服务增长较快，增速分别为 129.1%、61.3% 和 49.2%。此外，2022 年中国承接"一带一路"共建国家和 RCEP 其他 14 个成员国的服务外包合同执行额都有明显增加，执行额分别为 1821 亿元和 2089 亿元，增速分别为 12.7% 和 23.3%，分别占 2022 年服务外包合同执行额的 20.3% 和 23.3%。

## （四）服务贸易展望与建议

随着全球服务贸易的恢复性增长，数字贸易保持了蓬勃的发展态势，数字贸易规模不断扩大，数字技术、数字产业和数字服务都呈现出良好的发展态势，尤其是 ChatGPT 的推出，催生了全球经济发展的新动能。与此同时，数字资源禀赋的差异也可能导致全球经济增长态势更趋分化，数字经济领域竞争加剧。中国应当抓住时机，加快建立健全数字贸易治理体系，加快制定相关基础制度和标准规范，利用好自由贸易试验区、海南自由贸易港，培育具有国际竞争力的数字贸易企业，从而推进服务贸易的创新发展，打造建设贸易强国的"新引擎"。

# 三　2022年中国对外投资企业分析与评价

## （一）2022年世界对外直接投资概况

根据联合国贸易和发展会议（UNCTAD）发布的 World Investment Report 2023，2022 年受到发达国家融资和并购交易减少的影响，全球对外直接投资有所回落。

从 FDI 流入量来看，2022 年 FDI 流入量为 1.295 万亿美元，比 2021 年减少了 12%。其中，流入发达经济体的 FDI 同比减少了 37%，流入量为 0.378 万亿美元，欧洲的 FDI 流入量减少至-0.107 万亿美元。2022 年，北美的 FDI 流入量同比减少了 25%，为 0.338 万亿美元，但美国仍然保持了 FDI 最大目的国的地位，2022 年其流入量减少了 26%，流入额为 0.285 万亿美元。

2022 年，流入发展中经济体的 FDI 呈上升态势，比 2021 年增加了 4%，流入量为 0.916 万亿美元，占世界 FDI 流入量的 71%，占比超过了 2/3。发展中的亚洲是世界最大的 FDI 接收区，FDI 流入量为 0.662 万亿美元，与上年持平，贡献了超过一半的世界 FDI 流入量。其中，流入中国内地的 FDI 增长了 4%，流入量达到了 0.189 万亿美元。此外，新加坡凭借 0.141 万亿美

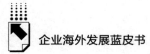

元的 FDI 流入量，位居全球第三；中国香港的 FDI 流入量为 0.118 万亿美元。2022 年，流向非洲的 FDI 减少了 44%，流入量为 0.045 万亿美元。2022 年，流入拉丁美洲和加勒比海地区的 FDI 增长了 51%，流入量为 0.208 万亿美元（见表 8 和表 9）。

表 8　2020~2022 年世界各地区及主要经济体的 FDI 流入情况

单位：十亿美元

| 地区及主要经济体 | FDI 流入量 | | |
|---|---|---|---|
| | 2020 年 | 2021 年 | 2022 年 |
| 世界 | 962 | 1478 | 1295 |
| 发达经济体 | 315 | 597 | 378 |
| 欧洲 | 133 | 51 | -107 |
| 北美 | 123 | 453 | 338 |
| 发展中经济体 | 647 | 881 | 916 |
| 非洲 | 39 | 80 | 45 |
| 亚洲 | 516 | 662 | 662 |
| 拉丁美洲和加勒比海地区 | 90 | 138 | 208 |

资料来源：World Investment Report 2023。

表 9　2022 年 FDI 流入量排名前十的国家（地区）

单位：十亿美元

| 排名 | 国家（地区） | FDI 流入量 |
|---|---|---|
| 1 | 美国 | 285 |
| 2 | 中国内地 | 189 |
| 3 | 新加坡 | 141 |
| 4 | 中国香港 | 118 |
| 5 | 巴西 | 86 |
| 6 | 澳大利亚 | 62 |
| 7 | 加拿大 | 53 |
| 8 | 印度 | 49 |
| 9 | 瑞典 | 46 |
| 10 | 法国 | 36 |

资料来源：World Investment Report 2023。

　　从FDI流出量来看，2022年发达经济体的FDI流出量为1.031万亿美元，比2021年减少了17%。欧洲的FDI流出量跌幅较大，流出量为0.224万亿美元，减少了61%。其中，德国的FDI流出量减少了13%至0.143万亿美元，德国仍是欧洲最大的FDI流出国，在全球的排名降至第四。然而，英国和瑞典的FDI流出量分别增长了53%和130%，流出量分别为0.130万亿美元和0.066万亿美元，两国分别位列全球第五和第十。法国和西班牙的FDI流出量也实现了正向增长，分别为0.480万亿美元和0.390万亿美元，两国分别位列全球第十二和第十三。2022年，北美的FDI流出量为0.452万亿美元，较2021年减少了5%。从美国流出的FDI增长了7%，达到0.373万亿美元。其中，来自美国的跨国并购额增长了21%，达到0.273万亿美元，价值超过50亿美元的跨国并购交易数量为15宗。2022年，其他发达国家的FDI流出量中，日本和澳大利亚增长较为明显。日本的FDI流出量为0.161万亿美元，同比增长了10%，其中绿地投资增长了47%至0.044万亿美元，但跨国并购交易金额仅为0.006万亿美元，减少了90%。澳大利亚的FDI流出量从2021年的0.003万亿美元增长到了2022年的0.117万亿美元，凭此，澳大利亚位列全球第六。韩国的FDI流出量为0.066万亿美元，与上年持平，韩国是世界第九大FDI流出国。

　　2022年，发展中经济体的FDI流出量为0.459万亿美元，比2021年减少了5%。其中，发展中的亚洲的FDI流出量减少了11%，但该地区仍然占据了超过全球1/4的FDI流出量。中国内地的FDI流出量为0.147万亿美元，减少了18%。2022年，拉丁美洲和加勒比海地区的FDI流出量保持了增长的趋势，FDI流出量为0.059万亿美元，增长了55%。其中，墨西哥的FDI流出量从2021年的-0.002万亿美元增长至2022年的0.013万亿美元。巴西和智利的FDI流出量分别为0.025万亿美元和0.012万亿美元，分别增长了23%和4%。2022年，非洲的FDI流出量有所增长（见表10和表11）。

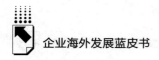

表 10　2020~2022 年世界各地区及主要经济体的 FDI 流出情况

单位：十亿美元

| 地区及主要经济体 | FDI 流出量 | | |
|---|---|---|---|
| | 2020 年 | 2021 年 | 2022 年 |
| 世界 | 732 | 1729 | 1490 |
| 　发达经济体 | 350 | 1244 | 1031 |
| 　　欧洲 | −38 | 573 | 224 |
| 　　北美 | 247 | 477 | 452 |
| 　发展中经济体 | 382 | 485 | 459 |
| 　　非洲 | 1 | 3 | 6 |
| 　　亚洲 | 383 | 445 | 396 |
| 　拉丁美洲和加勒比海地区 | −1 | 38 | 59 |

资料来源：World Investment Report 2023。

表 11　2022 年 FDI 流出量排名前十的国家（地区）

单位：十亿美元

| 排名 | 国家（地区） | FDI 流出量 |
|---|---|---|
| 1 | 美国 | 373 |
| 2 | 日本 | 161 |
| 3 | 中国内地 | 147 |
| 4 | 德国 | 143 |
| 5 | 英国 | 130 |
| 6 | 澳大利亚 | 117 |
| 7 | 中国香港 | 104 |
| 8 | 加拿大 | 79 |
| 9 | 韩国 | 66 |
| 10 | 瑞典 | 66 |

资料来源：World Investment Report 2023。

## （二）2022年中国企业对外直接投资总体分析

### 1.2022年中国企业对外直接投资平稳发展

据商务部统计数据，2022 年中国对外直接投资总额为 1465.0 亿美元，比 2021 年增长了 0.9%。其中，非金融类对外直接投资总额为 1168.5 亿美元，比2021年增长了2.8%，占对外直接投资总额的79.8%；金融类对外直接投资总额为296.5亿美元，同比增长6.0%，占比达20.2%（见表12）。

表12 2022年中国对外直接投资情况

单位：亿美元，%

| 类别 | 金额 | 同比增长 | 占比 |
|---|---|---|---|
| 金融类 | 296.5 | 6.0 | 20.2 |
| 非金融类 | 1168.5 | 2.8 | 79.8 |
| 合计 | 1465.0 | 0.9 | 100.0 |

资料来源：商务部网站。

从在"一带一路"共建国家的投资来看，2022年中国企业在"一带一路"共建国家的非金融类对外直接投资达209.7亿美元，比2021年增长了3.3%，占非金融类对外直接投资总额的17.9%，占比基本与上年持平（见图17）。

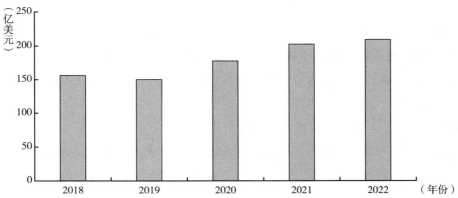

图17 2018~2022年中国企业在"一带一路"共建国家的非金融类对外直接投资情况

资料来源：商务部网站。

### 2. 2022年中国企业跨国并购分析

2022年，中国企业跨国并购交易金额为287.4亿美元，比2021年减少了50%，创历史新低（见图18）；宣布的跨国并购交易数量仍然呈下降趋势，跨国并购交易数量为507宗，比2021年减少了6%，尤其是大额交易大幅减少。

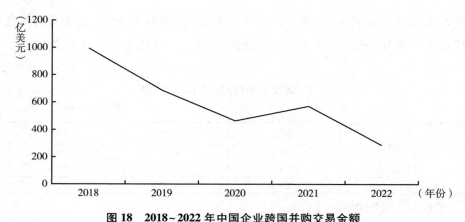

**图18　2018~2022年中国企业跨国并购交易金额**

资料来源：安永《2022年中国海外投资概览》。

从跨国并购的行业分布来看，中国企业在TMT，医疗与生命科学行业，房地产、酒店与建造业，采矿与金属行业，先进制造与运输业的跨国并购交易金额排在前五位，分别为73.2亿美元、43.8亿美元、41.6亿美元、35.1亿美元和33.6亿美元，同比增长率分别为-50%、-46%、-62%、33%和-53%，除采矿与金属行业实现了正增长外，其他四个行业均较2021年出现了大幅下跌。从交易数量来看，排在前四位的行业分别是TMT、先进制造与运输业、医疗与生命科学行业、消费品行业，交易数量分别为118宗、73宗、62宗和56宗，房地产、酒店与建造业以及金融服务业2022年的交易数量均为51宗。其中，先进制造与运输业，消费品行业，房地产、酒店与建造业均实现了交易数量的正增长，增长率分别为20%、17%和38%。TMT、医疗与生命科学行业、金融服务业的交易数量则出现了回落，分别较2021年减少了21%、35%、30%（见图19和图20）。

从跨国并购的区域分布来看，2022年中国企业在各大市场开展的跨国并购交易金额总体呈下降趋势。2022年，中国企业在亚洲市场开展的跨国并购交易活动依然最活跃，交易金额为107.5亿美元，比上一年减少了61%；交易数量为171宗，比2021年增加了4%；交易主要集中于TMT，房地产、酒店与建造业，消费品行业。2022年，中国企业在欧洲的跨国并购

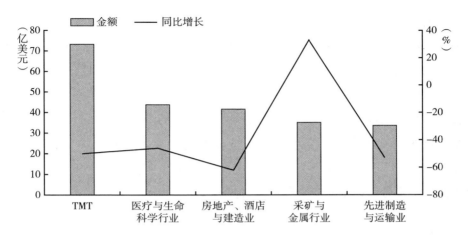

**图 19　2022 年中国企业在不同行业的跨国并购交易金额及其同比增速**

资料来源：安永《2022 年中国海外投资概览》。

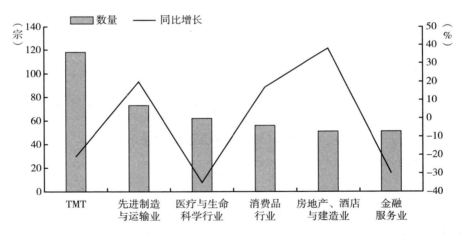

**图 20　2022 年中国企业在不同行业的跨国并购交易数量及其同比增速**

资料来源：安永《2022 年中国海外投资概览》。

交易金额为 75.5 亿美元，比 2021 年减少了 52%；交易数量为 170 宗，与亚洲接近，比 2021 年增长了 6%；在欧洲的跨国并购主要分布行业为 TMT。2022 年，中国企业在北美洲的跨国并购交易金额和数量均创历史新低，交易金额为 63.2 亿美元，下降了 33%，交易数量为 82 宗，减少了 42%；在北美洲的跨国并购交易集中于医疗与生命科学行业、先进制造与运输业。此外，中国企业在拉丁美洲和大洋洲的跨国并购交易金额分别为 16.3 亿美元和 14.3 亿美元，分别较 2021 年减少了 27% 和 41%；交易数量分别为 26 宗和 45 宗，分别较 2021 年增加了 44% 和 50%；其中，在拉丁美洲的主要投资目的国是阿根廷，在大洋洲的跨国并购主要分布行业为消费品行业和采矿与金属行业。2022 年，中国企业在非洲的跨国并购交易数量为 13 宗，较 2021 年减少了 43%；交易金额为 10.6 亿美元，比 2021 年减少了 46%；在非洲跨国并购主要分布在采矿与金属行业（见图 21）。

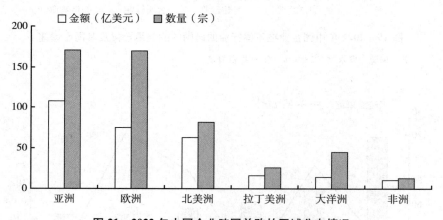

**图 21　2022 年中国企业跨国并购的区域分布情况**

资料来源：安永《2022 年中国海外投资概览》。

从开展跨国并购活动的国别分布来看，2022 年中国企业在美国开展的跨国并购交易金额最多，为 62.4 亿美元，同比减少了 21%；与新加坡的交易金额为 41.0 亿美元，同比减少了 62%；交易金额排在第三位的是荷兰，为 23.6 亿美元，同比减少了 59%；与英国、韩国和印度尼西亚的交易金额分别比 2021 年减少了 61%、78% 和 81%，交易金额分别为 14.5 亿美元、10.6 亿美元和 10.1 亿美元，三国分别位列第五、第八和第十；与日本、澳大利亚、法国和阿根廷的交易金额则实现了正增长，同比增长率分别为 22%、5%、863% 和 194%，交易金额分别为 22.3 亿美元、13.9 亿美元、11.4 亿美元和 10.3 亿美元，分别位列第四、第六、第七和第九。从交易数量来看，2022年中国企业在美国开展的跨国并购交易数量也是最多的，共72宗，同比减少了40%；与英国、德国和印度开展的跨国并购交易数量分别减少了7%、3%和15%，交易数量分别为43宗、28宗和11宗，三国分别位列第二、第七和第十；中国企业2022年与澳大利亚、日本、新加坡、韩国、法国和阿根廷开展的跨国并购交易数量均实现了正增长，增长率分别为62%、26%、16%、17%、50%和175%，交易数量分别为42宗、39宗、37宗、28宗、18宗和11宗，六国分别位列第三、第四、第五、第六、第八和第九（见图22和图23）。

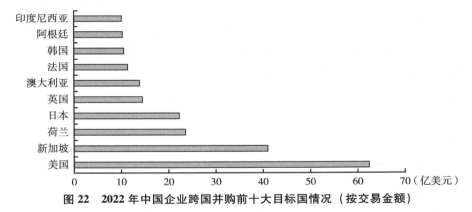

**图22　2022年中国企业跨国并购前十大目标国情况（按交易金额）**

资料来源：安永《2022年中国海外投资概览》。

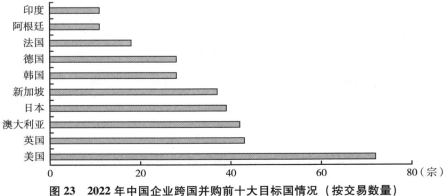

**图23　2022年中国企业跨国并购前十大目标国情况（按交易数量）**

资料来源：安永《2022年中国海外投资概览》。

## 四 2022年中国对外承包工程分析与评价

### （一）2022年中国对外承包工程情况

对外承包工程作为一种重要的国际投资方式，是中国融入世界经济全球化进程的关键支撑，也给中国和东道国都带来了巨大的经济效益和社会效益。中国政府对非洲、南亚等国家的基础设施项目给予了长期的经济援助，加之中国建筑企业具有技术与成本两方面的优势，使得中国在对外承包工程项目上取得了快速的发展。2022年，中国的对外承包工程业务整体上超出了预期，完成营业额达到10424.9亿元人民币，折合1549.9亿美元，与2021年基本持平（见图24）。2022年，中国对外承包工程新签合同额为17021.7亿元人民币，折合2530.7亿美元（见图25）。

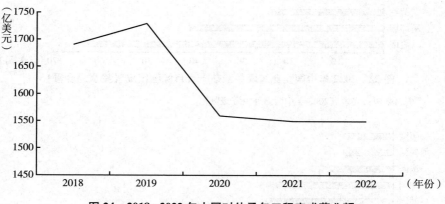

**图24 2018~2022年中国对外承包工程完成营业额**

资料来源：商务部网站。

### （二）2022年中国在"一带一路"共建国家对外承包工程情况

"一带一路"建设显示出蓬勃的生命力，为国际社会的开放与合作、

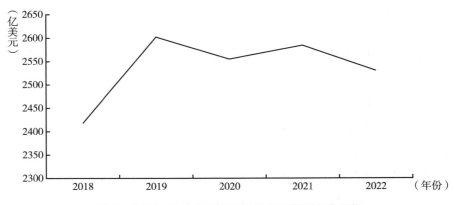

**图 25　2018~2022 年中国对外承包工程新签合同额**

资料来源：商务部网站。

世界经济的恢复提供了新的动力。2022 年，中国企业在"一带一路"共建国家对外承包工程完成营业额为 849.4 亿美元，同比减少了 5.3%，占 2022 年总额的 55%；新签的对外承包工程项目合同额为 1296.2 亿美元，比 2021 年减少了 3.3%，占 2022 年总额的 51%（见图 26）。

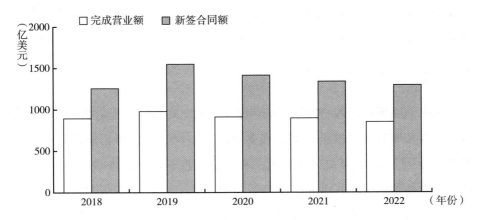

**图 26　2018~2022 年中国在"一带一路"共建国家对外承包工程情况**

资料来源：商务部网站。

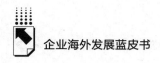

### （三）2022年中国对外承包工程结构分布

从中国对外承包工程的市场分布来看，2022年1~11月中国对外承包工程业务主要集中在亚洲和非洲市场。就对外承包工程新签合同额而言，亚洲市场新签合同额为958.7亿美元，同比增加5.0%；非洲市场新签合同额为530.1亿美元，同比减少15.1%。对外承包工程新签合同额排名前十的国家（地区）分别是印度尼西亚、中国香港、沙特阿拉伯、马来西亚、伊拉克、菲律宾、新加坡、越南、哈萨克斯坦和蒙古国。

从中国对外承包工程新签合同额的国内区域分布来看，2022年1~11月我国东部地区对外承包工程新签合同额为546.1亿美元，同比增加了7.2%；中部地区对外承包工程新签合同额为303.8亿美元，同比增加了1.3%；西部地区对外承包工程新签合同额为144.4亿美元，同比增加了5.5%；东北三省对外承包工程新签合同额为31.4亿美元，同比减少了34.3%。[1]

从中国对外承包工程新签合同额的行业分布来看，交通运输、一般建筑、电力工程和石油化工等行业仍然是中国对外承包工程的主要优势领域。但受到地缘政治紧张和全球能源、粮食、建材成本上涨的影响，电力工程行业和水利建设行业面临较大的压力，完成营业额和新签合同额有所下降。[2]

### （四）中国对外承包工程展望

未来面临更加严峻的国际市场环境，中国对外承包工程企业可能会在业务市场开拓和新项目推进上面临诸多挑战。但根据商务部公布的数据，在2023年1~4月，中国的对外承包工程依然呈现了较好的发展态势。其中，中国的对外承包工程完成营业额为2879.9亿元，较上年同期增加了10.6%。

取得这样的成绩主要得益于中国高水平对外开放、"一带一路"建设和中国企业的国际竞争力提升。在"一带一路"共建国家，中国企业对外承

---

① 该部分区域划分方法区别于前文。
② 资料来源：华经产业研究院网站。

包工程的完成营业额达到230.5亿美元，占同期对外承包工程完成营业总额的54.9%；新签合同额达到297.4亿美元，占同期对外承包工程新签合同总额的50.2%。"十四五"时期，"一带一路"共建国家也将成为中国开展对外承包工程的重心。此外，中国对外承包工程企业在国际市场上也表现出了较强的竞争力，据美国《工程新闻记录》发布的2022年"国际承包商250强"榜单，中国内地企业上榜79家，其中有4家进入了10强，分别是中国交建（第三）、中国电建（第六）、中国建筑（第七）、中国铁建（第十）。

因此，尽管对外投资面临充满挑战的国际环境，但随着我国高水平对外开放的推进、高质量建设"一带一路"的带动，中国对外承包工程依然具有较大的发展空间。

# 五 展望与建议

## （一）展望

### 1. 世界经济环境不确定性大，经济全球化持续倒退

当前世界经济复苏动力仍然不足，全球通胀率仍处于高位，国际金融市场脆弱性上升，逆全球化持续，为中国对外贸易带来了诸多的挑战。国际货币基金组织在2023年4月发布的《世界经济展望报告》中将2023年世界的经济增长预期降低至2.8%，较2022年3.4%的增速下降了0.6个百分点，并预计未来5年的增速将保持在3%左右，低于过去20年3.8%的平均水平；同时，国际货币基金组织将2023年美国的经济增长预期降低至1.7%，较2022年下降了4.0个百分点；将欧元区的经济增长预期降低至0.8%，较2022年下降了2.7个百分点；将日本的经济增长预期降低至1.3%；将新兴市场和发展中经济体的经济增长预期降低至3.9%。

全球通胀率目前仍处于高位，大宗商品价格远高于新冠疫情前的水平。国际货币基金组织预计2023年全球的通胀率将回落至7.0%，较2022年的8.7%有所下降，但核心通胀率的下降还需要更长的时间，大多数国家的通

胀率在 2025 年之前依然会保持在较高的水平。

此外，发达经济体持续实施紧缩的货币政策，也使得国际金融市场的脆弱性不断上升。2023 年 3 月，美国硅谷银行、签名银行接连关闭，5 月，瑞士信贷银行被瑞银集团收购，美国第一共和银行被摩根大通银行收购。国际货币基金组织指出，多国央行大幅加息，金融领域压力上升将阻碍经济复苏。

受到地缘政治冲突的影响，经济全球化持续倒退，全球商品、资本和劳动力的跨境流动减少，贸易紧张局势持续加剧。据世界贸易组织统计，其成员国近几年实施了更多的新贸易限制措施，仅 2021 年 10 月中旬至 2022 年 10 月中旬就实施了 214 项货物贸易限制措施，覆盖约 2780 亿美元的贸易额。国际货币基金组织指出，随着全球贸易限制措施的增加，跨境贸易联系的减弱对于低收入国家和新兴经济体会造成较大的冲击。

### 2. 中国经济持续恢复向好，发展质量稳步提高

从 2023 年第一季度的数据看，中国经济顶住了压力向好发展，经济结构持续改善。2023 年第一季度中国的国内生产总值同比增长了 4.5%，其中第三产业同比增长了 5.4%，对经济增长的贡献率达到 69.5%；规模以上工业增加值同比增长了 3.0%；固定资产投资（不含农户）同比增长了 5.1%，其中民间投资同比增长了 0.6%，占全部投资的 54.6%，高技术产业投资同比增长了 16.0%，增幅明显。居民的消费潜力也逐渐释放，2023 年第一季度社会消费品零售总额同比增长了 5.8%，其中网上零售等新兴消费方式保持了较快的增长，实物商品网上零售额同比增长了 7.3%，占社会消费品零售总额的 24.2%，快递服务企业业务完成量同比增长了 11.0%。2023 年第一季度最终消费支出对经济增长的贡献率达到了 66.6%，拉动经济增长 3.0 个百分点，消费促进经济增长的基础性作用持续凸显。

### 3. 服务贸易保持增长，成为建设贸易强国新动力

2023 年第一季度，服务贸易继续保持了增长态势，进出口总额同比增长了 8.7%，其中出口额同比下降了 4.7%，进口额同比增长了 21.6%。旅行服务的进出口总额在 2023 年第一季度同比增长了 56.6%，占服务贸易总

额的 21.3%，旅行服务有望重新成为中国占比最大的服务贸易领域。知识密集型服务进出口总额在 2023 年第一季度同比增长了 12.8%，占服务贸易总额的 43.9%，服务贸易结构进一步优化。

从全球形势来看，旅行服务贸易的增长表现都较为突出，但受到全球货物贸易减少、集装箱海运价格下降的影响，运输服务贸易的增长态势恐难以持续。然而，全球数字贸易呈现出了良好的发展态势，2022 年全球可数字化服务出口规模超过 4 万亿美元，预计 2023 年数字服务出口在全球服务贸易出口中的占比将超过 65%。中国应当抓住这一机遇，加快发展数字贸易，持续推进服务贸易深层次改革、高水平开放和全方位创新，为建设贸易强国提供强大的动力。

**4. 对外贸易顶住压力保稳提质**

尽管面临充满不确定性和挑战的外部环境，2023 年中国的对外贸易还是实现了良好的开局，为达成保稳提质的目标打下了良好的基础。2023 年 1~5 月，中国对外贸易进出口总额同比增长了 4.7%，其中出口额同比增长了 8.1%，进口额同比增长了 0.5%，贸易顺差扩大了 38.0%。2023 年第一季度非金融类对外直接投资同比增长了 26.3%，其中在"一带一路"共建国家的非金融类对外直接投资同比增长了 9.5%，占非金融类对外直接投资总额的 18.3%。2023 年第一季度对外承包工程完成营业额同比增长了 10.6%，新签合同额同比增长了 2.0%。此外，2023 年第一季度引资质量提升明显，高技术产业实际使用外资同比增长了 18.0%。

## （二）建议

### 1. 持续推进高水平对外开放，释放外贸增长潜力

2023 年中国应持续高质量实施 RCEP，积极推动签订更多高标准的自贸协定，深入推进"一带一路"贸易的畅通，不断拓展外贸发展的空间。同时，中国要推动国内线下展会的全面恢复，办好广交会、进博会、服贸会等展会，搭建高水平的对外开放平台。此外，对外贸易经营者备案登记的全面取消进一步优化了营商环境，中国应继续坚定推进贸易自由化便利化，加强

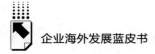

外贸企业开拓市场服务保障，释放对外贸易的增长潜力。

### 2. 加快发展数字贸易，培育对外贸易增长新动能

数字经济成为全球经济新的增长点和重要竞争优势，2023年中国应当抓住机遇，加快推进数字贸易的发展，建设好粤港澳大湾区全球贸易数字化领航区，推动实现贸易各个环节的数字化赋能升级。同时，中国要依托跨境电商综试区，进一步完善跨境电商物流基础设施，引导跨境电商企业合规经营，推动对外贸易新业态新模式的持续健康发展，为建设贸易强国提供新动力。

### 3. 利用财政金融支持对外贸易稳规模

面临依然严峻的对外贸易形势，中国要用好中央财政资金，支持对外贸易稳存量、扩增量。一方面要积极满足中小微企业的对外贸易融资需求，加大进出口信贷支持力度，鼓励银行和保险机构扩大保单融资增信合作；另一方面要进一步发挥出口信用保险的作用，扩大承保规模和覆盖面。此外，要优化跨境结算服务，扩大跨境贸易人民币结算规模，更好满足对外贸易企业汇率避险和跨境人民币结算的需求。

### 4. 优化对外贸易发展环境，提升贸易便利化水平

面对对外贸易环境不稳定性加剧的现实状况，中国需要加强对外贸企业的培训指导，帮助企业妥善应对国外不合理贸易限制措施，提供预警和法律服务。同时，要提升贸易便利化水平，加大对外贸企业信用培育力度，做好外贸货物高效通畅运输保障，提升口岸通关效率，优化企业对外贸易的发展环境。

### 参考文献

《中国对外贸易形势报告（2023年春季）》，商务部国际贸易经济合作研究院，https：//www.caitec.org.cn/upfiles/file/2023/5/20230621091049654.pdf。

World Investment Report 2023, UNCTAD, https：//unctad.org/publication/world - investment-report-2023.

# 分 报 告
## Topical Reports

**B.2**

# 入围2022年"世界500强"中国企业
# 评价分析

卿琛　杨道广*

**摘　要：** 本报告分别从地域分布、行业分布、所有制结构分布三个维度对入围2022年"世界500强"的中国企业进行定量分析,并结合典型企业进行定性分析与总结。总体而言,2022年我国入围企业在数量和营业收入方面较2021年均呈现了一定幅度的增长。从地域分布来看,入围企业中大部分依旧来自东部地区,但中部和西部地区企业较以往有所突破;从行业分布来看,排名前三的行业分别是制造业、金融业和综合;从所有制结构分布来看,国有企业仍然占较大比重,仍然是我国经济发展的中坚力量,但民营企业在强有力的政策扶持下正蓄力待发。结合典型企业的具体案例,本报告认为,中国企业要持续实现做强做优做大,加快建

\* 卿琛,国家电网有限公司研究员,主要研究方向为电力与能源价格分析;杨道广,对外经济贸易大学国际商学院教授、博士生导师,主要研究方向为内部控制与公司财务、审计与公司治理。

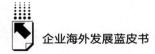

设产品卓越、品牌卓著、创新引领、治理现代的世界一流企业。一方面，要从基本国情出发，把自身发展自觉放在中国式现代化建设全局之中，适应新一轮科技革命和产业变革深入发展新形势新要求；另一方面，要依托我国不断扩大的超大规模市场优势，以国内大循环吸引全球资源要素，增强国内国际两个市场两种资源联动效应，不断提升全球竞争力，加快培育享誉全球的知名品牌，全面增强面向全球的资源配置和整合能力。

**关键词：** 中国企业 "世界500强" 企业评价

# 一 入围2022年"世界500强"中国企业排行榜

## （一）2022年"世界500强"中国企业排行榜

2022年，入围"世界500强"排行榜的中国企业共145家，营业收入合计115447.41亿美元。[①] 145家中国上榜企业中9家为中国台湾企业。中国企业入围数量增长1.40%，入围中国企业营业收入总额增长23.25%。中国上榜企业营业收入总额是2001年的34倍多，与美国的差距缩小。

从全球上榜企业看，全球经济在疫情中复苏，"世界500强"利润规模3.1万亿美元，达到榜单发布以来最高水平，是2019年利润规模的1.4倍。由于上年利润规模基数低，同比增长88%，创2004年以来最大涨幅。随全球经济水涨船高，"世界500强"门槛也逐年升高，我国上榜企业数量连续19年保持强劲增势，再创历史新高，连续四年超过美国（2022年美国入围企业共124家），领跑全球，中国企业在全球范围内实现跨越式发展的背后，是中国经济取得的历史性发展。虽然中国上榜企业数量优势继续扩大，

---

① 本报告如无特殊说明，资料均来源于财富中文网（http://www.fortunechina.com/）。

但是中国公司盈利能力与"世界 500 强"平均水平的差距拉大。2022 年，美国、中国的世界前 100 名企业营业收入占比分别为 37.7%、33.7%，合计超过 70%。中国的世界前 100 名企业数量超过美国，但是营业收入规模与美国仍有差距。中国 145 家上榜公司平均利润约 41 亿美元，虽然与自身相比有所提升，然而"世界 500 强"平均利润同期上升至 62 亿美元，中国上榜企业利润及其增速远低于美国和世界平均水平，上榜中国企业与它们的差距在上年缩小的基础上又重新拉开。

从上榜企业分布看，中国（含港澳台地区）上榜企业数量 145 家［其中内地（大陆）129 家、香港地区 7 家、台湾地区 9 家］，上榜企业比 2021 年度增加 2 家，首次上榜的企业共 14 家，创历史新高。其中，中国中化控股有限责任公司首次上榜便居第 31 位，原因在于其以 3000 亿元人民币收购了全球最大农业集团先正达，财年营业收入大幅增长。从上榜企业排名变动看，中国上榜企业排名较 2021 年度有升有降，升多于降，145 家上榜企业中，有 85 家名次提升，3 家名次不变，57 家名次下降。从上榜企业盈利状况看，中国企业盈利状况持续向好，145 家上榜企业中有 136 家实现盈利（其中 48 家国资委管理的上榜央企中，43 家实现盈利，盈利企业数量较上年有所下滑）。具体情况如表 1 所示。

表 1　2022 年"世界 500 强"中国企业排名

单位：亿美元

| 排名 | 公司名称 | 企业性质 | 所在地 | 行业 | 营业收入 |
|---|---|---|---|---|---|
| 3 | 国家电网有限公司 | 国有独资 | 北京 | 电力、热力、燃气及水生产和供应业 | 4606.17 |
| 4 | 中国石油天然气集团有限公司 | 国有独资 | 北京 | 采矿业 | 4116.93 |
| 5 | 中国石油化工集团有限公司 | 国有独资 | 北京 | 采矿业 | 4013.14 |
| 9 | 中国建筑集团有限公司 | 国有独资 | 北京 | 建筑业 | 2937.12 |
| 20 | 鸿海精密工业股份有限公司 | 台港澳法人独资 | 新北 | 制造业 | 2146.19 |
| 22 | 中国工商银行股份有限公司 | 国有独资 | 北京 | 金融业 | 2090.00 |

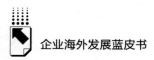
续表

| 排名 | 公司名称 | 企业性质 | 所在地 | 行业 | 营业收入 |
|------|----------|----------|--------|------|----------|
| 24 | 中国建设银行股份有限公司 | 国有独资 | 北京 | 金融业 | 2004.34 |
| 25 | 中国平安保险（集团）股份有限公司 | 私营企业 | 深圳 | 金融业 | 1996.29 |
| 28 | 中国农业银行股份有限公司 | 国有独资 | 北京 | 金融业 | 1814.12 |
| 31 | 中国中化控股有限责任公司 | 国有独资 | 北京 | 综合 | 1722.60 |
| 34 | 中国铁路工程集团有限公司 | 国有独资 | 北京 | 交通运输、仓储和邮政业 | 1664.52 |
| 39 | 中国铁道建筑集团有限公司 | 国有独资 | 北京 | 交通运输、仓储和邮政业 | 1582.03 |
| 40 | 中国人寿保险（集团）公司 | 国有独资 | 北京 | 金融业 | 1570.95 |
| 42 | 中国银行股份有限公司 | 国有独资 | 北京 | 金融业 | 1524.09 |
| 44 | 中国宝武钢铁集团有限公司 | 国有独资 | 上海 | 制造业 | 1507.30 |
| 46 | 京东集团股份有限公司 | 私营企业 | 北京 | 批发和零售业 | 1475.26 |
| 55 | 阿里巴巴集团控股有限公司 | 私营企业 | 杭州 | 批发和零售业 | 1329.36 |
| 57 | 中国移动通信集团有限公司 | 国有独资 | 北京 | 信息传输、软件和信息技术服务业 | 1319.13 |
| 58 | 中国五矿集团有限公司 | 国有独资 | 北京 | 综合 | 1318.00 |
| 60 | 中国交通建设集团有限公司 | 国有独资 | 北京 | 建筑业 | 1306.64 |
| 65 | 中国海洋石油集团有限公司 | 国有独资 | 北京 | 采矿业 | 1269.20 |
| 68 | 上海汽车集团股份有限公司 | 国有控股 | 上海 | 制造业 | 1209.00 |
| 69 | 山东能源集团有限公司 | 国有独资 | 济南 | 综合 | 1200.12 |
| 70 | 中国华润有限公司 | 国有独资 | 香港 | 建筑业 | 1196.01 |
| 75 | 恒力集团有限公司 | 私营企业 | 苏州 | 制造业 | 1135.36 |
| 76 | 正威国际集团有限公司 | 私营企业 | 深圳 | 制造业 | 1120.49 |
| 77 | 厦门建发集团有限公司 | 国有独资 | 厦门 | 综合 | 1115.57 |
| 79 | 中国第一汽车集团有限公司 | 国有独资 | 长春 | 制造业 | 1094.05 |
| 80 | 中国医药集团有限公司 | 国有独资 | 北京 | 制造业 | 1087.79 |
| 81 | 中国邮政集团有限公司 | 国有独资 | 北京 | 交通运输、仓储和邮政业 | 1086.69 |
| 85 | 国家能源投资集团有限责任公司 | 国有独资 | 北京 | 综合 | 1070.95 |

续表

| 排名 | 公司名称 | 企业性质 | 所在地 | 行业 | 营业收入 |
|---|---|---|---|---|---|
| 89 | 中国南方电网有限责任公司 | 国有独资 | 广州 | 电力、热力、燃气及水生产和供应业 | 1041.19 |
| 91 | 中粮集团有限公司 | 国有独资 | 北京 | 综合 | 1030.87 |
| 96 | 华为投资控股有限公司 | 私营企业 | 深圳 | 制造业 | 987.25 |
| 100 | 中国电力建设集团有限公司 | 国有独资 | 北京 | 电力、热力、燃气及水生产和供应业 | 964.22 |
| 102 | 中国中信集团有限公司 | 国有独资 | 北京 | 金融业 | 961.26 |
| 106 | 厦门国贸控股集团有限公司 | 国有独资 | 厦门 | 综合 | 937.91 |
| 110 | 中国人民保险集团股份有限公司 | 国有独资 | 北京 | 金融业 | 921.82 |
| 120 | 物产中大集团股份有限公司 | 国有控股 | 杭州 | 综合 | 872.11 |
| 121 | 腾讯控股有限公司 | 私营企业 | 深圳 | 信息传输、软件和信息技术服务业 | 868.36 |
| 122 | 东风汽车集团有限公司 | 国有独资 | 武汉 | 制造业 | 861.22 |
| 125 | 绿地控股集团股份有限公司 | 私营企业 | 上海 | 建筑业 | 844.54 |
| 127 | 中国远洋海运集团有限公司 | 国有独资 | 上海 | 交通运输、仓储和邮政业 | 841.30 |
| 131 | 中国电信集团有限公司 | 国有独资 | 北京 | 信息传输、软件和信息技术服务业 | 835.96 |
| 136 | 中国兵器工业集团有限公司 | 国有独资 | 北京 | 制造业 | 817.85 |
| 138 | 碧桂园控股有限公司 | 私营企业 | 佛山 | 建筑业 | 810.91 |
| 139 | 中国铝业集团有限公司 | 国有独资 | 北京 | 采矿业 | 804.07 |
| 144 | 中国航空工业集团有限公司 | 国有独资 | 北京 | 制造业 | 793.32 |
| 150 | 太平洋建设集团有限公司 | 私营企业 | 乌鲁木齐 | 建筑业 | 770.73 |
| 152 | 招商局集团有限公司 | 国有独资 | 香港 | 综合 | 767.67 |
| 155 | 交通银行股份有限公司 | 国有控股 | 上海 | 金融业 | 759.86 |
| 160 | 厦门象屿集团有限公司 | 国有独资 | 厦门 | 综合 | 750.94 |
| 162 | 北京汽车集团有限公司 | 国有独资 | 北京 | 制造业 | 746.87 |
| 163 | 晋能控股集团有限公司 | 国有控股 | 大同 | 采矿业 | 745.88 |
| 171 | 联想集团有限公司 | 私营企业 | 香港 | 综合 | 716.18 |

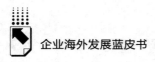

续表

| 排名 | 公司名称 | 企业性质 | 所在地 | 行业 | 营业收入 |
|---|---|---|---|---|---|
| 174 | 招商银行股份有限公司 | 其他 | 深圳 | 金融业 | 710.64 |
| 176 | 江西铜业集团有限公司 | 国有控股 | 贵溪 | 制造业 | 709.14 |
| 178 | 万科企业股份有限公司 | 国有控股 | 深圳 | 建筑业 | 701.98 |
| 180 | 浙江荣盛控股集团有限公司 | 国有控股 | 杭州 | 制造业 | 695.03 |
| 181 | 中国保利集团有限公司 | 国有独资 | 北京 | 综合 | 690.07 |
| 182 | 中国太平洋保险（集团）股份有限公司 | 国有控股 | 上海 | 金融业 | 683.13 |
| 186 | 广州汽车工业集团有限公司 | 国有控股 | 广州 | 制造业 | 669.55 |
| 189 | 河钢集团有限公司 | 国有独资 | 石家庄 | 制造业 | 661.50 |
| 196 | 中国建材集团有限公司 | 国有独资 | 北京 | 建筑业 | 644.17 |
| 199 | 山东魏桥创业集团有限公司 | 国有控股 | 滨州 | 制造业 | 637.39 |
| 208 | 兴业银行股份有限公司 | 国有控股 | 福州 | 金融业 | 613.31 |
| 209 | 陕西煤业化工集团有限责任公司 | 国有独资 | 西安 | 采矿业 | 612.99 |
| 210 | 中国光大集团股份公司 | 国有控股 | 北京 | 金融业 | 611.94 |
| 215 | 中国华能集团有限公司 | 国有独资 | 北京 | 电力、热力、燃气及水生产和供应业 | 600.49 |
| 217 | 鞍钢集团有限公司 | 国有独资 | 鞍山 | 制造业 | 594.48 |
| 224 | 中国机械工业集团有限公司 | 国有独资 | 北京 | 综合 | 574.46 |
| 225 | 台积公司 | 台港澳法人独资 | 新竹 | 制造业 | 568.37 |
| 226 | 上海浦东发展银行股份有限公司 | 国有控股 | 上海 | 金融业 | 567.95 |
| 229 | 浙江吉利控股集团有限公司 | 私营企业 | 杭州 | 制造业 | 558.60 |
| 233 | 中国电子科技集团有限公司 | 国有独资 | 北京 | 制造业 | 554.57 |
| 238 | 青山控股集团有限公司 | 私营企业 | 温州 | 制造业 | 545.74 |
| 241 | 盛虹控股集团有限公司 | 私营企业 | 苏州 | 批发和零售业 | 539.48 |
| 243 | 中国船舶集团有限公司 | 国有独资 | 北京 | 综合 | 536.71 |
| 245 | 美的集团股份有限公司 | 国有控股 | 佛山 | 制造业 | 532.32 |
| 257 | 陕西延长石油（集团）有限责任公司 | 国有控股 | 西安 | 采矿业 | 518.13 |

续表

| 排名 | 公司名称 | 企业性质 | 所在地 | 行业 | 营业收入 |
|---|---|---|---|---|---|
| 260 | 国家电力投资集团有限公司 | 国有独资 | 北京 | 电力、热力、燃气及水生产和供应业 | 515.18 |
| 264 | 浙江恒逸集团有限公司 | 私营企业 | 杭州 | 批发和零售业 | 509.74 |
| 266 | 小米集团 | 私营企业 | 北京 | 批发和零售业 | 508.98 |
| 267 | 中国联合网络通信股份有限公司 | 国有独资 | 北京 | 信息传输、软件和信息技术服务业 | 508.28 |
| 269 | 中国能源建设集团有限公司 | 国有独资 | 北京 | 电力、热力、燃气及水生产和供应业 | 503.45 |
| 273 | 中国民生银行股份有限公司 | 私营企业 | 北京 | 金融业 | 500.79 |
| 288 | 友邦保险控股有限公司 | 台港澳法人独资 | 香港 | 金融业 | 475.25 |
| 291 | 江苏沙钢集团有限公司 | 私营企业 | 张家港 | 制造业 | 470.72 |
| 297 | 中国中煤能源集团有限公司 | 国有独资 | 北京 | 采矿业 | 466.65 |
| 299 | 苏商建设集团有限公司 | 私营企业 | 上海 | 建筑业 | 464.78 |
| 302 | 浙江省交通投资集团有限公司 | 国有控股 | 杭州 | 交通运输、仓储和邮政业 | 463.82 |
| 311 | 和硕 | 台港澳法人独资 | 台北 | 制造业 | 452.47 |
| 315 | 中国兵器装备集团公司 | 国有独资 | 北京 | 制造业 | 443.74 |
| 317 | 仁宝电脑 | 台港澳法人独资 | 台北 | 制造业 | 442.43 |
| 321 | 上海建工集团股份有限公司 | 其他 | 上海 | 建筑业 | 435.72 |
| 322 | 中国航天科技集团有限公司 | 国有独资 | 北京 | 制造业 | 434.20 |
| 324 | 中国电子信息产业集团有限公司 | 国有独资 | 北京 | 综合 | 431.18 |
| 326 | 中国华电集团有限公司 | 国有独资 | 北京 | 电力、热力、燃气及水生产和供应业 | 428.55 |
| 328 | 首钢集团有限公司 | 国有独资 | 北京 | 综合 | 420.90 |
| 332 | 山东钢铁集团有限公司 | 国有控股 | 济南 | 制造业 | 413.19 |

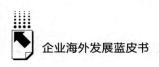

续表

| 排名 | 公司名称 | 企业性质 | 所在地 | 行业 | 营业收入 |
|---|---|---|---|---|---|
| 334 | 中国太平保险集团有限责任公司 | 国有独资 | 香港 | 金融业 | 410.91 |
| 336 | 杭州钢铁集团有限公司 | 国有控股 | 杭州 | 综合 | 410.09 |
| 339 | 金川集团股份有限公司 | 国有独资 | 金昌 | 制造业 | 409.58 |
| 341 | 中国航天科工集团有限公司 | 国有独资 | 北京 | 制造业 | 408.56 |
| 346 | 泰康保险集团股份有限公司 | 台港澳法人独资 | 北京 | 金融业 | 406.08 |
| 349 | 广达电脑公司 | 台港澳法人独资 | 桃园 | 制造业 | 404.40 |
| 353 | 安徽海螺集团有限责任公司 | 国有控股 | 芜湖 | 制造业 | 397.00 |
| 356 | 新希望控股集团有限公司 | 私营企业 | 北京 | 农业 | 391.69 |
| 360 | 广州市建筑集团有限公司 | 国有控股 | 广州 | 建筑业 | 386.24 |
| 363 | 北京建龙重工集团有限公司 | 私营企业 | 北京 | 采矿业 | 383.57 |
| 364 | 中国核工业集团有限公司 | 国有独资 | 北京 | 制造业 | 383.28 |
| 372 | 深圳市投资控股有限公司 | 国有独资 | 深圳 | 金融业 | 375.99 |
| 376 | 国泰金融控股股份有限公司 | 台港澳法人独资 | 台北 | 金融业 | 375.34 |
| 385 | 中国中车集团有限公司 | 国有独资 | 北京 | 制造业 | 369.64 |
| 386 | 敬业集团有限公司 | 私营企业 | 石家庄 | 综合 | 368.82 |
| 393 | 长江和记实业有限公司 | 台港澳法人独资 | 香港 | 综合 | 361.34 |
| 397 | 怡和集团 | 台港澳法人独资 | 香港 | 综合 | 358.62 |
| 400 | 铜陵有色金属集团控股有限公司 | 国有控股 | 铜陵 | 采矿业 | 355.11 |
| 405 | 海尔智家股份有限公司 | 私营企业 | 青岛 | 制造业 | 352.78 |
| 407 | 紫金矿业集团股份有限公司 | 国有控股 | 龙岩 | 采矿业 | 348.98 |
| 411 | 中国大唐集团有限公司 | 国有独资 | 北京 | 制造业 | 347.00 |
| 412 | 龙湖集团控股有限公司 | 私营企业 | 北京 | 建筑业 | 346.30 |
| 413 | 蜀道投资集团有限责任公司 | 国有独资 | 成都 | 建筑业 | 345.49 |
| 414 | 中国航空油料集团有限公司 | 国有独资 | 北京 | 交通运输、仓储和邮政业 | 345.19 |

续表

| 排名 | 公司名称 | 企业性质 | 所在地 | 行业 | 营业收入 |
|---|---|---|---|---|---|
| 416 | 新华人寿保险股份有限公司 | 私营企业 | 北京 | 金融业 | 344.76 |
| 421 | 湖南钢铁集团有限公司 | 国有控股 | 长沙 | 制造业 | 340.61 |
| 422 | 潞安化工集团有限公司 | 国有控股 | 长治 | 电力、热力、燃气及水生产和供应业 | 340.43 |
| 430 | 上海医药集团股份有限公司 | 国有控股 | 上海 | 医疗行业 | 334.59 |
| 431 | 山西焦煤集团有限责任公司 | 国有独资 | 太原 | 采矿业 | 333.80 |
| 434 | 新疆中泰(集团)有限责任公司 | 国有独资 | 乌鲁木齐 | 综合 | 328.90 |
| 436 | 比亚迪股份有限公司 | 私营企业 | 深圳 | 制造业 | 327.58 |
| 440 | 富邦金融控股股份有限公司 | 台港澳法人独资 | 台北 | 金融业 | 322.23 |
| 441 | 顺丰控股股份有限公司 | 私营企业 | 深圳 | 综合 | 321.20 |
| 445 | 广西投资集团有限公司 | 国有独资 | 南宁 | 金融业 | 319.62 |
| 447 | 云南省投资控股集团有限公司 | 国有控股 | 昆明 | 金融业 | 318.84 |
| 452 | 潍柴动力股份有限公司 | 台港澳与境内合资 | 潍坊 | 制造业 | 315.56 |
| 453 | 新疆广汇实业投资(集团)有限责任公司 | 私营企业 | 乌鲁木齐 | 制造业 | 315.06 |
| 458 | 山东高速集团有限公司 | 国有控股 | 济南 | 建筑业 | 311.36 |
| 459 | 海亮集团有限公司 | 私营企业 | 杭州 | 综合 | 310.49 |
| 462 | 纬创集团 | 台港澳法人独资 | 台北 | 制造业 | 308.67 |
| 466 | 成都兴城投资集团有限公司 | 国有独资 | 成都 | 建筑业 | 305.53 |
| 467 | 广州医药集团有限公司 | 国有控股 | 广州 | 医疗行业 | 304.66 |
| 469 | 上海德龙钢铁集团有限公司 | 外国法人独资 | 上海 | 采矿业 | 303.43 |
| 475 | 台湾中油股份有限公司 | 国有独资 | 高雄 | 采矿业 | 300.21 |
| 487 | 珠海格力电器股份有限公司 | 私营企业 | 珠海 | 制造业 | 294.02 |

### （二）地域分布

#### 1.区域分布

本报告按我国的五大区域（包括东部、中部、西部、东北部、港澳台地区①）划分对 2022 年入围企业进行了分类统计，具体包括入围数量、入围数量占比、营业收入总额、营业收入总额占比和平均营业收入。具体情况如表 2 所示。

表 2　2022 年"世界 500 强"中国企业区域分布

| 地区 | 入围数量（家） | 入围数量占比（%） | 营业收入总额（亿美元） | 营业收入总额占比（%） | 平均营业收入（亿美元） |
|---|---|---|---|---|---|
| 东部 | 108 | 74.48 | 95130 | 82.40 | 881 |
| 中部 | 9 | 6.21 | 4778 | 4.14 | 531 |
| 西部 | 10 | 6.90 | 4245 | 3.68 | 424 |
| 东北部 | 2 | 1.38 | 1689 | 1.46 | 844 |
| 台湾 | 9 | 6.21 | 5320 | 4.61 | 591 |
| 香港 | 7 | 4.83 | 4286 | 3.71 | 612 |
| 合计 | 145 | 100.00 | 115447 | 100.00 | 796 |

从入围企业的区域整体情况看，东部地区在数量和营业收入上仍然占据主导地位，和上年相比，中部和西部地区的企业数量有所上升，体现了中国坚持走东部地区率先发展、中部和西部地区逐步加快发展的区域梯次协调发展之路。东部地区企业共计 108 家，较上年减少 2 家，数量占比略微下降，从 2021 年的 75.52% 下降至 74.48%；中部地区入围企业数量有所上升，由

---

① 内资企业中东部、中部、西部和东北部地区的区域划分依据是国家统计局编撰的《中国统计年鉴》：东部地区包括北京、天津、河北、山东、上海、江苏、浙江、福建、海南和广东，共计 10 个省份；中部地区包括山西、河南、安徽、江西、湖北和湖南，共计 6 个省份；西部地区包括新疆、宁夏、内蒙古、青海、西藏、陕西、甘肃、重庆、四川、贵州、云南和广西，共计 12 个省份；东北部地区包括黑龙江、辽宁和吉林，共计 3 个省份。台港澳法人独资企业则是根据企业所在地分为台湾地区和香港地区企业，澳门地区没有入围企业。

2021 年的 7 家升至 9 家；西部地区入围企业数量也有所上升，由 2021 年的 7 家增长至 10 家，占比上升至 6.90%；东北部地区入围企业数量不变，仍为 2 家；台湾地区入围企业相较上年增加 1 家，香港地区和澳门地区本年度共减少 2 家企业。

具体而言，数量分布方面，2022 年，东部和东北部地区上榜企业数量合计 110 家，营业收入规模占比从 2009 年的 87.60% 下降至 83.86%，下降了 3.74 个百分点。中部和西部地区上榜企业数量合计 19 家，营业收入规模占比从 2010 年的 2.80% 上升至 7.82%，提高了 5.02 个百分点。中国内地（大陆）上榜企业集中分布在东部地区。东部地区上榜企业数量增长最快，从 2009 年的 33 家增加到 2022 年的 108 家，营业收入总额占比一直保持在 80% 以上，行业分布多元，金融、外贸、互联网等产业竞争优势明显。入围数量、营业收入总额占比和行业分布的明显优势，反映出我国东部地区经济发展区位优势突出，长期以来是我国经济发展的领头羊。中部和西部地区加快发展的趋势逐步显现。2010 年，中部实现"世界 500 强"上榜企业零的突破，2013 年以来数量相对稳定，2022 年共有 9 家企业上榜；2013 年，西部地区实现"世界 500 强"上榜企业零的突破，2022 年，突破两位数，共有 10 家企业上榜。两地区上榜企业目前分布在采矿和原油生产、金属产品、工程与建筑等行业。其中，采矿和原油生产、金属产品行业的企业数量居前两位，分别为 11 家和 5 家，工程与建筑行业 3 家，总体上反映出两地区的资源禀赋和区位特点。东北部地区上榜企业数量最少且鲜有增加。2009 年，中国第一汽车集团有限公司成为东北部地区首家进入"世界 500 强"榜单的企业；2012 年，鞍钢集团有限公司成为东北部地区第二家进入"世界 500 强"榜单的企业。

在营业收入总额方面，东部地区入围企业为 95130 亿美元，比上年增加 22.56%。中部地区营业收入总额较 2021 年也有所上升，为 4778 亿美元。西部地区的营业收入总额较上年有所上升，为 4245 亿美元。东部地区营业收入总额占比略有下降，而中部和西部地区的营业收入总额占比显著上升，这说明两地区企业的经营状况较上年有所改善。东北部地区、台湾地区

2022 年的营业收入总额及其占比较上年均有显著提升。香港地区的营业收入总额较上年无显著变化。在平均营业收入方面，所有地区平均营业收入均实现增长，其中，东部地区和东北部地区分别增长了 169 亿美元和 184 亿美元，地区涨幅最为明显，分别是 23.74% 和 27.27%。

总体而言，2022 年，东部地区企业仍然在入围数量以及营业收入总额上占据绝对优势。相比 2021 年，东部地区入围企业数量和营业收入总额均呈现稳定状态，而香港地区则呈现小幅增长。在全球经济受疫情冲击的背景下，我国东部地区企业的经营业绩在"世界 500 强"中表现优异，这与我国政府疫情应对策略、财政政策与经济刺激手段密不可分；而中部地区和西部地区单个企业恢复速度较快，这与其上年度基期比较水平较低有关；香港地区企业在营业收入方面均较上年有所增长，说明了粤港澳大湾区的战略布局，以及党和国家对香港地区企业发展的扶持政策起到了显著的促进作用。

**2. 省际分布**

2022 年，共有 23 个省级行政区的企业入围"世界 500 强"排行榜，北京市、广东省和上海市聚集了近 60% 的"世界 500 强"企业，一线城市是全国最具经济实力的城市。内地（大陆）省份当中贵州、重庆、河南等 10 个省份没有企业入围，而港澳台地区中澳门地区没有企业入围，说明"世界 500 强"企业的分布存在明显的区域聚集现状、省际分布较为不均衡。具体情况如表 3 所示。

表 3　2022 年入围企业数量和营业收入省际分布

| 省级行政区 | 入围数量（家） | 入围数量占比（%） | 营业收入总额（亿美元） | 营业收入总额占比（%） | 平均营业收入（亿美元） |
|---|---|---|---|---|---|
| 北　京 | 57 | 39.31 | 60556.29 | 52.45 | 1062.39 |
| 广　东 | 16 | 11.03 | 11448.67 | 9.92 | 715.54 |
| 上　海 | 11 | 7.59 | 7951.61 | 6.89 | 722.87 |
| 浙　江 | 9 | 6.21 | 5694.98 | 4.93 | 632.78 |
| 山　东 | 6 | 4.14 | 3230.40 | 2.80 | 538.40 |

续表

| 省级行政区 | 入围数量(家) | 入围数量占比(%) | 营业收入总额(亿美元) | 营业收入总额占比(%) | 平均营业收入(亿美元) |
|---|---|---|---|---|---|
| 福 建 | 5 | 3.45 | 3766.70 | 3.26 | 753.34 |
| 江 苏 | 3 | 2.07 | 2145.55 | 1.86 | 715.19 |
| 山 西 | 3 | 2.07 | 1420.12 | 1.23 | 473.37 |
| 新 疆 | 3 | 2.07 | 1414.69 | 1.23 | 471.56 |
| 陕 西 | 2 | 1.38 | 1131.12 | 0.98 | 565.56 |
| 河 北 | 2 | 1.38 | 1030.32 | 0.89 | 515.16 |
| 安 徽 | 2 | 1.38 | 752.11 | 0.65 | 376.05 |
| 四 川 | 2 | 1.38 | 651.02 | 0.56 | 325.51 |
| 吉 林 | 1 | 0.69 | 1094.05 | 0.95 | 1094.05 |
| 湖 北 | 1 | 0.69 | 861.22 | 0.75 | 861.22 |
| 江 西 | 1 | 0.69 | 709.14 | 0.61 | 709.14 |
| 辽 宁 | 1 | 0.69 | 594.48 | 0.51 | 594.48 |
| 甘 肃 | 1 | 0.69 | 409.58 | 0.35 | 409.58 |
| 湖 南 | 1 | 0.69 | 340.61 | 0.30 | 340.61 |
| 广 西 | 1 | 0.69 | 319.62 | 0.28 | 319.62 |
| 云 南 | 1 | 0.69 | 318.84 | 0.28 | 318.84 |
| 台 湾 | 9 | 6.21 | 5320.31 | 4.61 | 591.15 |
| 香 港 | 7 | 4.83 | 4285.98 | 3.71 | 612.28 |
| 合 计 | 145 | 100.00 | 115447.41 | 100.00 | 796.19 |

2022年，北京共有57家企业入围"世界500强"榜单，较上年增长2家，入围数量全国占比39.31%，营业收入全国占比52.45%，除了北京具有良好的投资环境以外，"世界500强"的中国企业大部分总部也在北京，因此对北京的项目更为熟悉，北京作为首都延续行业和地域上的绝对优势地位。具体情况如表4所示。

### 表4　2022年"世界500强"北京企业排名

单位：亿美元

| 排名 | 公司名称 | 企业性质 | 所在地 | 行业 | 营业收入 |
|---|---|---|---|---|---|
| 3 | 国家电网有限公司 | 国有独资 | 北京 | 电力、热力、燃气及水生产和供应业 | 4606.17 |
| 4 | 中国石油天然气集团有限公司 | 国有独资 | 北京 | 采矿业 | 4116.93 |
| 5 | 中国石油化工集团有限公司 | 国有独资 | 北京 | 采矿业 | 4013.14 |
| 9 | 中国建筑集团有限公司 | 国有独资 | 北京 | 建筑业 | 2937.12 |
| 22 | 中国工商银行股份有限公司 | 国有独资 | 北京 | 金融业 | 2090.00 |
| 24 | 中国建设银行股份有限公司 | 国有独资 | 北京 | 金融业 | 2004.34 |
| 28 | 中国农业银行股份有限公司 | 国有独资 | 北京 | 金融业 | 1814.12 |
| 31 | 中国中化控股有限责任公司 | 国有独资 | 北京 | 综合 | 1722.60 |
| 34 | 中国铁路工程集团有限公司 | 国有独资 | 北京 | 交通运输、仓储和邮政业 | 1664.52 |
| 39 | 中国铁道建筑集团有限公司 | 国有独资 | 北京 | 交通运输、仓储和邮政业 | 1582.03 |
| 40 | 中国人寿保险（集团）公司 | 国有独资 | 北京 | 金融业 | 1570.95 |
| 42 | 中国银行股份有限公司 | 国有独资 | 北京 | 金融业 | 1524.09 |
| 46 | 京东集团股份有限公司 | 私营企业 | 北京 | 批发和零售业 | 1475.26 |
| 57 | 中国移动通信集团有限公司 | 国有独资 | 北京 | 信息传输、软件和信息技术服务业 | 1319.13 |
| 58 | 中国五矿集团有限公司 | 国有独资 | 北京 | 综合 | 1318.00 |
| 60 | 中国交通建设集团有限公司 | 国有独资 | 北京 | 建筑业 | 1306.64 |
| 65 | 中国海洋石油集团有限公司 | 国有独资 | 北京 | 采矿业 | 1269.20 |
| 80 | 中国医药集团有限公司 | 国有独资 | 北京 | 制造业 | 1087.79 |
| 81 | 中国邮政集团有限公司 | 国有独资 | 北京 | 交通运输、仓储和邮政业 | 1086.69 |
| 85 | 国家能源投资集团有限责任公司 | 国有独资 | 北京 | 综合 | 1070.95 |
| 91 | 中粮集团有限公司 | 国有独资 | 北京 | 综合 | 1030.87 |
| 100 | 中国电力建设集团有限公司 | 国有独资 | 北京 | 电力、热力、燃气及水生产和供应业 | 964.22 |
| 102 | 中国中信集团有限公司 | 国有独资 | 北京 | 金融业 | 961.26 |
| 110 | 中国人民保险集团股份有限公司 | 国有独资 | 北京 | 金融业 | 921.82 |

续表

| 排名 | 公司名称 | 企业性质 | 所在地 | 行业 | 营业收入 |
|---|---|---|---|---|---|
| 131 | 中国电信集团有限公司 | 国有独资 | 北京 | 信息传输、软件和信息技术服务业 | 835.96 |
| 136 | 中国兵器工业集团有限公司 | 国有独资 | 北京 | 制造业 | 817.85 |
| 139 | 中国铝业集团有限公司 | 国有独资 | 北京 | 采矿业 | 804.07 |
| 144 | 中国航空工业集团有限公司 | 国有独资 | 北京 | 制造业 | 793.32 |
| 162 | 北京汽车集团有限公司 | 国有独资 | 北京 | 制造业 | 746.87 |
| 181 | 中国保利集团有限公司 | 国有独资 | 北京 | 综合 | 690.07 |
| 196 | 中国建材集团有限公司 | 国有独资 | 北京 | 建筑业 | 644.17 |
| 210 | 中国光大集团股份公司 | 国有控股 | 北京 | 金融业 | 611.94 |
| 215 | 中国华能集团有限公司 | 国有独资 | 北京 | 电力、热力、燃气及水生产和供应业 | 600.49 |
| 224 | 中国机械工业集团有限公司 | 国有独资 | 北京 | 综合 | 574.46 |
| 233 | 中国电子科技集团有限公司 | 国有独资 | 北京 | 制造业 | 554.57 |
| 243 | 中国船舶集团有限公司 | 国有独资 | 北京 | 综合 | 536.71 |
| 260 | 国家电力投资集团有限公司 | 国有独资 | 北京 | 电力、热力、燃气及水生产和供应业 | 515.18 |
| 266 | 小米集团 | 私营企业 | 北京 | 批发和零售业 | 508.98 |
| 267 | 中国联合网络通信股份有限公司 | 国有独资 | 北京 | 信息传输、软件和信息技术服务业 | 508.28 |
| 269 | 中国能源建设集团有限公司 | 国有独资 | 北京 | 电力、热力、燃气及水生产和供应业 | 503.45 |
| 273 | 中国民生银行股份有限公司 | 私营企业 | 北京 | 金融业 | 500.79 |
| 297 | 中国中煤能源集团有限公司 | 国有独资 | 北京 | 采矿业 | 466.65 |
| 315 | 中国兵器装备集团公司 | 国有独资 | 北京 | 制造业 | 443.74 |
| 322 | 中国航天科技集团有限公司 | 国有独资 | 北京 | 制造业 | 434.20 |
| 324 | 中国电子信息产业集团有限公司 | 国有独资 | 北京 | 综合 | 431.18 |
| 326 | 中国华电集团有限公司 | 国有独资 | 北京 | 电力、热力、燃气及水生产和供应业 | 428.55 |
| 328 | 首钢集团有限公司 | 国有独资 | 北京 | 综合 | 420.90 |
| 341 | 中国航天科工集团有限公司 | 国有独资 | 北京 | 制造业 | 408.56 |
| 346 | 泰康保险集团股份有限公司 | 台港澳法人独资 | 北京 | 金融业 | 406.08 |

续表

| 排名 | 公司名称 | 企业性质 | 所在地 | 行业 | 营业收入 |
|---|---|---|---|---|---|
| 356 | 新希望控股集团有限公司 | 私营企业 | 北京 | 农业 | 391.69 |
| 363 | 北京建龙重工集团有限公司 | 私营企业 | 北京 | 采矿业 | 383.57 |
| 364 | 中国核工业集团有限公司 | 国有独资 | 北京 | 制造业 | 383.28 |
| 385 | 中国中车集团有限公司 | 国有独资 | 北京 | 制造业 | 369.64 |
| 411 | 中国大唐集团有限公司 | 国有独资 | 北京 | 制造业 | 347.00 |
| 412 | 龙湖集团控股有限公司 | 私营企业 | 北京 | 建筑业 | 346.30 |
| 414 | 中国航空油料集团有限公司 | 国有独资 | 北京 | 交通运输、仓储和邮政业 | 345.19 |
| 416 | 新华人寿保险股份有限公司 | 私营企业 | 北京 | 金融业 | 344.76 |

2022年，广东共有16家企业上榜"世界500强"，占所有入围企业数量的11.03%，营业收入占比9.92%，入围数量和营业收入仅次于北京。在粤港澳大湾区的战略部署下，广东辖区内拥有广州、深圳等一线城市，是全面深化改革的前沿阵地和引进西方经济、文化、科技的窗口，民营企业发达，经济表现活跃。在"十四五"规划中，广东提出充分发挥广州、深圳"双核联动、比翼双飞"作用，全力支持深圳建设中国特色社会主义先行示范区，以同等力度支持广州实现老城市新活力和"四个出新出彩"，推动"双城"做优做强，共同打造全省发展核心引擎。2022年入围"世界500强"的广东企业聚集在广州、深圳、珠海和佛山四座城市。具体情况如表5所示。

表5　2022年"世界500强"广东企业排名

单位：亿美元

| 排名 | 公司名称 | 企业性质 | 所在地 | 行业 | 营业收入 |
|---|---|---|---|---|---|
| 25 | 中国平安保险（集团）股份有限公司 | 私营企业 | 深圳 | 金融业 | 1996.29 |
| 76 | 正威国际集团有限公司 | 私营企业 | 深圳 | 制造业 | 1120.49 |
| 89 | 中国南方电网有限责任公司 | 国有独资 | 广州 | 电力、热力、燃气及水生产和供应业 | 1041.19 |

续表

| 排名 | 公司名称 | 企业性质 | 所在地 | 行业 | 营业收入 |
|---|---|---|---|---|---|
| 96 | 华为投资控股有限公司 | 私营企业 | 深圳 | 制造业 | 987.25 |
| 121 | 腾讯控股有限公司 | 私营企业 | 深圳 | 信息传输、软件和信息技术服务业 | 868.36 |
| 138 | 碧桂园控股有限公司 | 私营企业 | 佛山 | 建筑业 | 810.91 |
| 174 | 招商银行股份有限公司 | 其他 | 深圳 | 金融业 | 710.64 |
| 178 | 万科企业股份有限公司 | 国有控股 | 深圳 | 建筑业 | 701.98 |
| 186 | 广州汽车工业集团有限公司 | 国有控股 | 广州 | 制造业 | 669.55 |
| 245 | 美的集团股份有限公司 | 国有控股 | 佛山 | 制造业 | 532.32 |
| 360 | 广州市建筑集团有限公司 | 国有控股 | 广州 | 建筑业 | 386.24 |
| 372 | 深圳市投资控股有限公司 | 国有独资 | 深圳 | 金融业 | 375.99 |
| 436 | 比亚迪股份有限公司 | 私营企业 | 深圳 | 制造业 | 327.58 |
| 441 | 顺丰控股股份有限公司 | 私营企业 | 深圳 | 综合 | 321.20 |
| 467 | 广州医药集团有限公司 | 国有控股 | 广州 | 医疗行业 | 304.66 |
| 487 | 珠海格力电器股份有限公司 | 私营企业 | 珠海 | 制造业 | 294.02 |

2022 年，上海共有 11 家企业入围，较上年增加了 2 家企业，入围数量占比 7.59%，在全国范围内保持领先优势。上海作为长三角地区的经济中心，经济发展动力强劲，拥有发达的金融系统、便捷的交通运输系统和雄厚的人才技术资源基础。其入围企业集中于金融业、建筑业等。具体情况如表 6 所示。

表 6　2022 年"世界 500 强"上海企业排名

单位：亿美元

| 排名 | 公司名称 | 企业性质 | 所在地 | 行业 | 营业收入 |
|---|---|---|---|---|---|
| 44 | 中国宝武钢铁集团有限公司 | 国有独资 | 上海 | 制造业 | 1507.30 |
| 68 | 上海汽车集团股份有限公司 | 国有控股 | 上海 | 制造业 | 1209.00 |
| 125 | 绿地控股集团股份有限公司 | 私营企业 | 上海 | 建筑业 | 844.54 |
| 127 | 中国远洋海运集团有限公司 | 国有独资 | 上海 | 交通运输、仓储和邮政业 | 841.30 |
| 155 | 交通银行股份有限公司 | 国有控股 | 上海 | 金融业 | 759.86 |
| 182 | 中国太平洋保险（集团）股份有限公司 | 国有控股 | 上海 | 金融业 | 683.13 |

续表

| 排名 | 公司名称 | 企业性质 | 所在地 | 行业 | 营业收入 |
|------|---------|---------|-------|------|---------|
| 226 | 上海浦东发展银行股份有限公司 | 国有控股 | 上海 | 金融业 | 567.95 |
| 299 | 苏商建设集团有限公司 | 私营企业 | 上海 | 建筑业 | 464.78 |
| 321 | 上海建工集团股份有限公司 | 其他 | 上海 | 建筑业 | 435.72 |
| 430 | 上海医药集团股份有限公司 | 国有控股 | 上海 | 医疗行业 | 334.59 |
| 469 | 上海德龙钢铁集团有限公司 | 外国法人独资 | 上海 | 采矿业 | 303.43 |

2022年，浙江共有9家企业入围榜单，较上年增长1家，入围数量和营业收入分别占入围企业总量的6.21%和4.93%。浙江既是经济大省，也是贸易大省、贸易强省，货物贸易进出口总额连续多年处于全国领先水平。其中，物产中大集团股份有限公司是全球瞩目的贸易公司；独角兽和新经济企业的领头羊阿里巴巴集团控股有限公司也是扩张浙江经济韧性的企业，带动了整体产业经济的发展及腾飞。具体情况如表7所示。

表7　2022年"世界500强"浙江企业排名

单位：亿美元

| 排名 | 公司名称 | 企业性质 | 所在地 | 行业 | 营业收入 |
|------|---------|---------|-------|------|---------|
| 55 | 阿里巴巴集团控股有限公司 | 私营企业 | 杭州 | 批发和零售业 | 1329.36 |
| 120 | 物产中大集团股份有限公司 | 国有控股 | 杭州 | 综合 | 872.11 |
| 180 | 浙江荣盛控股集团有限公司 | 国有控股 | 杭州 | 制造业 | 695.03 |
| 229 | 浙江吉利控股集团有限公司 | 私营企业 | 杭州 | 制造业 | 558.60 |
| 238 | 青山控股集团有限公司 | 私营企业 | 温州 | 制造业 | 545.74 |
| 264 | 浙江恒逸集团有限公司 | 私营企业 | 杭州 | 批发和零售业 | 509.74 |
| 302 | 浙江省交通投资集团有限公司 | 国有控股 | 杭州 | 交通运输、仓储和邮政业 | 463.82 |
| 336 | 杭州钢铁集团有限公司 | 国有控股 | 杭州 | 综合 | 410.09 |
| 459 | 海亮集团有限公司 | 私营企业 | 杭州 | 综合 | 310.49 |

2022年，山东有6家企业入围榜单，比2021年增加了1家企业，占全国入围总量的4.14%，山东企业营业收入3230.40亿美元，占全国入围企业营业收入总量的2.80%，较上年有较大幅度的增长。山东是经济强省，"十

四五"以来坚持创新在现代化建设全局中的核心地位，聚焦集成电路、高端装备、新材料、生物医药、氢能源、现代农业等领域，每年实施100项左右重大技术攻关项目，集中突破一批"卡脖子"技术。山东将坚持把发展经济着力点放在实体经济上，聚焦打造具有国际核心竞争力的"十强"现代优势产业，加快构建新动能主导的现代化产业体系，推动新旧动能转换取得突破、塑成优势。具体情况如表8所示。

表8 2022年"世界500强"山东企业排名

单位：亿美元

| 排名 | 公司名称 | 企业性质 | 所在地 | 行业 | 营业收入 |
|---|---|---|---|---|---|
| 69 | 山东能源集团有限公司 | 国有独资 | 济南 | 综合 | 1200.12 |
| 199 | 山东魏桥创业集团有限公司 | 国有控股 | 滨州 | 制造业 | 637.39 |
| 332 | 山东钢铁集团有限公司 | 国有控股 | 济南 | 制造业 | 413.19 |
| 405 | 海尔智家股份有限公司 | 私营企业 | 青岛 | 制造业 | 352.78 |
| 452 | 潍柴动力股份有限公司 | 台港澳与境内合资 | 潍坊 | 制造业 | 315.56 |
| 458 | 山东高速集团有限公司 | 国有控股 | 济南 | 建筑业 | 311.36 |

2022年，福建共有5家企业入围"世界500强"榜单，入围数量占比3.45%，入围企业营业收入占比3.26%。福建位于我国东南沿海，具有多个开放通航港口（以贸易枢纽功能为主），拥有福州、厦门等经济发展前沿城市。具体情况如表9所示。

表9 2022年"世界500强"福建企业排名

单位：亿美元

| 排名 | 公司名称 | 企业性质 | 所在地 | 行业 | 营业收入 |
|---|---|---|---|---|---|
| 77 | 厦门建发集团有限公司 | 国有独资 | 厦门 | 综合 | 1115.57 |
| 106 | 厦门国贸控股集团有限公司 | 国有独资 | 厦门 | 综合 | 937.91 |
| 160 | 厦门象屿集团有限公司 | 国有独资 | 厦门 | 综合 | 750.94 |
| 208 | 兴业银行股份有限公司 | 国有控股 | 福州 | 金融业 | 613.31 |
| 407 | 紫金矿业集团股份有限公司 | 国有控股 | 龙岩 | 采矿业 | 348.98 |

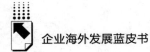

2022 年，江苏有 3 家企业入围榜单。数量占比 2.07%，入围企业营业收入 2145.56 亿美元，占比 1.86%。江苏作为长三角地区的核心地带，拥有南京、苏州等一线城市，人才聚集，经济活跃。具体情况如表 10 所示。

表 10    2022 年"世界 500 强"江苏企业排名

单位：亿美元

| 排名 | 公司名称 | 企业性质 | 所在地 | 行业 | 营业收入 |
|---|---|---|---|---|---|
| 75 | 恒力集团有限公司 | 私营企业 | 苏州 | 制造业 | 1135.36 |
| 241 | 盛虹控股集团有限公司 | 私营企业 | 苏州 | 批发和零售业 | 539.48 |
| 291 | 江苏沙钢集团有限公司 | 私营企业 | 张家港 | 制造业 | 470.72 |

2022 年，山西入围榜单企业的数量和营业收入分别为 3 家和 1420.11 亿美元，占比分别为 2.07% 和 1.23%。山西省是著名的煤炭资源采集和加工地，2022 年山西阳泉煤业集团更名为华阳新材料科技集团。山西矿产资源丰富，采矿业发展迅速。具体情况如表 11 所示。

表 11    2022 年"世界 500 强"山西企业排名

单位：亿美元

| 排名 | 公司名称 | 企业性质 | 所在地 | 行业 | 营业收入 |
|---|---|---|---|---|---|
| 163 | 晋能控股集团有限公司 | 国有控股 | 大同 | 采矿业 | 745.88 |
| 422 | 潞安化工集团有限公司 | 国有控股 | 长治 | 电力、热力、燃气及水生产和供应业 | 340.43 |
| 431 | 山西焦煤集团有限责任公司 | 国有独资 | 太原 | 采矿业 | 333.80 |

2022 年，新疆上榜企业 3 家，占比 2.07%。2022 年营业收入为 1414.69 亿美元，比上年增加了 499.83 亿美元。具体情况如表 12 所示。

**表 12  2022 年"世界 500 强"新疆企业排名**

单位：亿美元

| 排名 | 公司名称 | 企业性质 | 所在地 | 行业 | 营业收入 |
|------|---------|---------|--------|------|---------|
| 150 | 太平洋建设集团有限公司 | 私营企业 | 乌鲁木齐 | 建筑业 | 770.73 |
| 434 | 新疆中泰（集团）有限责任公司 | 国有独资 | 乌鲁木齐 | 综合 | 328.90 |
| 453 | 新疆广汇实业投资（集团）有限责任公司 | 私营企业 | 乌鲁木齐 | 制造业 | 315.06 |

2022 年，陕西、河北、安徽、四川上榜企业均为 2 家。其中，陕西入围企业为陕西煤业化工集团有限责任公司和陕西延长石油（集团）有限责任公司，平均营业收入为 565.56 亿美元，总营业收入占比为 0.98%；河北入围企业为河钢集团有限公司和敬业集团有限公司，平均营业收入为 515.16 亿美元，总营业收入占比为 0.89%；安徽入围企业为安徽海螺集团有限责任公司和铜陵有色金属集团控股有限公司，平均营业收入为 376.06 亿美元，总营业收入占比为 0.65%；四川入围企业为蜀道投资集团有限责任公司和成都兴城投资集团有限公司，平均营业收入为 325.51 亿美元，总营业收入占比为 0.56%。

吉林、湖北、江西、辽宁、甘肃、湖南、广西和云南各有 1 家企业入围。其中，吉林入围企业为中国第一汽车集团有限公司，营业收入 1094.05 亿美元，占比 0.95%；湖北入围企业为东风汽车集团有限公司，营业收入 861.22 亿美元，占比 0.75%；江西入围企业为江西铜业集团有限公司，营业收入 709.14 亿美元，占比 0.61%；辽宁入围企业为鞍钢集团有限公司，营业收入 594.48 亿美元，占比 0.51%；甘肃入围企业为金川集团股份有限公司，营业收入 409.58 亿美元，占比 0.35%；湖南入围企业为湖南钢铁集团有限公司，营业收入 340.61 亿美元，占比 0.30%；广西入围企业为广西投资集团有限公司，营业收入 319.62 亿美元，占比 0.28%；云南省入围企业为云南省投资控股集团有限公司，营业收入 318.84 亿美元，占比 0.28%。

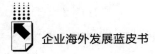

此外，台湾地区有 9 家企业入围，数量占比 6.21%；营业收入 5320.31 亿美元，占比 4.61%。具体情况如表 13 所示。

表 13    2022 年"世界 500 强"台湾企业排名

单位：亿美元

| 排名 | 公司名称 | 企业性质 | 所在地 | 行业 | 营业收入 |
| --- | --- | --- | --- | --- | --- |
| 20 | 鸿海精密工业股份有限公司 | 台港澳法人独资 | 新北 | 制造业 | 2146.19 |
| 225 | 台积公司 | 台港澳法人独资 | 新竹 | 制造业 | 568.37 |
| 311 | 和硕 | 台港澳法人独资 | 台北 | 制造业 | 452.47 |
| 317 | 仁宝电脑 | 台港澳法人独资 | 台北 | 制造业 | 442.43 |
| 349 | 广达电脑公司 | 台港澳法人独资 | 桃园 | 制造业 | 404.40 |
| 376 | 国泰金融控股股份有限公司 | 台港澳法人独资 | 台北 | 金融业 | 375.34 |
| 440 | 富邦金融控股股份有限公司 | 台港澳法人独资 | 台北 | 金融业 | 322.23 |
| 462 | 纬创集团 | 台港澳法人独资 | 台北 | 制造业 | 308.67 |
| 475 | 台湾中油股份有限公司 | 国有独资 | 高雄 | 采矿业 | 300.21 |

香港地区有 7 家企业入围，数量占比 4.83%；入围企业营业收入 4285.98 亿美元，占比较上年略微有所下降，为 3.71%。具体情况如表 14 所示。

表 14    2022 年"世界 500 强"香港企业排名

单位：亿美元

| 排名 | 公司名称 | 企业性质 | 所在地 | 行业 | 营业收入 |
| --- | --- | --- | --- | --- | --- |
| 70 | 中国华润有限公司 | 国有独资 | 香港 | 建筑业 | 1196.01 |
| 152 | 招商局集团有限公司 | 国有独资 | 香港 | 综合 | 767.67 |
| 171 | 联想集团有限公司 | 私营企业 | 香港 | 综合 | 716.18 |
| 288 | 友邦保险控股有限公司 | 台港澳法人独资 | 香港 | 金融业 | 475.25 |
| 334 | 中国太平保险集团有限责任公司 | 国有独资 | 香港 | 金融业 | 410.91 |
| 393 | 长江和记实业有限公司 | 台港澳法人独资 | 香港 | 综合 | 361.34 |
| 397 | 怡和集团 | 台港澳法人独资 | 香港 | 综合 | 358.62 |

（三）行业分布

2022 年，我国入围企业主要分布于十一大行业。具体情况如表 15 所示。

表 15　2022 年入围企业数量和营业收入行业分布

| 行业 | 入围数量（家） | 入围数量占比（%） | 营业收入总额（亿美元） | 营业收入总额占比（%） | 平均营业收入（亿美元） |
|---|---|---|---|---|---|
| 制造业 | 43 | 29.65 | 27863.87 | 24.14 | 648.00 |
| 金融业 | 24 | 16.55 | 20679.51 | 17.91 | 861.65 |
| 综合 | 23 | 15.86 | 16615.70 | 14.39 | 722.42 |
| 建筑业 | 15 | 10.34 | 11807.52 | 10.23 | 787.17 |
| 采矿业 | 14 | 9.66 | 14572.09 | 12.62 | 1040.86 |
| 电力、热力、燃气及水生产和供应业 | 8 | 5.52 | 8999.68 | 7.80 | 1124.96 |
| 交通运输、仓储和邮政业 | 6 | 4.14 | 5983.55 | 5.18 | 997.26 |
| 批发和零售业 | 5 | 3.45 | 4362.82 | 3.78 | 872.56 |
| 信息传输、软件和信息技术服务业 | 4 | 2.76 | 3531.73 | 3.06 | 882.93 |
| 医疗行业 | 2 | 1.38 | 639.25 | 0.55 | 319.63 |
| 农业 | 1 | 0.69 | 391.69 | 0.34 | 391.69 |
| 合计 | 145 | 100.00 | 115447.41 | 100.00 | 796.19 |

2022 年，入围"世界 500 强"的制造业企业有 43 家，较上年有所增长，占比 29.65%；营业收入总额 27863.87 亿美元，占比 24.14%，平均营业收入 648.00 亿美元，相较全国各行业 796.19 亿美元的平均水平略低。2022 年，中国有 29 个行业进入行业营业收入排名前三，工程与建筑、金属产品、采矿和原油生产等 19 个行业排名第一。美国有 41 个行业排名前三，互联网服务、保健和综合商业等 32 个行业排名第一。日本进入排名前三的行业由 2011 年的 22 个减至 2022 年的 11 个。这说明中国制造业"世界 500 强"企业具有一定数量规模，但我国制造业入围企业在营业收入、利润等

方面均存在相当大的差距，这也反映出我们制造业大而不强的现状，未来在做优做强制造业上仍有较大提升空间。

2022年，居房地产、纺织、工程与建筑、运输及物流、金属产品、网络与通信设备等细分行业首位的中国企业营业收入占"世界500强"同行业营业收入的比重超过60%。2022年，以ATJ（阿里、腾讯、京东）为首的中国上榜互联网企业平均营业收入1224亿美元，是2017年的4.3倍，反映了中国在新一轮信息革命浪潮中勇立潮头，充分把握"弯道超车"新机遇，在网络经济领域实现快速发展。具体情况如图1所示。

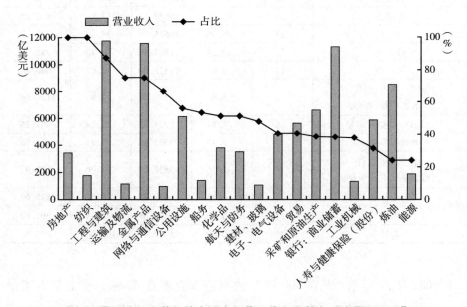

**图1 居细分行业首位的中国企业营业收入及其占"世界500强"
同行业营业收入比重**

金融业入围企业数量达到24家，占比16.55%，入围数量位居行业第二。金融业入围企业营业收入总额达20679.51亿美元，占比17.91%。入围企业平均营业收入861.65亿美元，远高于全国平均水平。中国金融业企业在全球金融领域的地位和影响力持续提升。2010~2022年，中国上榜金融业企业营业收入总额占比从6.50%持续上升至17.91%；净利润占比从最低的

24.1%增长至最高的39.4%。2022年，中国上榜金融业企业最高排名（中国工商银行股份有限公司）为第22位，与行业最高排名（伯克希尔—哈撒韦公司）第14位仅差8位。伴随国家倡导金融服务实体企业发展，积极引导资金"脱虚向实"，金融业利润水平逐年下降。2022年占比48.1%，较2017年占比降低12.1个百分点，治理"脱实向虚"问题、提振实体经济的决策部署取得明显成效。

综合方面入围企业的数量达到23家，占比15.86%，仅次于制造业和金融业数量。在全面深化改革背景下，许多企业亟待进行多元化转型升级，开始拓展经营多个行业，如实业投资、金融投资、服务租赁和地产等。2022年，综合企业营业收入总额16615.70亿美元，占比14.39%，平均营业收入722.42亿美元，低于全国各行业平均水平。

建筑业入围企业共有15家，数量占比10.34%。建筑业入围企业的营业收入总额11807.52亿美元，占比10.23%。在平均营业收入方面，建筑业较上年水平有较大上升，达到787.17亿美元。我国建筑业企业自2015年上榜以来，数量不断增多，从1家上升至15家；营业收入总额占比略微下降。2022年，新上榜1家建筑业企业，为苏商建设集团有限公司，排第299名。榜单上的房地产企业均来自中国。但是2022年中国房地产企业一共只有5家，比上年少了3家。相比上年，这些房地产企业平均营业收入有所上升，但是平均利润下降。"世界500强"上榜的15家建筑业企业均为中国企业，中国建筑业一枝独秀的特点在榜单中尤为显著。

采矿业入围企业数量达到14家，占比9.66%，入围数量位居行业第五。采矿业入围企业营业收入总额14572.09亿美元，占比12.62%。入围企业平均营业收入1040.86亿美元，远高于全国平均水平。

电力、热力、燃气及水生产和供应业入围企业数量达到8家，占比5.52%，营业收入总额8999.68亿美元，占比7.80%。入围企业平均营业收入1124.96亿美元，依然是平均营业收入最高的行业。2022年，中国能源企业始终积极贯彻落实国家降低社会用能成本的政策，受逐步趋严的能源价格管制影响，盈利空间逐渐收窄。中国上榜能源企业的效益水平较低，国家电网有限公司的净利率由 2019 年的 2.1% 降到 2022 年的 1.5%；中国南方电网有限责任公司的净利率由 2019 年的 2.2% 降到 2022 年的 1.3%。能源企业结构均在向绿色低碳转型。

交通运输、仓储和邮政业与批发和零售业入围企业共有 11 家。前者入围企业数量占比 4.14%，营业收入总额 5983.55 亿美元，占比 5.18%。后者入围企业有 5 家，占比 3.45%，营业收入总额 4362.82 亿美元，占比 3.78%，平均营业收入 872.56 亿美元，高于全国平均水平。

信息传输、软件和信息技术服务业入围企业共有 4 家，占比 2.76%，营业收入总额 3531.73 亿美元，占比 3.06%。入围企业平均营业收入 882.93 亿美元，高于全国平均水平。2022 年，我国有 4 家互联网企业（按照榜单披露的互联网服务和零售行业）上榜，分别为京东集团股份有限公司、阿里巴巴集团控股有限公司、腾讯控股有限公司和小米集团，占总上榜互联网企业的半数以上。自 2016 年以来，我国互联网企业在榜单中发展态势强劲。2022 年，4 家企业分别排第 46 名、第 55 名、第 121 名、第 266 名，与 2021 年相比，排名分别上升 13 位、8 位、10 位、72 位。其中，收入增长率最高的是小米集团，为 42.8%；净利率最高的是腾讯控股有限公司，为 33.9%。

此外，医疗行业和农业企业入围数量较少，共 3 家，合计占比 2.07%；营业收入总额及其占比不高；平均营业收入远低于全国平均水平。

与国际对比，2022 年，"世界 500 强"企业分布在 57 个行业，中国上榜企业分布在 32 个行业，尚有 25 个行业无中国企业上榜，与同期美国上榜企业分布在 48 个行业相比，中国还有 16 个行业的差距。2022 年，美国上榜的 48 个行业，有 32 个行业位列第一；中国上榜的 32 个行业，有 19 个行业位列第一，与美国尚有 13 个行业的差距。中国尚未进入行业排名第一的 13 个行业，有 10 个行业进入行业营业收入排名前三，有 3 个行业尚在第 3 名之外。中国企业营业收入排名尚未达到第一的 13 个行业，分布在工业、商贸零售服务、医疗保健、电子制造、信息软件和技术服务与金融等领域。中国尚未进入行业营业收入排名前三的 3 个行业，分别是专业零售、财产与意外保险（股份）和食品生产。中国企业排名第一的 19 个行业中，房地产、纺织、工程与建筑、运输及物流、金属产品、网络与通信设备、公用设施、船务、化学品、航天与防务10个行业具有明显规模优势，营业收入占比超过50%。中国企业没有达到排名第一的13个行业中，制药、多元化金融，以及邮件、包裹及货物包装运输等行业的营业收入与世界第一的差距较小；计算机和办公设备、批发（保健）、财产与意外保险（股份）、互联网服务和零售等行业的营业收入与世界第一的差距较大。具体情况如图2所示。

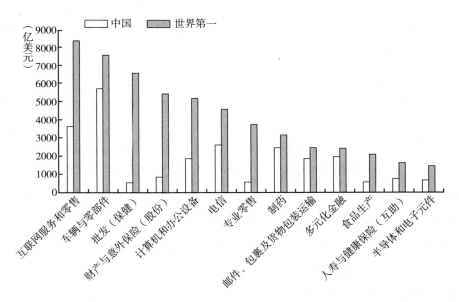

图2　中国尚未达到世界第一的行业与世界第一的行业营业收入差距对比

（四）所有制结构分布

本报告按所有制结构对入围企业进行了分类统计。入围数量及其占比方面，2022年私营企业/其他共有32家入围，占当年入围企业总体数量的22.07%；国有企业共有99家入围，数量占入围企业总体数量的68.28%；台港澳法人独资/台港澳与境内合资/外国法人独资共有14家入围。营业收入总额及其占比方面，国有企业以87150.84亿美元领先其他两种类型，占总体营业收入的75.49%。平均营业收入方面，私营企业/其他为658.01亿美元，国有企业为 880.31 亿美元，两者之间仍然呈现显著差异，但差异正逐年缩小。具体情况如表 16 所示。

表 16　2022 年入围企业数量和营业收入所有制结构分布

| 所有制类型 | 入围数量（家） | 入围数量占比（%） | 营业收入总额（亿美元） | 营业收入总额占比（%） | 平均营业收入（亿美元） |
|---|---|---|---|---|---|
| 国有企业 | 99 | 68.28 | 87150.84 | 75.49 | 880.31 |
| 私营企业/其他 | 32 | 22.07 | 21056.19 | 18.24 | 658.01 |
| 台港澳法人独资/台港澳与境内合资/外国法人独资 | 14 | 9.66 | 7240.37 | 6.27 | 517.17 |
| 合计 | 145 | 100.00 | 115447.41 | 100.00 | 796.19 |

国有企业中，2022 年中央企业上榜 59 家，在我国上榜企业中数量近半、排名靠前，领跑态势明显。上榜中央企业中，国资委管理 48 家，财政部管理 11 家，上榜企业总数量减少 2 家［中国航空油料集团有限公司、台湾中油股份有限公司新上榜，华润置地有限公司、中国化工集团有限公司、中国通用技术（集团）控股有限责任公司和中国再保险（集团）股份有限公司退榜］。我国进入"世界 500 强"排名前 10 与盈利前 10 的均为中央企业；排名前 100 的 35 家内地（大陆）企业中，26 家为中央企业。地方国企中，我国上榜排名最高的为上海汽车集团股份有限公司，排第 68 名；最低的为广州医药集团有限公司，排第 467 名。上榜地方国企平均排名较上年略有下降。排名提升幅度最大的前五家企业为浙江省交通投资集团有限公司、广州市建筑集团有限公司、首钢集团有限公司、紫金矿业集团股份有限公司和厦门建发集团有限公司，分别较上一年提升 131 位、100 位、83 位、79位、71 位。2022 年，有 13 家地方国企排名下降，平均排名下降 20 位。地方国有企业营业收入同比增长 22.28%，平均利润为 1259.90 亿美元，较上年上升 6.60%。

民营企业中，2022 年，我国有 36 家内地（大陆）民营企业上榜，新上榜企业 4 家。其中，位居榜单前 100 的有 6 家，排第 101～200 名的有 8 家，排第 201～300 名的有 9 家，排第 301～400 名的有 4 家，排第 401～500 名的有 9 家。排名前三的分别是中国平安保险（集团）股份有限公司、京东集团股份有限公司和阿里巴巴集团控股有限公司，分别排第 25、46 和 55 名。苏商建设集团有限公司（第 299 名）、比亚迪股份有限公司（第 436 名）、顺丰控股股份有限公司（第 441 名）、上海德龙钢铁集团有限公司（第 469 名）上榜。

## 二　2022年入围中国典型企业研究

（一）基于地域维度的典型企业研究

1. 东部地区——国家能源投资集团有限责任公司

国家能源投资集团有限责任公司，是国家垂直管道国企重点骨干企业、最大国有资本经营企业改制的重点公司。

业务布局方面，公司主要以采煤和发电为基础，同时与热力、煤制油化、科技建设、交通运输和工业金融等领域协调发展。2022 年，公司实现煤炭产量 6.0 亿吨，同比增长 5.4%；煤炭销量 7.9 亿吨，同比增长 2.6%；发电量 1.1 万亿千瓦时，同比增长 3.3%；供热量 5.0 亿吉焦。同时，公司营业收入规模持续增长，在全国能源发电行业独占鳌头，营业收入在 2022 年有较大增长，达到 1070.95 亿美元，相比上年增长 32.68%，虽然公司目前发电以火力发电为主，但紧随能源转型趋势，风力发电和太阳能发电将有良好的发展趋势。排名和业绩分布如图 3 所示。

2. 中部地区——潞安化工集团有限公司

潞安化工集团有限公司于 2020 年 7 月正式组建，目标在于深入贯彻习近平总书记提出的"在转型发展上率先蹚出一条新路来"① 的指示要求，

---

① 《在转型发展上率先蹚出一条新路来》，人民网，2020 年 5 月 15 日，http：//sx.people. com.cn/n2/2020/0515/c189130-34018545.html。

国家能源投资集团有限责任公司

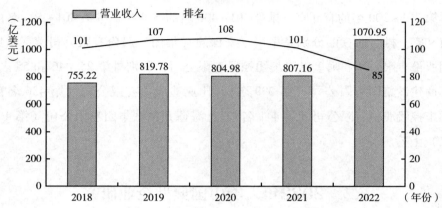

图3　2018~2022年东部地区典型企业业绩排名情况

属于为推进专业化战略重组而设立的省属重点国有企业。

业务布局方面，集团作为拥有煤炭与化工双主业的企业，主要经营业务包括化学品的生产与加工销售、化工材料等的生产以及矿产资源的开采与加工销售，坚持着力构建以"强煤、优化、育新"为特征的现代化产业体系，深入推进煤炭与化工一体的融合发展。2022年营业收入为340.43亿美元，较上年增长45.30%，2021年未上榜，2020年营业收入为260.78亿美元。集团居2022年中国能源企业第21位、山西企业第2位。

3. 西部地区——新疆中泰（集团）有限责任公司

新疆中泰（集团）有限责任公司于2001年成立，为国有独资性质的公司，目前是新疆维吾尔自治区重点支持的优势资源转换企业，2022年首次上榜。

业务布局方面，公司目前拥有新疆中泰进出口贸易有限公司、中泰国际发展（香港）有限公司等46家全资、控股子公司及49家参股公司。公司主营聚氯乙烯树脂、离子膜烧碱、粘胶纤维、粘胶纱等产品。产品除了供应本地市场外，还远销中国其他省份，并出口到南美洲、非洲和东南亚等地区，具有较高的市场知名度和良好的信誉。2022年，公司17个在建项目完成投资 69 亿元，金晖兆丰 75 万吨/年电石项目、美克化工四期 10 万吨/年 BDO 项目等陆续建成投产，金晖兆丰 20 万千瓦光伏源网荷储项目有序推进。2022 年，公司营业收入及现金净流入规模仍较大，公司实现营业收入 328.90 亿元，规模较大；受税费返还及回款力度加大影响，现金净流入 53.25 亿元，同比增长 19.45%。

**4. 港澳台地区——友邦保险控股有限公司**

友邦保险控股有限公司成立时间为 1931 年，后于香港联合交易所有限公司主板上市，友邦保险控股有限公司及其附属公司是全球最大的泛亚地区独立上市人寿保险集团。

业务布局方面，友邦保险控股有限公司主营业务为向客户提供全面的服务，包括人寿险、意外医疗险和退休金计划等，为个人和团体提供服务。友邦保险控股有限公司是香港拥有最多保单的保险公司，其在世界各地 18 个市场拥有全资营运附属公司或分支机构。2022 年第三季度综合偿付能力充足率为 379.76%，核心偿付能力充足率为 228.01%，风险评级为 AA 类。而自由盈余作为可以自由动用的资本，是保险公司创造的相当于现金的价值。公司的自由盈余在 2022 年上半年末达到历史最高点 206 亿美元。且过去五年每年产生的自由盈余均较多，显现出强大的价值创造能力。基于充裕的自由盈余，公司在 2022 年上半年宣布用 3 年时间回购 100 亿美元的股票，预期仍将维持其 35% 的分红率，保持了其在保险行业的顶尖地位。排名和业绩分布如图 4 所示。

**（二）基于行业维度的典型企业研究**

**1. 制造业——中国医药集团有限公司**

中国医药集团有限公司是由国务院国资委直接管理的以生命健康为主业的中央企业，拥有科技研发、医疗健康、物流分销、零售连锁、工业制造、工程技术、专业会展、国际经营、金融投资大健康全产业链，是我国医药行业的龙头。

2022 年，集团成为全球唯一进入"世界 100 强"、唯一营收超过 1000

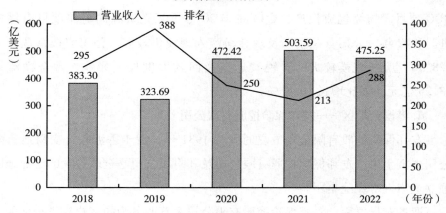

图 4　2018~2022 年港澳台地区典型企业业绩排名情况

亿美元的医药企业，也是唯一进入全球药企 10 强的发展中国家企业，从 2013 年首次入围"世界 500 强"，到 2022 年挺进百强，集团排名连续 10 年持续上升。10 年来，集团营业收入从 281.50 亿美元增长到 1087.79 亿美元。集团在中国香港、法国、美国、南美洲和非洲等有关国家（地区）设有子公司或办事处。排名和业绩分布如图 5 所示。

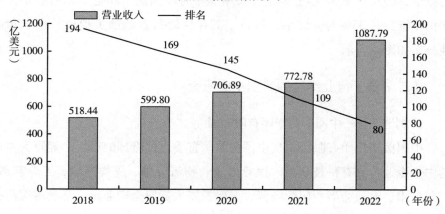

图 5　2018~2022 年制造业典型企业业绩排名情况

### 2. 综合——中国保利集团有限公司

中国保利集团有限公司的前身是成立于 1983 年 2 月的保利科技有限公司。集团是国务院国有资产监督管理委员会管理的大型中央企业，目前在全国央企中排第 78 名。

业务布局方面，其主营业务是国有股权经营和管理、实体投资和资本运营、对集团所属企业的相关生产经营活动进行组织和协调公司发展，现已形成以军民品贸易、房地产开发、文化艺术经营、矿产资源领域投资开发、民爆科技为核心的"五轮驱动"的发展格局。截至 2022 年底，集团资产总额 2476.85 亿美元，下属全资和控股企业 2000 余家，职工 12 万余人，境内外上市企业 6 家。集团业务涵盖人们的衣食住行用和精神文化生活的方方面面，连续 8 年入围"世界500强"，是当之无愧的综合行业领军企业。排名和业绩分布如图 6 所示。

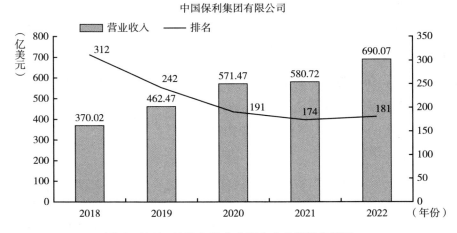

图 6　2018～2022 年综合典型企业业绩排名情况

### 3. 采矿业——紫金矿业集团股份有限公司

紫金矿业集团股份有限公司是一家在全球范围内从事铜、金、锌、锂等金属矿产资源勘查、开发及工程设计、技术应用研究的大型跨国矿业集团。

业务布局方面，公司在全国 17 个省（区、市）和海外 15 个国家（地

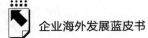
区）拥有重要矿业投资项目，主要指标中国领先、全球入围前10。2022年，营业收入348.98亿美元。公司通过"一带一路"建设迅速推进国际化，到2022年，公司海外矿产资源储量、主要矿产品产量及利润已经全面超越国内。

### 4. 建筑业——万科企业股份有限公司

万科企业股份有限公司成立于1984年，深圳地铁集团为其第一大股东，公司业务聚焦全国经济最具活力的三大经济圈及中西部重点城市。

业务布局方面，根据公司2022年度报告，全年实现营业收入701.98亿美元，同比增长15.57%。公司在业内具有较强的财务优势，主要体现在其货币资金充沛、现金短债比较高、净负债率较低、合同负债行业领先和三条红线指标维持"绿档"水平，在行业内有较好的信用评级。截至2022年底，公司继续保持"绿档"，经营性现金流连续14年为正，净负债率仅43.7%，处于行业低位。2022年，公司开发业务全年实现合同销售面积2630.0万平方米，合同销售金额4169.7亿元，结算面积3401.4万平方米，同比增长9.1%，结算收入4444.0亿元，同比增长10.5%。近两年房地产行业市场动荡，在极为波动的背景下公司实现了营收净利企稳，也证明了其实力。排名和业绩分布如图7所示。

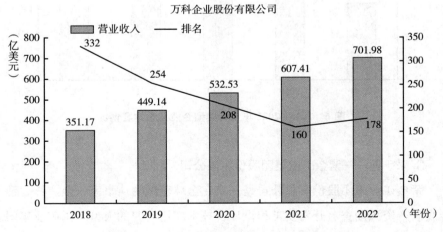

图7 2018~2022年建筑业典型企业业绩排名情况

**5. 金融业——中国人民保险集团股份有限公司**

中国人民保险集团股份有限公司成立于 1949 年 10 月 1 日，是由中国人民保险公司发展变革而来，是国务院国有资产监督管理委员会管理的大型中央企业。

业务布局方面，集团旗下拥有 10 多家专业子公司，业务范围涉及财产保险、人身保险、再保险、资产管理、不动产投资、另类投资以及金融科技等，在国内外都具有深远的影响力。2022 年，集团实现营业收入 921.82 亿美元，同比增长 9.36%，在榜单中排第 110 名。排名和业绩分布如图 8 所示。

图 8　2018~2022 年金融业典型企业业绩排名情况

**（三）基于所有制结构维度的典型企业研究**

**1. 国有企业——中国中化控股有限责任公司**

中国中化控股有限责任公司由中国中化集团有限公司与中国化工集团有限公司联合重组而成，于 2021 年 5 月 8 日正式成立，为国务院国资委监管的国有重要骨干企业。

业务布局方面，公司业务覆盖生命科学、材料科学、石油化工、环境科学、橡胶轮胎、机械装备、城市运营、产业金融等八大领域，是全球规模领先的综合性化工企业。2022 年是两化重组后的首个完整运营年,公司业务深度整合,总体运营平稳。公司实现营收 1722.60 亿美元,在榜单中排第 31 名。同时,净资产收益率同比提升 0.9 个百分点,研发经费投入同比增长 10.5%,为公司行稳致远奠定了坚实基础,也为稳住经济大盘做出积极贡献。作为国企继续在粮食安全保障中发挥重要作用,落实保供稳价责任,为市场稳定和供应充足做出突出贡献。

**2.私营企业——青山控股集团有限公司**

青山控股集团有限公司起步于 20 世纪 80 年代,于 2003 年 6 月注册成立为集团公司,是浙江省排名第四的私营企业,也是目前中国最大的不锈钢生产商,两大主营业务为不锈钢和新能源。

业务布局方面,致力于打造高品质、低成本、节能环保的不锈钢和新能源产品。企业主要生产不锈钢、钢板、钢材等产品,广泛用于化工机械、汽车、造船、石油等领域。同时,企业生产新能源领域的原材料和电池等,供应给新能源领域。其产业覆盖制造、销售、仓储和进出口等各领域。2014年,企业不锈钢产能已居世界第一。其营业收入在 2022 年为 545.74 亿美元,持续增长态势,在榜单中排第 238 名,是当之无愧的私营企业的一颗新星。排名和业绩分布如图 9 所示。

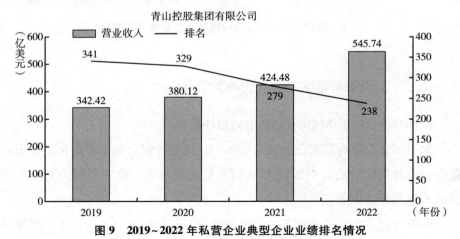

**图 9 2019~2022 年私营企业典型企业业绩排名情况**

说明:2018 年未上榜,故无排名。

### 3. 台港澳法人独资——纬创集团

纬创集团主要经营范围为信息及通信科技产品,2001 年成立,2003 年 8 月 19 日于台湾证券交易所上市。该企业是全球最大的信息及通信科技产品供货商之一,总部位于中国台湾,另外在北美洲及欧洲都分布有据点。

业务布局方面,集团具备较强的研发和技术创新能力,为客户提供多元化通信产品及高附加值产品,通过与软件服务的紧密结合,为相关的客户提供技术服务平台与解决方案。2022 年,营收达 308.67 亿美元,在榜单中排第 462 名。各产品线表现方面,服务器、工业计算机与 AI 运算业务等增长较为突出,其余产品线则持平或略为衰退。排名和业绩分布如图 10 所示。

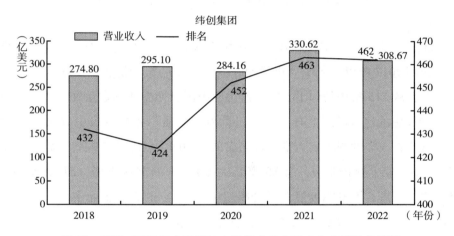

图 10　2018~2022 年台港澳法人独资企业典型企业业绩排名情况

## 三　2022年"世界500强"中国企业的动态变化分析

### (一)入围企业总体变动分析

图 11 呈现了 2017~2022 年入围"世界 500 强"中国企业情况,具体包括入围数量、营业收入总额的总体变动情况。

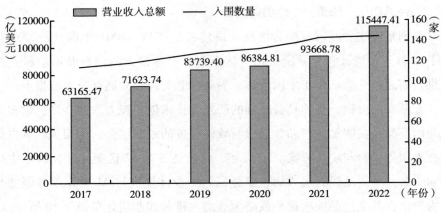

**图11  2017~2022 年入围"世界 500 强"中国企业情况**

2022 年入围"世界 500 强"的中国企业数量为 145 家，较上年增加了 2 家。回顾 2017 年以来入围"世界 500 强"企业的数量情况，发现其一直稳步提高，从 115 家增长到 145 家。这说明中国上榜企业的数量在"世界 500 强"榜单中的比重不断上升，且在"世界 500 强"各排名段中分布比较均衡，营业收入类的规模实力指标排名靠前。中国上榜企业连续 3 年数量超过美国。145 家上榜企业中，有 85 家名次提升，3 家名次不变，57 家名次下降。其中，排名上升幅度最大（升幅超过 70 位）的 5 家企业中，有 2 家属于综合（厦门建发集团有限公司和首钢集团有限公司），1 家属于建筑业（广州市建筑集团有限公司），1 家属于采矿业（紫金矿业集团股份有限公司），1 家属于交通运输、仓储和邮政业（浙江省交通投资集团有限公司）。排名下降幅度最大（降幅超过 30 位）的 2 家企业分别为北京汽车集团有限公司和安徽海螺集团有限责任公司，2 家都为地方国企，且都为制造业企业。

从 2022 年新上榜的企业来看，有 10 家是国有企业，超过半数，由此可见在世界经济发展环境不稳定时，资历雄厚的国有企业抗风险能力略强于私营企业。从行业来看，有 4 家是建筑业和综合企业，其中建筑业企业多为国家基础建设方面企业，说明国家正大力推动支持基础设施建设以恢复国民经济，另外，钢铁化工类集团异军突起，可能与 2022 年大宗商品市场中钢价居高不下有关。2022 年新上榜企业情况如表 17 所示。

### 表 17　2022 年新上榜企业情况

单位：亿美元

| 排名 | 公司名称 | 企业性质 | 所在地 | 行业 | 营业收入 |
|------|---------|---------|--------|------|---------|
| 31 | 中国中化控股有限责任公司 | 国有独资 | 北京 | 综合 | 1722.60 |
| 299 | 苏商建设集团有限公司 | 私营企业 | 上海 | 建筑业 | 464.78 |
| 336 | 杭州钢铁集团有限公司 | 国有控股 | 杭州 | 综合 | 410.09 |
| 413 | 蜀道投资集团有限责任公司 | 国有独资 | 成都 | 建筑业 | 345.49 |
| 414 | 中国航空油料集团有限公司 | 国有独资 | 北京 | 交通运输、仓储和邮政业 | 345.19 |
| 421 | 湖南钢铁集团有限公司 | 国有控股 | 长沙 | 制造业 | 340.61 |
| 422 | 潞安化工集团有限公司 | 国有控股 | 长治 | 电力、热力、燃气及水生产和供应业 | 340.43 |
| 434 | 新疆中泰（集团）有限责任公司 | 国有独资 | 乌鲁木齐 | 综合 | 328.90 |
| 436 | 比亚迪股份有限公司 | 私营企业 | 深圳 | 制造业 | 327.58 |
| 441 | 顺丰控股股份有限公司 | 私营企业 | 深圳 | 综合 | 321.20 |
| 458 | 山东高速集团有限公司 | 国有控股 | 济南 | 建筑业 | 311.36 |
| 466 | 成都兴城投资集团有限公司 | 国有独资 | 成都 | 建筑业 | 305.53 |
| 469 | 上海德龙钢铁集团有限公司 | 外国法人独资 | 上海 | 采矿业 | 303.43 |
| 475 | 台湾中油股份有限公司 | 国有独资 | 高雄 | 采矿业 | 300.21 |

从退榜企业的情况来看，有 5 家综合企业退出，其中中国化工集团有限公司和中国中化集团有限公司是由于合并成中国中化控股有限责任公司而退出；有 3 家建筑业企业退出了"世界 500 强"，其中，中国恒大集团直接从第 122 名退出"世界 500 强"，这与近年来地产行业不景气，行业热潮逐渐消退，地产公司以高杠杆高风险的经营模式维持运行息息相关。从地域分布来看，退榜企业多为东部地区企业，东部地区企业本身基数大，依赖外贸企业占比较多，因此更易受到疫情冲击。具体情况如表 18 所示。

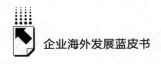

**表18　2022年退榜企业情况**

单位：亿美元

| 2021年排名 | 公司名称 | 企业性质 | 所在地 | 行业 | 2021年营业收入 |
|---|---|---|---|---|---|
| 122 | 中国恒大集团 | 私营企业 | 深圳 | 建筑业 | 735.14 |
| 151 | 中国中化集团有限公司 | 国有独资 | 北京 | 综合 | 635.44 |
| 161 | 中国化工集团有限公司 | 国有独资 | 北京 | 综合 | 604.92 |
| 328 | 苏宁易购集团股份有限公司 | 私营企业 | 南京 | 批发和零售业 | 365.65 |
| 332 | 阳光龙净集团有限公司 | 私营企业 | 福州 | 综合 | 362.64 |
| 359 | 雪松控股集团有限公司 | 其他 | 广州 | 综合 | 338.37 |
| 364 | 融创中国控股有限公司 | 私营企业 | 北京 | 建筑业 | 334.18 |
| 430 | 中国通用技术（集团）控股有限责任公司 | 国有独资 | 北京 | 综合 | 283.79 |
| 470 | 华润置地有限公司 | 国有独资 | 香港 | 建筑业 | 260.27 |
| 474 | 万洲国际有限公司 | 台港澳与境内合资 | 香港 | 批发和零售业 | 255.89 |
| 481 | 华阳新材料科技集团有限公司 | 国有控股 | 阳泉 | 采矿业 | 251.88 |
| 497 | 中国再保险（集团）股份有限公司 | 国有控股 | 北京 | 金融业 | 243.76 |

## （二）地域分布变动分析

图12呈现了2017~2022年入围"世界500强"中国企业的区域变动情况。具体包含东部、中部、西部、东北部以及香港、台湾地区企业数量分布情况。

根据2017~2022年的入围企业情况可知，上榜企业主要分布于东部地区，中部和西部地区上榜数量明显偏低，区域经济发展不均衡现象仍然明显，这与国家政策的扶持程度以及各地区前期经济发展的积累程度有关。尤其，民营企业主要集中于长三角地区的江苏、浙江，珠三角地区的广东、福建等地。2022年，东部地区入围企业数量达到108家，较上年减少了2家，中部地区入围9家，比上年增加了2家，西部地区入围10家，比上年增加了3家。

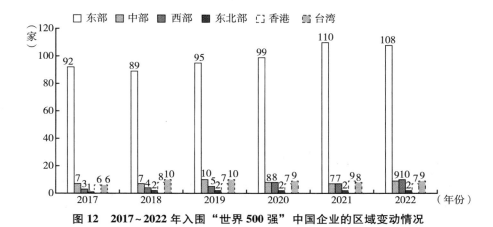

**图12　2017~2022年入围"世界500强"中国企业的区域变动情况**

2017~2022年，各区域总体呈现增长趋势，但是个别年份入围企业数量有所下降，这表明各区域企业之间的竞争是比较激烈的。在所有区域中，东部地区增长数量是最多的。东部地区企业入围数量增长16家，西部地区企业入围数量增长7家，而东北部地区仅增加1家。

2022年，东部和东北部地区上榜企业数量合计110家，营业收入占比从2009年的87.6%下降至83.9%，下降了3.7个百分点。2022年，中部和西部地区上榜企业数量合计19家，营业收入占比从2010年的2.8%上升至7.8%，提高了5.0个百分点。具体情况如图13所示。

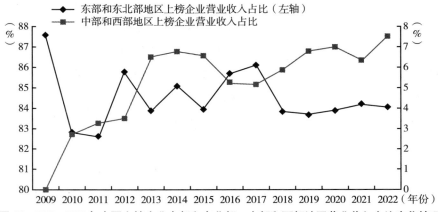

**图13　2009~2022年中国上榜企业东部和东北部、中部和西部地区营业收入占比变化情况**

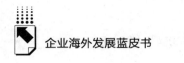

### （三）行业分布变动分析

如图 14 列示了 2017~2022 年入围"世界 500 强"中国企业的行业变动情况。

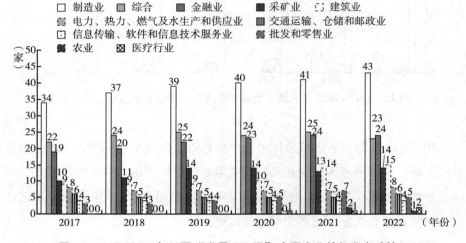

图 14　2017~2022 年入围"世界 500 强"中国企业的行业变动情况

"世界 500 强"榜单是洞察全球产业结构性变化的独特窗口。2017~2022 年，"世界 500 强"数量增加较多的行业有采矿和原油生产、金属产品、食品生产。2017~2022 年，中国上榜企业所在行业日益多样化，在制造业、金融业、采矿业等领域营业收入已经具备行业优势。

2022 年入围企业中，制造业、金融业、建筑业和采矿业都达到 2017~2022 年数量的峰值，分别为 43 家、24 家、15 家和 14 家；批发和零售业、农业数量有所降低。这反映了我国入围企业优势行业如制造业、金融业等竞争力进一步扩大，同时传统的农业等竞争力降低。

### （四）所有制结构分布变动分析

表 19 列示了 2017~2022 年入围企业的所有制结构变动情况，具体包括

国有企业、私营企业/其他、台港澳法人独资/台港澳与境内合资/外国法人独资等企业的数量和比例分布。

表19    2017~2022年入围"世界500强"中国企业所有制结构变动

| 年份 | 国有企业 | | 私营企业/其他 | | 台港澳法人独资/台港澳与境内合资/外国法人独资 | |
|---|---|---|---|---|---|---|
| | 数量（家） | 比例（%） | 数量（家） | 比例（%） | 数量（家） | 比例（%） |
| 2017 | 81 | 70.43 | 24 | 20.87 | 10 | 8.70 |
| 2018 | 84 | 70.00 | 23 | 19.17 | 13 | 10.83 |
| 2019 | 89 | 68.99 | 27 | 20.93 | 13 | 10.08 |
| 2020 | 92 | 69.17 | 29 | 21.80 | 12 | 9.02 |
| 2021 | 95 | 66.43 | 36 | 25.17 | 12 | 8.39 |
| 2022 | 99 | 68.28 | 32 | 22.07 | 14 | 9.66 |

短期看，私营企业/其他和台港澳法人独资/台港澳与境内合资/外国法人独资类型企业的入围数量和比例在近几年有明显的增加，这与我国构建逐步开放的格局，进一步进行市场化改革，陆续发布政策激发市场主体活力有关。从长期看，入围企业整体数量在稳步攀升，2017年以前，国有企业的入围数量增长速度快于私营企业/其他，而2017年以后，二者位置反转，私营企业/其他入围数量增速略快于国有企业，这主要由于党在十九大报告中提出："要完善各类国有资产管理体制，改革国有资本授权经营体制，加快国有经济布局优化、结构调整、战略性重组……全面实施市场准入负面清单制度，清理废除妨碍统一市场和公平竞争的各种规定和做法，支持民营企业发展，激发各类市场主体活力。"

2008年，联想集团有限公司成为我国首家入围的民营企业，排第499名；2012年，6家民营企业入围，最高排名是第242名；2015年，民营企业首次进入前100；2021年，中国平安保险（集团）股份有限公司排第16名，是目前为止民营企业最高排名。国有企业自1996年起上榜数量保持上升趋势，民营企业自2008年起迅速崛起。国有企业，尤其是国资委、财政部等部门直接管辖的中央企业，汇聚了业内优质的生产要素资源，在能源、电信、航空等领域优势明显。在过去几年，上榜国有企业的数量在不断增长，排名日趋靠前，所涉行业日渐增多，发挥了国民经济中流砥柱的作用。2022年，国有企业入围数量达到近几年的峰值（99家），同时私营企业/其他和台港澳法人独资/台港澳与境内合资/外国法人独资类型企业入围数量也达到较高水平，分别为32家和14家。2016年，国有企业仅81家，而私营企业/其他和台港澳法人独资/台港澳与境内合资/外国法人独资类型企业分别为12家和11家。

2010~2022年，中国上榜中央企业虽然营业收入占比从91.9%下降到59.8%，但一直是"世界500强"中国上榜企业的中坚。在"世界100强"中，2013年之前的上榜中国企业均为中央企业，2013年之后，随着地方国有企业和民营企业不断崛起，中央企业数量占比逐步下降。地方国有企业大多集中在采矿和原油生产、金属产品等行业。自2009年河钢集团有限公司首次上榜后，地方国有企业上榜数量不断增加，从2010年的3家上升至2022年的40家；营业收入占"世界500强"中国上榜企业的比重从2010年的4.6%持续增加到2022年的20.0%。

国有企业特别是中央企业是实现高水平科技自立自强的顶梁柱。2012~2021年，中央企业累计投入研发经费6.2万亿元，年均增速超过10%，2021年研发投入强度达到2.5%，比2012年提高0.8个百分点。2021年，中央企业荣获国家技术发明奖和国家科技进步奖数占同类奖项总数的49%，为历年最高。截至2021年底，中央企业研发机构数量5327个，其中国家重点实验室91个。

我国民营企业人均营业收入总体上呈上涨态势，自2012年起超过国有企业，但与"世界500强"企业的总体水平尚有差距，在2022年首次超过美国上榜企业和"世界500强"企业平均水平。从2017~2022年趋势看，我国民营企业的人均营业收入增长速度最快，复合增长率约为70.79%，表明民营经济发展的活力强劲，后发优势明显。40余年来，我国民营经济从小到大、从弱到强，不断发展壮大，贡献了50%以上的税收、60%以上的国内生产总值、70%以上的技术创新成果、80%以上的城镇劳动就业、90%以上的企业数量。2012年以来，民营经济在GDP中的占比提升了10多个百分点，成为中国经济增长的重要贡献者。2008 年，联想集团有限公司首次上榜；2015 年，上榜民营企业分布在 11 个行业；2022 年，上榜民营企业分布在 16 个行业。与国有企业相比，民营企业是更为灵活的市场经营主体，为社会创造价值更多直接体现为经营绩效，民营企业销售净利率高于中央企业和地方国企。具体情况如图 15 所示。

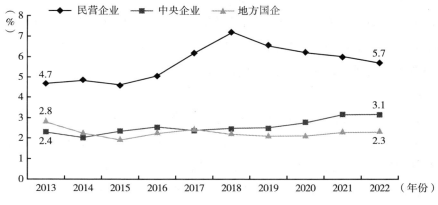

图 15　2013~2022 年上榜中央企业、地方国企和民营企业销售净利率

民营企业走在科技创新的前沿。我国民营企业研发投入占全国企业研发投入的比例约为 60%，发明专利申请数占比约为 50%，新产品销售收入占比约为 65%。"专精特新"企业中的 80% 是民营企业。我国资本市场创业板、科创板的 70%~80% 是民营企业。独角兽企业的 90% 以上是民营企业。波士顿咨询公司与《财富》杂志发布的未来企业前 50 名，入围的 16 家中国企业均为民营企业。

# 四　展望与建议

## （一）展望

### 1. 总体趋势

2022 年，"世界 500 强"榜单营收走向、入围门槛与世界经济增长趋势高度一致。2022 年排行榜最引人注目的变化无疑是中国企业实现了又一次飞越。2022 年,中国上榜企业在营业收入规模上首次超越美国,实现了从上榜数量第一到营业收入规模第一的新跨越,创造了"世界 500 强"历史的国别发展奇迹。2022 年,中国上榜公司数量达到 145 家,历史上第 4 次超过美国。中国上榜企业数量再创历史新高,上榜企业盈利数量和盈利占比均为 2017 年以来最高,表明中国企业盈利状况不断向好,向高质量发展转型态势逐渐明显。未来,全球经济蓬勃发展,美国、加拿大以及欧洲等国家(地区)各方面发展态势良好,部分东南亚国家以低地价低人力对我国产业竞争造成一定威胁,我国经济发展亟须破局和发力。

**2. 地域趋势**

2022 年,中国上榜企业分布地域遍及中国 23 个省级行政区,含台湾地区 9 家,香港地区 7 家。在中国内地(大陆)城市中,上榜企业主要分布于东部地区,中部和西部地区上榜数量明显偏低,区域发展不平衡现象较为明显。但是,我国中部和西部地区从 2010 年的仅有 2 家企业上榜增加到 2022 年的 19 家,营业收入比重从 2.8%增加到 7.8%,稳步提升态势明显。区域发展不平衡是由区域资源分配不均带来的,经济飞速发展的同时我国各地区的资源分配不均匀。东部地区一直保持强劲的经济增长势头,尤其是长三角和珠三角地区汇聚了诸多行业的龙头企业扎根,这与改革开放初期,国家政策主要向沿海地区倾斜,设立诸多经济特区,开展沿海开放城市建设有关。随着国家区域协调发展战略和新型城镇化战略的深入推进,以及西部大开发形成新格局和中部地区的加快崛起,我们完全有理由期待中国企业进入"世界 500 强"的道路会越走越宽广。

**3. 行业趋势**

从行业分布分析,1996~2022 年,中国上榜企业覆盖的行业从 4 个迅速增长至 32 个,营业收入排名前三的行业从 2 个增长至 29 个,其中 19 个行业排名第一,行业发展呈现全面崛起态势。虽然与美国的 48 个行业相比,中国企业还有 16 个行业的差距,排名第一的行业,与美国的 32 个相比,也还有 13 个行业的差距,但时间站在中国企业这边。尽管全球能源企业盈利大幅下降，但 2022 年中国上榜的能源企业收入利润率首次高于"世界 500强"平均水平，利润和收入增长保持着一定优势。房地产行业仍是在受疫情冲击后复苏最快的行业之一；金融业利润占比自 2018 年以来持续下降，表明国家治理"脱实向虚"问题、提振实体经济的决策部署取得明显成效；互联网行业正在飞速发力、不断发展，4 家互联网行业企业平均收入增长率高于美国上榜企业，阿里巴巴集团控股有限公司位居 7 家上榜企业第一，京东集团股份有限公司的利润增长率和净资产收益率也位居第一；医疗行业稳步前进，继 2013 年中国医药集团有限公司上榜后，2020 年、2021 年上海医药集团股份有限公司和广州医药集团有限公司分别上榜，虽然相较于美欧国家医药企业数量和效益上仍有较大差距，但发展稳健性与发展潜力不容小觑。

### 4. 所有制结构趋势

2022 年入围的中国企业中，国有企业尤其是中央直属的国企资历雄厚，且具有先发性优势，在榜单排名中名列前茅；部分民营企业后来居上，在网络与通信设备、互联网服务和零售等行业展现了蓬勃的发展潜力，催生了许多在全球范围内颇具竞争力和市场影响力的新经济体。中国企业进入"世界 500 强"的历程表明，国有企业与民营企业发展统一于中国特色社会主义的建设进程，共同为中国式现代化奉献了蓬勃生机和旺盛活力。国有经济是我国国民经济的主导力量，民营经济是社会主义市场经济的重要组成部分，构成了我国社会主义基本经济制度的重要内容，形成了我国公有制为主体、多种所有制经济共同发展的国民共进格局。

### （二）建议

习总书记在党的二十大报告中提出："高质量发展是全面建设社会主义现代化国家的首要任务……必须完整、准确、全面贯彻新发展理念，坚持社会主义市场经济改革方向，坚持高水平对外开放，加快构建以国内大循环为主体、国内国际双循环相互促进的新发展格局……加快建设现代化经济体系，着力提高全要素生产率，着力提升产业链供应链韧性和安全水平……推动经济实现质的有效提升和量的合理增长。"1996 年以来,"世界 500 强"中国上榜企业数量不断增长,创造了全球企业发展的奇迹。但要清醒认识到,"世界 500 强"更多是代表规模体量,中国企业的跨越式发展得益于我国超大规模市场优势,得益于参与全球产业分工和合作的难得历史机遇。当前,世界百年未有之大变局加速演进,新一轮科技革命和产业变革深入发展,战略机遇与风险挑战并存,创建掌握关键技术、具备全球竞争优势、拥有世界知名品牌和全球影响力的世界一流企业任重道远、使命艰巨、责任艰巨,需要承认差距、正视短板、应对挑战。

一是需要进一步提升质量与效益。2022 年,中国上榜企业平均销售利润率 5.2%、总资产收益率 1.2%、净资产收益率 9.5%,相比美国企业的 11.1%、3.2% 和 21.9%,有着明显差距。特别是美国上榜企业的平均利润高达 100.5 亿美元,是中国上榜企业 41.3 亿美元的 2.4 倍。中美两国企业的利润差距,更多是因为国情与企业性质差异,但中国企业在净资产收益率、全员劳动生产率、全要素生产率等质量与效益指标方面确实还有不少提升空间。

二是产业发展需要更好地融入加快建设现代化产业体系的时代进程。2022 年,中国上榜企业覆盖行业还只占"世界 500 强"行业总数的 56.1%,57 个行业中还有 25 个行业尚未有中国企业上榜,与美国的 48 个行业相比,也还有 16 个行业的差距。中国上榜企业还主要集中在金属产品、采矿和原油生产、房地产等传统行业。高产业附加值的制药行业,还有技术密集型的半导体和电子元件等行业,特别是生命科学、芯片制造等新兴行业上榜企业数量不足,与国际领先水平还存在一定差距。

三是产业创新需要进一步实现科技自立自强。中国企业有着世界一流的科技成果转化能力和超大规模生产能力,但是创新还更多地停留在集成创新、引进消化吸收再创新层面,企业科技创新主体地位需要进一步凸显,原始创新能力和颠覆性创新能力亟须进一步提高。要持续加大科技创新基础能力建设,扩大国际科技交流合作,形成具有全球竞争力的开放创新生态,推进高水平的科技自立自强。

四是需要进一步抓住全球市场机遇。2001 年，中国加入世界贸易组织，开放合作的中国企业发展了自己，造福了世界。入世为中国企业带来了广阔的外部市场，极大促进了中国企业的市场化、法治化、国际化进程。但全球资源配置和整合能力还需要提升，需要依托我国超大规模市场优势，以国内大循环吸引全球资源要素，增强国内国际两个市场两种资源联动效应，用好稳步扩大规则、规制、管理、标准等制度型开放红利，利用全球市场新机遇新空间，塑造发展新动能新优势。

## 参考文献

MBA 智库·百科网站，https：//wiki.mbalib.com/wiki/。
国家企业信用信息公示系统网站，http：//www.gsxt.gov.cn/index.html。
商务部对外投资和经济合作司网站，http：//hzs.mofcom.gov.cn/。

# B.3

# 入围2022年"最具价值全球品牌100强"中国企业评价分析

葛 超 杨道广*

**摘 要:** 本报告分别从地域分布、行业分布、所有制结构分布等维度对2022年入围"最具价值全球品牌100强"的中国企业进行定量分析,并选取典型企业进行定性分析与总结。总体而言,2022年我国入围企业在数量总额和价值总额方面较2021年均呈现了一定幅度的下降。从地域分布来看,入围的中国企业大部分依旧来自东部地区,西部地区与香港地区各有1家入围,中部地区、东北部地区、澳门地区及台湾地区均无企业入围。从行业分布来看,入围数量最多的行业是信息传输、软件和信息技术服务业,其次是批发和零售业、金融业;在入围行业中,制造业数量较少,仅有2家。从所有制结构分布来看,民营企业仍然占较大比重,其次是国有企业,台港澳法人独资企业数量最少,仅有1家。结合典型企业的具体案例,本报告分析认为,在逆全球化、新冠疫情以及部分企业战略选择不当等多重不利因素影响下,中国本土尖端品牌在实现可持续发展方面遭受短暂挫折。未来中国本土品牌须继续强化自身质量建设,通过高质量发展抵御各类风险。

**关键词:** 品牌价值 "最具价值全球品牌100强" 所有制结构

---

* 葛超,深圳职业技术大学经济学院讲师,主要研究方向为财务报表分析;杨道广,对外经济贸易大学国际商学院教授、博士生导师,主要研究方向为内部控制与公司财务、审计与公司治理。

# 一　"最具价值全球品牌100强"中国企业品牌分布情况

## （一）品牌整体情况概述

表 1 列示了 2022 年入围"最具价值全球品牌 100 强"的中国企业相关信息，包括全球品牌排名、企业名称、性质、所在地、行业及价值总额。2022 年，入围"最具价值全球品牌 100 强"的中国企业共 14 家，14 家入围企业价值总额达 8380.26 亿美元。

表 1　2022 年"最具价值全球品牌 100 强"中国企业排行榜

单位：亿美元

| 排名 | 企业名称 | 性质 | 所在地 | 行业 | 价值总额 |
|---|---|---|---|---|---|
| 5 | 腾讯 | 民营企业 | 深圳市 | 信息传输、软件和信息技术服务业 | 2140.23 |
| 9 | 阿里巴巴 | 民营企业 | 杭州市 | 批发和零售业 | 1699.66 |
| 14 | 茅台 | 国有企业 | 遵义市 | 制造业 | 1033.80 |
| 51 | 美团 | 民营企业 | 北京市 | 批发和零售业 | 450.51 |
| 53 | 抖音 | 民营企业 | 北京市 | 信息传输、软件和信息技术服务业 | 434.83 |
| 60 | 京东 | 民营企业 | 北京市 | 批发和零售业 | 368.12 |
| 62 | 中国工商银行 | 国有企业 | 北京市 | 金融业 | 353.15 |
| 63 | 海尔 | 民营企业 | 青岛市 | 制造业 | 351.52 |
| 67 | 华为 | 民营企业 | 深圳市 | 信息传输、软件和信息技术服务业 | 326.72 |
| 77 | 平安银行 | 民营企业 | 深圳市 | 金融业 | 274.38 |
| 82 | 快手 | 民营企业 | 北京市 | 信息传输、软件和信息技术服务业 | 265.35 |
| 88 | 中国移动 | 国有企业 | 北京市 | 信息传输、软件和信息技术服务业 | 238.13 |
| 94 | 友邦保险 | 台港澳法人独资企业 | 香港地区 | 金融业 | 227.33 |
| 97 | 小米 | 民营企业 | 北京市 | 批发和零售业 | 216.53 |

资料来源：国家企业信用信息公示系统和凯度网。

与 2021 年相比，入围的中国企业在数量总额、平均价值、价值总额上有三大变化。首先，入围的数量总额减少 4 家，分别是百度、拼多多、中国建设银行和贝壳找房，数量总额方面同比减少 22.22%；其次，入围企业平均价值为 598.59 亿美元，较上年增长 41.07 亿美元；最后，所有入围企业价值总额减少 1655.11 亿美元，同比减少 16.49%。总体来看，中国尖端品牌建设遭遇挫折，在入围数量总额和价值总额方面均有下降。

## （二）地域分布

### 1. 区域分布

表 2 按我国的五大区域分布（东部地区、中部地区、西部地区、东北部地区①、港澳台地区）对 2022 年和 2021 年入围"最具价值全球品牌 100 强"的中国企业进行了分类统计，具体包括数量总额、数量总额占比、价值总额、价值总额占比和平均价值。

表 2 2021~2022 年"最具价值全球品牌 100 强"中国企业区域分布

| 地区 | 数量总额（家） | | 数量总额占比（%） | | 价值总额（亿美元） | | 价值总额占比（%） | | 平均价值（亿美元） | |
|---|---|---|---|---|---|---|---|---|---|---|
| | 2022 年 | 2021 年 | 2022 年 | 2021 年 | 2022 年 | 2021 年 | 2022 年 | 2021 年 | 2022 年 | 2021 年 |
| 东部地区 | 12 | 16 | 85.71 | 88.89 | 7119.13 | 8736.08 | 84.95 | 87.05 | 593.26 | 546.01 |
| 中部地区 | 0 | 0 | 0.00 | 0.00 | 0.00 | 0.00 | 0.00 | 0.00 | 0.00 | 0.00 |
| 西部地区 | 1 | 1 | 7.14 | 5.56 | 1033.80 | 1093.30 | 12.34 | 10.89 | 1033.80 | 1093.30 |
| 东北部地区 | 0 | 0 | 0.00 | 0.00 | 0.00 | 0.00 | 0.00 | 0.00 | 0.00 | 0.00 |
| 香港地区 | 1 | 1 | 7.14 | 5.56 | 227.33 | 205.99 | 2.71 | 2.05 | 227.33 | 205.99 |

---

① 东部、中部、西部和东北部地区的区域划分依据是国家统计局编撰的《中国统计年鉴》：东部地区包括广东、海南、福建、浙江、江苏、上海、山东、河北、天津和北京，共计 10 个省份；中部地区包括湖南、湖北、江西、安徽、河南和山西，共计 6 个省份；西部地区包括新疆、宁夏、内蒙古、青海、西藏、陕西、甘肃、重庆、四川、贵州、云南和广西，共计 12 个省份；东北部地区包括吉林、辽宁和黑龙江，共计 3 个省份。

续表

| 地区 | 数量总额(家) | | 数量总额占比（%） | | 价值总额（亿美元） | | 价值总额占比（%） | | 平均价值（亿美元） | |
|---|---|---|---|---|---|---|---|---|---|---|
| | 2022年 | 2021年 | 2022年 | 2021年 | 2022年 | 2021年 | 2022年 | 2021年 | 2022年 | 2021年 |
| 澳门地区 | 0 | 0 | 0.00 | 0.00 | 0.00 | 0.00 | 0.00 | 0.00 | 0.00 | 0.00 |
| 台湾地区 | 0 | 0 | 0.00 | 0.00 | 0.00 | 0.00 | 0.00 | 0.00 | 0.00 | 0.00 |
| 总计 | 14 | 18 | 100.00 | 100.00 | 8380.26 | 10035.37 | 100.00 | 100.00 | 598.59 | 557.52 |

资料来源：国家企业信用信息公示系统和凯度网。

从入围企业的区域分布来看，东部地区数量优势明显，而平均价值相对较低；西部地区、香港地区入围企业数量较少，但西部地区平均价值最高；而其他地区无企业入围。

入围数量及其占比方面，东部地区入围企业仍占绝大多数，共计12家，占比为85.71%，相对于上年数量和占比均略有下降；西部地区仍仅有茅台企业入围，数量占比为7.14%，相对于上年比重略有上升；香港地区也仍仅有友邦保险入围，占比由5.56%增长至7.14%；中部地区、东北部地区、澳门地区和台湾地区均无企业入围。

价值总额及其占比方面，东部地区入围企业价值总额从2021年的8736.08亿美元大幅减少至7119.13亿美元，价值总额占比略有下降，从2021年的87.05%下降至84.95%；西部地区价值总额从2021年的1093.30亿美元减少至1033.80亿美元，但价值总额占比有所上涨，由2021年的10.89%增长至12.34%；香港地区价值总额增长明显，从2021年的205.99亿美元增长至227.33亿美元，价值总额占比从2021年的2.05%增长至2.71%；中部地区、东北部地区、澳门地区和台湾地区与上年一样，没有企业入围，占比均为0.00%。

平均价值方面，东部地区企业的平均价值小幅增长，由2021年的546.01亿美元增长至593.26亿美元；西部地区平均价值由2021年的1093.30亿美元下降至1033.80亿美元；香港地区平均价值由2021年的

205.99 亿美元增长至 227.33 亿美元；中部地区、东北部地区、澳门地区和台湾地区仍然没有企业入围，因而没有变化。

总体而言，2022 年东部地区企业在入围数量总额和价值总额方面仍保持较明显的优势，但是相较于 2021 年入围数量总额及价值总额略有回降，平均价值上涨；西部地区、香港地区入围数量与上年持平，但西部地区价值总额下降，香港地区价值总额上涨；而中部地区、东北部地区以及澳门地区、台湾地区企业竞争相对乏力，需要尽快进行改革与品牌升级。

2. 省际分布

表 3 按省级行政区对 2022 年入围企业进行了分类统计，具体包括所在省级行政区的企业数量总额、数量总额占比、价值总额、价值总额占比和平均价值。其中，北京市企业入围 7 家，广东省企业入围 3 家，浙江省、贵州省、山东省和香港地区各有 1 家企业入围，其他省级行政区无企业入围。总体表明，中国企业主要分布于东部发达省级行政区。

表 3　2022 年入围企业数量和品牌价值的省际分布

| 省级行政区 | 数量总额（家） | 数量总额占比（%） | 价值总额（亿美元） | 价值总额占比（%） | 平均价值（亿美元） |
|---|---|---|---|---|---|
| 北京市 | 7 | 50.00 | 2326.62 | 27.76 | 332.37 |
| 广东省 | 3 | 21.43 | 2741.33 | 32.71 | 913.78 |
| 浙江省 | 1 | 7.14 | 1699.66 | 20.28 | 1699.66 |
| 贵州省 | 1 | 7.14 | 1033.80 | 12.34 | 1033.80 |
| 山东省 | 1 | 7.14 | 351.52 | 4.19 | 351.52 |
| 香港地区 | 1 | 7.14 | 227.33 | 2.71 | 227.33 |
| 合计 | 14 | 100.00 | 8380.26 | 100.00 | 598.59 |

资料来源：国家企业信用信息公示系统和凯度网。

入围数量总额及其占比方面，2022 年北京入围数量总额最多，共有 7 家企业入围，占据入围企业总数的 50.00%（入围企业名单见表 4）。与 2021 年相比，新增 1 家入围企业，为快手；有 3 家企业淘汰，为百度、滴滴出行和中国建设银行。

**表4 2022年入围"最具价值全球品牌100强"北京企业**

单位：亿美元

| 排名 | 企业名称 | 性质 | 所在地 | 行业 | 价值总额 |
|---|---|---|---|---|---|
| 51 | 美团 | 民营企业 | 北京市 | 批发和零售业 | 450.51 |
| 53 | 抖音 | 民营企业 | 北京市 | 信息传输、软件和信息技术服务业 | 434.83 |
| 60 | 京东 | 民营企业 | 北京市 | 批发和零售业 | 368.12 |
| 62 | 中国工商银行 | 国有企业 | 北京市 | 金融业 | 353.15 |
| 82 | 快手 | 民营企业 | 北京市 | 信息传输、软件和信息技术服务业 | 265.35 |
| 88 | 中国移动 | 国有企业 | 北京市 | 信息传输、软件和信息技术服务业 | 238.13 |
| 97 | 小米 | 民营企业 | 北京市 | 批发和零售业 | 216.53 |

资料来源：国家企业信用信息公示系统和凯度网。

价值总额及其占比方面，北京2022年入围企业价值总额2326.62亿美元，相对2021年价值总额2920.43亿美元，降幅20.33%，占比为27.76%。

平均价值方面，北京2022年入围企业平均价值为332.37亿美元，相较于2021年北京平均价值上涨7.88亿美元，涨幅2.43%，涨幅不明显。与同期全国平均价值598.59亿美元相比，仍有一定差距。

综合上面的数据分析可以看到，北京入围企业在数量上占一半，但是价值总额方面几乎仅占1/4。究其原因，主要在于北京企业平均价值较低，形成了"多而不强"的局面。同时对比以前年度数据发现，尽管北京平均价值较低，但价值增长较快，涨势强劲。

入围数量总额排名第二的是广东，具体企业名单见表5。

**表5 2022年入围"最具价值全球品牌100强"广东企业**

单位：亿美元

| 排名 | 企业名称 | 性质 | 所在地 | 行业 | 价值总额 |
|---|---|---|---|---|---|
| 5 | 腾讯 | 民营企业 | 深圳市 | 信息传输、软件和信息技术服务业 | 2140.23 |
| 67 | 华为 | 民营企业 | 深圳市 | 信息传输、软件和信息技术服务业 | 326.72 |
| 77 | 平安银行 | 民营企业 | 深圳市 | 金融业 | 274.38 |

资料来源：国家企业信用信息公示系统和凯度网。

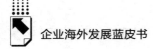

入围数量总额及其占比方面，2022 年广东入围数量总额共达到 3 家，仅次于北京，位列全国第二。与 2021 年相比，入围数量总额没有变化。从表 5 可以看出，入围企业所在地均为深圳，说明发达地区有助于品牌企业的聚集与发展。

价值总额及其占比方面，2022 年广东入围的 3 家企业价值总额为 2741.33 亿美元，相对于上年减少 428.73 亿美元。3 家企业的价值总额占所有入围中国企业价值总额的比重为 32.71%，在所有省级行政区中位居第一。

平均价值方面，2022 年 3 家广东企业平均价值为 913.78 亿美元，比同期全国平均价值高 52.66%。这主要得益于腾讯的巨大品牌效益。腾讯价值总额高达 2140.23 亿美元，是中国企业中价值总额最高的。

综合上面分析，广东入围企业在数量上远低于北京，但在平均价值上远高于北京，品牌价值总额位居全国第一。

2022 年浙江阿里巴巴入围榜单。阿里巴巴总部位于中国电子商务中心——浙江杭州。2022 年阿里巴巴价值总额 1699.66 亿美元，相比上年减少 269.47 亿美元。阿里巴巴位列"最具价值全球品牌 100 强"第九，位列中国品牌第二，仅次于腾讯。正因为阿里巴巴的强大品牌价值，浙江价值总额仅次于广东和北京。

2022 年贵州茅台入围榜单。茅台是中国驰名的白酒企业。2022 年茅台的价值总额为 1033.80 亿美元，较上年减少 59.50 亿美元，位列"最具价值全球品牌 100 强"第十四，位列中国品牌第三。茅台是为数不多的传统制造业企业。贵州价值总额位居各省级行政区第四。

2022 年山东海尔入围榜单。山东是我国东部沿海发达省份之一。青岛是山东的经济中心，也是我国北方著名的海运交通枢纽。2022 年海尔的价值总额为 351.52 亿美元，比上年增长 87.30 亿美元，涨幅高达 33.04%。在经济复苏困难的情况下，海尔价值总额实现如此强势增长说明市场对海尔认可度大幅提高。山东价值总额位居各省级行政区第五。

2022 年香港友邦保险入围榜单。友邦保险 2022 年价值总额为 227.33

亿美元,较上年增长13.34亿美元,涨幅达6.23%。香港价值总额位居全国各省级行政区第六。

上面的数据表明,我国企业表现势头一般。相比上年,仅有山东海尔和香港友邦保险价值总额上涨;其余入围各省级行政区均有不同程度的下降,如北京相较于2021年价值总额减少了593.81亿美元,贵州相较于2021年价值总额减少了59.50亿美元。天津、上海未能入围。省级行政区间品牌价值与数量分布特点不一,有的省级行政区长期没有企业入围,如安徽、湖南;有的省级行政区入围数量多但是平均价值较低,如北京;有的省级行政区数量不多但平均价值特别高,如贵州。因而企业发展还需各地统筹兼顾、协调进行。

## (三)行业分布

2022年入围企业涉及四大行业:信息传输、软件和信息技术服务业;批发和零售业;金融业;制造业。具体企业的行业分布如表6所示。可以发现,14家入围企业中,有2家制造业、3家金融业、4家批发和零售业,以及5家信息传输、软件和信息技术服务业企业。从入围行业价值总额上看,最高的行业是信息传输、软件和信息技术服务业,为3405.26亿美元,紧随其后的是批发和零售业,为2734.82亿美元,制造业和金融业分别以1385.32亿美元和854.86亿美元,居第三、第四位。平均价值方面,从高到低依次是制造业,批发和零售业,信息传输、软件和信息技术服务业,金融业。

表6 2022年入围企业数量和品牌价值的行业分布

| 行业 | 数量总额(家) | 数量总额占比(%) | 价值总额(亿美元) | 价值总额占比(%) | 平均价值(亿美元) |
|---|---|---|---|---|---|
| 信息传输、软件和信息技术服务业 | 5 | 35.71 | 3405.26 | 40.63 | 681.05 |
| 批发和零售业 | 4 | 28.57 | 2734.82 | 32.63 | 683.71 |
| 金融业 | 3 | 21.43 | 854.86 | 10.20 | 284.95 |
| 制造业 | 2 | 14.29 | 1385.32 | 16.53 | 692.66 |
| 合计 | 14 | 100.00 | 8380.26 | 100.00 | 598.59 |

资料来源:国家企业信用信息公示系统和凯度网。

信息传输、软件和信息技术服务业是通过大数据、互联网等高科技手段为用户提供信息化产品的行业。该行业具有绿色、低消耗与高价值等特点，相比传统行业具有巨大发展潜力。2022年新入围的快手就属于信息传输、软件和信息技术服务业，此外腾讯、抖音、华为、中国移动都属于该行业。2022年行业整体的价值总额3405.26亿美元，在四大行业中排行第一。平均价值681.05亿美元，超过全国平均价值。

批发和零售业是向消费者提供各类产品的行业。随着新技术、高科技的发展，传统的线下批发和零售销售逐渐向线上模式演进。该行业具有规模大、成本低与口碑好等特点。2022年入围该行业的品牌企业包括阿里巴巴、美团、京东和小米。它们销售的产品涉及衣食住行等方方面面。2022年批发和零售业价值总额2734.82亿美元，占比32.63%，仅次于信息传输、软件和信息技术服务业，位居第二。该行业平均价值683.71亿美元，仅次于制造业。

制造业是由机械、计算机、人力、材料等多种要素有序组合形成产品的行业。我国是传统制造业大国，被誉为"世界工厂"，制造业企业数量较多。但长期以来制造业企业效益不高、附加值低。随着产业发展，越来越多的制造业企业开始转型升级。2022年入围的制造业企业仅有2家，即茅台、海尔。制造业价值总额1385.32亿美元，占比16.53%，平均价值692.66亿美元，是各行业中平均价值最高的。此外，制造业是2022年唯一一个价值总额保持上涨的行业，其余行业均有不同程度的减少。

金融业是指从事金融商品交易的行业，包括银行、保险、信托证券等提供多种服务的企业。在我国金融业还是以四大国有银行为主，同时也有平安银行、广发证券等其他民营金融企业机构。2022年中国工商银行、平安银行和友邦保险上榜。入围的行业价值总额854.86亿美元，占比10.20%。平均价值284.95亿美元，远低于其他3个行业平均价值，位列第四。近年来，银行品牌价值增长乏力，这可能与国家逐步对外开放金融领域，让国有银行与其他金融产业如微信、支付宝等领域新兴金融产业相互竞争有关。

总体来看，入围的中国品牌企业行业分布存在三大特点。首先，传统优势行业较新兴行业稳定。传统的金融业、制造业企业较2021年数量总额减少1家，价值总额较 2021 年减少 279.28 亿美元；新兴行业的信息软件企业、线上零售企业较 2021 年数量总额减少 3 家，价值总额较 2021 年减少 1375.83 亿美元。

其次，传统制造业企业困境凸显。2022 年入围的制造业品牌企业仅有 2 家，与上年持平，这与我国传统制造业大国形象并不匹配。尽管入围的制造业企业——茅台平均价值很高，但入围数量总额方面不尽如人意。可能的原因还是 2022 年经济在缓慢复苏，疫情对制造业产品生产、海外出口均有一定的影响。

最后，金融业品牌企业大而不强。金融业企业入围数量总额较 2021 年减少 1 家，为中国建设银行，且平均价值低，不及其他行业一半。可能是疫情冲击下，大量金融机构面临市场需求萎缩导致的。

（四）所有制结构分布

表 7 按所有制结构对入围企业进行了分类统计。入围数量总额及其占比方面，2022 年共有 10 家民营企业入围，占入围企业数量总额的 71.43%；国有企业共有 3 家入围，数量总额占入围企业总体数量的 21.43%；而台港澳法人独资企业有 1 家入围，占比 7.14%。品牌价值总额及其占比方面，民营企业价值总额 6527.85 亿美元，占比高达 77.80%；国有企业价值总额 1625.08 亿美元，占比 19.39%。平均价值方面，民营企业 652.79 亿美元，国有企业 541.69 亿美元，台港澳法人独资企业 227.33 亿美元。与 2021 年相比，民营企业、国有企业和台港澳法人独资企业的平均价值均有不同程度的上涨。

表 7　2022 年入围企业数量和品牌价值的所有制结构分布

| 所有制结构 | 数量总额（家） | 数量总额占比（%） | 价值总额（亿美元） | 价值总额占比（%） | 平均价值（亿美元） |
|---|---|---|---|---|---|
| 民营企业 | 10 | 71.43 | 6527.85 | 77.80 | 652.79 |
| 国有企业 | 3 | 21.43 | 1625.08 | 19.39 | 541.69 |
| 台港澳法人独资企业 | 1 | 7.14 | 227.33 | 2.71 | 227.33 |
| 合计 | 14 | 100.00 | 8380.26 | 100.00 | 598.59 |

资料来源：国家企业信用信息公示系统和凯度网。

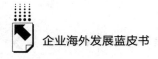

总之，入围数量总额上民营企业最多，国有企业次之，台港澳法人独资企业最少；品牌价值总额上也是如此。说明我国企业实力上民营企业表现优异，实力较强；国有企业和台港澳法人独资企业中的高质量企业数量仍然相对较少。

## 二　2022年中国典型企业研究

### （一）不同地域典型企业研究

**1. 东部地区典型企业——平安银行**

平安银行成立于1987年，是一家总部设在深圳的全国性股份制商业银行，前身深圳发展银行是中国内地（大陆）首家公开上市的全国性股份制银行。经过多年发展，平安银行已成长为一家金融服务种类齐全、机构网点覆盖面广、经营管理成熟稳健、品牌影响市场领先的股份制商业银行。

发展战略方面，平安银行以"建设中国最卓越、全球领先的智能化零售银行"为战略目标，坚持"科技引领、零售突破、对公做精"十二字策略方针，持续深化全面数字化经营，着力打造"数字银行、生态银行、平台银行"三张名片，确保产品和服务真正凸显"专业·价值"，为客户提供"省心、省时又省钱"的金融服务。

业绩表现方面，如图1所示，平安银行2022年实现营业收入1798.95亿元，同比增长6.21%，实现净利润455.16亿元，同比增长25.26%。

2022年平安银行居"最具价值全球品牌100强"排行榜第77位。

**2. 西部地区典型企业——茅台**

茅台是中国驰名白酒企业。公司总部位于中国贵州省遵义市仁怀市茅台镇。茅台是2022年唯一入围的西部地区企业，且连续7年入围榜单。

业绩表现方面，贵州茅台持续向好。如图2所示，2022年茅台营业收入1240.99亿元，同比增长16.87%；净利润653.75亿元，同比增长17.33%。从业务结构上看，茅台酒收入占酒类收入的87.12%，茅台酒

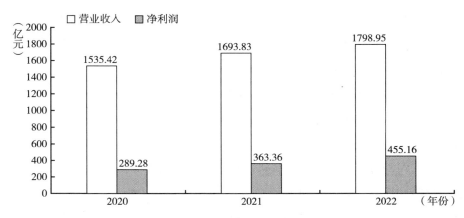

**图1 2020~2022年平安银行盈利变动**

资料来源:凯度网。

毛利高达94.19%。从区域结构上看,茅台的酒类产品主要销售至国内,国内收入1195.32亿元,占比96.32%,国外收入贡献率仅3.68%,说明茅台企业的市场人群主要是国内消费者。从销售模式上看,茅台直销收入493.78亿元,较2021年增加105.49%,说明在疫情冲击下,线下销售渠道受到了很大影响,直销成为更适合的模式,茅台企业数字化转型取得成效。

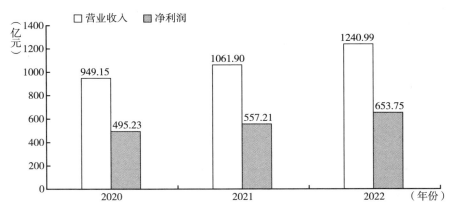

**图2 2020~2022年茅台盈利变动**

资料来源:凯度网。

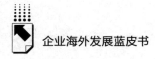

品牌价值表现方面，2022 年茅台品牌价值总额达 1033.80 亿美元，比上年减少 59.50 亿美元。2022 年茅台企业居"最具价值全球品牌 100 强"排行榜第 14 位，较 2021 年降低了 3 个位次。

### 3. 港澳台地区典型企业——友邦保险

友邦保险于 2010 年在香港联合交易所上市，集团主要业务分布在泛亚地区，总部位于香港。

业务布局方面，友邦保险提供一系列的产品及服务，涵盖寿险、意外及医疗保险和储蓄计划，以满足个人客户在长期储蓄及保障方面的需要。此外，友邦保险亦为企业客户提供雇员福利、信贷保险和退休保障服务。在品牌建设层面，友邦保险不断强化"健康及财富管理伙伴"的品牌定位，讲好"友邦保险人寿故事"，通过多层次、多渠道、多形式的对内对外沟通，塑造友邦保险社交化、年轻化的品牌形象。

业绩表现方面，如图 3 所示，友邦保险在 2022 年 1 月 1 日至 2022 年 12 月 31 日期间，总保费收入 365.19 亿美元，同比减少 1.63%；股东应占纯利 2.82 亿美元，同比下降 96.20%。2022 年上半年的新业务价值低，在下半年实现增长，五大经营分部新业务价值均有所增长。

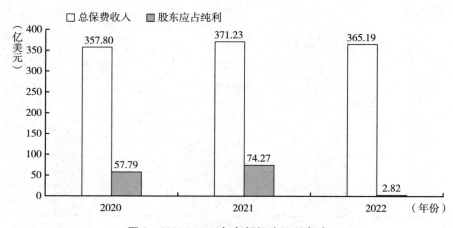

图 3　2020~2022 年友邦保险盈利变动

资料来源：凯度网。

## （二）不同行业典型企业研究

### 1. 金融业典型企业——中国工商银行

中国工商银行成立于 1984 年。2006 年中国工商银行成功在上交所和香港联交所同日挂牌上市。中国工商银行是四大国有银行之一，属于金融业。

业务布局方面，中国工商银行致力于建设中国特色、世界一流现代金融企业，拥有优质的客户基础、多元的业务结构、强劲的创新能力和市场竞争力。中国工商银行将服务作为立行之本，坚持以服务创造价值，向全球超1000 万个公司客户和 7.20 亿个个人客户提供丰富的金融产品和优质的金融服务，以自身高质量发展服务经济社会高质量发展。

业绩表现方面，如图 4 所示，中国工商银行 2022 年实现营业收入9179.89 亿元。其中，利息净收入 6936.87 亿元，占营业收入的 75.57%；非利息收入 2243.02 亿元，占营业收入的 24.43%。2022 年营业收入较 2021年下降 2.63%，但净利润同比上涨 3.49%。中国工商银行 2022 年继续保持稳定、健康发展。

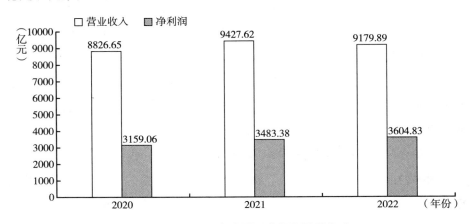

图 4　2020~2022 年中国工商银行盈利变动

资料来源：凯度网。

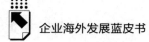

品牌价值表现方面，2022 年中国工商银行的品牌价值总额 353.15 亿美元，居"最具价值全球品牌 100 强"排行榜第 62 位。相较于 2021 年，中国工商银行品牌价值总额下降 24.50 亿美元，位次有所下降。可能的原因是政府进一步放开民有资本和外资准入以及支付宝、微信等融资理财工具的冲击导致行业发展困难。

### 2. 批发和零售业典型企业——小米

小米正式成立于 2010 年 4 月，创立至今，小米已成为全球领先的智能手机品牌之一，智能手机出货量稳居全球前三，并已建立起全球领先的消费级 AIoT（人工智能和物联网）平台。

业务布局方面，小米是一家专注于智能硬件和电子产品研发，以及智能手机、智能电动汽车、互联网电视及智能家居生态链建设的全球化移动互联网企业、创新型科技企业。小米创造了用互联网模式开发手机操作系统、发烧友参与开发改进的模式。截至 2022 年 12 月 31 日，小米业务已进入全球逾 100 个国家和地区，是全球第四大智能手机制造商，在 30 余个国家和地区的手机市场进入了前五名，特别是在印度，连续 5 个季度保持手机出货量第一。

业绩表现方面，如图 5 所示，小米 2022 年营业收入 2800.44 亿元。从区域结构上看，小米境外收入 1378.00 亿元，占总收入的 49.21%，说明小米全球化布局取得显著成效。

品牌价值表现方面，2022 年小米品牌价值总额 216.53 亿美元，居"最具价值全球品牌 100 强"排行榜第 97 位。与 2021 年相比，小米品牌价值总额减少 32.32 亿美元，位次也下降 27 个。

### 3. 信息传输、软件和信息技术服务业典型企业——快手

快手的前身叫"GIF 快手"，诞生于 2011 年 3 月，最初是一款用来制作、分享 GIF 图片的手机应用。2012 年 11 月，快手从纯粹的工具应用转型为短视频社区，成为用户记录和分享生产、生活的平台，属于典型的信息传输、软件和信息技术服务业。快手是中国流行的短视频和直播应用之一。

业务布局方面，快手是一款社交类的软件，在快手上，用户可以用照片

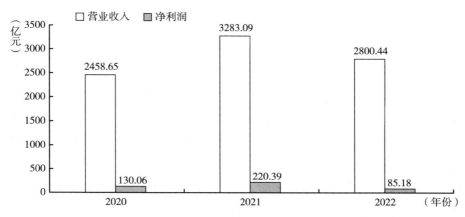

**图5　2020~2022年小米盈利变动**

资料来源：凯度网。

和短视频记录自己的生活点滴，也可以通过直播与粉丝实时互动。快手的内容覆盖生活的方方面面，用户遍布全国各地。快手专注于服务普通人日常生活的记录和分享，拉近了人与人之间的距离，是中国移动互联网一款非常贴近用户、有温度和有生命力的产品。

业绩表现方面，如图6所示，2022年快手营业收入941.82亿元，同比增长16.16%；净利润从2021年的-277.01亿元大幅上升至-125.57亿元。

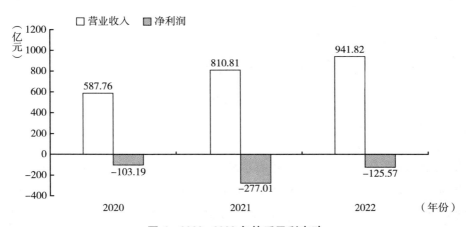

**图6　2020~2022年快手盈利变动**

资料来源：凯度网。

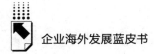

品牌价值表现方面，2022年快手的品牌价值总额265.35亿美元，居榜单第82位，也是2022年新入围榜单企业。

4.制造业典型企业——海尔

海尔创立于1984年，是以制造各种智能家电为主的典型制造业企业。

业务布局方面，海尔主要经营业务为冰箱/冷柜、洗衣机、空调、热水器、厨电、小家电、U-home智能家居产品等的研发、生产和销售。目前根据海尔官网披露的信息，海尔业务分部已遍布亚洲、欧洲、非洲、北美洲等世界各个角落。海尔在全球设立了10个研发中心、71个研究院、35个工业园、138个制造中心和23万个销售网络。

业绩表现方面，如图7所示，2022年海尔实现营业收入2435.14亿元，同比增长6.99%；实现净利润147.11亿元，较2021年同期增长11.28%。总体来看，财务业绩持续增长。

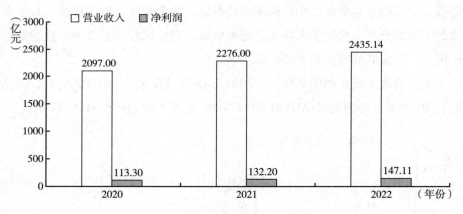

**图7　2020~2022年海尔盈利变动**

资料来源：凯度网。

品牌价值表现方面，2022年海尔品牌价值总额351.52亿美元，较上年大幅增长87.30亿美元，涨幅高达33.04%。企业价值总额大幅上涨的背后离不开海尔积极转型，由传统的家电制造转向与智能物联网技术融合，投入大力气进行研发和创新，增强产品竞争力，并进一步打开国际市场。2022

年海尔居"最具价值全球品牌100强"排行榜第63位,较上年上升2个位次,连续4年保持上升。

### (三)不同所有制结构典型企业研究

#### 1. 国有企业典型企业——中国移动

中国移动是按照国家电信体制改革的总体部署,于2000年组建成立的中央企业,属于典型的国有企业。

业务布局方面,中国移动主要经营移动语音、数据、宽带、IP电话和多媒体业务,并具有计算机互联网国际联网单位经营权和国际出入口经营权。中国移动是中国最大的电信运营商,员工总数近50万人。

业绩表现方面,如图8所示,2022年中国移动实现营业收入9372.59亿元人民币,比上年增长10.49%;净利润1254.59亿元人民币,比上年增长8.07%。

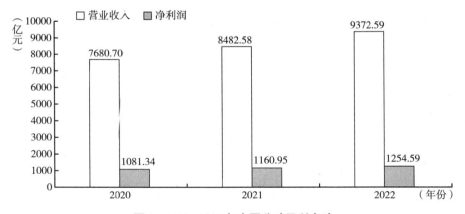

**图8 2020~2022年中国移动盈利变动**

资料来源:凯度网。

品牌价值表现方面,2022年中国移动的品牌价值总额达238.13亿美元,较上年同期降低20.08亿美元,可能是由于中国移动业务领域正遭受新技术的冲击,如彩铃与短信业务逐渐被其他智能软件替代。

2022年中国移动居"最具价值全球品牌100强"排行榜第88位。

2.民营企业典型企业——美团

美团成立于2011年，由王兴创办，是一家投资控股公司。

业务布局方面，作为中国领先的生活服务电子商务平台，美团服务涵盖餐饮、外卖、生鲜零售、打车、共享单车、休闲娱乐等200多个品类，业务覆盖全国2800个县区市。美团的使命是"帮大家吃得更好、生活得更好"，公司聚焦"零售+科技"战略，和广大商户与各类合作伙伴一起，努力为消费者提供品质生活，推动商品零售和服务零售在需求侧和供给侧的数字化转型。

业绩表现方面，如图9所示，美团2022年营业收入2199.54亿元人民币，同比增长22.81%。2022年，尽管受到宏观环境的负面影响，美团的核心本地商业分部仍实现17.64%的收入增长，总收入1607.59亿元；新业务分部总收入同比增长39.30%，这主要是受商品零售业务的增长推动。

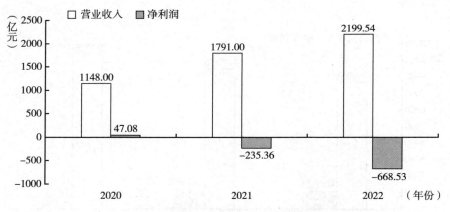

图9 2020~2022年美团盈利变动

资料来源：凯度网。

品牌价值表现方面，2022年美团品牌价值总额450.51亿美元，居"最具价值全球品牌100强"排行榜第51位。

3.台港澳法人独资企业典型企业——友邦保险

友邦保险总部位于香港，是典型的台港澳法人独资企业。

业务布局方面，友邦保险服务的主要客户为华人，主要提供保险、储蓄、医疗等相关服务。产品市场遍及中国、泰国、新加坡、马来西亚等国内外地区。

业绩表现方面，如图10所示，2022年实现营业收入191.10亿美元，相较于2021年同期，营业收入下降59.79%；2022年实现净利润3.20亿美元，相较于2021年同期，净利润下降95.72%。总体来看，营业收入与净利润均大幅下降。

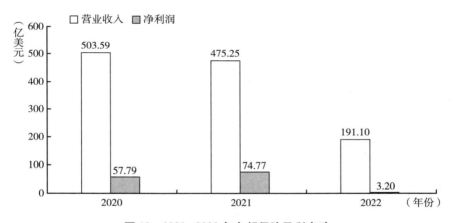

**图10　2020～2022年友邦保险盈利变动**

资料来源：凯度网。

品牌价值表现方面，友邦保险2022年品牌价值总额227.33亿美元，相较于上年增长21.34亿美元。2022年友邦保险在榜单中排第94位。

# 三　2022年入围中国企业变化分析

## （一）2018~2022年总体变化

图11展示了2018~2022年入围中国企业数量与价值变动趋势。

2018年入围品牌数量与上年持平，但价值大幅提升，凸显了我国品牌

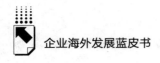

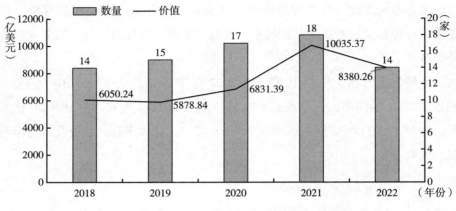

**图11　2018~2022年入围中国企业数量与价值变动趋势**

资料来源：凯度网。

建设质量。得益于宏观经济继续保持稳定，我国企业继续深化改革创新。这些有利的外部环境和自身努力，都极大地促进了品牌价值的提升与增长。2019年中国品牌增长总体平衡。在数量方面，入围的品牌数量比上年同期增长1家，但品牌价值方面下降2.83%。可能的原因是2019年外贸环境不景气，品牌之间高度同质化导致中国品牌价值竞争力有所下降。2020年中国品牌继续保持增长态势。在数量方面，2020年品牌数量较上年增长2家，品牌价值总额大幅增长16.20%，高精尖品牌快速增长。2021年中国品牌创2018~2022年最佳水平。在数量方面，较上年增长1家，但品牌价值总额大幅上涨46.90%。主要的原因是国内高科技行业加大了产品的科技投入，使得许多品牌的价值得到大幅上升，如阿里巴巴和京东在金融支付、云计算等方面都融合了先进的技术，使得产品质量与影响力方面都大大提升。2022年中国品牌入围数量和价值均有所下降。2022年品牌价值总额达8380.26亿美元，比上年降低16.49%。入围品牌数量14家，比上年减少4家。其中，新入围一家企业，为快手，5家退出企业分别是百度、拼多多、中国建设银行、滴滴出行和贝壳找房。造成这种下降局面的原因有多种。首先，新冠疫情的影响。新冠疫情期间经济发展水平和居民收入下行，后疫情阶段国内居民消费能力持续萎缩、国际经济不景气等导致出口下跌，是影响中国品牌做大做强的重要外部因素。其次，国内品牌在技术交流与转型过程中遭遇发展瓶颈也是限制品牌做大做强的重要因素。最后，少数企业战略选择错误，忽视品牌的可持续发展。近年来，中国经济由高速增长阶段开始转向高质量发展阶段。比如，拼多多自成立以来发展迅速，凭借低价包邮、优惠促销的策略高速发展，但其在平台基础体系建设方面仍存在许多不完善的地方（包括平台的消费者及客服体系不健全、商品质量无法保障、假货泛滥等问题），严重影响口碑，阻碍其获得更多用户的青睐，品牌由此难以继续做大做强。

总体上看，2018~2022年我国品牌建设水平呈现出先上升后下降的曲折发展态势，显示我国品牌转型发展过程中的成就与曲折历程。

（二）地域分布变动分析

2018~2022年，我国品牌企业主要分布在东部发达地区，西部地区茅台连续7年入围，香港地区友邦保险连续2年入围。中部地区、东北部地区、澳门地区和台湾地区均没有企业入围，说明这些地区整体品牌竞争力还有待提升。

图12展示了我国尖端品牌具有明显的区域聚集特点。首先，中国品牌企业主要集中于东部地区。其次，西部地区5年间均有1家品牌企业入围，即茅台。再次，香港地区友邦保险在2021~2022年连续两年成功入围，为香港地区实现了尖端品牌零的突破。最后，中部、东北部、澳门、台湾地区缺乏尖端品牌企业入围。

总体来看，我国品牌企业分布与资源区域分布一致。东部地区聚集大量的技术、资本与人力资源，有助于品牌企业的诞生与成长。西部地区的茅台依靠独特的水、粮食等天然资源禀赋成为品牌企业。香港是世界金融中心城市之一，拥有丰富的理财与金融专业人才与资本，为发展金融保险服务提供了有利条件。

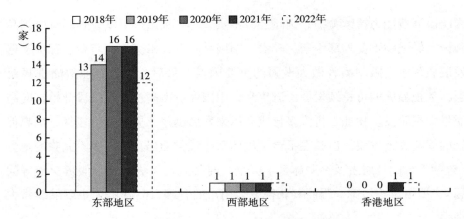

**图 12  2018～2022 年中国品牌企业区域分布**

资料来源：凯度网。

## （三）行业分布变动分析

2018～2022 年，我国品牌企业的行业分布呈现出由多种行业缩减到几类行业的趋势。图 13 反映了 2018～2022 年中国品牌企业行业分布情况。

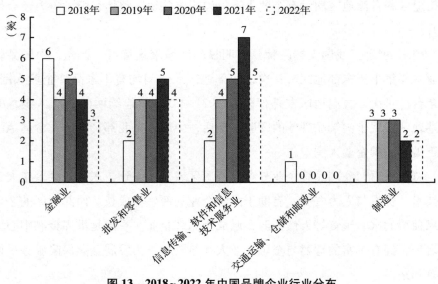

**图 13  2018～2022 年中国品牌企业行业分布**

资料来源：凯度网。

2018 年我国尖端品牌呈现以金融业为主、其他行业共同发展的局面。14 家入围企业中，金融业入围 6 家，占比将近 50%。此外交通运输、仓储和邮政业及制造业各占 1 家和 3 家。这些传统行业总计 10 家。而批发和零售业与信息传输、软件和信息技术服务业等高级行业正处于快速发展时期，入围数量共计 4 家。

2019~2020 年我国尖端品牌在行业分布上逐渐倾向于高科技类行业，传统行业数量进一步下降。批发和零售业与信息传输、软件和信息技术服务业两大行业入围企业数量由 2018 年的 4 家增长到 2020 年的 9 家，数量增长较快。传统交通运输、仓储和邮政业与金融业的入围数量及其占比进一步降低，而制造业入围数量相对不变。特别是 2018 年以后能源类的相关品牌企业没有入围。

2021 年信息传输、软件和信息技术服务业与批发和零售业等高科技类行业品牌企业的占比进一步上升，形成以高科技类行业为主、金融业和制造业等传统行业为辅的局面。原因在于，国内企业自力更生，充分意识到产业转型升级必须要结合高科技。

2022 年尖端品牌在行业分布上与 2021 年基本一致，但数量上除制造业与交通运输、仓储和邮政业外各行业均有所降低。如金融业、批发和零售业各下降 1 家；信息传输、软件和信息技术服务业下降 2 家。这些收缩的发展态势可能源于宏观经济与国内需求等方面不利的外部因素导致的系统性风险。

（四）所有制结构分布变动分析

2018 年以来，入围品牌企业从国有企业数量占优逐渐发展为民营企业数量占优。图 14 为 2018~2022 年入围中国品牌企业所有制结构分布。根据国家企业信用信息公示系统提供的资料，将企业所有制结构划分为三类：国有企业、民营企业和台港澳法人独资企业。

2018 年入围的品牌企业中有 8 家是国有企业，6 家是民营企业。入围的国有企业在数量上略多于民营企业。

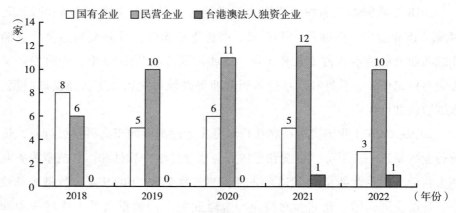

**图14　2018~2022年中国品牌企业所有制结构分布**

资料来源：凯度网。

2019年入围"最具价值全球品牌100强"的国有企业数量为5家，而民营企业数量为10家，台港澳法人独资企业没有入围。2019年民营企业首次在数量上超过国有企业，主要是因为民营企业活力强，在高科技领域具有较强的创新能力与发展意愿。

2020年入围"最具价值全球品牌100强"的中国企业，所有制结构分布与上年基本一致。国有企业数量和民营企业数量分别为6家和11家，均比上年增长1家。台港澳法人独资企业没有入围。

2021年入围"最具价值全球品牌100强"的中国企业中，国有企业与民营企业数量的差距进一步拉大。国有企业和民营企业入围数量分别为5家和12家。与上年相比，国有企业减少1家，而民营企业增加1家。此外台港澳法人独资企业有1家入围。2021年新冠疫情大流行，国内环境较为严峻。国有企业承担既要发展也要抗击新冠疫情的社会责任。民营企业依靠之前积累的资本继续攻坚克难，通过网络技术、大数据等新兴技术手段不断拓展企业品牌与产品，实现自身价值提升。

2022年入围"最具价值全球品牌100强"的中国企业中，国有企业与民营企业数量均较上年下降2家。国有企业入围数量为3家，民营企业入围数量为10家，台港澳法人独资企业入围数量为1家，可见2022年民营企业仍占据多数。

由所有制结构分布变化可见，国有企业数量下降趋势较为明显；台港澳法人独资企业数量相对稳定；民营企业数量增长势头良好。国有企业、台港澳法人独资企业应当加快转型升级，在充分借鉴民营企业发展经验的基础上实现品牌的做大做强。

# 四　展望与建议

2022年国内需求萎缩与国际经济增长乏力等系统性风险导致我国品牌企业发展遭遇挫折。国内方面，疫情"伤疤效应"持续显现，企业经营生产方面受到疫情的广泛影响。许多企业在抗疫胜利前夕倒闭。国内居民失业率上升、居民生存成本上涨等因素也直接或间接导致国内消费品市场需求出现萎缩。国际方面，世界经济在后疫情阶段复苏缓慢，欧洲深陷能源危机与欧债危机，美国对华贸易打击和科技封锁仍然继续，逆全球化趋势短期内不会改变。严峻的经济环境是制约中国品牌高质量发展的重要因素。

## （一）展望

### 1. 总体趋势

2022年入围的中国企业数量总额与价值总额较上年均出现了下降，但平均价值较上年有所增长。反映了我国企业在坚定品牌建设的同时，也面临着内需萎缩与外贸订单不足以及西方技术封锁等系统性风险。首先，内需疲软，依靠内循环拓展品牌面临困难。其次，国际经济环境仍然严峻。欧美等西方国家作为主要的出口市场，由于欧债危机和能源危机、中美贸易争端以及逆全球化，对其外贸出口下降。最后，尽管面临复杂多变的内部和外部环境，中国企业始终坚定高质量发展的品牌建设之路。2022年尽管尖端品牌数量下降，但是入围品牌平均价值比上年有所上升。这说明扎实做好自身品牌建设有助于抵御系统性风险的冲击。

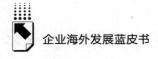

**2. 地域趋势**

2022 年中国品牌企业集中分布于东部地区的情况没有改变。现代企业发展需要大量的技术、人力、资本等，特别是高科技新兴企业更多地涌现在东部一线城市，这是大趋势。中部、西部和东北部地区需要结合自身资源禀赋，充分发挥资源优势，强化品牌建设。港澳台地区需要结合自身产业结构和优势积极拓展与内地（大陆）的沟通，努力实现品牌做大做强。

**3. 行业趋势**

2022 年入围的中国企业集中分布于信息传输、软件和信息技术服务业，批发和零售业，金融业，制造业的局面仍然没有改变，且高科技类品牌企业占据多数。

信息传输、软件和信息技术服务业与批发和零售业是计算机、大数据、云平台等高新技术与传统的购物、信息等结合在一起的行业，如腾讯、京东、美团等均属于以上行业。在疫情大流行的这几年，科技行业通过网络平台实现了品牌快速增长，价值不断提升。同时依托传统自然资源或者资本的制造业和金融业入围企业数量总额占比有所下降，这与疫情期间实物流通受阻有一定的关系，也与新技术、新消费方式带来的冲击和需求结构变化有一定的关系。

**4. 所有制结构趋势**

2022 年入围的民营企业数量多、国有企业和台港澳法人独资企业数量仍然较少的情况没有改变。国有企业是我国经济发展的支柱，在许多关系国家发展命运的重要领域有国有企业的身影。但是随着我国改革开放的不断发展，国有企业在推陈出新方面存在不足。相反，民营企业在积极开展创新实践的过程中加速转变，取得了巨大的成就，涌现了大量的优秀代表，且它们大多是科技类企业，具有较强的创新精神。国有企业应当积极践行高质量品牌发展的激励和产权保护举措，促进产业升级与品牌增长。此外，台港澳法人独资企业处于经济较为发达的地区，要不断拓展与内地（大陆）的交流合作，实现技术协同和品牌发展的突破。

## （二）建议

### 1. 创新商业模式，挖掘潜在机会

受到疫情的冲击和全球经济复苏缓慢的影响，传统的扩大内需与刺激出口对品牌企业发展的促进作用有限。许多中小品牌企业由于没有适时进行战略调整而倒闭。大品牌企业本身具有雄厚的资本，抵御系统性风险的能力较强，在危机中挖掘潜在的市场机会是实现品牌增长的良好举措。虽然疫情大流行与世界经济萧条等多重不利因素叠加对本土品牌发展产生了不利影响，但疫情也改变了企业的经营方式与客户的消费习惯。如何以敏锐的眼光创新商业模式，积极适应环境变化，挖掘潜在的市场机会是品牌企业需要重点思考的问题。

### 2. 结合前沿科技，推进产业升级

从行业分布变化趋势来看，高科技类行业发展是未来品牌发展的大趋势。高科技类行业以低资源消耗、高回报为特征，符合二十大对经济高质量发展的号召。目前我国品牌企业发展时机比历史上任何时刻都要好，但同时应当清楚地认识到与欧美等老牌西方发达国家相比，我国还缺乏一批高精尖品牌企业。在美国对我国实施科技封锁的关键时期，能否实现技术瓶颈的突破决定了我国能否实现产业升级和全球竞争力的巨大提升。

对于传统行业而言，如制造业和金融业，要积极结合前沿科技，增加行业技术含量和产品附加值，使得企业从中低端向高端迈进。

### 3. 推进国有企业体制改革，激活国有企业活力

国有企业是我国经济的压舱石。2022 年以来，国有企业为抗击疫情、保障群众生命财产安全以及维护社会稳定做出了巨大努力和牺牲。但国有企业在近几年发展过程中出现了日渐下滑的态势，可能是由于国有企业产权不清、激励不足。相反民营企业发展势头迅猛，入围数量已远超国有企业。有必要大力推进国有企业体制改革，引入民营资本和机构投资者进行监督，提高国有企业的效率。

此外，台港澳法人独资企业在 2018～2022 年最多仅 1 家入围，与港澳

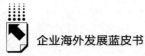
台地区经济发展水平不相匹配。港澳台地区是我国乃至世界的金融中心之一，具有雄厚的国际资本与高度发达的技术和丰富的人力资源。但过去一直缺乏大品牌企业，可能的原因是台港澳法人独资企业大多将市场局限于当地，而缺乏与内地（大陆）的交流与合作。中国内地（大陆）市场巨大，积极与其沟通合作有助于港澳台地区品牌质量的提升。

**参考文献**

凯度网，https：//www.kantar.com/。

国家企业信用信息公示系统网站，http：//www.gsxt.gov.cn/index.html。

商务部对外投资和经济合作司网站，http：//hzs.mofcom.gov.cn/。

# B.4
# 2022年中国上市公司海外投资分析

陈 帅 杨道广*

**摘 要：** 本报告以2022年我国上市公司为分析对象，在介绍海外投资总体概况的基础上，分别从投资的地区、领域与模式，以及投资企业的地域、行业与所有制结构六个维度对上市公司海外投资的具体情况予以量化分析。分析表明：在全球经济持续下行背景下，2022年我国上市公司海外投资业务表现亮眼，投资总量呈现出逆势增长态势；投资地区以地缘优势（东南亚）和互补优势（欧洲）明显的国家和地区为主；投资领域多元并主要聚焦于金属、装备制造和能源电力；投资模式以独立投资、增资与并购为主；投资企业地域分布非均衡化，呈"东部地区多，西部地区少"特点；投资企业主要来源于制造业；投资企业类型以民营企业居多。结合典型企业案例分析，本报告认为，新发展格局下为促进海外投资高质量发展，我国企业"出海"必须持续关注既有成熟市场，增强动力源地区引擎作用，积极构建以风险管控体系为基础，以发挥民营企业引领作用为侧重，以稳定和扩大制造业竞争优势为核心，重点突出、多极发力的区域经济合作新格局。

**关键词：** 上市公司 海外投资 投资布局 新发展格局

---

\* 陈帅，南京审计大学内部审计学院讲师，主要研究方向为会计信息与资本市场；杨道广，对外经济贸易大学国际商学院教授、博士生导师，主要研究方向为内部控制与公司财务、审计与公司治理。

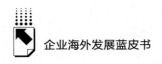

# 一 2022年中国上市公司海外投资总体概况

## （一）2022年中国上市公司海外投资规模

2022年，在全球经济艰难复苏、新冠疫情持续蔓延及以俄乌冲突为代表的地缘政治冲突加速演变背景下，国际投资环境仍然较为复杂和模糊化，充满不确定性。为积极应对全球供应链、产业链体系所面临的多重冲击，缓解宏观经济下行压力，党的二十大报告明确提出，要进一步推进高水平对外开放，提升贸易投资合作质量和水平，通过深度参与全球产业分工和合作，维护多元稳定的国际经济格局和经贸关系。近年来，随着我国实行更加积极主动的开放战略，以共建"一带一路"为代表的国际公共产品、国际合作平台的红利效应和示范效应逐渐显现。根据《2022年中国企业对外投资现状及意向调查报告》，超七成受访企业维持或扩大现有对外投资规模，超八成企业对未来对外投资发展前景持较为乐观态度。①与基本预期一致，在该背景下，2022年中国上市公司海外投资总量呈现出明显的大幅增长态势。

图1报告了2018～2022年中国上市公司海外投资总量情况。相较于2021年，2022年中国上市公司海外投资总量已达2188亿元，同比增长了115.35%，呈明显的大幅增长趋势。中投大数据——投资数据库统计数据显示，全年单笔海外投资规模超过1亿元的项目数量共计114个；单笔海外投资规模超过10亿元的项目数量共计40个；单笔海外投资规模超过100亿元的项目数量共计4个。由此可见，除了同期新增更多数量的海外投资项目之外，2022年上市公司批量的大额单笔海外投资项目也是促成海外投资规模同比大幅增长的直接原因。

---

① 《2022对外投资现状及意向调查报告发布》，法治网，2023年2月24日，http://www.legaldaily.com.cn/government/content/2023-02/24/content_8825554.html。

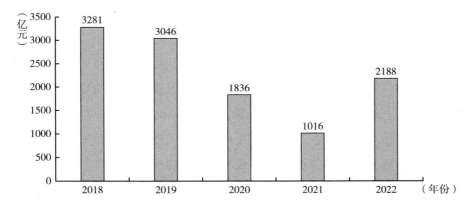

**图1 2018~2022年中国上市公司海外投资总量情况**

资料来源：中投大数据——投资数据库。

　　图2列示了2022年中国上市公司海外投资月度情况。如图2所示，与2021年月度情况基本一致，我国上市公司海外投资规模分别在2022年的2月与8月达到年度最低值和最高值，投资规模分别为34.72亿元、591.60亿元，占全年海外投资总量的1.59%和27.04%。但从总体分布情况来看，我国上市公司上半年与下半年的海外投资规模基本持平，这表明我国上市公司海外投资资金流动具有较好的稳定性。

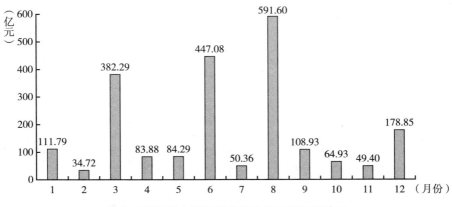

**图2 2022年中国上市公司海外投资月度情况**

资料来源：中投大数据——投资数据库。

119

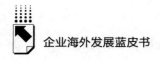
### （二）2022年中国上市公司海外投资的地区分布

我国上市公司海外投资区位选择是综合权衡投资所在东道国市场发展规模与潜力、资源禀赋、国际贸易开放程度以及地缘政治稳定性等后得到的结果，在一定程度上反映了我国海外投资的风险考量和布局偏好。比如，对于政治互信程度较高与经济互补性较强的投资地区而言，为降低投资风险，我国上市公司往往会延续利用既有共建平台和合作框架，结合被投资地区的资源开发需求从事相关海外投资活动，实现国内资源与国外资源的优势互补。

如图3所示，我国上市公司海外投资地区选择偏好具有一定的稳定性和延续性，主要聚焦于东南亚、欧洲、南美洲和非洲等地区，而在东亚、大洋洲和西亚等地区，我国上市公司的海外投资规模相对较小，而且，对中北美洲地区的投资规模占比出现了明显下滑。进一步地，从海外投资所在地的具体国家来看，我国企业在东南亚地区的对外投资对象主要为马来西亚、印度尼西亚、泰国等国家；在欧洲地区的对外投资对象是英国、匈牙利、德国等国家；在南美洲地区的对外投资对象以圭亚那、乌拉圭等国家为主；在非洲地区的对外投资对象主要为刚果民主共和国、肯尼亚、津巴布韦等国家；在

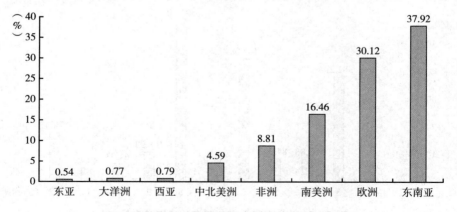

**图3　2022年中国上市公司海外投资的地区分布**

资料来源：中投大数据——投资数据库。

中北美洲地区的对外投资对象主要是美国、墨西哥等国家；在大洋洲地区的对外投资对象是澳大利亚。此外，在海外投资总体规模较小的东亚和西亚地区，海外投资项目主要分布在韩国、日本、阿拉伯联合酋长国等。

基于投资地区区位特点分析发现，2022年我国上市公司海外投资地区分布一端联结着地缘优势凸显的东南亚经济圈，一端联结着互补优势明显的欧洲经济圈。区位选择在总体保持稳定的同时，也存在局部变动。集中体现在两个方面，一是投资地区分布多元。当前，我国已经成为140多个国家和地区的主要贸易伙伴，吸引外资和对外投资位居全球前列，为充分用好两个市场两种资源，我国上市公司对外投资地区多元化是必然选择。二是投资地区地缘优势与经济互补优势凸显。基于中投大数据——投资数据库统计分析，无论是从大额单笔海外投资项目来看，还是从海外投资总量来看，我国上市公司海外投资区位选择不仅会向具有明显地缘优势的国家和地区倾斜，同时为形成经济互补，契合国家发展战略，还会青睐于经济发展水平相对较高、市场相对完善的国家和地区。

## （三）2022年中国上市公司海外投资的领域分布

从我国上市公司海外投资的行业结构与领域分布特征来看，2022年，我国上市公司海外投资行业布局得到进一步优化，投资领域相对均衡。比如，涵盖了金属、装备制造、能源电力、非金属、化工、建筑基建、信息技术与服务、纺织服装服饰等细分行业。与此同时，海外投资回归理性，在保持多元化格局的基础上，海外投资的行业集中度相对较高，比如，2022年，我国上市公司在金属、装备制造以及能源电力等领域的海外投资力度明显大于其他行业领域。

如图4所示，以金属行业（占比28.68%）、装备制造行业（占比27.84%）、能源电力行业（占比19.40%）为依托的海外投资项目占比相对较高，而以纺织服装服饰行业（占比0.68%）、食品饮料行业（占比0.82%）和信息技术与服务行业（占比1.61%）为依托的海外投资规模相对较小。这表明，我国上市公司海外投资行业布局持续向处于全球"领跑"地位的金属行业、装备制造行业聚焦，而减少对纺织服装服饰与食品饮料板块的投资，逐步形成"全面开放，重点倾斜"的布局，形成该特点的原因包含两方面。一方面，投资领域趋向多元化是我国提升开放型经济水平，增强国内国际两个市场两种资源联动效应，服务构建新发展格局的重要保证，同时，也是更好地参与国际竞争与合作的重要手段，是推动形成全面开放新格局的题中之义，因此，我国上市公司海外投资领域总体仍呈现出多元化趋势。另一方面，随着"一带一路"倡议、新基建与碳中和政策引导，不仅金属行业迎来新一轮周期，更是催生了更多领域的投资机会。比如，我国在金属领域的海外投资不仅是满足持续增长的消费需求及贯彻国家战略的长远规划的重要途径，更是对存在结构性稀缺状况的矿产资源进行海外前瞻布局的必然要求；此外，相较于其他行业，我国在金属、装备制造、能源电力等行业具有丰富的海外投资经验，有助于促进"出海"企业增强投资信心，而纺织服装服饰行业受"高成本、弱需求"的影响，海外投资风险较高，因此，中国上市公司对相关领域的海外投资力度相对偏小。

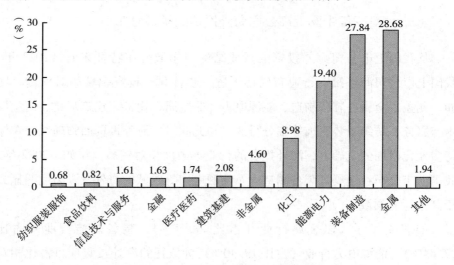

**图4　2022年中国上市公司海外投资的领域分布**

资料来源：中投大数据——投资数据库。

（四）2022年中国上市公司海外投资的模式分布

从海外投资的模式来看，我国上市公司海外投资的模式大致可分为独立投资模式、合资经营模式、股权投资模式、并购模式以及增资模式五类。如表1所示，2022年我国上市公司海外投资的所有项目中，共计有108个选择独立投资模式、10个选择合资经营模式、13个选择股权投资模式、19个选择并购模式、34个选择增资模式。进一步从不同投资模式下的投资规模来看，统计发现，基于独立投资模式的海外投资规模最大，为18848900万元，投资规模占比为86.14%；基于并购模式和增资模式的海外投资规模次之，分别为1220412万元、924841万元，相应投资规模占比为5.58%、4.23%；而以合资经营模式和股权投资模式为主的投资规模较小，分别为758625万元、128376万元，投资规模均不超过总量的4%。

表1　2022年中国上市公司海外投资的模式分布

| 投资模式 | 项目数量（个） | 项目数量占比（%） | 投资规模（万元） | 投资规模占比（%） |
|---|---|---|---|---|
| 独立投资 | 108 | 58.70 | 18848900 | 86.14 |
| 合资经营 | 10 | 5.43 | 758625 | 3.47 |
| 股权投资 | 13 | 7.07 | 128376 | 0.59 |
| 并购 | 19 | 10.33 | 1220412 | 5.58 |
| 增资 | 34 | 18.48 | 924841 | 4.23 |

资料来源：中投大数据——投资数据库。

# 二　2022年中国上市公司海外投资企业的特征分析

（一）2022年中国上市公司海外投资企业的地域分布分析

受区域经济发展水平和上市公司数量地域分布特征的内在影响，

2022 年我国上市公司海外投资企业"东部地区多,西部地区少"① 的地域分布特征与 2021 年基本一致。总的来看,2022 年,"出海"投资企业主要来源于我国经济发展程度更高的东部地区,而经营注册地为经济发展相对滞后的西部地区的海外投资上市公司数量明显较少,海外投资带动能力相对疲软。表 2 报告了 2022 年中国上市公司海外投资企业的区域分布情况。

表 2    2022 年中国上市公司海外投资企业的区域分布

| 类别 | 东部地区 | 中部地区 | 西部地区 |
|---|---|---|---|
| 投资规模(万元) | 19318753 | 1938129 | 624272 |
| 投资规模占比(%) | 88.29 | 8.86 | 2.85 |

资料来源:中投大数据——投资数据库。

如表 2 所示,从我国海外投资企业的来源地来看,来自我国东部地区的企业,其海外投资规模达到 19318753 万元(占比为 88.29%);来自我国中部地区的企业,其海外投资规模达到 1938129 万元(占比为 8.86%);来自我国西部地区的企业,其海外投资规模达到 624272 万元(占比为 2.85%)。值得注意的是,根据中投大数据——投资数据库统计结果,并未有来自我国东北部地区的企业进行海外投资,这表明,我国上市公司海外投资企业具有明显的区域集中分布特征,不同区域之间,其海外投资力度存在显著差异。此外,通过细分具体省份数据来看,同一地区不同省份间,海外投资规模亦存在明显差异,比如,那些来自经济发展水平更高省份的企业,其海外投资项目数量相对更多、投资规模水平相对更高。

---

① 根据《中国统计年鉴》,东部地区包括北京、天津、河北、上海、江苏、浙江、福建、山东、广东和海南 10 个省份;中部地区包括山西、安徽、江西、河南、湖北和湖南 6 个省份;西部地区包括内蒙古、广西、重庆、四川、贵州、云南、西藏、陕西、甘肃、青海、宁夏和新疆 12 个省份;东北部地区包括辽宁、吉林和黑龙江 3 个省份。

## （二）2022年中国上市公司海外投资企业的行业分布分析

图5报告了2022年中国上市公司海外投资企业的行业分布情况，具体包括各行业中我国上市公司海外投资企业的数量占比，以及不同行业中的上市公司海外投资规模占比。统计数据显示，从海外投资上市公司所属的行业分布来看，按照2012年度中国证监会行业分类标准，统计发现，2022年我国海外投资企业中有81.05%来自制造业，3.92%来自采矿业，3.92%来自研究和试验发展，2.61%来自信息技术服务业。但值得关注的是，不同行业类型的海外投资上市公司，其投资规模不尽相同，甚至在投资规模总量上存在明显差异。具体而言，来源于制造业的上市公司投资规模最大，投资规模占比为66.11%；其次分别是采矿业、生态保护和环境治理业，投资规模占比分别为26.27%、3.76%，而研究和试验发展、信息技术服务业的上市公司尽管数量较多，但海外投资规模占比相对较低。

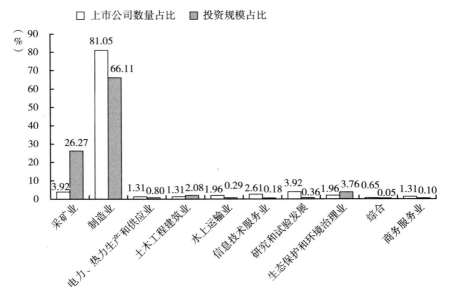

**图5　2022年中国上市公司海外投资企业的行业分布**

资料来源：中投大数据——投资数据库。

　　总体而言，伴随全球化带来新机遇和我国持续扩大对外开放，越来越多的中国企业开始走出国门，探索"出海"。目前，我国海外投资企业多元化的行业结构和行业间差异化的投资规模表明，2022年我国上市公司海外投资企业延续了行业分布多元化但品类发展不均衡的特点。

### （三）2022年中国上市公司海外投资企业的所有制结构分布分析

　　图6报告了2022年中国上市公司海外投资企业的所有制结构分布情况，根据产权类型，本报告主要将企业所有制结构分为国有、民营、外资及其他类型企业。从2022年中国上市公司海外投资企业的所有制结构分布情况来看，在所有海外投资企业中，有77.78%是民营企业；有9.80%是国有企业；而外资和其他类型企业数量相对较少，所占比例分别为9.15%与3.27%。进一步考察不同所有制结构企业的海外投资规模可以发现，民营企业的海外投资规模占比为69.40%；国有企业的海外投资规模占比为

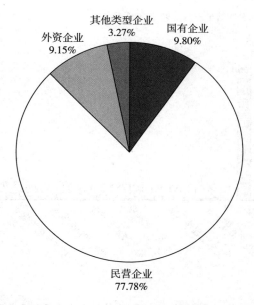

**图6　2022年中国上市公司海外投资企业的所有制结构分布**

资料来源：中投大数据——投资数据库。

23.43%；外资和其他类型企业的海外投资规模占比较低，分别为4.61%与2.56%。不难发现，在2022年我国海外投资发展过程中，在"出海"企业数量和投资规模方面，民营企业均表现出更为强劲的发展趋势。

# 三 2022年中国上市公司海外投资典型企业研究

## （一）基于地域维度的典型企业研究

### 1. 东部地区——宁德时代

宁德时代于2018年在深圳证券交易所挂牌上市，作为来自东部地区的海外投资代表企业，宁德时代是全球领先的新能源创新科技公司，主要从事动力电池与储能电池的研发、生产及销售。目前，宁德时代在电池材料、电池系统、电池回收等产业链领域拥有核心技术优势及前瞻性研发布局，致力于通过材料及材料体系创新、系统结构创新、绿色极限制造创新及商业模式创新为全球新能源应用提供一流的解决方案和服务。如表3所示，2022年宁德时代的海外投资规模为5070472万元，宁德时代基于独立投资模式，主要投资匈牙利时代新能源电池产业基地项目。

表3 2022年宁德时代海外投资情况

单位：万元

| 项目序号 | 投资项目名称 | 投资模式 | 投资地区 | 投资规模 | 投资领域 |
|---|---|---|---|---|---|
| 1 | 时代新能源电池产业基地项目 | 独立投资 | 匈牙利 | 5070472 | 装备制造 |

资料来源：中投大数据——投资数据库。

从宁德时代2020~2022年财务状况来看，如图7所示，2022年宁德时代业绩呈现明显增长趋势，营业收入由2020年的503.19亿元攀升至2022年的3285.94亿元，净利润由2020年的61.04亿元上升至2022年的334.57亿元。

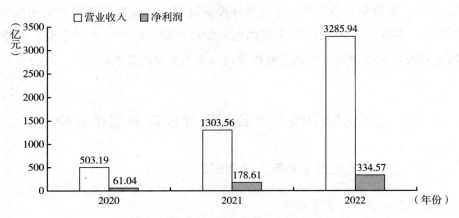

图7　2020~2022年宁德时代财务状况

资料来源：企业年报。

### 2. 中部地区——洛阳钼业

洛阳钼业是河南省100强企业和洛阳市16家重点企业之一，属于有色金属矿采选业，主要从事基本金属、稀有金属的采、选、冶等矿山采掘及加工业务和矿产贸易业务。目前公司主要业务分布于亚洲、非洲、南美洲、大洋洲和欧洲，洛阳钼业是全球领先的钨、钴、铌、钼生产商和重要的铜生产商，同时公司基本金属贸易业务水平位居全球前列。2022年，公司居全球矿业公司40强（市值）排行榜第20位。如表4所示，2022年洛阳钼业的海外投资规模为1223310万元，公司基于独立投资模式，主要投资KFM开发项目（氧化矿、混合矿）工程（一期）。

表4　2022年洛阳钼业海外投资情况

单位：万元

| 项目序号 | 投资项目名称 | 投资模式 | 投资地区 | 投资规模 | 投资领域 |
|---|---|---|---|---|---|
| 1 | KFM开发项目（氧化矿、混合矿）工程（一期） | 独立投资 | 刚果（金） | 1223310 | 金属 |

资料来源：中投大数据——投资数据库。

从洛阳钼业 2020~2022 年财务状况来看，如图 8 所示，2022 年洛阳钼业业绩表现较好，营业收入由 2020 年的 1129.81 亿元上升至 2022 年的 1729.91 亿元，净利润由 2020 年的 24.79 亿元迅速上升至 2022 年的 71.92 亿元。

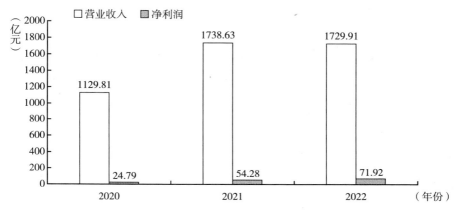

图 8　2020~2022 年洛阳钼业财务状况

资料来源：企业年报。

### 3. 西部地区——雅化集团

雅化集团主营业务包括民爆业务和锂业务两大板块。民爆业务主要包括民爆产品的生产与销售、工程爆破服务等。民爆产品主要包括工业炸药、工业雷管和工业索类火工品，产品广泛应用于矿山开采、交通建设、城市改造、地质勘探、爆炸加工及国防建设等领域。锂业务板块的产品主要包括氢氧化锂、碳酸锂等锂系列产品，公司锂产品广泛运用于新能源、医药和新材料领域。2019 年，公司生产总值位列行业第五，工业雷管年产量位列行业第二。在锂产业方面，公司在业内处于领先地位，是行业电池级氢氧化锂国家标准的制定者之一。公司荣获四川民营企业 100 强、四川上市公司品牌指数榜上榜企业、全国模范劳动关系和谐企业等荣誉称号。如表 5 所示，2022 年雅化集团的海外投资规模为 104055 万元，公司基于并购模式，主要投资中非实业全资子公司 70% 股权。

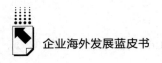
**表5　2022年雅化集团海外投资情况**

单位：万元

| 项目序号 | 投资项目名称 | 投资模式 | 投资地区 | 投资规模 | 投资领域 |
|---|---|---|---|---|---|
| 1 | 中非实业全资子公司70%股权 | 并购 | 纳米比亚 | 104055 | 化工 |

资料来源：中投大数据——投资数据库。

从雅化集团2020~2022年财务状况来看，如图9所示，2022年雅化集团业绩呈现明显增长趋势，营业收入由2020年的32.50亿元逐步上升至2022年的144.57亿元，净利润由2020年的3.45亿元上升至2022年的46.31亿元。

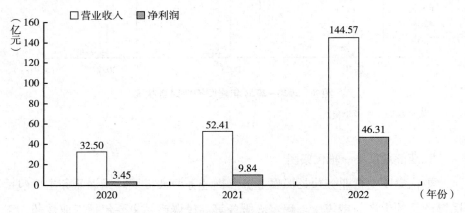

**图9　2020~2022年雅化集团财务状况**

资料来源：企业年报。

## （二）基于行业维度的典型企业研究

### 1. 制造业——晶澳科技

晶澳科技是新能源发电解决方案平台企业，以硅片—电池片—组件的产业链为主体，以光伏辅材和设备产业、光伏和应用场景解决方案为两翼，持续深入推进"一体两翼"战略。2019年正式登陆A股市场。晶澳科技在海外设立了13个销售公司，向全球135个国家和地区提供绿色光伏产品及服务，全球化布局优势明显，产品广泛应用于地面光伏电站以及工商业、住宅分布式光伏系统。凭借持续的技术创新、稳健的财务优势和发达的全球销售与服务网络，晶澳科技备受国内外客户的认可，多年荣登"《财富》中国500强"和"全球新能源企业500强"榜单。如表6所示，2022年晶澳科技的海外投资规模为120253万元，公司基于独立投资模式，主要投资越南2.5GW拉晶及切片项目。

表6　2022年晶澳科技海外投资情况

单位：万元

| 项目序号 | 投资项目名称 | 投资模式 | 投资地区 | 投资规模 | 投资领域 |
|---|---|---|---|---|---|
| 1 | 越南2.5GW拉晶及切片项目 | 独立投资 | 越南 | 120253 | 装备制造 |

资料来源：中投大数据——投资数据库。

从晶澳科技2020~2022年财务状况来看，如图10所示，2022年晶澳科技业绩呈现大幅增长趋势，营业收入由2020年的258.47亿元逐步上升至2022年的729.89亿元，净利润由2020年的15.48亿元上升至2022年的55.40亿元。

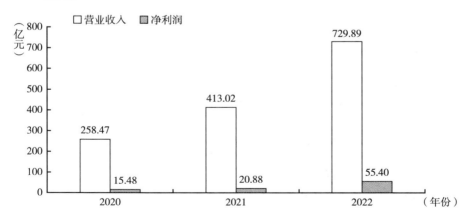

图10　2020~2022年晶澳科技财务状况

资料来源：企业年报。

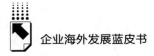

## 2. 有色金属矿采选业——紫金矿业

紫金矿业是一家在全球范围内从事铜、金、锌、锂等金属矿产资源勘查、开发及工程设计、技术应用研究的大型跨国矿业集团。目前，紫金矿业在全国 17 个省份和海外 15 个国家拥有重要矿业投资项目。截至 2022 年底，公司保有探明和控制及推断的资源量等主要指标中国领先。公司居 2023 年《福布斯》全球上市公司第 284 位、居其中上榜的全球黄金企业第 1 位、全球金属矿业企业第 6 位，入围《福布斯》中国可持续发展工业企业 Top50；居《财富》"世界 500 强"第 373 位、《财富》"中国上市公司 500 强"第 51 位。如表 7 所示，2022 年紫金矿业的海外投资规模为 454873 万元，公司基于独立投资模式和并购模式，分别投资苏里南 Rosebel 金矿项目和圭亚那奥罗拉金矿地采一期工程项目。

### 表 7 2022 年紫金矿业海外投资情况

单位：万元

| 项目序号 | 投资项目名称 | 投资模式 | 投资地区 | 投资规模 | 投资领域 |
|---|---|---|---|---|---|
| 1 | Rosebel 金矿项目 | 独立投资 | 苏里南 | 255909 | 金属 |
| 2 | 奥罗拉金矿地采一期工程项目 | 并购 | 圭亚那 | 198964 | 金属 |

资料来源：中投大数据——投资数据库。

从紫金矿业 2020~2022 年财务状况来看，如图 11 所示，2022 年紫金矿业业绩呈现大幅增长趋势，营业收入由 2020 年的 1715.01 亿元迅速上升至 2022 年的 2703.29 亿元，净利润由 2020 年的 84.58 亿元上升至 2022 年的 247.67 亿元。

### （三）基于所有制结构维度的典型企业研究

#### 1. 国有企业——海油发展

海油发展是中国海洋石油集团有限公司控股的上市公司，聚焦海上、陆上油气生产领域，致力于发展成为以提高油气田采收率、装备制造与运维、FPSO 一体化服务等为主导产业的有中国特色的世界一流能源技术服务公

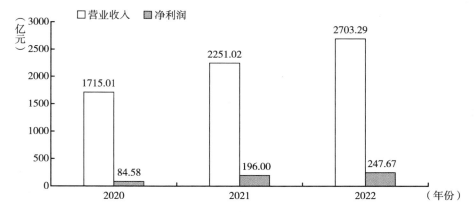

**图 11  2020~2022 年紫金矿业财务状况**

资料来源：企业年报。

司。公司积极把握能源转型大势，落实"碳达峰、碳中和"目标任务，加快推动低碳环保和数字化产业发展，致力于成为海洋石油行业发展绿色产业和开展数字化、智能化建设的生力军和主力军。如表 8 所示，2022 年海油发展的海外投资规模为 787277 万元，公司基于独立投资模式，主要投资新加坡 LNG 运输船项目。

**表 8  2022 年海油发展海外投资情况**

单位：万元

| 项目序号 | 投资项目名称 | 投资模式 | 投资地区 | 投资规模 | 投资领域 |
|---|---|---|---|---|---|
| 1 | LNG 运输船项目 | 独立投资 | 新加坡 | 787277 | 能源电力 |

资料来源：中投大数据——投资数据库。

从海油发展 2020~2022 年财务状况来看，如图 12 所示，2022 年海油发展业绩呈现明显增长趋势，营业收入由 2020 年的 332.08 亿元逐步上升至 2022 年的 477.84 亿元，净利润由 2020 年的 16.02 亿元上升至 2022 年的 24.97 亿元。

2. 民营企业——伟明环保

伟明环保是致力于环境治理、高端装备研发制造、新材料研发制造的大

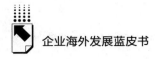

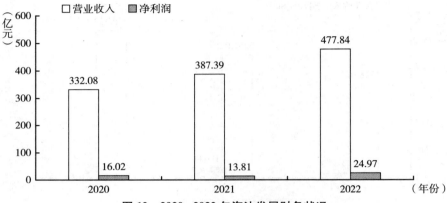

**图12　2020~2022年海油发展财务状况**

资料来源：企业年报。

型股份制企业，是于2015年在上海证券交易所挂牌的上市公司，荣获"中国环境保护产业协会骨干企业""中国主板上市公司价值百强"等称号，入选上证380指数成分股、沪港通标的公司，同时也被纳入MSCI中国A股名单、标普道琼斯指数A股名单、富时罗素A股名单。如表9所示，2022年伟明环保的海外投资规模为781805万元，公司基于合资经营模式和独立投资模式，主要投资新加坡与印度尼西亚的高冰镍项目。

**表9　2022年伟明环保海外投资情况**

单位：万元

| 项目序号 | 投资项目名称 | 投资模式 | 投资地区 | 投资规模 | 投资领域 |
| --- | --- | --- | --- | --- | --- |
| 1 | 高冰镍项目 | 合资经营 | 新加坡 | 312645 | 金属 |
| 2 | 高冰镍项目 | 独立投资 | 印度尼西亚 | 247260 | 金属 |
| 3 | 高冰镍项目 | 独立投资 | 印度尼西亚 | 173900 | 金属 |
| 4 | 高冰镍项目 | 独立投资 | 印度尼西亚 | 48000 | 金属 |

资料来源：中投大数据——投资数据库。

　　从伟明环保2020~2022年财务状况来看，如图13所示，2022年伟明环保依托主营业务和积极的海外投资布局，业绩表现亮眼，公司营业收入由

2020年的31.23亿元逐步上升至2022年的44.46亿元，净利润由2020年的12.56亿元上升至2022年的16.71亿元。

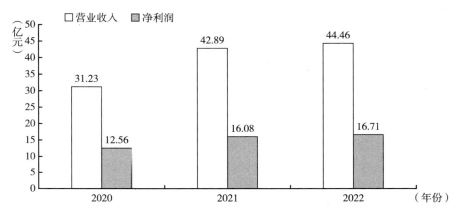

**图13  2020~2022年伟明环保财务状况**

资料来源：企业年报。

### 3. 外资企业——蔚蓝锂芯

蔚蓝锂芯主要从事的金属材料的物流供应链服务，包括仓储、分拣、套裁、包装、配送，以及相应的技术支持服务等未发生重大变化。2011年开始，公司逐步进入半导体行业的LED外延片及芯片制造领域。2016年4月公司收购江苏绿纬锂能有限公司，进入锂电池行业。自此公司形成了金属物流、LED及锂电池并存的总体业务格局。如表10所示，2022年蔚蓝锂芯的海外投资规模为200300万元，公司基于独立投资模式，主要投资马来西亚的10GWh圆柱锂电池制造项目。

**表10  2022年蔚蓝锂芯海外投资情况**

单位：万元

| 项目序号 | 投资项目名称 | 投资模式 | 投资地区 | 投资规模 | 投资领域 |
|---|---|---|---|---|---|
| 1 | 10GWh圆柱锂电池制造项目 | 独立投资 | 马来西亚 | 200300 | 装备制造 |

资料来源：中投大数据——投资数据库。

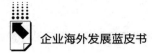
从蔚蓝锂芯 2020～2022 年财务状况来看，如图 14 所示，蔚蓝锂芯营业收入由 2020 年的 42.50 亿元上升至 2022 年的 62.85 亿元，净利润由 2020 年的 2.81 亿元上升至 2022 年的 4.07 亿元。

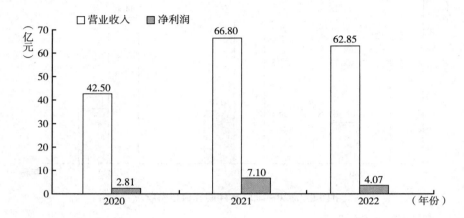

**图 14　2020～2022 年蔚蓝锂芯财务状况**

资料来源：企业年报。

## 四　2022年中国上市公司海外投资100强排行榜及变动分析

### （一）2022年中国上市公司海外投资100强排行榜

根据中投大数据——投资数据库，2022 年入围中国上市公司海外投资 100 强排行榜的"出海"企业，其海外投资的总体规模达到 2162.59 亿元，与 2021 年相比，增加了 116.65%。表 11 与图 15 分别报告了 2022 年入围企业的海外投资规模以及海外投资所在地与我国签订共建"一带一路"合作文件情况。

### 表11　2022年中国上市公司海外投资100强排行榜

单位：万元

| 排名 | 企业名称 | 投资规模 | 排名 | 企业名称 | 投资规模 |
|---|---|---|---|---|---|
| 1 | 宁德时代 | 5070472 | 34 | 容百科技 | 79166 |
| 2 | 中国海油 | 3135870 | 35 | 星源材质 | 71665 |
| 3 | 华友钴业 | 1623773 | 36 | 伊利股份 | 69030 |
| 4 | 洛阳钼业 | 1223310 | 37 | 海优新材 | 64723 |
| 5 | 海油发展 | 787277 | 38 | 华通线缆 | 57459 |
| 6 | 伟明环保 | 781805 | 39 | 银都股份 | 56385 |
| 7 | 森麒麟 | 588356 | 40 | 中京电子 | 55000 |
| 8 | 赛轮轮胎 | 530016 | 41 | 祥鑫科技 | 54855 |
| 9 | 怡球资源 | 463102 | 42 | 英飞特 | 52144 |
| 10 | 紫金矿业 | 454873 | 43 | 中富电路 | 50047 |
| 11 | 中国电建 | 448810 | 44 | 宝钢包装 | 49900 |
| 12 | 中伟股份 | 422767 | 45 | 华懋科技 | 49782 |
| 13 | 旗滨集团 | 397000 | 46 | 瑞泰新材 | 48383 |
| 14 | 道氏技术 | 369887 | 47 | 赛腾股份 | 47415 |
| 15 | 贝特瑞 | 319982 | 48 | 科达洁能 | 45306 |
| 16 | 中矿资源 | 281579 | 49 | 深圳能源 | 42651 |
| 17 | 英科医疗 | 267880 | 50 | 天振股份 | 41100 |
| 18 | 复星医药 | 260828 | 51 | 盛泰集团 | 40188 |
| 19 | 格林美 | 254381 | 52 | 家联科技 | 39200 |
| 20 | 甬金股份 | 213254 | 53 | 凯莱英 | 36844 |
| 21 | 福耀玻璃 | 206970 | 54 | 北新建材 | 36056 |
| 22 | 蔚蓝锂芯 | 200300 | 55 | 建龙微纳 | 35400 |
| 23 | 玲珑轮胎 | 170109 | 56 | 乐歌股份 | 34686 |
| 24 | 仙乐健康 | 167535 | 57 | 昭衍新药 | 34411 |
| 25 | 福斯特 | 151860 | 58 | 欧圣电气 | 34000 |
| 26 | 晶科科技 | 132798 | 59 | 万和电气 | 33300 |
| 27 | 晶澳科技 | 120253 | 60 | 中曼石油 | 32184 |
| 28 | 四通新材 | 115600 | 61 | 中国天楹 | 31770 |
| 29 | 海南矿业 | 114200 | 62 | 沪电股份 | 31527 |
| 30 | 雅化集团 | 104055 | 63 | 泉峰汽车 | 29600 |
| 31 | 伟星股份 | 86981 | 64 | 耐普矿机 | 28716 |
| 32 | 岱美股份 | 82341 | 65 | 兴通股份 | 24155 |
| 33 | 英科再生 | 80000 | 66 | 神州细胞 | 23869 |

续表

| 排名 | 企业名称 | 投资规模 | 排名 | 企业名称 | 投资规模 |
|------|----------|----------|------|----------|----------|
| 67 | 润丰股份 | 23839 | 84 | 海程邦达 | 14350 |
| 68 | 博威合金 | 23100 | 85 | 英力股份 | 13950 |
| 69 | 会通股份 | 23000 | 86 | 电魂网络 | 13507 |
| 70 | 环旭电子 | 22284 | 87 | 华意压缩 | 13494 |
| 71 | 鲁泰 A | 22220 | 88 | 威唐工业 | 13370 |
| 72 | 沪光股份 | 20915 | 89 | 华明装备 | 12724 |
| 73 | 征和工业 | 20357 | 90 | 国轩高科 | 12012 |
| 74 | 盛航股份 | 20343 | 91 | 朗科智能 | 12000 |
| 75 | 南模生物 | 20114 | 92 | 瑞玛工业 | 11632 |
| 76 | 吉鑫科技 | 20000 | 93 | 百普赛斯 | 11500 |
| 77 | 福昕软件 | 19000 | 94 | 青鸟消防 | 11369 |
| 78 | 密尔克卫 | 18500 | 95 | 瑞可达 | 10885 |
| 79 | 盛和资源 | 17890 | 96 | 日月股份 | 10675 |
| 80 | 熵基科技 | 17392 | 97 | 新大洲 A | 10032 |
| 81 | 微光股份 | 16747 | 98 | 康众医疗 | 9507 |
| 82 | 聚胶股份 | 16630 | 99 | 天奈科技 | 9213 |
| 83 | 恒光股份 | 15000 | 100 | 华依科技 | 9201 |

资料来源：中投大数据——投资数据库。

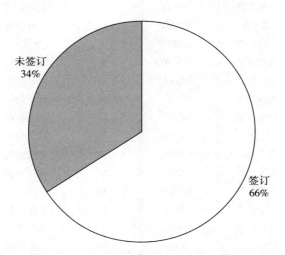

**图 15　2022 年中国上市公司海外投资所在地签订共建"一带一路"合作文件情况**

资料来源：中国一带一路网。

进一步地，在入围的海外投资企业中，共有 66 家上市公司的海外投资所在地与我国签订共建"一带一路"合作文件，投资规模达到 1927.85 亿元；而有 34 家上市公司的海外投资所在地未与我国签订共建"一带一路"合作文件，投资规模为 234.74 亿元。不难发现，从海外投资规模总量来看，入围企业是推动我国海外投资发展的中坚力量，其投资规模大约占据了我国上市公司海外投资总量的 98.84%；从海外投资区位选择来看，更多企业倾向于依托共建"一带一路"平台"走出去"，这也充分显现出既有多边合作机制的积极示范效应。

## （二）变动分析

### 1. 入围门槛变动分析

如前文所述，在 2022 年我国上市公司海外投资总体规模呈现大幅增长背景下，相较于 2021 年中国上市公司海外投资 100 强排行榜的入围门槛，2022 年中国上市公司海外投资 100 强排行榜的入围门槛由 0.96 亿元小幅下跌至 0.92 亿元，入围门槛基本保持平稳。通过对入围企业进行分析，本报告认为，形成该特点的原因包括两方面。一方面，从我国宏观经济环境来看，作为世界第二大经济体，得益于完善且有韧性的产业链体系、广阔的市场、有效的宏观调控政策支持，尽管受新冠疫情、全球地缘政治冲突等多重因素影响，但相较于全球主要经济体，我国经济恢复成绩亮眼，在我国加速推进资本市场高水平开放的基础上，境内外投资便利性极大提高，中国上市公司"走出去"和"引进来"的积极性正在恢复。另一方面，从海外投资企业构成来看，受海外投资布局多元化特征影响，海外投资企业投资领域和总体实力水平参差不齐，海外投资规模的增长点更多来源于各行业的"头部企业"和关键领域，而总体实力水平偏低或投资领域较新的企业为降低投资风险和不确定性，其海外投资规模会明显偏小，从而造成入围企业呈现"整体实力强劲、内部差距较大"的特点，并最终导致入围门槛偏低。

### 2. 入围企业的地域分布变动分析

从入围企业的地域分布变动情况来看，2022 年入围的"出海"企业总体上延续了 2021 年的地域分布基本特征，在基本维持"东部地区多，西部地区少"地域分布特征的同时，在结构性变动层面亦出现了一些新变化。表 12 主要报告了 2021~2022 年入围企业的地域分布具体变化，以及 2022 年入围企业投资规模情况。

表 12　2021~2022 年中国上市公司海外投资 100 强的地域分布

单位：家，万元

| 分布地区 | 2021 年入围企业数量 | 2022 年入围企业数量 | 增减变动情况 | 2022 年入围企业投资规模 |
|---|---|---|---|---|
| 东部 | 80 | 86 | 6 | 19117471 |
| 中部 | 10 | 10 | 0 | 1894680 |
| 西部 | 9 | 4 | −5 | 613742 |
| 东北部 | 1 | 0 | −1 | 0 |

资料来源：中投大数据——投资数据库。

如表 12 所示，在入围企业的数量方面，来自东部地区的企业占据着明显的数量优势，而来自其他地区的企业（如西部地区和中部地区）数量较少，且对外投资的能力和规模与东部地区企业相比，亦存在明显差距。具体而言，在 2022 年排行榜中，共计有 86 家海外投资上市公司来自东部地区，较 2021 年新增了 6 家，投资规模为 19117471 万元，主要集中在北京、上海、广东、山东、浙江等东部地区沿海省份；共计 10 家海外投资上市公司来自中部地区，较 2021 年未发生增减变化，投资规模为 1894680 万元，主要集中在河南、安徽等中部地区省份；共计 4 家海外投资上市公司来自西部地区，较 2021 年减少了 5 家，投资规模为 613742 万元；与此同时，根据中投大数据——投资数据库统计，尚未有入围企业来自东北部地区。从入围企业的地域分布变动趋势来看，在某种程度上，这种"东部地区多，西部地区少"的地域分布格局与我国东西部区域经济发展水平特点基本吻合。

3. 入围企业的行业分布变动分析

为鼓励支持国内有能力、有条件的行业、企业积极稳妥开展海外投资活动，加强与海外高新技术企业和先进制造业企业的投资合作，近年来我国围绕海外投资布局的产业政策、监管要求、融资支持等方面积极出台相关政策。在此背景下，依托企业自身发展战略需要和国内外投资环境变化，海外投资企业的行业结构调整也面临着新的机遇。表 13 报告了 2021~2022 年中国上市公司海外投资 100 强的行业分布情况。

**表 13　2021~2022 年中国上市公司海外投资 100 强的行业分布**

单位：家，万元

| 所属行业 | 2021 年入围企业数量 | 2022 年入围企业数量 | 增减变动情况 | 2022 年入围企业投资规模 |
|---|---|---|---|---|
| 采矿业 | 6 | 6 | 0 | 5747714 |
| 制造业 | 77 | 79 | 2 | 14254433 |
| 电力、热力生产和供应业 | 1 | 2 | 1 | 175449 |
| 土木工程建筑业 | 2 | 1 | −1 | 448810 |
| 批发零售业 | 3 | 0 | −3 | 0 |
| 水上运输业 | 2 | 3 | 1 | 62998 |
| 住宿业 | 1 | 0 | −1 | 0 |
| 信息技术服务业 | 3 | 2 | −1 | 32507 |
| 商务服务业 | 1 | 1 | 0 | 14350 |
| 研究和试验发展 | 2 | 3 | 1 | 66025 |
| 生态保护和环境治理业 | 2 | 2 | 0 | 813575 |
| 综合 | 0 | 1 | 1 | 10032 |

资料来源：中投大数据——投资数据库。

　　如表 13 所示，从公司数量来看，2022 年中国上市公司海外投资 100 强中，共计 79 家企业来自制造业，6 家企业来自采矿业，3 家企业来自水上运输业，3 家企业来自研究和试验发展，其他行业入围企业数量相对较少，主要包括电力、热力生产和供应业，信息技术服务业，生态保护和环境治理业等。这表明，在所有行业中，制造业企业的"出海"意愿和积极性最强，基本占据了"出海"企业数量的 80%，以有色金属为代表的矿采选业上市公司同样是海外投资企业的重要组成部分。从行业分布变动来看，相较于

2021 年入围企业的行业分布情况，2022 年我国海外投资企业行业变动幅度最大的是批发零售业和制造业，其中制造业企业增加了 2 家，批发零售业企业减少了 3 家。从各行业企业海外投资规模来看，来自不同行业企业的投资规模亦存在明显差异。比如，制造业企业投资规模最大，为 14254433 万元，生态保护和环境治理业尽管入围企业数量较少，但投资规模表现亮眼，高达 813575 万元。

本报告认为，之所以出现上述行业分布变化，可能的原因有以下几个。首先，2022 年我国制造业增加值占全球比重近 30%，制造业规模已经连续 13 年居世界首位，在国家鼓励支持高端制造业瞄准国际前沿，积极参与高水平的国际竞争的背景下，依托企业自身与行业比较优势，制造业企业能够充分发挥国际竞争优势。其次，受国内资源禀赋差异和西方国家逆全球化思潮与投资审查限制性措施影响，为强化海外资源投资开发，提升战略性矿产资源供应保障能力，采矿业同样是我国海外投资的重点，同时，为降低海外投资风险，信息技术服务业等行业企业投资积极性受到明显抑制。最后，近年来，我国紧跟时代发展趋势，积极承担大国责任、展现大国担当，实现了由全球环境治理的参与者到引领者的重大转变。比如，深度参与全球气候治理、引领全球生物多样性治理进程、推动全球绿色低碳发展、共建绿色"一带一路"和加强对海外项目的环境管理，因此，生态保护和环境治理业企业的海外投资规模表现亮眼。

**4. 入围企业的所有制结构分布变动分析**

从入围企业的所有制结构特点来看，在入围的 100 家上市公司中，民营企业是我国海外投资最为主要的力量，外资企业、国有企业次之。具体而言，共有 73 家民营企业、13 家外资企业、11 家国有企业和 3 家其他类型企业入围了该榜单。

如表 14 所示，入围 2022 年中国上市公司海外投资 100 强的企业以民营企业为主，投资规模为 14975298 万元，企业数量相比上年同期减少 6 家；入围的外资企业数量为 13 家，投资规模为 1001756 万元，企业数量相比上年同期新增 9 家；尽管入围的国有企业数量为 11 家，同比减少 3 家，但投资规模为 5104234 万元，远超于外资企业投资规模。整体而言，相较于上年，2022 年我国海外投资企业的所有制结构及其相应投资规模呈现出较大变动，但仍以民营企业为主导。

**表 14　2021~2022 年中国上市公司海外投资 100 强的所有制结构分布**

单位：家，万元

| 所有制结构 | 2021 年入围数量 | 2022 年入围数量 | 增减变动情况 | 2022 年入围企业投资规模 |
|---|---|---|---|---|
| 国有企业 | 14 | 11 | −3 | 5104234 |
| 民营企业 | 79 | 73 | −6 | 14975298 |
| 外资企业 | 4 | 13 | 9 | 1001756 |
| 其他类型企业 | 3 | 3 | 0 | 544605 |

资料来源：中投大数据——投资数据库。

本报告认为，海外投资企业之所以形成该所有制结构特征，主要是依托资本市场民营企业数量优势，随着我国积极制定《中共中央　国务院关于促进民营经济发展壮大的意见》，鼓励民营企业拓展海外业务，民营企业参与共建"一带一路"、有序参与境外项目的积极性仍然较高，而且，国有企业能够有效依托自身资金优势和规模优势，在契合国家海外投资战略布局的基础上从事投资活动。与此同时，外资企业具有联通国内国际的独特优势，尤其是在国际投资环境较为复杂背景下，其海外投资优势更加凸显，因此，在入围数量上呈现出明显上升趋势。

## 五　展望与建议

### （一）展望

2022 年，在全球经济持续低迷、新冠疫情跌宕反复，以及地缘政治冲突不断升级等超预期因素影响下，海外投资环境仍然较为复杂，充满高度不确定性。总体而言，2022 年我国上市公司海外投资在整体保持政策延续性和稳定性的同时，也存在局部的结构性变动和调整，集中表现在三个方面。一是坚持高水平对外开放，投资布局趋于多元化。党的二十大报告明确提出，要继续"实行更加积极主动的开放战略，构建面向全球的高标准自由贸易区网络……形成更大范围、更宽领域、更深层次对外开放格局"，在此背景下，为构建多元平衡、安全高效的开放型经济体系，增强国际经济合作和竞争新优势，我国"出海"企业在投资主体、投资地区、投资领域和投资模式等布局层面逐渐趋于多元化。二是风险防范意识不断增强，投资回归理性。当前，世界正在经历百年未有之大变局，区域合作的外部环境更加复杂严峻和模糊，尤其是在部分西方发达国家奉行单边主义和逆全球化思潮情形下，全球产业链供应链"断链"风险加剧。相较于以往加速"出海"扩张模式，我国企业海外投资行为逐渐回归理性，比如，海外投资布局愈加注重比较优势突出的制造业和国家战略资源需求更高的采矿业等。三是国际化水平参差不齐，投资力量"大而不强"。在全球经济艰难复苏背景下，相较于世界其他重要经济体，我国企业在海外投资方面表现亮眼，投资规模逆势增长，并且在多个国家和地区取得了显著成效，海外投资方面的实力和经验取得明显进步。然而，从海外投资企业梯队层次来看，海外投资力量更多源于重点行业领域的"龙头企业"，囿于海外投资经验、自身实力等因素，我国"出海"企业国际化水平参差不齐问题较为突出。

基于2022年我国上市公司海外投资总体概况，结合我国经济发展新格局和国际投资环境新形势，尽管我国本土企业"出海"面临全新的挑战，但也具有新的发展机会。首先，在海外投资政策机遇层面，我国正围绕服务构建新发展格局，以制度型开放为重点，以更加积极有为的行动推进高水平对外开放，发展更高层次的开放型经济，比如，2022年1月1日起，《区域全面经济伙伴关系协定》（RCEP）正式生效，为"出海"企业带来市场开放机遇。国内部分省份也开始稳步扩大制度型开放，鼓励支持在若干重点前沿领域先行先试、率先突破。此外，2023年由中国牵头110多个成员代表，促成全球首个多边投资谈判《投资便利化协定》，相关政策将极大地提升全球投资监管政策的稳定性和可预期性，提振全球投资者信心。其次，在区域合作地缘优势层面，以我国自由贸易试验区、海南自由贸易港、"一带一路"倡议为代表的国际公共产品和国际合作平台受到国际社会的广泛认可，引领示范效应持续释放。目前，我国已与152个国家和32个国际组织签署200余份共建"一带一路"合作文件，共建"一带一路"各国资源禀赋各异，经济互补性较强，其合作潜力和空间为我国企业"走出去"提供了便利条件。最后，在海外投资经验借鉴层面，当前我国上市公司海外投资活动所呈现的全方位（区位选择）、多层次（项目规模）和宽领域（行业分布）特点，使得我国企业能够深入地参与和了解国际竞争，其积累的丰富投资经验为其他企业进行海外投资组合提供了经验借鉴。

## （二）建议

### 1. 持续关注东南亚和欧洲市场，增强动力源地区引擎作用

如今，世界正遭遇百年未有之大变局，为狭隘追求自身利益，部分西方发达国家重拾单边主义思维，不断设置贸易障碍壁垒，使得国际贸易形势面临着严峻挑战，为应对全球贸易摩擦和地缘政治不确定性风险，立足地缘优势和互补优势凸显的国家和地区越来越成为国际社会跨区域合作的广泛共识。以2022年我国海外投资区位选择和总体趋势为例，当前我国上市公司主要围绕着政治互信度较高、经济互补性较强的国家和地区开展海外投资及国际贸易活动，尤其是依托以"一带一路"倡议为代表的区域经济合作平台，我国与海外投资东道国之间的投资合作持续升温，实行了更大范围、更宽领域、更深层次的投资布局。因此，深化双边多边合作机制，持续释放既有合作平台的引领示范效应，将有助于辐射带动其他国家和企业组织，进而达到以大带小、以点带链的效果。从进一步增强动力源地区的引擎作用来看，需要我国主动顺应区域经济一体化发展大趋势，积极与有意愿的国家和地区共同建设互利共赢的自贸区，比如，以东南亚市场、欧洲市场合作模式为示范，构建多边、多元，以及多层次的合作机制，不断激发包括本土企业和合作国家在内的内生发展动力，以避免地缘政治冲突等因素引致的贸易不畅问题，进而拓展共建合作平台新的发展潜力，持续赋能海外投资高质量发展。

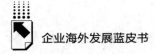

**2. 充分发挥制造业投资优势，加速形成多极发力新格局**

国际竞争优势是一国参与国际分工和获得国际收益的重要基础，面对当前日趋激烈的国际竞争环境，厘清本土企业国际竞争优势的来源、形成和转换过程，将关乎本土企业高质量"走出去"和国际影响力提升。2022 年，我国上市公司海外投资规模迅速扩张，但也逐渐暴露出"大而不强"和同质化竞争的短板。比如，从海外投资带动能力来看，我国"出海"企业更多来源于制造业，其他行业企业在关键领域、重大项目上的国际竞争数量仍然偏少。此外，从海外投资领域来看，以装备制造为主的投资领域是我国海外投资布局的重点。基于我国既有宽领域、多层次开放格局重塑国际竞争新优势，特别是依托本土资源禀赋，打造投资布局新亮点，是未来我国海外投资高质量发展的重要方向。具体而言，关于培育国际竞争优势，加速形成重点突出、多点支撑格局，要努力做好以下几点。首先，要持续提升制造业企业国际竞争意识，加强对外投资中的技术创新和制度创新，形成具有国际竞争力的核心技术、自主品牌和商业模式，不断提高产品质量和企业经营能力，大力发展本土跨国公司，形成产品和企业竞争优势。其次，要基于我国现阶段"出海"企业重点推进和梯次发展的布局特点，进一步鼓励支持有条件的企业向高技术产品、高附加值环节和服务业领域进行投资，提高对外投资的外溢效应，推动我国从全球价值链的中低端向高端跃升，形成产业竞争优势。最后，要立足国际市场供需实际，除了装备制造等相对成熟的投资领域，还要积极开辟新领域、制胜新赛道，加快培育未来其他产业竞争新优势，推动未来产业成为海外投资高质量发展的新增量。

**3. 聚力发挥民营企业引领作用，鼓励多类型企业积极"出海"**

依托我国民营经济重要市场地位，以及企业所有制在灵活性与创新性层面上的比较优势，近年来，我国民营企业在高新技术与新兴细分领域处于明显"领跑"地位，已然成为优化我国国民经济结构和助推经济高质量发展的重要力量。截至 2022 年，我国民营企业数量规模已超过 4700 万家，其中民营上市公司数量已突破 3000 家，而且从入围"世界 500 强"的企业数量来看，我国民营企业入围数量亦呈现增长趋势，特别是从我国 2022 年民营上市公司海外投资企业数量和投资规模来看，民营企业在诸多类型企业中，已然成为我国从事海外投资活动的"排头兵"。本报告认为，实现我国企业海外投资高质量发展必须注重各所有制结构企业的自身优势。具体而言，一是要出台"一揽子"政策促进民营经济发展，持续发挥民营企业引领作用。比如，积极落实以《中共中央　国务院关于促进民营经济发展壮大的意见》为代表的相关政策，切实推动民营经济健康发展。同时，通过鼓励、支持有条件的民营企业参与国家战略，基于特许经营等模式引导民营资本参与重点装备制造等战略领域等，拓宽民营企业"出海"路径。二是要加大对民营企业的融资支持力度，缓解其研发创新方面的资金短缺压力，特别是对于头部企业、专精特新企业，要积极搭建平台实现民营企业与其他类型企业之间的海外投资项目合作，发挥我国不同所有制结构企业在海外投资方面的合力作用。

**4. 增强海外投资风险防范意识，引导跨区域合作有序开展**

以海外投资为代表的跨区域合作是拓展国际发展空间的重要方式，它不仅涉及传统生产要素跨区域流动，还包括政策制度、文化差异和金融环境等多元要素的融合。然而，在世界经济政治格局迅速演变的同时，海外投资风险逐渐累积，特别是部分"出海"企业投资经验欠缺，这使得中国企业海外投资面临来自政治、经济、文化等诸多维度的挑战。因此，随着中国对外投资规模持续扩大和结构不断优化，迫切需要更精准的风险评估、更有力的风险防控，从而为企业海外投资合作创造良好环境和条件，构建好促进企业"走出去"的服务、监管和保障体系。具体而言，一方面，政府相关部门要做好投资政策的积极引导，通过及时敏锐的风险预警和海外投资环境的前瞻性研判，让海外投资活动在国家政策的指引下明确方向、找准重点。比如，对于限制开展的境外投资项目，要引导提醒企业审慎参与，并结合实际情况予以必要的投资指导；对于严格限制类投资项目，要求相关企业在未取得项目核准手续前不得实施；加强政府部门对境外中资企业的管理工作，改进监管方式，有序开展境外投资。另一方面，"出海"企业要主动增强风险防范意识，强化自身风险研判和风险抵御能力。比如，在国际经贸规则重构的背

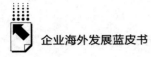
景下，要时刻关注国际与本地规则的双重合规，充分利用国际投资规则；同时做好企业跨国经营管理人员的教育和培训，加强境外中资企业、机构和人员的安全保护工作，健全境外突发事件应对机制，谨防潜在的合规性风险、履约风险和安全风险。

**参考文献**

《2022 对外投资现状及意向调查报告发布》，法治网，2023 年 2 月 24 日，http：//www. legaldaily. com. cn/government/content/2023-02/24/content_ 8825554. html。

# 专题篇
## Special Reports

# B.5
# 北京自贸区建设推动北京服务贸易
# 高质量发展研究

赵文卓　杨道广*

**摘　要：** 本报告在介绍北京自贸区总体概况的基础上，分别从政策协调、产业协同以及"两区"联动三个维度，系统梳理了北京自贸区发展服务贸易的契合性。基于此，进一步从优化营商环境、完善贸易结构、促进人才流动以及推动数字经济四个方面，阐明了北京自贸区推动北京服务贸易高质量发展的影响机制。数据显示，自贸区成立后，北京服务贸易进出口总额总体呈上升趋势；区分进出口结构发现，自贸区成立后服务贸易逆差降至 121 亿美元，同比收窄 40.98%。在此基础上，进一步从传统服务贸易、新兴服务贸易、特色服务贸易及数字经济领域四个维度详述北京服务贸易的现状。结合上述分析，本报告认为，政府应完善配套政策建设

---

* 赵文卓，河南大学商学院讲师，主要研究方向为会计信息与资本市场；杨道广，对外经济贸易大学国际商学院教授、博士生导师，主要研究方向为内部控制与公司财务、审计与公司治理。

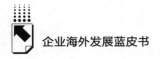
以加速数字技术与服务贸易融合，优化市场监管法律体系，并把握试点机遇积极探索"北京经验"；企业应结合自身实际制定国际化发展战略，同时积极推动企业数字化转型升级。

**关键词：** 北京自贸区　服务贸易　高质量发展

# 一　北京自贸区与北京服务贸易发展的契合性

## （一）北京自贸区的基本概况

2020 年 9 月 21 日，国务院发布了关于印发北京、湖南、安徽自由贸易试验区总体方案及浙江自由贸易试验区扩展区域方案的通知。2020 年 9 月 24 日，中国（北京）自由贸易试验区（以下简称"北京自贸区"）成立。结合北京市产业空间布局特点，北京自贸区涵盖科技创新片区、国际商务服务片区、高端产业片区 3 个片区，共 119.68 平方公里。

根据《中国（北京）自由贸易试验区总体方案》，北京自贸区的战略定位及发展目标是以制度创新为核心，以可复制可推广为基本要求，建设具有全球影响力的科技创新中心，加快打造服务业扩大开放先行区和数字经济试验区，着力构建京津冀协同发展的高水平对外开放平台。相较于其他自贸区以货物贸易为主，北京自贸区更侧重于发展服务贸易。《中国统计年鉴2021》公布的数据显示：2020 年我国货物贸易进出口总值 32.16 万亿元，贸易顺差 3.7 万亿元，同比增长 27.4%；然而，2020 年中国服务进出口总额仅 0.46 万亿元，同比下降 15.7%。由此可见，我国的服务贸易发展严重滞后于货物贸易。此外，我国贸易结构也不合理，其中服务出口以劳动密集型为主，服务进口则以知识密集型、资本密集型为主。因此，作为以服务贸易为重点的制度型开放新高地，北京自贸区的建立是解决我国服务贸易逆差、优化服务贸易结构的重要手段。

## （二）北京自贸区发展服务贸易的优势

作为我国的首都，北京不仅是我国的政治、文化、经济、教育中心，同时还是我国服务业资源最聚集的地方。因此，依托北京的区位优势，北京自贸区发展服务贸易具有以下优势。

一是金融资产雄厚。北京作为国家金融管理中心和大型金融机构、重要金融基础设施的所在地，金融业资产总额190万亿元，约占全国金融资产的一半。国家统计局公布的数据显示，2022年北京金融业实现增加值8197亿元，占GDP比重达到19.7%。此外，金融从业人员超过80万人，CFA（特许金融分析师）持证人占全国30%；证券、基金、期货"三位一体"金融领域国际职业资格认可全部落地，高端境外人才从业便利度显著提升。因而，依托北京的金融资源，北京自贸区发展金融服务贸易优势显著。

二是资本市场融资活跃。2021年11月"北交所"的正式挂牌营业，缩小了南北资本市场之间的差距，形成了与上交所、深交所的错位发展。其中，北交所主要是为"专精特新"中小企业提供上市的机会。而"专精特新"中小企业的存在则可以为北京自贸区大力发展科技创新片区提供资源储备。

三是科研实力卓越。近年来随着科研实力不断增强，在全球创新城市50强中，北京综合排名全球第一，城市科研能力也超过了纽约都市圈、波士顿都市圈及旧金山。同时，北京还拥有我国最顶尖的高等教育。高等院校和机构数量占全国的10%以上，培养的博士生数量占全国的19%；硕士生占全国的9%，留学生也占全国接近1/10。这为北京自贸区发展高端服务贸易提供了大量的人才储备。

四是文化产业全国领先。作为全国文化中心，北京文化产业增加值占GDP的比重为9.4%，位居全国第一。"十三五"期间，北京文化产业保持持续增长态势，始终居于全国首位。在入选"全国文化企业30强"及提名名单、国家文化出口重点企业、国家文化科技融合示范基地数量方面，北京也均居全国首位，文化领域的独角兽企业占全国数量的一半。

## （三）北京自贸区发展服务贸易的战略契机

### 1. 政策协同

2014 年 2 月 26 日，习近平总书记强调，北京要坚持和强化首都全国政治中心、文化中心、国际交往中心、科技创新中心的核心功能。[①] 2017 年中共中央、国务院批复的《北京城市总体规划（2016 年—2035 年）》进一步强调了北京"四个中心"的城市战略定位。2022 年北京市第十三次党代会指出，必须牢固坚守首都城市战略定位，坚持把"四个中心""四个服务"作为引领城市发展的定向标。《中国（北京）自由贸易试验区总体方案》显示，从发展定位来看，相较于其他自贸区以货物贸易为主，北京自贸区依托自身独特的区位优势，更侧重于服务贸易。此外，北京自贸区总体方案还提出要"推动投资贸易自由化、便利化"，"为境外机构提供一卡通式 NPR 人民币银行结算账户等"，这旨在为服务贸易的发展搭建开放型制度体系，也是进一步提高北京在国际贸易服务竞争中的优势。由于在北京疏解非首都功能的过程中，已将许多工业企业外迁，留下了更符合首都区位特点的服务业，因而北京自贸区的功能定位与北京"四个中心"的城市战略定位相契合。

### 2. 产业协同

2018 年 11 月，中共中央、国务院明确要求以疏解北京非首都功能为"牛鼻子"推动京津冀协同发展。然而，历经五年，京津冀协同发展尚缺乏广度和深度，还需要有新平台来提升三地的协作。在此背景下，北京自贸区的成立则有助于打造京津冀优势产业集群，建立有效合作机制。从各自资源禀赋来看，北京自贸区以建设具有全球影响力的科技创新中心、服务业扩大开放先行区、数字经济试验区为定位，与河北广阔的腹地、庞大的市场和丰富的资源禀赋形成优势互补。因而，可以借助北京自贸试验区以积极推进京津冀三地产业协同，推动产业链强链补链，构建优势互补的高端产业走廊。

---

① 《瓣瓣同心——习近平心中的京津冀》，"新华社新媒体"百家号，2019 年 2 月 27 日，https://baijiahao.baidu.com/s? id=1626598141024752759&wfr=spider&for=pc。

例如，大兴国际机场"三区"建设发展，顺应制造业服务化新趋势，能够更好发挥货物贸易和跨境投资对服务贸易发展的协同带动作用。而大兴在推进非首都功能疏解的同时，还可以充分利用河北自贸区和天津滨海新区高端制造业的优势，推进高端技术知识密集型服务贸易，构建区域服务贸易体系，完善区域内服务贸易和产业发展格局。

3. "两区"联动

"两区"建设，即建设国家服务业扩大开放综合示范区、中国（北京）自由贸易试验区，是中央支持北京开放发展的重大政策，也是2021年北京提出构建新发展格局"五子"当中的"一子"。其中，综合示范区属于产业开放模式，主要是聚焦服务业的开放发展，北京自贸区则聚焦特定区域，开展更大力度的改革开放试点。北京自贸区借助综合示范区所形成的"产业+园区"协同开放模式有利于发挥政策红利叠加优势，同时形成优势互补、统筹管理、协同推进的良性互动发展格局。例如，可将支持服务业扩大开放的政策优先在北京自贸试验区内先行先试，后按程序报批后，可优先在全市范围内复制推广，助力打造国家服务业扩大开放综合示范区。鉴于上述北京"两区"建设通过服务业开放促进服务贸易发展，因而北京自贸区与综合示范区所形成的"两区"联动，将更有助于发挥北京自贸区在服务贸易方面的拉动作用。

## 二　北京自贸区对北京服务贸易高质量发展的影响机制分析

服务贸易高质量发展有利于加快形成以国内大循环为主体、国内国际双循环相互促进的新发展格局。然而，服务贸易产品的不可见性和不可储存性增加了其贸易壁垒，同时服务贸易对人力资源和技术高度依赖的属性也进一步提高了其发展门槛。现如今，我国服务贸易仍存在贸易结构发展不合理、面临多重制度性障碍、服务贸易人才缺少等问题。在此背景下，北京服务贸易的出现则可以通过优化服务贸易营商环境、改善贸易结构、促进高端人才流动以及推动数字经济等维度，进而推动北京服务贸易的高质量发展。

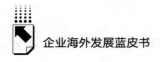
（一）改善营商环境，提高服务贸易自由化与便利性

北京自贸区致力于打造国际化、法治化、便利化的营商环境。对此，北京自贸区出台了一系列有关优化营商环境的政策，包括通过简化行政审批、优化服务流程、提高效率等措施，为服务贸易企业提供了更便捷、高效的营商环境。同时，伴随着知识产权保护在国际服务贸易中的重要性提升，北京自贸区还进一步加强了知识产权保护和市场监管，以提升服务贸易的交易安全和市场信任度，具体措施如表1所示。

表1　北京自贸区改善营商环境的具体措施

| 领域 | 具体内容 |
|---|---|
| 提升政务服务水平 | 1. 深化商事制度改革，推进"证照分离"改革全覆盖<br>2. 推行"互联网+政务服务"建设，深化政务服务"一网通办"改革，整合行政审批职能、优化审批流程<br>3. 建立便民服务中心，实现政务服务"最多跑一次"，提高办事效率<br>4. 优化境外投资管理流程，加强境外投资风险预警和应急处置<br>5. 加强信息公开和政务公开，提升政府行政服务的透明 |
| 优化税收政策 | 1. 出台税收优惠政策。出台包括减免企业所得税、增值税、关税等方面的税收优惠政策；同时还出台了综合保税区政策，给予保税区内企业关税、增值税、消费税等方面的优惠<br>2. 简化办税流程。北京国税推出"办税通"App，纳税人可在线申报办理 |
| 加强知识产权保护 | 1. 创新知识产权金融支持。一是设立北京知识产权交易中心；二是推进知识产权证券化试点；三是探索知识产权质押融资新模式；四是探索知识产权保险新模式<br>2. 加强知识产权行政和司法保护。一是出台《北京市知识产权保护条例》强化法治支撑；二是积极推进行政裁决示范建设；三是充分发挥北京知识产权法院作用以推进行政保护与司法保护有效衔接<br>3. 健全知识产权专业化服务网络。一是探索知识产权保护分中心模式；二是布局一批知识产权公共服务工作站；三是推出知识产权业务专项窗口 |
| 提供便利的市场准入 | 1. 实行外商投资准入前国民待遇加负面清单管理制度，以保障各类市场主体准入公平<br>2. 突出"准入即准营"，引领涉企经营许可改革<br>3. 在跨境贸易方面，实行跨境服务贸易负面清单制度 |

| 领域 | 具体内容 |
| --- | --- |
| 发挥交流合作平台作用 | 1. 办好中国国际服务贸易交易会,创新办会体制机制,提高展会规格,扩大展览规模,提升国际影响力;探索组展组会模式,建立服务贸易网上交易平台<br>2. 办好中关村论坛,进一步提升论坛国际化水平<br>3. 发挥金融街论坛作用,促进国际金融开放合作<br>4. 提升北京国际电影节、北京国际设计周等品牌活动的国际影响力 |
| 提供便捷的金融服务 | 1. 跨境资金自由流动。包括开展本外币一体化账户试点,拓展人民币非居民账户功能,支持设立境内境外平行基金,实行本外币合一的跨国公司跨境资金池等<br>2. 金融市场双向开放。包括支持外资银行获得证券投资基金托管资格,支持设立重点支持文创产业发展的民营银行,便捷汽车金融公司跨境融资和跨境发行债券<br>3. 金融科技创新引领。包括在支付清算、登记托管、征信评级、资产交易、数据管理等环节,支持借助科技手段提升金融基础设施服务水平;利用监管沙箱机制,稳妥开展金融科技创新;在数字货币方面,建设法定数字货币试验区和数字金融体系;在贸易金融方面,打造贸易金融区块链标准体系<br>4. 金融风险有效防控。一是支持设立北京城市副中心金融风险监测预警与监管创新联合实验室,构建京津冀金融风险监测预警平台;二是依托信息技术创新风险研判和风险防控手段,加强金融风险联防联控和金融监管协同 |

资料来源:根据《中国(北京)自由贸易试验区总体方案》《北京市服务贸易创新发展试点工作实施方案》等整理。

## (二)完善贸易结构,优化服务贸易发展格局

"十四五"期间,中国要以双循环推进高质量发展,服务贸易结构的不断优化将有助于提升国际竞争力。为推动服务贸易高质量发展,2021 年 10 月 13 日,商务部等 24 部门联合发布了《"十四五"服务贸易发展规划》,并确立了要优化服务贸易结构的发展目标。然而,尽管北京服务贸易全球化、高端化、集合化、融合化的发展特征日益显现,"北京服务"的国际影响力也日益提升,但相较于上海服务贸易,北京服务贸易专业化、品牌化发展依旧不足,新型和特色服务贸易水平有待提升。对此,北京自贸区出台了一系列有关优化服务贸易产业结构的政策,具体措施如表 2 所示。

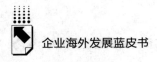

表2 北京自贸区优化贸易结构的具体措施

| 领域 | 具体内容 |
|---|---|
| 优化贸易产业结构 | 1. 提高数字服务贸易水平。包括建立有影响力的数据市场体系、打通数据要素双循环;推动增值电信等服务业领域开放,发展跨境电子商务;建立数据市场开放的安全屏障<br>2. 发展医疗健康、专业服务、教育服务、文化旅游、航空服务等优势产业,形成现代服务产业集聚的开放平台<br>3. 加强服务贸易国际合作,打造"中国服务"国家品牌<br>4. 鼓励外资投向新兴产业、高新技术、节能环保、现代服务业等领域,充分发挥外资对产业升级和外贸高质量发展的带动作用 |
| 建设特色服务出口基地 | 1. 优化服务贸易行业结构,建设覆盖文化、中医药、数字服务、人力资源、地理信息、知识产权和语言服务等7个领域的特色服务出口基地 |
| 培育服务贸易新增长点 | 1. 聚焦"三城一区",发挥中关村示范区改革"试验田"作用,增强全国科技创新中心的全球影响力<br>2. 发挥海关特殊监管区综合功能优势,推动货物贸易和服务贸易融合发展<br>3. 依托北京天竺综合保税区,推动国家文化出口基地建设,扩大文化贸易规模;推动发展保税航材共享、飞机维修与租赁等相关服务贸易<br>4. 结合北京大兴国际机场建设,探索"航空+保税+贸易"的发展模式,打造具有国际竞争优势的临空经济区<br>5. 发挥北京空港口岸优势,加快运输服务贸易发展 |
| 推动服务贸易"一核两翼"联动发展 | 1. 聚焦北京城市副中心建设,引导高端服务资源集聚;引进国内外智库机构,打造国际化智库、高端人才集聚区<br>2. 落实京津冀协同发展战略,在服务贸易领域主动对接河北雄安新区,推动北京高端服务业向雄安新区转移;强化北京和雄安新区作为深化服务贸易创新发展试点的工作协同 |

　　资料来源:根据《中国(北京)自由贸易试验区总体方案》《北京市服务贸易创新发展试点工作实施方案》等整理。

### (三)促进人才流动,满足服务贸易高端人才需求

　　国际化人才是服务贸易创新发展的重要支撑要素。因此,在深化服务贸易创新发展的过程中,北京自贸区在人才引进方面出台了一系列政策,以完善服务贸易人才服务体系,提升服务贸易人才便利化水平,从而实现自身优化人才发展环境,促进国际人才在京聚集的目标。不仅如此,为深入推进

"两区"建设工作，北京人社局还编制了《国家服务业扩大开放综合示范区和中国（北京）自由贸易试验区建设人力资源开发目录（2022年版）》（以下简称《目录》），以更好解决重点产业领域以及技能人才急需紧缺职业的用人问题。北京自贸区在促进人才流动方面的措施如表3所示。

表3　北京自贸区在促进人才流动方面的具体措施

| 领域 | 具体内容 |
|------|---------|
| 吸引人才聚集 | 1. 为高层次人才、创新创业人才购买和租赁住房、医疗保障、出入境等提供便利<br>2. 赋予区域管理机构区级人才落户推荐权<br>3. 赋予综合保税区管理机构工作居住证办理权<br>4. 搭建人才创新创业服务平台，举办创新创业交流论坛、峰会等活动，鼓励各类人才在自贸区就业、创业 |
| 优化选拔培养模式 | 1. 支持高层次人才申报本市相关人才计划项目和科技计划项目，相关部门予以择优推荐<br>2. 支持相关单位申报与《目录》相契合的专技人才知识更新工程高级研修项目，同等条件下优先考虑 |
| 完善人才评价激励 | 1. 深化《目录》涉及重点产业领域人才评价制度改革，进一步畅通相关技术技能人才职业发展通道<br>2. 支持《目录》涉及重点产业领域的用人单位和劳动者开展职业技能培训，并按政策规定给予补贴 |
| 加强用人宣传推介 | 1. 加强《目录》宣传推介，以"线上+线下"方式适时举办专题招聘会、交流会等活动，不断增强社会影响力，为人力资源合理流动、高效配置营造良好环境 |
| 完善国际人才服务保障 | 1. 设立一站式人才服务窗口和服务站点，优化外国人工作许可、工作居留许可审批流程，健全容缺受理机制<br>2. 深入推进国际人才社区建设，提供高品质、国际化的配套服务，如合理布局一批国际化特色学校、国际医疗机构 |

资料来源：根据《中国（北京）自由贸易试验区总体方案》《北京市服务贸易创新发展试点工作实施方案》等整理。

## （四）推动数字经济，提升服务贸易产业链地位

现如今，数字经济快速发展，正在成为重塑全球经济结构、改变全球竞争格局的关键力量。为推动服务贸易高质量发展，《"十四五"服务贸易发

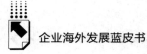

展规划》指出，要顺应经济社会数字化发展新趋势，抢抓数字经济和数字贸易发展机遇，发挥新型服务外包创新引领作用，加快推进服务贸易数字化进程。《中国（北京）自由贸易试验区条例》也指出，北京自贸区的战略目标是要大力发展数字经济。其中，北京自贸区在推动数字经济方面出台的相关政策如表4所示。

**表4　北京自贸区在推动数字经济方面的措施**

| 领域 | 具体内容 |
|---|---|
| 加强数字基础设施建设 | 1. 加强自贸区新一代信息基础设施建设，探索构建安全可控的国际互联网数据专用通道<br>2. 率先实现自贸区固移双千兆覆盖<br>3. 开展卫星网络基础设施建设<br>4. 推进智能、可信数字基础设施建设<br>5. 积极推进高级别自动驾驶示范区建设<br>6. 分区分类推动数据中心发展 |
| 推动数字化转型升级 | 1. 支持数据资源与产业发展深度融合，推动数字产业化和产业数字化，构建具有国际竞争力的数字产业集群<br>2. 建设贸易数字化示范区等数字贸易园区，推动数字贸易企业集聚，促进数字贸易发展<br>3. 开展数字领域的国际合作，推动数字贸易港建设<br>4. 推动数字技术与服务贸易深度融合，促进传统服务贸易数字化转型 |
| 推动数据要素有序共享开放 | 1. 建立数据确权、数据资产、数据服务等交易标准，以及数据交易流通的定价、结算、质量认证等服务体系，构建北京数据交易服务体系<br>2. 积极促进数据资产汇聚，构建数据交易生态，推动数据资源化、资产化、资本化，提升北京数据要素价值<br>3. 大力推动数据开放共享和数据专区建设<br>4. 对标国际先进水平，推动数字贸易规则、标准体系和统计调查制度建设，加强区块链等数字技术的应用，发展数字贸易新业态新场景 |
| 培育数字经济新型业态 | 1. 加快数字技术革新步伐，提升数字技术自强自立水平<br>2. 建立以信创产业为代表的数字经济自主发展新生态<br>3. 打造国际级平台型互联网企业<br>4. 培育一批细分领域产业互联网平台<br>5. 推动工业互联网关键技术突破<br>6. 推动产业数字化赋能新经济发展<br>7. 推动中小企业数字化赋能 |

| 领域 | 具体内容 |
|---|---|
| 优化数字经济政策体系建设 | 1. 扩大数字经济的全球产业合作,如联合政府部门,筹备召开数字经济高峰论坛<br>2. 加快推动北京市数字经济促进条例出台,激发数字经济创新创造活力,科学预防数字经济领域的垄断行为<br>3. 加强数字经济监管机制建设<br>4. 加强数字经济发展动态监测和评估 |
| 加强数据安全保护 | 1. 探索制定信息技术安全、数据隐私保护、跨境数据流动管理等重点领域规则<br>2. 建立市场主体数据保护能力的第三方认证机制<br>3. 健全安全评估,完善监测管理,分级分类推动数据安全有序流动 |

资料来源:根据《中国(北京)自由贸易试验区总体方案》《数字经济领域"两区"建设工作方案》《北京市服务贸易创新发展试点工作实施方案》等整理。

## 三 北京自贸区推动北京服务贸易发展的效果分析

### (一)总体情况

图 1 数据显示,从年度趋势变化来看,北京市服务贸易进出口总额呈波动性上升趋势。由 2015 年的 1303 亿美元增长至 2019 年的 1543 亿美元。受新冠疫情的影响,2020 年北京市服务贸易进出口总额总体出现显著下降的趋势,服务贸易进出口总额为 1218 亿美元,相较于 2019 年下降 21.07%。北京自贸区成立后,2021 年北京市服务贸易进出口总额总体呈上升趋势,服务贸易进出口总额为 1385 亿美元,相较于 2020 年上升 13.71%,位居全国前三。从进出口结构上来看,北京自贸区成立前,北京服务贸易进口额远远高于出口额,说明区别于货物贸易,北京服务贸易长期处于逆差状态,具有较大的发展潜力。北京自贸区成立后,服务贸易出口额显著增加,同比增长 24.65%,进口额同比增长仅 5.76%,服务贸易逆差规模明显收窄。

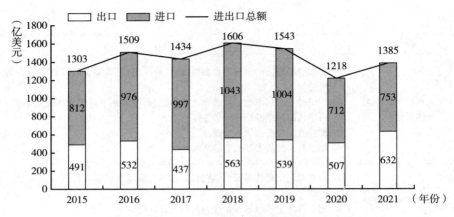

**图1　2015～2021年北京市服务贸易进出口总额变动**

资料来源：根据《北京统计年鉴》《北京投资指南（2020—2021）》整理。

《2022北京市投资发展报告》显示，2021年北京服务贸易总额达1385亿美元，占对外贸易比重为22.7%，高于全球2.2个百分点，高于全国10.8个百分点。其中，知识密集型服务贸易697.9亿美元，同比增长12.5%，占服务进出口总额的比重达到50.4%，高于全国6.5个百分点，说明北京知识密集型服务贸易已成为拉动北京服务贸易增长的新引擎。同时，北京市还创新采用"服务包""服务管家"制度，营商环境位居全国前列，稳定外资的效果显著。2021年北京服务业实际利用外资144.3亿美元，同比增长7.8%，占全市实际利用外资的92.74%；新设外资企业1924家，实现2008年以来的最高值，同比增长52.6%。其中，高技术产业实际利用外资占比68.2%，高技术产业新设立外资企业占比58.8%，引资动能强劲。自贸试验区所在区实际利用外资占全北京市的比重近九成，引资效果显著。在坚持"引进来"的同时，北京还积极推动高品质的中国服务"走出去"。数据显示，2021年北京市服务业对外直接投资42.7亿美元，同比增长63.2%。

（二）具体情况

为实现服务贸易高质量发展，《"十四五"服务贸易发展规划》指出，要提升传统服务贸易综合竞争力，培育服务贸易新模式新业态，拓展特色优势领域服务出口，扩大优质服务进口，同世界共享中国技术发展成果，推动服务贸易均衡协调发展。对此，根据《"十四五"服务贸易发展规划》的发展要求，我们将围绕传统服务贸易、新兴服务贸易、特色服务贸易及数字经济领域这四个维度详细分析北京服务贸易的现状。

**1. 传统服务贸易**

北京市宏观经济与社会发展基础数据库公布的数据显示，2018年北京地区以旅游（447.34亿美元）以及运输服务（369.48亿美元）为代表的传统服务贸易，占北京总服务贸易的比重高达50.85%。因此，推动传统服务贸易尤其是旅游和运输服务转型升级，对实现北京服务贸易高质量发展具有重要意义。

（1）文化旅游领域

《2022年北京市文化和旅游统计公报》显示，2022年北京接待入境游客24.1万人次，较上年减少1.6%，较2019年减少93.61%；国际旅游收入4.4亿美元，较上年增长2.4%，较2019年减少91.52%；人均消费1829.8美元，较上年增长4.0%，较2019年增长32.80%。上述结果说明，受新冠疫情的影响，北京旅游业严重受阻，但相较于2020年，2021年北京在接待入境游客方面的跌势出现收缩态势。此外，北京市文旅局公布的北京入境旅游人员情况数据显示（见图2），相较于2020年，2021年中国台湾入境旅游人员数量呈小幅下跌趋势，相反中国香港则显著上升（同比上升23.10%）。从国外入境旅游来看，2020年北京入境旅游人员数量排名前三的地区分别是亚洲（35.68%）、美洲（28.92%）和欧洲（27.73%），2021年排名前三的地区分别为亚洲（33.70%）、欧洲（31.17%）和美洲（25.77%），说明欧洲在北京旅游业中的重要性日益提升。

（2）运输服务领域

《北京统计年鉴（2022）》公布的数据显示，2021年，北京首都国际机场和大兴国际机场年旅客吞吐量分别达到了3264万人次、2505万人次，分别居全国民用运输机场第6位、第11位（见图3）；首都国际机场和大兴

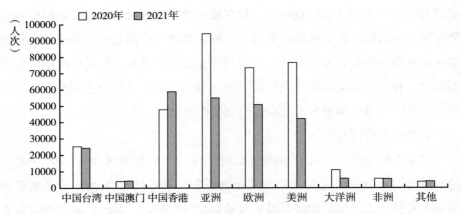

**图 2　2020 年和 2021 年自贸区成立前后北京入境旅游人员结构对比分析**

资料来源：根据北京市文化和旅游局网站数据整理。

国际机场年货邮吞吐量分别为 140 万吨、19 万吨，分别居全国民用运输机场第 4 位、第 18 位。2021 年 6 月，北京新增第五航权货运应用航线"日本大阪—北京首都机场—日本大阪—美国安克雷奇"。截至 2021 年底，该航线货运吞吐量为 8340.4 吨，显著拓展了北京国际货运航线网络，促进了与亚太和北美市场的贸易往来。

**2. 新兴服务贸易**

《"十四五"服务贸易发展规划》提出加快发展新兴服务贸易的要求。商务部相关负责人指出，通过自贸区不断开展服务贸易创新发展试点，可以促使中国服务贸易的发展业态不断创新。伴随着北京自贸区的成立，现如今知识密集型等新兴服务贸易已成为北京服务贸易增长的新动能。根据《2022 北京市投资发展报告》公布的数据，2021 年北京知识密集型服务贸易 697.9 亿美元，同比增长 12.6%，占全市服务贸易进出口总额的比重达到 50.4%。

**（1）金融服务贸易领域**

"两区"建设以来，金融市场开放程度不断提升。具体包括：北京首家外资法人银行德意志（中国）获得公开市场一级交易商资格和银行间债券

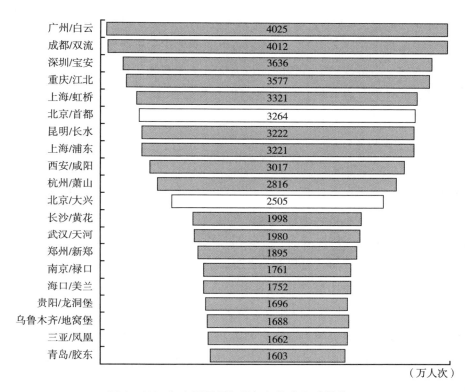

**图 3   2021 年中国民用运输机场旅客吞吐量前 20**

资料来源：根据《2021 年全国民用运输机场生产统计公报》整理。

市场主承销资格；外资信用评级机构标普、惠誉，全国首家外资支付机构贝宝支付、全国第二家个人征信机构朴道征信相继落地北京，人民币国际投贷基金获批在京设立；中信建投证券和中金公司 2 家证券公司获得结售汇业务资格。

央行营业管理部党委委员、副主任刘玉苓指出，北京"两区"建设两年来，北京跨境贸易投融资便利化水平持续提升，其积极对标国际、国内先进标准，紧扣市场主体便利化诉求，持续增强跨境金融领域创新政策的供给质效，为实体经济提供了高效、多元的跨境金融服务。例如，继 2021 年率先在全国开展跨国公司本外币一体化资金池试点后，2022 年 7 月进一步升级试点政策，北京地区新增 10 家试点企业，涵盖制造业、服务业、能源等多个行业，截至 2022 年，试点企业累计办理业务规模超 300 亿美元，为企业节约成本超 1 亿元人民币。另外，进一步完善优质企业贸易外汇收支便利化试点内容，支持诚信、合规的银行为优质企业实施优化单证审核、特殊退汇免于事前登记、服务贸易税务备案事后核验等多项便利化措施。试点以来，累计办理试点业务 4.6 万笔，金额超 1700 亿美元。

（2）专业服务领域

《2022 北京市投资发展报告》显示，2021 年北京在专业服务领域的成就包括：打造国际商事仲裁中心，出台境外仲裁机构在北京自贸区设立业务机构登记管理办法；获批率先开展外国专利代理机构设立常驻代表机构试点探索；建立专业服务国际联合体，支持建设国际化综合服务平台项目，建立专业服务人才过往资历认可机制。此外，为拓展专业服务国际市场，满足北京企业海外投资过程中所产生的各类专业服务需求，北京还上线运行京企"走出去"综合服务平台，以建立"走出去"专业服务生态圈，包括法律服务、会计咨询、人力资源、广告影响以及知识产权服务等领域。

具体来看，以北京西城区为例。北京西城区的服务业占全区 GDP 比重已经达到 94.9%，作为高端服务业态的重要组成部分，以高智力投入、高技术含量、高附加值、高成长性著称的专业服务业，已经成为支撑西城区多元化、融合化产业发展体系的"先行者"和"主力军"，是北京西城区经济社会建设软实力的集中体现。2022 年 4 月 22 日，《北京市西城区促进专业服务业高质量发展的若干措施（试行）》首次兑现落地，涉及金融街专业服务团、高端品牌、发展贡献奖励，惠及 38 家专业服务优秀企业，共兑现政策资金 570 万元。

**3. 特色服务贸易**

《"十四五"服务贸易发展规划》指出，要优化服务贸易结构，则应培育特色服务贸易竞争新优势。为推动特色服务贸易发展，我们不仅要推进文化贸易高质量发展，还应促进中医药服务贸易健康发展。例如，在文化贸易领域，要大力发展数字文化贸易，积极推动数字出版、数字影视、数字演艺、数字艺术展览、动漫游戏、网络综艺、网络音乐、创意设计等新型文化服务出口。在中医药服务贸易方面，要吸引境外消费者来华接受中医药医疗保健、教育培训、文化体验；大力发展"互联网+中医药贸易"，鼓励中药产品开展海外注册。

（1）文化贸易领域

北京自贸区成立后，北京国际文化竞争力进一步提升，文化贸易与交流不断深化。如图4所示，2020年文化产品进出口增长率为6.9%，2021年则达到了65.7%；2020年文化服务进出口同比下降了5.8%，2021年文化服务进出口同比增长了5.4%。上述数据说明，自贸区成立后，北京文化贸易竞争力得到了进一步的提高。具体来看，2021年北京市文化产品进出口总额达到61.3亿美元，较上年增长65.7%。其中，文化产品出口额为19.4亿美元，同比增长151.9%；文化产品进口额为42.0亿美元，同比增长42.9%。2021年北京文化服务进出口总额为25.0亿美元，同比增长5.4%。其中，文化服务出口额为8.6亿美元，同比增长26.2%；文化服务进口额为16.4亿美元，同比下降3.0%，这说明北京自贸区成立后，北京文化服务逆差正在逐步缩小。

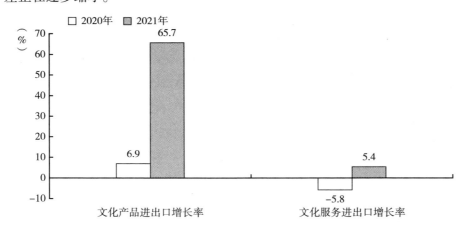

**图4 2020年和2021年北京文化产品与文化服务进出口增长情况**

资料来源：根据《北京文化产业发展白皮书（2021）》《北京文化产业发展白皮书（2022）》整理。

特别是，2021年中共北京市委宣传部发布的《文化旅游领域"两区"建设工作方案》提出了加强文化产品通关便利化、提高招商引资服务保障水平、推动国家对外文化贸易基地建设等内容，并积极将方案落实到政策层面，这为北京文化贸易提供了制度保障。东城区、朝阳区获得第二批国家文化出口基地资质，积极整合区域优质文化资源，发挥基地的集聚、引领和辐射作用，为进一步深化对外文化贸易提供重要支撑。顺义区扎实推进"两区"建设，提升外向型经济发展水平，天竺综合保税区实现文物在综保区内存储期限延长等5项政策功能创新，带动园区文化贸易产业税收同比增长560%，实现文化贸易进出口额超19.6亿元。天竺综合保税区艺术品进口规模接近全国综合保税区的1/3。截至2021年底，国家对外文化贸易基地（北京）引入中国文物交流中心、乐石文物修复中心等文化企业120余家。

（2）中医药服务贸易

作为我国拥有完全自主知识产权的民族健康产业，加强对中医药服务贸易的组织引导、规范扶持中医药服务贸易做大做强，对促进我国服务贸易结构调整、打造中国服务品牌具有积极作用。北京市中医药管理局负责人赵玉海指出，北京正多措并举推进"两区"建设中医药工作，中医药服务贸易已取得明显成效。现如今，北京已成为国家首批中医药服务贸易先行先试重点区域，中国中医科学院广安门医院和西苑医院、北京同仁堂（集团）有限公司入选国家中医药服务出口基地。中医药服务出口能力持续增强，其中北京市列入商务部中医药服务贸易重点企业监测统计平台的16家重点企业。

以北京同仁堂为例，北京同仁堂作为首批国家中医药服务出口基地，已在境外28个国家和地区建立150家零售终端、中医诊所、医疗中心和文化中心。在香港地区建成首家中成药和保健品生产研发基地。在新西兰地区率先开展前瞻性探索，逐步实施"传统门店+专科中心"新门店模式，打造"同仁堂门店皮肤管理中心""同仁堂门店女性养护中心"。自参加服贸会以来，同仁堂与多家境内外服务商、分销商等不同业务类型的企业确立了进一步的联系，产品在境内外的渠道分布和资源拓展方面又迈进了一大步。同仁堂对外披露的数据显示，2021年同仁堂在香港的同仁堂国药公司实现营收

15.56 亿港元，实现净利润 6.51 亿港元。尤其是境外业务板块，在疫情肆虐的背景下，逆势增长超 30%。

### 4. 数字经济领域

北京数字经济快速发展，全球数字经济标杆城市建设取得积极成效。如图 5 所示，2017～2021 年，北京数字经济增加值已从 2017 年的 10852.5 亿元增长至 16251.9 亿元。其中，2021 年北京市实现数字经济增加值 16251.9 亿元，占 GDP 比重为 40.4%。同时，北京数字贸易的规模也快速扩大，数字贸易进出口总额由 2017 年的 3316.6 亿元增长至 2021 年的 4496.7 亿元，年平均增长 7.9%，占全国约 1/5，成为北京服务贸易发展的新"引擎"。

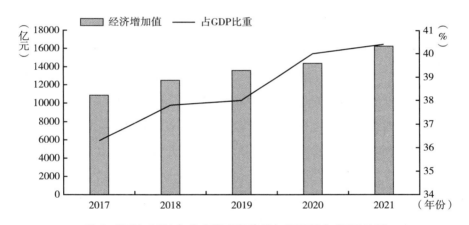

**图 5　2017～2021 年北京数字经济增加值及其占 GDP 比重**

资料来源：根据《2022 北京市投资发展报告》整理。

近年来，以大数据、人工智能、区块链为代表的新一代信息技术向实体经济加速渗透，对经济增长和产业升级的拉动作用也在不断增强。2021 年，北京数字化效率提升增加值达到 7333.8 亿元，同比增长 9.3%。北京建成国家工业互联网大数据中心、国家顶级节点指挥运营中心，成为国家工业大数据交互的核心枢纽。规模以上工业企业生产设备数字化率超 54%，关键工序数控化率超 53%，工业数字化持续提速。在服务业领域，数字化升级跑

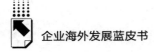

出加速度。数据显示，2021年，在线游戏、在线娱乐、在线体育企业收入增幅均在20%以上。第三方移动支付金额增长16.3%，网上支付跨行清算系统业务量达到97.6万亿元，已达到2018年的1.8倍。

# 四　展望与建议

## （一）展望

在构筑国内外"双循环"新发展格局的背景下，要促进各要素资源在全国统一市场自由流动，服务贸易的开放与改革是重中之重。因而，新设的以服务贸易为主的北京自贸区则担负着推动我国经济高质量发展的重任。从现有数据看，北京自贸区的成立对北京服务贸易整体呈正面带动作用，其所拥有的改革自主权，使得北京在服务贸易方面的比较优势得以充分发挥。

"十四五"时期是北京落实首都"四个中心"城市战略定位、建设国际一流的和谐宜居之都的关键时期，同时也是北京自贸区发展的关键时期。展望未来，预期北京自贸区作为开放经济的试验点，经过3~5年改革探索，将通过制度创新，依托原始创新、技术创新、开放创新、协同创新优势能力，努力建成营商环境优异、高端产业集聚、金融服务完善的高标准高质量自由贸易园区。同时，北京自贸区还将通过其对周边地区的辐射作用，从而对京津冀地区乃至全国的经济增长和产业升级带来更加深远的影响。

## （二）建议

### 1.政府层面

第一，完善配套政策建设以加速数字技术与服务贸易融合。北京自贸区的建立不仅推动了北京的数字产业集群式发展，还通过"数字经济+"的方式带动了三大产业的发展。然而，目前已落地见成效的大多为单个突破性政策或项目，制度型开放的创新成果还有待挖掘，体制机制层面的改革成效还有待进一步深化。因此，政府应主动适应新技术带来的变化，做好配套政策保障工作，在制度创新探索实现突破，形成更多有国际竞争力的制度创新成果，推动大批重大制度改革试点政策率先落地。

第二，完善市场监管法律体系。北京自贸区通过制度创新优势，助力其探索与服务贸易高质量发展相适应的体制机制；然而，在放权的同时也应防止过度制度创新，各种投资便利化和贸易便利化等措施应建立在法律和反复论证的基础上，防止权力的误用和滥用。例如，在编制负面清单时，应谨慎引入并进行整体评估，从而更好发挥负面清单制度在解决市场准入方面的价值。

第三，把握试点机遇探索"北京经验"。政府应鼓励发挥北京外向型经济发展水平较高、应用场景丰富、监管能力较强的优势，利用自贸区建设所取得的宝贵经验和试点机遇，从而深入推进高水平制度型开放。借助试点机遇，一方面总结北京自贸区发展经验，加强京津冀地区的合作，逐步实现京津冀地区的协同发展；另一方面也使北京自贸区成为更多可复制、可推广制度创新成果的发源地、高水平对外开放的排头兵，进而为全国经济的高质量发展提供"北京经验"，推动服务贸易发展模式创新。

2. 企业层面

第一，结合自身实际制定国际化发展战略。北京自贸区的设立为企业提供了更加开放、便利和创新的发展环境，尤其是为企业的国际化发展道路提供了更多的机遇和支持。因此，企业可以通过充分利用北京自贸区的政策和平台机遇，抓住服务贸易自由、资金自由流通等优惠政策，加强自身品牌建设，积极拓展海外市场，助力"北京服务"品牌"走出去"。

第二，积极推动企业数字化转型升级。企业应顺应经济社会数字化发展新趋势，抓住数字经济和数字贸易发展机遇，通过数字化转型、数据驱动、网络营销和创新升级等手段，不断提高企业的市场竞争力，推动企业不断发展壮大。例如，在数字经济时代，互联网已经成为企业营销的必备载体，网店、微商、社交电商等新商业模式不断涌现。因此，企业可以借助网络营销，拓展更广阔的市场空间，同时使企业与消费者之间建立更为密切的联系，提高品牌忠诚度。

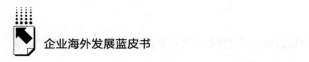
**参考文献**

《2022 北京市投资发展报告》，北京市投资促进服务中心网站，2022 年 9 月 6 日，https：//invest. beijing. gov. cn/zwgk/sqgzdt/202209/t20220906_ 2809720. html。

《"十四五"服务贸易发展规划》，商务部网站，2021 年 10 月 13 日，http：//www. mofcom. gov. cn/article/zcfb/zcfwmy/202110/20211003209143. shtml。

《2022 年北京市文化和旅游统计公报》，北京市文化和旅游局网站，2023 年 9 月 1 日，http：//whlyj. beijing. gov. cn/zwgk/zxgs/tjxx/202309/P020230901517823157009. pdf。

薛熠、国慧霄：《依托"两区"建设推动北京服务贸易高水平创新发展》，《智慧中国》2022 年第 12 期。

王萌萌：《数字经济对中国服务贸易高质量发展的影响研究》，硕士学位论文，河北经贸大学，2023。

# B.6

# 北京自贸区建设推动北京数字贸易
# 高质量发展研究

丁　璇　刘思义*

**摘　要：** 在全球数字贸易加速发展以及我国自贸区建立的双重背景下，本
　　　　 报告聚焦于北京自贸区建设如何推动数字贸易高质量发展。首
　　　　 先，梳理了北京自贸区与数字贸易发展概况，包括数字贸易的内
　　　　 涵与特征、北京自贸区数字贸易发展定位以及重点任务；其次，
　　　　 从宏观经济、政策体系、数智技术以及数字经济方面详细剖析了
　　　　 北京自贸区数字贸易高质量发展优势，并且从六个方面具体分析
　　　　 了北京自贸区建设推动数字贸易高质量发展实施路径；最后，本
　　　　 报告根据北京自贸区数字贸易发展现状提出了展望以及相关建
　　　　 议，包括积极探索数字治理路径，做数字贸易规则的构建者、建
　　　　 立完善数字生态体系，形成数字贸易产业集群以及充分利用
　　　　 RCEP 红利，打破数字贸易国际壁垒。

**关键词：** 北京自贸区　数字贸易　数字化

伴随全球范围内科技发展与产业革命的快速推进，各国数字化进程已从
战略设计阶段转入具体领域应用阶段，数字贸易逐渐成为各国间贸易来往的
主要形式，成为引领经济社会发展和影响国际竞争格局的重要力量。面对新

---

\* 丁璇，对外经济贸易大学国际商学院博士研究生，主要研究方向为会计信息与资本市场；刘
　思义，对外经济贸易大学国际商学院副教授、博士生导师，主要研究方向为审计与内部控制。

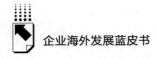

一轮国际竞争，北京市牢牢把握首都城市战略定位，着眼于建设自由贸易示范区与高质量发展数字贸易，建立全球数字标杆城市，这是促进经济增长的重要举措，也是构筑数字时代国际竞争力的战略使然。

# 一 北京自贸区与数字贸易发展背景概况

## （一）数字贸易内涵与特征

### 1. 数字贸易内涵

数字贸易是指数字技术在贸易过程中发挥重要作用的新型贸易形式，以数据资源作为关键生产要素、以现代信息网络作为重要载体、以信息通信技术的有效使用促进效率提升和结构优化的一系列对外贸易活动。与传统贸易的不同之处在于其贸易方式的数字化以及贸易对象的数字化。其一，贸易方式的数字化，主要是指贸易流程以及贸易产业链的全面数字化转型，即在服务贸易、货物领域之中广泛应用现代数字技术，并由此衍生发展出智慧物流、跨境电商以及线上展会等新型业态。其二，贸易对象的数字化，则是指以数据形式所存在的产品或服务成为主要的贸易标的物，大致包括以下三类：第一，信息通信技术服务贸易（ICT），包括信息服务、电信服务、许可证分发、软件复制等；第二，ICT赋能的相关服务贸易，包括工业互联网、数字金融、数字教育以及数字医疗等；第三，数据要素跨境流动，这些数据要素通常具备重要的商业价值。

### 2. 数字贸易特征

区别于传统贸易形式，数字贸易的产生基于数字经济快速发展的背景之下，具有以下典型特征。

第一，数字贸易的发展依托于安全有序的跨境数据流动。自后金融危机时代以来，跨境数据流动也进入了飞速增长期，而跨境数据流动能够为全球范围内不同经济体之间的信息传递提供重要的支持渠道，促使产业链与价值链高效协同运转，降低物流成本，以此来更高效率地促进发展。基于此，跨境数据流动有助于促进数字贸易的发展，尤其是数字服务贸易，并且只有基于安全、有序、可信的跨境数据流动国际体系，才能更高效率地减少各国对跨境数据流动的限制，从而保障数字贸易的有序发展。

第二，数据贸易以数字平台及平台服务体系为重要支撑。根据联合国发布的《数字经济报告》，2010~2022 年，全球范围内大量新兴数字平台逐渐崛起，这些数字平台的出现也推动了数字贸易的快速发展。例如，阿里巴巴、腾讯、苹果、脸书及谷歌等，这些数字平台将其业务快速拓展至全球范围内不同国家，以获取更多的客户流量以及数据资源，能够更大程度地发挥数据平台在数据生态系统构建方面的重要支撑作用。除此之外，数据平台服务体系的不断完善也进一步推动了数字服务分工，使各经济体之间不同的技术、信息、软件等供应商不断融入平台的分工体系之中，相互协同，相互促进，助力全球数字贸易有序发展。

第三，数字贸易向跨行业全球性数字生态化不断发展。随着世界范围内互联网、信息通信、金融服务、物流服务等服务行业服务能力的不断提高，以及农业、制造业数字化转型所催生的精细化分工以及外包服务等需求，促使了跨产业数字化生态的快速发展，并且以国内市场为起点逐渐延伸至国际市场。其一，逐步形成了"生产服务+金融服务+商业模式"的数字化生态系统，将生产性服务与其他服务产业相融合，共同促进数字贸易发展；其二，加快构建了"生产+研发+供应链"的数字化产业链，利用数据通道将产业链上下游企业打通，以数据供应链为基础，促进产业链的协同发展，并以此加快数字贸易的发展。

## （二）北京自贸区数字贸易发展定位

在全球数字化进程飞速发展背景之下，数字贸易已逐渐成为影响国际竞争格局的重要贸易方式。面对新一轮国际竞争，2020 年 9 月 4 日，习近平总书记在中国国际服务贸易交易会全球服务贸易峰会上发表重要讲话，提出："为更好发挥北京在中国服务业开放中的引领作用，我们将支持北京打造国家服务业扩大开放综合示范区，加大先行先试力度，探索更多可复制可推广经验；设立以科技创新、服务业开放、数字经济为主要特征的自由贸易试验区，构建京津冀协同发展的高水平开放平台，带动形成更高层次改革开放新格局。"① 2020 年 9 月 21 日，国务院印发了《中国（北京）自由贸易试验区总体方案》，其中明确提出了要将北京自贸区建设成为"具有全球影响力的科技创新中心、服务业扩大开放先行区、数字经济试验区，京津冀协同发展的高水平对外开放平台"，在这一战略定位中提出了将北京自贸区建立为具有全球影响力的数字经济试验区。

基于以上重要战略定位，北京市商务局在 2020 年 9 月 21 日印发的《北京市关于打造数字贸易试验区实施方案》中明确指出北京自贸区数字贸易发展目标：通过建设数字贸易试验区建设，加快试点示范以及政策创新，以实现北京在数字领域的高水平开放，同时大力吸引数字领域相关高端产业落地，汇集数字领域龙头企业与优秀人才，将北京市打造成为具有全球影响力的数字经济与数字贸易先导区。落实到具体指标方面，截至 2025 年，北京市数字贸易进出口规模总额要达到 1500 亿美元，占全市进出口总额的比重为 25%，而其中，数字服务贸易占北京全市服务贸易的比重要达到 75%；除此之外，北京市还要重点培育与发展一批具有全球数字技术影响力、数字资源配置力和数字规则话语权的数字贸易重点领头企业；并且要基本建成能够与国际高标准经贸规则相接轨的数字贸易发展体系，最终将北京自贸区打造成为具有国内示范作用以及具备全球辐射效应的数字贸易示范区。

## （三）北京自贸区数字贸易发展重点任务

北京自贸区数字贸易发展战略是新时代我国重大发展战略之一，根据北京市商务局 2020 年 9 月 21 日印发的《北京市关于打造数字贸易试验区实施方案》，北京自贸区数字贸易高质量发展重点任务主要包括以下五个方面。

第一，打造三位一体的数字经济和贸易开放格局。基于北京市所特有的

---

① 《北京探路高水平开放》，北京市人民政府网站，2021 年 5 月 17 日，https：//www. beijing. gov. cn/ywdt/yaowen/202105/t20210517_ 2390260. html。

区位优势、产业基础以及未来规划，以三个数字贸易发展片区为核心，实现北京数字贸易高质量发展任务。首先，以中关村软件园国家数字服务出口基地为核心，成立"数字贸易港"并加快建设数字经济新兴产业集群，大力推动数字贸易产业化发展。其次，以朝阳金盏国际合作服务区为主，建立数字经济与贸易国际交往功能区，拓宽数字贸易开放格局。最后，立足自贸区大兴机场片区打造数字贸易综合服务平台，为北京市数字贸易发展提供良好支撑。

第二，创建跨境数据安全有序流动的发展路径。首先，在实验区内尝试建立跨境数据流动试点，以中关村软件园、朝阳金盏国际合作服务区以及自贸区大兴机场片区三大主要区域为核心，为跨境数据流动发展制定相应的具体规划，以此来推进跨境数据流动试点的试行工作。其次，分阶段促进跨境数据流动的逐步开放。加大力度促进数字贸易试验区内国内主要试点企业与国外特定企业之间的数据流动，并允许部分国外重点企业在我国进一步发展数字化相关业务，以此为基础来促进全球各经济体在数字领域内更大范围的双向开放。最后，构建并完善跨境数据流动相关规则并扩大国际合作范围。以我国自贸区建设、"一带一路"倡议等作为重要依托，逐步拓展与全球区域范围内其他经济体之间的数据跨境流动。

第三，创新数字贸易重点领域相关政策。首先，积极创新跨境数据流动相关政策。建立数字证书与电子签名的国际跨境互认体系，逐步构建"外网"环境并实现数字服务领域的资质互认、市场相互以及有序开放；此外，建立具体的跨境数据分类制度，以及明确数据跨境流动的风险控制、安全保护等重点保障机制。其次，制定并完善数字其他相关领域政策，逐渐放宽增值电信业务等相关领域的外资准入资质；放宽享受税收优惠的技术转让范围和条件，积极探索并支持技术转移的新税收政策；建立本外币合一银行账户体系试点，有效提高跨境资金流动的自由度。最后，基于"服贸会"平台的开展经验，积累宝贵政策经验。以"服贸会"作为重要平台，做好数据交易专区工作，同时建立较为完善的数据交易平台，积极探索并尽快完善数据流通机制，形成可供推广与复

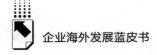

制的数据交易政策经验。

第四，建成开放创新、包容普惠的数字经济与数字贸易营商环境。首先，持续加大对数字发展关键环节的支持力度，尤其要加大对数字贸易企业与数字经济产业的支持力度；同时积极支持数字化重点企业等设立相关领域发展基金，引导其加大对研发设计、海外并购、知识产权等环节的资金投入。其次，健全数字化人才支撑体系，充分利用各类人才引进政策吸引国内外优秀数字化人才；同时，完善国际人才服务体系，加快推动国际人才社区建设。而除了大力引进人才外，还要大力完善知识产权保护和证券化融资制度，探索数字领域知识产权相关制度。最后，持续完善与创新数字技术基础服务。推动数字贸易领域区块链技术的应用，增强区块链、物联网、大数据等现代新型信息技术在生活服务、金融服务、市政管理、交通服务等领域的赋能支撑作用，并以此为依托，提升贸易交易主体与交易内容的可信度。

第五，建立上下协同、开放合作的试验区建设工作机制。首先，要加强构建并完善北京市内各个主要职能部门之间的协同合作机制，并明确各部门在数字贸易试验区建设工作中的具体分工。其次，积极加强与商务部、工业和信息化部、中央网信办等国家主要相关部门之间的交流与配合，做到分工有序、协调共进。最后，加大人才支持力度并加速建设国内顶尖智库，同时逐步形成前瞻化、科学化以及可操作化的试验区建设方案，保障数字贸易试验区工作顺利有序开展。

## 二　北京自贸区数字贸易高质量发展优势

北京市作为我国首都城市，在政治、经济、文化、制度等各方面都具有独特的发展优势，充分发挥了首都城市的重要引领作用。在当今数字化时代发展进程中，北京市立足"四个中心"重要功能定位，利用其所具有的独特资源禀赋，在建设自由贸易示范区的同时推动数字贸易高质量发展，积极融入数字中国建设大局，促进中国数字化进程实现新跃升。

## （一）经济增长势头强劲，提供数字贸易发展空间

2022 年全年，北京市经济增长势头强劲，能够有效支撑自贸区数字贸易高质量发展。根据北京市统计局数据，北京市全市地区生产总值 2018 年已突破 3 万亿元，2022 年已超过 4 万亿元（41610.9 亿元）。全市地区生产总值增长势头迅猛，从 2 万亿元（2013 年）增长到 3 万亿元用时 5 年，而从 3 万亿元增长到 4 万亿元则仅仅历时 3 年（见图1）。除此之外，北京市人均 GDP 在 2017 年已超过了 12 万元，2022 年则更是达到 19 万元，人均 GDP 连续跃居我国各省份首位；北京市 2016 年一般公共预算收入已超 5000 亿元，2022 年一般公共预算收入则接近 6000 亿元，全市经济发展效率显著提升。同时，在对外经济方面，2022 年全年北京地区进出口总额 36445.5 亿元，比上年增长 19.7%。其中，进口 30555.5 亿元，增长 25.7%；出口 5890.0 亿元，下降 3.8%；全年实际利用外商直接投资 174.1 亿美元，按可比口径计算，比上年增长 12.7%。其中，科学研究和技术服务业 69.8 亿美元，占 40.1%，增长 18.0%；信息传输、软件和信息技术服务业 39.4 亿美元，占 22.7%，增长 1.0%；租赁和商务服务业 36.9 亿美元，占 21.2%，增长 1.1 倍。全年对外直接投资额 69.3 亿美元，比上年增长 5.3%。对外承包工程完成营业额 53.2 亿美元，增长 44.5%。对外劳务合作派出各类劳务人员 3.6 万人，劳务人员实际收入总额 5.0 亿美元。

## （二）政策体系布局完善，引领数字贸易发展方向

2019 年以来，我国数字贸易与传统贸易、数字经济与实体经济深度融合的相关政策陆续出台，2019 年 11 月 19 日，《中共中央　国务院关于推进贸易高质量发展的指导意见》出台，正式提出要加快我国数字贸易发展进程，自此，我国数字贸易发展被正式提上日程。2020 年，北京市陆续发布了多项政策，并以此引领自贸区数字贸易发展方向，包括《北京市促进数字经济创新发展行动纲要（2020—2022 年）》《北京市关于打造数字贸易试验区的实施

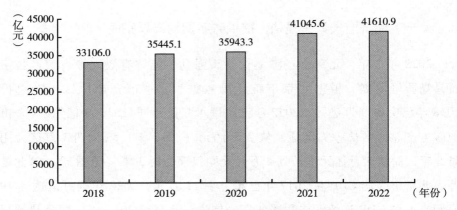

**图1　2018~2022年北京地区生产总值**

资料来源：北京市统计局统计数据。

方案》《北京国际大数据交易所设立工作实施方案》，提出要将北京打造成为具有全球影响力的数字经济和数字贸易先导区；2020年9月21日国务院印发的《中国（北京）自由贸易试验区总体方案》也明确提出了将北京自贸区建立为数字经济试验区。随后，2021年10月14日北京市商务局印发了《北京市关于促进数字贸易高质量发展的若干措施》，提出了北京自贸区数字贸易高质量发展的详细措施。2022年12月北京市人民代表大会常务委员会发布了《北京市数字经济促进条例》，其中也提出要持续推动数字贸易高质量发展，探索放宽数字经济新业态准入、建设数字口岸、国际信息产业和数字贸易港；支持发展跨境贸易、跨境物流和跨境支付，促进数字证书和电子签名国际互认，构建国际互联网数据专用通道、国际化数据信息专用通道和基于区块链等先进技术的应用支撑平台，推动数字贸易交付、结算便利化（见图2）。

以上一系列重要政策的出台一方面明确了北京自贸区数字贸易发展方向，激发了自贸区数字贸易的未来发展潜力；另一方面以北京自贸区为标杆，推动了作为外向型数字经济主要载体的数字贸易的高质量发展，不断延伸及拓展数字贸易的新边界。大力促进与推动北京自贸区数字贸易高质量发展，不仅会对北京市数字经济建设与数字贸易发展进程产生巨大影响，更关系到全国数字经济创新与数字贸易发展进程。

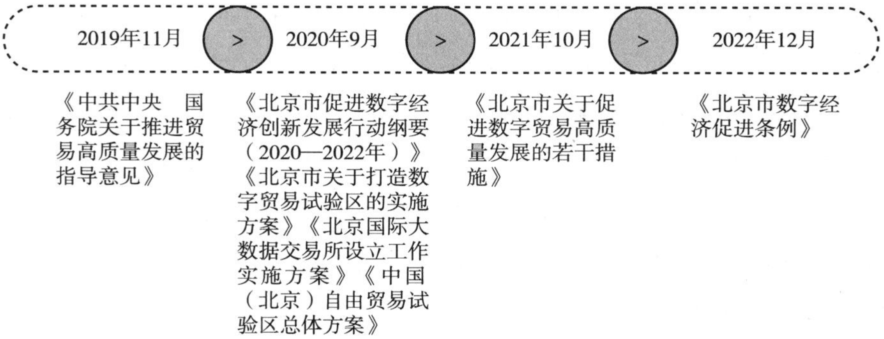

| 2019年11月 |  | 2020年9月 |  | 2021年10月 | > | 2022年12月 |
|---|---|---|---|---|---|---|

《中共中央 国务院关于推进贸易高质量发展的指导意见》

《北京市促进数字经济创新发展行动纲要（2020—2022年）》《北京市关于打造数字贸易试验区的实施方案》《北京国际大数据交易所设立工作实施方案》《中国（北京）自由贸易试验区总体方案》

《北京市关于促进数字贸易高质量发展的若干措施》

《北京市数字经济促进条例》

**图2　北京自贸区数字贸易相关政策时间轴**

资料来源：国务院网站、北京市商务局网站。

## （三）数智技术创新突破，源头助力数字贸易发展

数字贸易的发展高度依托于人工智能、区块链、互联网、大数据等一系列新型数智技术的快速推广与应用。北京市立足"四个中心"建设目标，构建科技创新中心，积极推进数智产业建设，从技术源头助力推进北京自贸区数字贸易高质量发展，有效助力自贸区数字贸易的业务流、信息流、物流与资金流的高效配合与流通，推动自贸区数字贸易高质量发展，主要体现在以下四个方面。

第一，人工智能模型领先全国。研发全球最强的视觉基础开源模型EVA，在10亿参数级别上实现性能最优；智源研究院率先建设发布超大规模智能模型"悟道2.0"，连创"中国首个"与"世界最大"纪录，并向多语言、多模态发展，对外开源目前10亿参数级别性能最强的视觉基础模型EVA、国际首个支持9种语言的多模态大模型AltDiffusion；发布全球精度最高的仿真秀丽线虫模型"天宝1.0"，实现多维度突破。第二，区块链技术全新突破。北京微芯研究院带头研发出了首个自主可控区块链软硬件技术体系"长安链"，以及全球第一个模块化、可装配的区块链开源技术架构，并在全球范围内首创基于RISC-V开源指令集的96核区块链芯片架构，同时成功研发出目前全球支持量级最大的区块链开源存储引擎"泓"，为长安链的

应用提供 PB 级存储支持。第三，互联网等技术成果丰硕。北京摩尔线程智能科技公司重磅发布了第一代 MUSA 架构 GPU，以元计算赋能下一代互联网。同时，北京市前沿攻克 6G 技术，搭建完成了 6G 新型空口共性技术验证平台并加快其前端板与高速可见光、通感一体化前端联调，分别实现了 8Gbps 实时数据传输和 100 米距离米级感知功能；成功搭建了业界领先的 6G 原型样机平台、厘米—毫米—太赫兹多频段的信道测量平台以及基于 AI 的联合信源信道编码传输平台和算力网络平台。第四，大数据技术突飞猛进。北京量子信息科学研究院发布了全球首个国产自主化新一代量子计算云平台"Quafu"，平台在单芯片量子比特数和芯片数量方面处于国内领先，实现 18 量子比特全局纠缠，达到了国际先进水平。除此之外，北京量子信息科学研究院和清华大学合作研发的"天工"量子直接通信样机，实现了创世界纪录的百公里量子直接通信（见表 1）。

表 1 2022 年北京市新型技术创新情况

| 新型技术类型 | 项目 |
| --- | --- |
| 人工智能 | 视觉基础开源模型 EVA |
| | 大规模智能模型"悟道 2.0" |
| | 多模态大模型 AltDiffusion |
| | 仿真秀丽线虫模型"天宝 1.0" |
| 区块链 | 自主可控区块链软硬件技术体系"长安链" |
| | 全球支持量级最大的区块链开源存储引擎"泓" |
| 互联网 | 第一代 MUSA 架构 GPU |
| | 6G 新型空口共性技术验证平台 |
| | 6G 原型样机平台 |
| | 信道测量平台 |
| | 基于 AI 的联合信源信道编码传输平台 |
| | 基于 AI 的算力网络平台 |
| 大数据 | 新一代量子计算云平台"Quafu" |
| | 量子直接通信样机"天工" |

资料来源：《北京数字经济发展报告（2022）》。

（四）数字经济加速推进，赋能数字贸易发展进程

全球数字化进程加速推进时代，我国数字经济发展也逐渐向更大范围、更深层次进行渗透，数字经济已经成为数字贸易发展的重要动能，北京自贸区数字贸易的高质量发展同样是基于数字经济快速有序发展进程的大背景之下。

2022 年北京市数字经济发展有了新突破，根据北京市统计局数据，全市数字经济增加值1.7 万亿元（见图3），占 GDP 的比重达到41.6%，比上年提高了1.2 个百分点，表明数字经济对我国经济发展的贡献进一步增强。同时，北京市数字经济产业结构也在不断调整优化，产业数字化转型也在不断加速发展。其中，数字经济核心产业增加值为9958.3 亿元，同比增长7.5%，占全市 GDP 的比重为23.9%，同比提高1.3 个百分点；全市规模以上数字经济核心产业企业共8307 家，实现营业收入总计4.6 万亿元，同比增长2.8%；数字经济核心产业收入4.6 万亿元，比 2021 年增长2.8%。除此之外，数字核心领域创新主体也逐渐形成集群，京东、小米等 2022 年北京数字经济百强企业营业收入总额达到1.92 万亿元，同比增长14.7%，由此可见，2022 年北京市数字经济发展势头强劲。

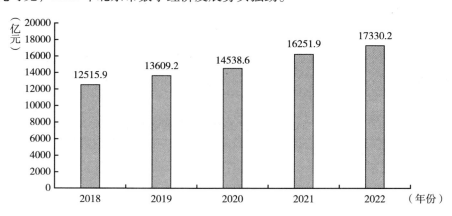

图 3　2018~2022 年北京市数字经济增加值

资料来源：北京市统计局统计数据。

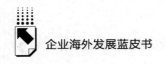

## 三 北京自贸区建设推动数字贸易 高质量发展实施路径

### （一）完善数字基础设施建设

为实现北京自贸区数字贸易高质量发展目标与任务，北京市加快完善数字基础设施建设。首先，在基础设施投资方面，根据北京市统计局数据，2022 年北京基础设施投资同比增长 5.2%。实现固定资产投资同比增长 3.6%、高技术产业投资同比增长 35.3%，超额完成年初预期目标，全年共推动 585 项市区重点工程实现开工。其次，在基础设施建设方面，北京市新增 5G 基站 2.4 万个，千兆固网累计接入 129.6 万名用户，万人 5G 基站数、算力规模指数、卫星互联网集聚企业数量、商业卫星数量等均领先全国。同时，2022 年北京市全面启动了智慧城市 2.0 建设工作，"网、图、云、码、感、库、算"与大数据平台"七通一平"数字城市底座基本已建设完成，建立"京通""京办""京智"作为智慧城市的统一服务入口，"京通"提供 525 项服务；"京办"注册用户实现 67 个市级部门、"16+1"区全覆盖；"京智"接入 1471 项城市运行监测指标，同时，完成了经开区核心区 60 平方公里范围内 EUHT 专网建设，开放自动驾驶测试道路 323 条，共 1143.78 公里。除此之外，北京市还建成了国家工业互联网大数据中心和顶级节点指挥运营中心，顶级节点接入二级节点和主动标识数量均居全国首位（见表 2）。

表 2 2022 年北京市数字基础设施建设情况

| 数字基础设施项目 | 数量 |
| --- | --- |
| 市区重点工程 | 585 项 |
| 5G 基站 | 2.4 万个 |
| 智慧城市 2.0 | 1 项 |
| "京通"提供服务 | 525 项 |
| "京办"注册用户 | 全区域覆盖 |

| 数字基础设施项目 | 数量 |
| --- | --- |
| "京智"接入指标 | 1471 项 |
| EUHT 专网建设 | 1 项 |
| 自动驾驶测试道路 | 1143.78 公里 |
| 国家工业互联网大数据中心 | 1 个 |
| 顶级节点指挥运营中心 | 1 个 |

资料来源：北京市统计局统计数据。

## （二）打造数字特色发展领域

北京作为我国"四大中心"城市之一，其城市占地面积相对较广，整个城区共划分为 16 个市辖区。北京市根据各辖区特点，结合自贸区建设方案与数字化发展需求，量身打造数字贸易特色领域（见表3），极大地推动了数字贸易高质量发展进程。

截至 2022 年底，北京市已基本形成"1+2+5+N"的数字化发展区域结构。其中，"1"是海淀区数字经济规模领跑全市，重点提升数字经济发展能力。"2"代表朝阳区、经济开发区两大新兴引擎区，朝阳区着力于发展数据交易服务产业，推进数字贸易发展；经济开发区则积极推进智能网联汽车产业发展，并已经成功打造了信创、集成电路产业集群。"5"则是东城区、西城区、石景山区、丰台区以及昌平区积极构建数字先行示范区，重点聚焦在数字文化、数字金融、虚拟现实、数字资产和智能智造等领域。除此之外，"N"代表了顺义区、大兴区、房山区、通州区、怀柔区、平谷区、延庆区、门头沟区、密云区等加快塑造特色优势品牌，聚力发展智能网联、数字贸易、数字医疗、数字文旅等新兴特色产业。由此可见，北京市为促进数字化进程，不断优化区域资源，尤其是在数字贸易发展方面，设定了若干特色区域，同时出台了具体建设办法，将片区优势与数字贸易发展特点相融合，进一步促进了北京自贸区数字贸易高质量发展，力争将北京市数字贸易港打造成为国际领先的"数字特区"。

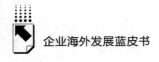

企业海外发展蓝皮书

**表 3　北京数字贸易特色领域**

| 区域 | 内容 |
|---|---|
| 海淀区 | 建设数字贸易示范区,编制《海淀区关于打造数字贸易示范区实施方案》;字节、快手等数字贸易重点企业在美国、日本、新加坡等 50 余个国家和地区开展国际合作;创新数字经济制度,中关村新一轮先行先试改革中的又一配套政策向全国推广 |
| 朝阳区 | 国际大数据交易所落地朝阳,在全国首推"可用不可见,可控可计量"新型数据交易范式;建成基于自主知识产权的数据交易平台 IDeX;成立全国首个数据交易联盟,签署首个数据托管服务协议,建设引领全国数据要素市场发展的"北京样板" |
| 大兴区 | 打造国际贸易数字化示范区,开展国际自贸协定规则对接先行先试,搭建京津冀首个跨境数据合规服务平台;着力发展数字医疗、智慧物流、跨境电商等数字服务,在跨境金融服务、电子认证、在线消费者权益维护等领域,参与构建引领全球的跨境电商规则体系 |

资料来源:北京市人民政府网站、北京市商务局网站。

### (三)优化数字贸易营商环境

数字贸易的持续发展需要良好的营商环境来鼓励技术创新和业态模式创新,同时有效引导并规范企业行为,形成良性市场竞争。在当今数字化发展时代,不断涌现出新业态、新模式,各类经营主体之间互动关系的不确定性增强,各类经营模式也不断呈现出新特点和新趋势,出现新情况与新问题,这使得优化数字贸易营商环境的重要性不断凸显。为促进数字贸易高质量发展,北京市在建设自贸区同时不断优化营商环境,实现了多方面突破。

第一,加大资金支持力度。良好的营商环境需要足够的资金支撑,为促进数字贸易高质量发展。北京自贸区通过不断挖掘发展潜能,增强自贸区的对外吸引力,同时吸引大量重要投资。同时,积极促进数字化重点领头企业设立发展基金,2022 年中移数字经济基金已正式成立,认缴总规模 100 亿元,已完成首单投资。此外,不断加大对研发设计、海外并购、知识产权等关键环节的资金投入力度。第二,引进数字专业人才。人才是吸引企业入驻北京自贸区的重要原因,也是优化营商环境的重要因素。为满足人才需求,北京市允许自贸区行使引进毕业生的行政权力,同时优化外籍人士工作许可和居住的申请审批程序。此外，北京市还将率先建成高水平人工智能人才高地，科学谋划高端顶尖人才和人工智能复合型人才引进培育机制，进一步促进海外顶尖人才在京创新创业；同时健全国际人才全流程服务体系。第三，支持数字核心企业发展。近年来，北京市数字经济核心产业新设企业年均1万家，规模以上核心企业达8300多家，约占全市规模以上企业数量的1/5。此外，还制定了数字经济标杆企业遴选标准，加速培育技术创新型、数字赋能型、平台服务型和场景应用型四类数字经济标杆企业，推动标杆企业创新链、价值链和供应链对接融合，充分发挥标杆企业的榜样力量。

### （四）建设培育数据要素市场

目前，全球数字化进程已从战略设计阶段转入具体领域发展阶段，数据要素市场的发展是数字化进程实现的关键环节。因此，为继续推进自贸区数字贸易高质量发展，北京市积极培育数据要素市场，推动数据要素价值充分释放，实现多方面率先突破。

第一，在数据开放方面，加大公共数据和社会数据要素的开放力度，北京全市无条件开放13.48亿条数据，有条件开放58.38亿条数据，推动了全国首个公共数据授权运营模式在京落地；此外，发布了全球首个基于真实场景的车路协同自动驾驶数据集，同时面向中国境内用户提供数据下载使用服务。第二，在数据登记方面，成立了全国首个数据资产登记中心，发布了首份数据资产评估报告，落地全国首笔千万级数据资产评估质押融资贷款。第三，在数据交易方面，北京国际大数据交易所逐步完善建立基于自主知识产权的交易平台，上架数据产品总计1364个，参与主体共329家，交易调用7.73亿笔；同时，制定数据交易标准合同指引，逐步构建起数据资产评估、交易撮合、登记结算、争议仲裁等市场运营体系；建设数据跨境服务中心，北数所研发建设的北京数据托管服务平台也正式投入使用，成为国内首个可支持企业数据跨境流通场景的数据托管服务平台（见表4）。

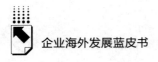

表 4　2022 年北京市数据要素市场培育情况

| 培育环节 | 具体项目 |
|---|---|
| 数据开放 | 公共数据开放 |
| | 社会数据开放 |
| | 车路协同自动驾驶数据集下载使用服务 |
| 数据登记 | 数据资产登记中心 |
| | 数据资产评估报告 |
| | 千万级数据资产评估质押融资贷款 |
| 数据交易 | 北京国际大数据交易所 |
| | 数据跨境服务中心 |
| | 北京数据托管服务平台 |

资料来源：《北京数字经济发展报告（2022）》。

### （五）有序推动数据跨境流动

目前，各国数字化进程已从战略设计阶段转入具体领域发展阶段，而数据跨境流动能够为全球范围内不同经济体之间的信息传递提供重要的支撑渠道，促使产业链与价值链高效协同运转，降低物流成本。数据跨境流动一方面能够促进各国实现数字贸易交流，另一方面有助于数字经济的全面推进，已成为全球数字化进程的重要发展基础。为促进自贸区数字贸易发展，北京市加快探索实践，从多方面推动数据跨境流动。

2022 年 9 月《数据出境安全评估办法》实施后，北京市 5 家试行企业被中央网信办作为全国首批案例正式受理，同时依托"两区"建设开展数据跨境安全管理先行先试。目前，首都医科大学附属北京友谊医院与荷兰阿姆斯特丹大学医学中心合作的研究项目成为全国首个数据合规出境案例，中国国际航空股份有限公司项目作为全国第二例也成功获批通过，为北京市进一步指导支持更多企事业单位解决数据合规出境需求问题积累了经验、打通了路径，对促进北京市数据有序安全跨境流动具有重要意义。除此之外，北数所数据跨境流通发挥重要枢纽作用，北数所研发的北京数据托管服务平台已正式投入使用，成为国内首个可支持企业数据跨境流通场景的数据托管服务平台，帮助有数据跨境流通需求的企业解决数据托管难题。同时，北京市还持续推动跨境电商创新发展，利用外经贸资金对企业符合条件的跨境电商平台、产业园、海外仓等项目建设予以支持，鼓励跨境电商主体持续扩大业务规模。

### （六）构筑国际数字交流平台

当前全球数字化发展进程背景下，各国间数字贸易与数字经济发展经验的互通与交流能够有力推进全球数字化进程。为促进自贸区数字贸易高质量发展，北京市积极构建国际数字交流平台，探索数字贸易发展新渠道。

2022 年以来，北京市成功举办了中国国际服务贸易交易会，其中包括系列高峰论坛之一——"数字贸易发展趋势和前沿高峰论坛"，论坛以"数字化赋能贸易高质量发展"为主题，结合国际国内经济发展环境，贯彻跨界融合新发展理念，把握产业升级新机遇，研判未来趋势，汇聚行业观点，深化国际合作，围绕数字贸易技术、产业、发展、合作等议题，积极推动构建数字贸易全球合作新格局。服贸会及高峰论坛的成功举行一方面为北京数字贸易发展经验提供了交流平台，另一方面也为未来北京数字贸易发展方向提供了开放思路，有利于北京数字贸易发展进程高质量推进。此外，北京市还高水平举办了全球数字经济大会，以"启航数字文明——新要素、新规则、新格局"作为大会主题，全面聚焦全球数字经济治理规则，充分发挥了北京数字经济的引领示范作用，重磅发布了《北京数字经济发展报告（2021—2022）——建设全球数字经济标杆城市》，北京数字化发展的国际影响力得到大幅提升，同时也为北京数字化发展获取了宝贵经验。除了举办以上重要会议外，北京市还举办了若干数字论坛与大赛，如北京市数字评价工作互联网创新论坛、京津冀保险协同论坛、数字经济行业挑战赛等，极大地提高了北京市在数字化发展方面的影响力。

## 四 展望与建议

### （一）展望

2022 年以来，北京自贸区建设进程持续推进，数字贸易发展也取得了重

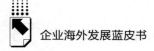
大突破，极大地推动了我国数字化发展进程。基于目前北京自贸区数字贸易发展情况，首先，从短期来看，自贸区将致力于实现截至 2025 年，北京市数字贸易进出口规模达到 1500 亿美元，占全市进出口总额的比重达到 25%，其中，数字服务贸易占全市服务贸易的比重则达到 75%。其次，从长期来看，北京自贸区要重点培育与发展一批具有全球数字技术影响力、数字资源配置力和数字规则话语权的数字贸易重点企业；同时，基本建设成为能够与当代国际高标准经贸规则相衔接的数字贸易发展体系，着力于将北京自贸区建设成为具有国内示范作用以及全球辐射效应的数字贸易高质量示范区。

过去一年北京数字贸易发展势头良好，取得了一系列重要成果，但其进一步发展还面临着若干问题。第一，在数字贸易治理方面，北京尚未形成完整规则体系。当前全球数字化发展竞争激烈，发达国家在数字贸易方面关注贸易规则、税收管辖权等，而我国则注重数字贸易便利化、信息安全等方面。北京市数字贸易立法落后于实践，尤其是在数字市场秩序、个人信息保护以及知识产权保护等方面的法律法规还不够健全，数字贸易治理规则体系尚未完善。第二，在数字贸易产业建设方面，目前北京数字贸易产业集群化程度相对较低，尚未形成完整的数字化产业集群以及完善的数字生态圈，产业集群化建设工作有待完善。第三，在数字贸易国际化发展方面，北京仍面临区域壁垒，主要体现在数据本地化存储、数字服务贸易市场准入机制、跨境数据自由流动限制以及数字化企业投资等方面。因此，在未来数字贸易发展进程中，仍需对以上不足加以完善，以保障北京数字贸易的良性可持续发展。

### （二）建议

#### 1. 积极探索数字治理路径，做数字贸易规则的构建者

数字经济已成为当前全球经济发展的重要力量，数字贸易规则也逐渐成为国际贸易规则重构的重要内容。尽管目前北京自贸区数字贸易发展势头良好，但在规则制定方面尚未形成完整体系。为了促进北京自贸区数字贸易发展取得更大突破，相关部门应积极利用北京市"两区"建设政策红利，在

规则、制度方面积极探索，持续优化数字贸易示范区建设综合性方案，促进自贸区数字贸易高质量发展。首先，应着力于搭建数据资产运营和管理平台，促进贸易数据共享互通和开发利用，同时探索实施数据跨境安全风险评估制度、数据保护能力认证制度、数据流动备份审查制度。其次，积极构建数据治理规则体系，研究数据授权、开放、流通、定价等制度，对接国际数据治理规则。最后，在数字领域扩大开放与合作，通过建立全球贸易数字化示范区、数字海关、国际大数据交易所等场景，构建内外双向开放的发展体系，在对外数字贸易、跨境数据流动、数字领域基础共性标准制定方面取得突破性进展，在全球范围内发挥标准制定与样板提供等方面的制度引领作用。

### 2. 建立完善数字生态体系，形成数字贸易产业集群

北京自贸区数字贸易高质量发展依托于数字贸易产业集群化发展，良好的产业集群能够为企业在数字贸易发展进程中增添更多竞争力，从而有助于数字贸易更快、更好发展。为推进与完善数字贸易产业集群建设工作，首先，政府应落实数字保税区的建立与完善工作。进入保税区的企业可以根据其具体数字贸易经营模式，形成产业集群，享受保税政策的相关优惠待遇。其次，政府应不断加大对企业数字化发展的资金支持力度，根据数字贸易建设与发展需求，全面开展相关项目资金的引入工作，通过加大资金支持力度不仅能够助力自贸区数字贸易产业集群化发展，还能为企业开展数字贸易业务提供资金保证。最后，为了促进北京自贸区数字贸易的发展，政府还应当根据数字贸易发展进程全面构建完善的数字生态体系，打造良好的数字生态圈。同时，要加快推进对传统贸易的升级工作，紧密推进数字经济与实体经济相结合，同时不断加强各产业间的联动配合，从而建立智能化、联动性的数字生态系统，促进北京自贸区数字贸易高质量发展。

### 3. 充分利用 RCEP 政策红利，打破数字贸易国际壁垒

全球贸易正走向数字化时代，数字技术和国际贸易正在深度融合中，数字贸易作为一种新型国际贸易形式发展迅速。RCEP 作为一个现代、全面、高质量、互惠的区域自贸协定，致力于为数字贸易全球化发展提供良好的营

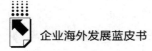

商环境，同时也为全球数字贸易发展提供更开放的准入条件，将在贸易领域释放新的开放空间。因此，北京市应充分把握好 RCEP 政策红利，突破国际壁垒，促进自贸区数字贸易持续发展。首先，加快打造数字贸易示范区，通过示范区的建立实现数字贸易发展先行先试，有助于支持北京市经济发展的功能升级，提升其国际贸易地位，丰富北京自贸区建设的内涵，同时提升数字贸易发展水平。其次，加快对接《全面与进步跨太平洋伙伴关系协定》（CPTPP）、《数字经济伙伴关系协定》（DEPA）等高水平数字贸易规则，利用 RCEP 在区域内较为统一的数字贸易规则，促进数字新模式新业态的形成，推动北京数字贸易发展。最后，利用 RCEP，进一步推进北京市高水平对外开放，打破国际壁垒；同时全面激发北京市在进出口方面的潜力，提升北京与其他 RCEP 成员国之间的合作水平，优化数字企业在区域范围内的产业链与供应链布局，推动北京更好地融入亚太数字经济发展生态圈。

**参考文献**

北京市社会科学院主编《北京数字经济发展报告》，社会科学文献出版社，2023。

中国商务部主编《中国数字贸易发展报告》，2022。

刘斌、甄洋：《数字贸易规则与研发要素跨境流动》，《中国工业经济》2022 年第 7 期。

沈玉良等：《是数字贸易规则，还是数字经济规则？——新一代贸易规则的中国取向》，《管理世界》2022 年第 8 期。

# B.7
# RCEP 推动北京国际贸易
# 高质量发展研究

郭瞳瞳　刘思义*

**摘　要：** 本报告从货物贸易、服务贸易和数字贸易三个维度，梳理了北京企业与 RCEP 其他成员国在国际贸易方面的基本状况和取得的重要成果，并在此基础上总结了 RCEP 推动北京国际贸易高质量发展的未来机遇和重要挑战。总体而言，自 RCEP 正式生效以来，北京与其他成员国在货物贸易、服务贸易和数字贸易之间的合作持续深化，显著增强了北京企业外贸韧性；区域内货物往来实施的关税减免红利逐步释放，企业享惠水平明显提高；贸易投资自由化和便利化不断加强，北京对外开放水平稳健提升。未来，跨境电商红利的加速释放、北京"两区"建设与 RCEP 的高效对接、首都所具备的比较优势，将成为 RCEP 推动北京国际贸易高质量发展的重要机遇；复杂严峻的外贸形势、高端产业的加速布局、原有产业格局的颠覆性改变，是北京企业与 RCEP 其他成员国在国际贸易方面面临的主要挑战。基于此，北京市政府应充分发挥在数字经济方面的优势和禀赋，以"两区"为支点，打造多点支撑的经贸规则示范区，并为北京市企业开展国际贸易合作提供更为便利化、更具开放性的政策支持和服务保障。本报告对于北京用好用活用全 RCEP、发挥数字经济优势、推动国际贸易高质量发展具有一定的借鉴意义。

---

* 郭瞳瞳，对外经济贸易大学国际商学院博士研究生，主要研究方向为会计信息与资本市场；刘思义，对外经济贸易大学国际商学院副教授、博士生导师，主要研究方向为审计与内部控制。

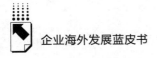
**关键词：** RCEP 国际贸易 北京

2012 年，东盟十国正式联合发起《区域全面经济伙伴关系协定》（Regional Comprehensive Economic Partnership，RCEP），RCEP 目前已由包括中国、日本、韩国、澳大利亚、新西兰和东盟十国在内的 15 个成员国共同组成，成为当前亚太地区影响最广、规模最大、最为关键的自贸协定。2022年 1 月 1 日，RCEP 正式生效，覆盖人口已超 35 亿人，占到全球总人口比例的 47.4%。随着关税减免、原产地累积规则等诸多利好政策逐步落地，成员国之间的贸易自由化和便利化水平不断提高，成效初步显现。作为RCEP 首批生效的国家，我国大力推动 RCEP 落地实施，2022 年，我国与RCEP 其他成员国之间的进出口总额约为 13 万亿元人民币，较上年同期增长 7.5%；2023 年上半年，这一数据已经超过 6 万亿元人民币，同比增长1.5%，对我国外贸增长的贡献程度超过 20%。北京作为我国首都，深度参与国际经济合作与竞争，充分用好用活全 RCEP，为北京培育开放型经济提供了新动能，也为北京外贸企业实现高质量发展带来了新的机遇与挑战。

# 一 RCEP 推动北京国际贸易高质量发展基本状况

## （一）货物贸易

近年来，世界经济复苏仍显乏力、逆全球化思潮持续发酵、地缘政治环境不断变迁，国际贸易形势充满巨大的不确定性。尽管受全球经济下行风险加大，石油、铁矿石等大宗商品价格剧烈波动，以及疫情下物流放缓、供应链运行不畅、需求端不振等因素的综合影响，但北京外贸在进出口额、同期增长率等方面依然表现出稳中有升的态势。2023 年上半年，北京地区外贸再创历史新高，进出口额达到 1.79 万亿元人民币，较上年同期有所增长，占全国进出口总值的 8.9%，实现了进口、出口双增长。自 RCEP 正式生效以来，在外贸稳中向好、进中提质的整体趋势下，北京市积极利用关税减免等 RCEP 规则，持续深化与 RCEP 其他成员国之间的贸易合作，RCEP 推动北京国际贸易高质量发展的政策红利初步释放。仅 2023 年上半年，北京海关签发 RCEP 原产地证书就达到 2333 份，货值 1.14 亿美元，同比分别增长 37.88%、7.41%；进口 RCEP 享惠报关单 479 票，货物货值 3080.58 万美元，优惠税款 555.83 万元人民币，同比分别增长 583.67%、141.20%、177.35%；自助打印 RCEP 原产地证书 2043 份，自助打印率达 87.57%。

1. 北京进口 RCEP 整体规模

图 1 列示了 2020 年上半年至 2023 年上半年北京进口以及北京进口 RCEP 的总额趋势和增速趋势。从总额来看，北京总体外贸进口额在 2020 年上半年为 8805.51 亿元，在 2023 年上半年达到 14969.22 亿元；在总体外贸进口额整体呈现出稳步提升的态势下，北京自 RCEP 其他成员国的进口额在 2022 年上半年、2022 年下半年、2023 年上半年分别为 2212.18 亿元、2159.23 亿元和 2161.09 亿元，呈现出小幅增长之后，稳定在 2000 亿元人民币左右。从增速来看，北京总体外贸进口额在 2023 年之前持续提升，2020

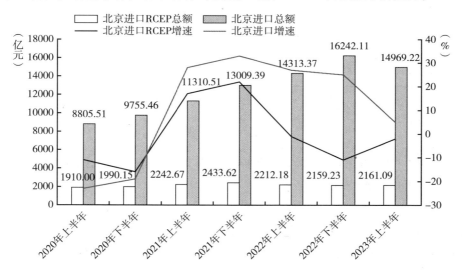

**图 1　2020 年上半年至 2023 年上半年北京进口以及北京进口 RCEP 总体趋势**

资料来源：北京海关网站。

年上半年同比下降23%，2022年上半年同比增速则达到27%，2023年上半年同比增速明显放缓，仅为5%；北京自RCEP其他成员国的进口增速在2023年以前与北京总体外贸进口增速整体保持相同走势，但2023年上半年呈现出明显抬头趋势。

图2列示了2020年上半年至2023年上半年北京自RCEP其他成员国进口额占北京外贸进口总额的比例。总体来看，北京自RCEP其他成员国进口额的占比呈现出先下降后上升的发展趋势。2020年上半年，北京自RCEP其他成员国进口额的占比为22%，受疫情封控、供应链运行不畅等多重因素影响，随后这一比例逐步下降。2022年上半年，北京自RCEP其他成员国进口额的占比为15%，下半年进一步下降至13%。值得注意的是，2023年上半年，这一占比小幅提升至14%。

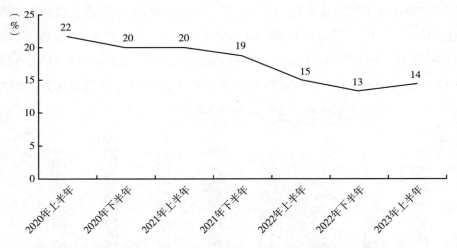

**图2　2020年上半年至2023年上半年北京自RCEP其他成员国进口额占比**

资料来源：北京海关网站。

总体来看，自RCEP正式生效以来，北京每半年自RCEP其他成员国的进口额稳定在2000亿元人民币以上，占北京总体进口额的比例徘徊在14%左右。尽管受到大宗商品价格剧烈波动、疫情封控下物流放缓等多重因素的影响，北京自RCEP其他成员国的进口增速大幅下降，且呈现出一定程度的负增长，但 2023 年上半年，在北京总体进口增速大幅放缓的走势下，北京自 RCEP 其他成员国的进口增速已呈现出明显的恢复态势，其规模占北京总体进口额的比例也呈现出小幅提升趋势。

2. 北京进口 RCEP 个体结构

图 3 列示了 2020 年上半年至 2023 年上半年北京自 RCEP 其他成员国进口额趋势。从北京进口 RCEP 的个体结构来看，北京企业自澳大利亚的进口额最多，日本次之。具体到 2023 年上半年，北京市自澳大利亚的进口额高达 941 亿元，占北京自 RCEP 其他成员国进口总额的 44%；自日本的进口额为 463 亿元，占北京自 RCEP 其他成员国进口总额的 21%；自韩国和印度尼西亚的进口额分别为 163 亿元和 131 亿元，占比分别为 8% 和 6%；自文莱的进口额最少，仅有 10 亿元。由此可见，北京自 RCEP 其他成员国的主要进口区域为澳大利亚和日本，其进口额占到北京自 RCEP 其他成员国进口总额的 60% 以上，在量级上与其他成员国存在巨大差异。

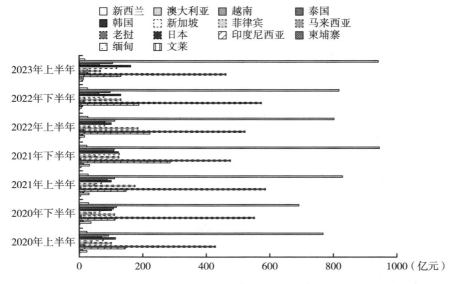

**图 3　2020 年上半年至 2023 年上半年北京自 RCEP 其他成员国进口额趋势**

资料来源：北京海关网站。

图 4 列示了 2022 年北京自澳大利亚进口货物占比。2022 年，北京自澳大利亚的进口总额为 1620 亿元。其中，第一大进口货物为矿物燃料、矿物油及其蒸馏产品等货物，进口额达到 749 亿元，占比为 46%；第二大进口货物为矿砂、矿渣及矿灰，进口额达到 480 亿元，占比为 30%；第三大进口货物为天然或养殖珍珠等货物，进口额达到 194 亿元，占比为 12%。由此可见，北京自澳大利亚的进口货物主要为矿物质相关产品，进口额占比高达 76%。

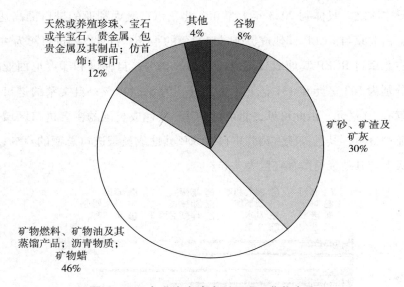

**图 4　2022 年北京自澳大利亚进口货物占比**

资料来源：北京海关网站。

图 5 列示了 2022 年北京自日本进口货物占比。2022 年，北京自日本的进口总额为 1097 亿元。其中，车辆及其零件、附件为第一大进口货物，进口额达到 550 亿元，占比为 50%；核反应堆、锅炉、机器、机械器具及其零件为第二大进口货物，进口额达到 166 亿元，占比为 15%；电机等相关货物和光学仪器及设备等相关货物的占比均为 10%，为第三大和第四大进口货物。由此可见，北京自日本的进口货物主要为汽车和机械器具相关货物，两类货物的进口额占比高达 65%。

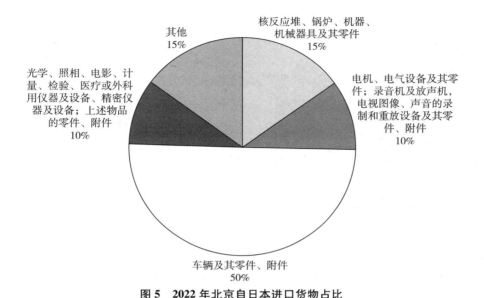

**图 5　2022 年北京自日本进口货物占比**

资料来源：北京海关网站。

### 3. 北京出口 RCEP 整体规模

图 6 列示了 2020 年上半年至 2023 年上半年北京出口以及北京出口 RCEP 的总额趋势和增速趋势。从总额来看，北京总体外贸出口额在 2020 年、2021 年、2022 年分别为 4655 亿元、6118 亿元、5890 亿元，2023 年上半年达到 2881 亿元；在北京总体外贸出口额整体呈现出波动性上升的发展态势下，北京对 RCEP 其他成员国的出口额在 2022 年上半年、2022 年下半年、2023 年上半年分别为 763 亿元、1176 亿元和 945 亿元，同样呈现出波动上升趋势。从增速来看，北京总体外贸出口在 2022 年上半年同比下降 14%，对 RCEP 其他成员国出口同比下降 24%；2022 年下半年，北京总体外贸出口增速小幅回升至 5%，而对 RCEP 其他成员国的出口增速则大幅提升至 29%，且这一态势延续到了 2023 年上半年（总体外贸出口增速和对 RCEP 其他成员国出口增速分别为 14% 和 24%）。

图 7 列示了 2020 年上半年至 2023 年上半年北京对 RCEP 其他成员国出口额占北京外贸出口总额的比例。总体来看，这一比例稳定在 33% 左右，

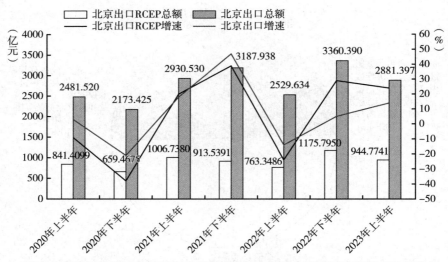

**图6 2020年上半年至2023年上半年北京出口以及北京出口RCEP总体趋势**

资料来源：北京海关网站。

呈现出阶段性小幅上下波动的态势。2022年上半年，北京对RCEP其他成员国出口额占比为30%，这一比例在2022年下半年进一步提升至35%。2023年上半年，北京对RCEP其他成员国出口额占比小幅回落至33%。

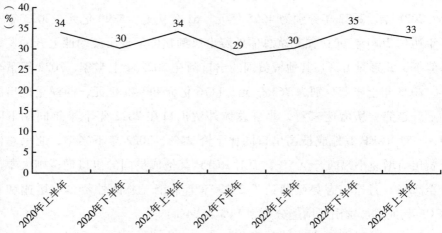

**图7 2020年上半年至2023年上半年北京对RCEP其他成员国出口额占比**

资料来源：北京海关网站。

　　总体来看，北京对 RCEP 其他成员国的出口额呈现出波动上升态势，与北京总体外贸出口额形势基本保持一致。值得注意的是，自 RCEP 生效以来，北京对 RCEP 其他成员国的出口额增速逐渐大幅超过北京总体外贸出口额增速，说明北京与 RCEP 主要伙伴之间的出口贸易往来保持着更为迅猛的发展态势。与此同时，北京对 RCEP 其他成员国出口额占比基本稳定在 33%左右，说明外部宏观的各类不确定性因素并未对北京与其他 RCEP 成员国的外贸出口产生根本性影响。

　　4. 北京出口 RCEP 个体结构

　　图 8 列示了 2020 年上半年至 2023 年上半年北京对 RCEP 其他成员国出口额趋势。从北京出口 RCEP 的个体结构来看，北京企业对新加坡的出口额最多，日本次之。具体到 2023 年上半年，北京对新加坡的出口额高达 255亿元，占北京对 RCEP 其他成员国出口总额的 27%；对日本的出口额为 143亿元，占北京对 RCEP 其他成员国出口总额的 15%；对菲律宾、马来西亚和

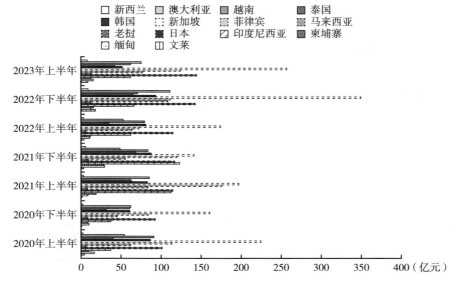

**图 8　2020 年上半年至 2023 年上半年北京对 RCEP 其他成员国出口额趋势**

资料来源：北京海关网站。

澳大利亚的出口额分别为 123 亿元、76 亿元和 75 亿元，占比分别为 13%、8% 和 8%；对新西兰的出口额最少，仅有 8 亿元。由此可见，北京对 RCEP 其他成员国的主要出口区域为新加坡、日本和菲律宾，其出口额占到北京对 RCEP 其他成员国出口总额的 55%。

图 9 列示了 2022 年北京对新加坡出口货物占比。2022 年，北京对新加坡的出口总额为 519 亿元。其中，矿物燃料、矿物油及其蒸馏产品等货物为第一大出口货物，出口额达到 461 亿元，占比为 89%；电机等相关货物为第二大出口货物，出口额达到 33 亿元，占比为 6%。由此可见，北京对新加坡的出口货物绝大部分为矿物燃料、矿物油及其蒸馏产品等货物。

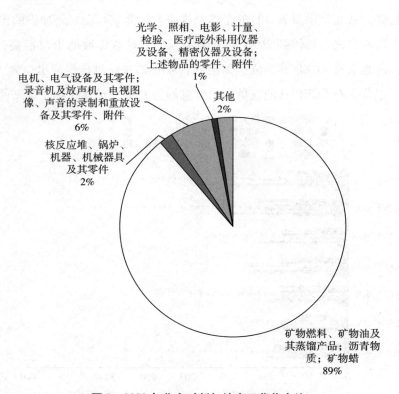

**图 9　2022 年北京对新加坡出口货物占比**

资料来源：北京海关网站。

图 10 列示了 2022 年北京对日本出口货物占比。2022 年，北京对日本的出口总额为 255 亿元。其中，电机等相关货物为第一大出口货物，出口额达到 64 亿元，占比为 25%；矿物燃料、矿物油及其蒸馏产品等货物为第二大出口货物，出口额达到 42 亿元，占比为 17%；核反应堆、锅炉、机器、机械器具及其零件的出口额为 31 亿元，占比为 12%。由此可见，北京对日本出口的货物种类比较分散，主要为电机和矿物燃料等相关货物。

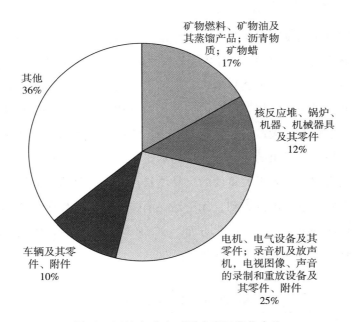

**图 10 2022 年北京对日本出口货物占比**

资料来源：北京海关网站。

总体来看，自 RCEP 正式生效以来，北京每半年自 RCEP 其他成员国的进口额稳定在 2000 亿元人民币以上，占北京总体进口额的比例徘徊在 14% 左右。尽管北京自 RCEP 成员国的进口增速大幅下降，且呈现出一定程度的负增长，但 2023 年上半年已呈现出小幅提升趋势。具体到 RCEP 其他成员国，北京企业自澳大利亚的进口额最多，占北京自 RCEP 其他成员国进口总额的 44%，其中矿物质相关产品的进口比例高达 76%。与此同时，北京对

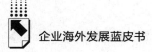

RCEP 其他成员国的出口额呈现出波动上升态势，与北京总体外贸出口额形势基本保持一致，且对 RCEP 其他成员国的出口额增速已经大幅超过北京总体外贸出口额增速。具体到 RCEP 其他成员国，北京对新加坡出口额最多，占北京对 RCEP 其他成员国出口总额的 27%，主要出口货物为矿物燃料、矿物油及其蒸馏产品等。

## （二）服务贸易

服务贸易作为国际贸易的重要组成部分，是推动高水平对外开放的重要抓手。新冠疫情发生之前，RCEP 成员国之间在服务贸易往来方面已经取得了一定成效，进出口规模连年增长；疫情发生之后，尽管受物流放缓、供应链运行不畅、需求端不振等因素的综合影响，RCEP 伙伴在推动服务贸易发展方面遇到了短期巨大冲击，但随着 RCEP 的正式生效和逐步落地，协定中针对服务贸易发展做出的更具开放性的承诺，将进一步推动服务贸易实现显著增长，使之成为未来至关重要的贸易增长点。表 1 总结了 RCEP 在服务贸易领域的主要内容。可以看到，无论是在消除服务贸易歧视性的具体措施方面，还是在促进服务贸易自由化方面，RCEP 均制定了更为细致的规则，有助于进一步提升服务业的开放性水平。

表 1　RCEP 在服务贸易领域的主要内容

| 项目 | 内容 |
| --- | --- |
| 清单承诺 | 澳大利亚、新加坡、日本、韩国、马来西亚、文莱、印度尼西亚等 7 个 RCEP 成员国自协定生效起即采用负面清单方式；我国及其他 7 个成员国暂时采用正面清单，并承诺于协定正式生效后 6 年内转变为负面清单 |
| 金融服务 | 协定中首次引入自律组织、金融服务、金融信息处理等相关规则，并且为防范金融体系不稳定性提供了更加充分的政策空间和监管空间 |
| 电信服务 | 在原有的协定基础之上，新增国际海底电缆系统、监管方法、电杆、国际移动漫游、网络元素非捆绑、管线和管网的接入等更具灵活性的规则 |
| 专业服务 | 鼓励 RCEP 成员国达成区域内统一的专业标准和规范，并为相关专业机构加强国际交流合作做出了一系列制度性安排 |
| 人员流动 | RCEP 成员国之间承诺对区域内投资者、公司内部流动人员、合同服务提供者提供一定期限的居留权，简化跨境审批手续，享受签证便利 |

| 项目 | 内容 |
| --- | --- |
| 知识产权 | 内容涵盖著作权、地理标志、商标、工业设计、专利、过渡期、不正当竞争和技术援助等，承诺减少技术标准和法规方面存在的制度壁垒 |
| 电子商务 | 鼓励 RCEP 成员国之间采用电子手段改善贸易程序；承诺对电子商务免征关税；制定在线消费者保护、网络安全、跨境电子方式信息传输、在线个人信息保护等有利于企业开展电子商务的相关条款 |

北京作为我国推动服务业对外开放的先行者，在服务贸易的国际合作方面发展迅速，起到了一定的示范引领作用。自 RCEP 正式生效和走深走实以来，北京海关 RCEP 原产地证出证数量和金额稳步上升，逐步释放的政策红利持续激发了北京与其他成员国在服务贸易合作方面的潜力，成为推动北京服务贸易发展的另一重要力量。图 11 列示了 2022 年北京服务贸易重点企业进出口占比。可以看到，2022 年北京服务贸易重点企业与 RCEP 其他成员国实现进出口额 68 亿美元，占全市服务贸易重点企业进出口总额的 20%。与此同时，北京在 CBD 等重点园区积极打造 RCEP 创新服务中心，推出

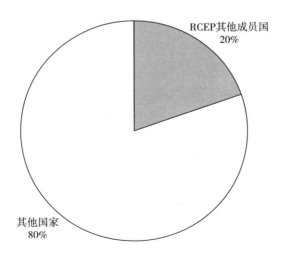

**图 11　2022 年北京服务贸易重点企业进出口占比**

资料来源：北京海关网站。

"自助打印、邮寄签证、预约取证、一企一策、智能审核"等简化程序、优化系统的系列措施，为企业提供"RCEP 经贸规则一点通"这类更具便利性的关税查询系统，以及原产地证明打印、高级认证培育孵化等多项服务，不断优化原产地证书"集中审核，就近签证"模式，助力原产地证书进入"即报、即审、即领"的高速时代。RCEP 的各项优惠政策不仅推动了北京"两区"专业服务综合性示范区建设，促进了"两区"商务服务业向国际化、高端化发展，也推动了"两区"建设更好地服务北京的战略定位，打造"北京服务"新名片。

### （三）数字贸易

随着数字经济在全球范围内的迅速兴起，数字技术在国际贸易领域的应用范围和融合程度逐渐加深，数字贸易已然成为推动国际贸易高质量发展的新力量。目前，国内外学者普遍认为数字贸易与货物贸易和服务贸易在内容和范围上存在一定的重叠，但也具有独特的属性和特征，将其视为传统贸易之外的一种新型贸易方式。图 12 展示了数字经济下，货物贸易和服务贸易这两类传统贸易与数字贸易这一新兴贸易之间的关系。基于此，本报告将数字贸易作为国际贸易的重要组成部分，对北京和 RCEP 其他成员国在数字贸易方面的发展现状进行阐述和总结。

**图 12　传统贸易和数字贸易关系**

近年来，北京市积极把握数字经济发展新机遇，高度重视跨境电商、数字医疗、智慧物流等数字产业及相关领域的高质量发展，立足金盏国际合作服务区、中关村软件园国家数字服务出口基地和自贸区大兴机场片区，打造了"三位一体"数字贸易试验区,形成了一批具有示范意义的高端数字经济新兴产业集群。图 13 列示了 2019～2022 年北京数字经济增加值及其占比。可以看到,北京数字经济增加值由 2019 年的 13609.2 亿元持续增长至 2022 年的 17330.2 亿元,占全市 GDP 比重也由 2019 年的 38.0% 逐步提升至 2022 年的 41.6%。与此同时,RCEP 其他成员国在数字经济和数字贸易方面也取得了一定成效。例如,东盟十国高度重视数字经济在区域内的融合和发展,连续出台了如《东盟数字融合框架》《东盟电子商务协议》等多项区域层面或国家层面的重大规划,推动东南亚成为全球数字经济发展的重点区域之一。

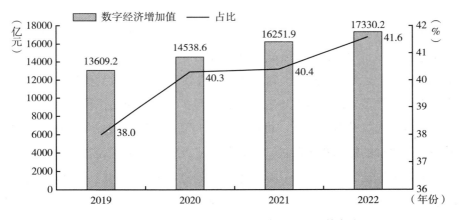

**图 13  2019～2022 年北京数字经济增加值及其占比**

资料来源:北京市商务局网站。

由此可见,RCEP 的正式生效,为北京市和 RCEP 成员伙伴之间推动区域内数字贸易发展提供了新的历史机遇。一方面,RCEP 的正式生效,有利于成员国之间进行数字贸易关键要素的聚集,促进了数字贸易往来的便利化和自由化,降低了数字贸易生态中的制度性交易成本;另一方面,北京市政府积极引导企业、研究机构、商协会与新西兰、新加坡等成员国相关机构进行高级别、高层次的数字经济和数字贸易对话,推动 RCEP 成员国之间在数字贸易方面的往来和交流合作。

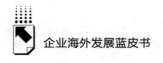

## 二 RCEP 推动北京国际贸易高质量发展重要成果

### （一）区域合作持续深化，北京外贸韧性显著增强

RCEP 的正式生效为北京与区域内其他成员国的外贸往来提供了更具开放性和稳定性的环境，不仅挖掘了北京在国际贸易方面的潜力，深化了北京与其他成员国之间的合作，还有助于北京在愈加复杂的国际环境下保持外贸基本盘的相对稳定，巩固其在相关产业链、供应链、价值链上的核心位置，稳步增强北京外贸韧性。

从货物贸易进口来看，RCEP 生效促进了北京对特色农产品以及零部件中间品的进口，进口产品种类不断丰富，进口产品成本持续降低。随着 RCEP 走深走实，北京自澳大利亚进口的谷物、肉类等的关税有不同程度减免，不仅维护了农产品的基本稳定，也通过扩大进口丰富了消费品市场；自东盟进口的褐煤及石化产品、机电等产品的关税同样有所减免，在一定程度上稳定了北京的能源资源品进口，也促进了北京与东盟国家在中间品贸易和产业链、供应链方面的合作；自日本、韩国进口的专用阀门、光学元器件等产品的关税减免也提高了相关产品进口额，为北京在战略性新兴产业领域补链强链提供了一定保障。

从货物贸易出口来看，RCEP 生效促进了北京对车辆零部件、机械设备等的出口，稳固了北京与东盟、日韩等国家在产业链、供应链方面的关系，提高了北京出口产品的国际竞争力。2022 年，以更低的关税、更大的互惠空间、更广的覆盖范围开拓 RCEP 其他目标市场，已成为北京"两区"企业的共识。其中，北汽福田作为在 VAN 类、轻卡类汽车行业连续 3 年位居品牌领先的龙头企业，在 RCEP 下出口汽车的能力显著提高。RCEP 生效当日，北汽福田向马来西亚出口的 24 台卡车获得了北京海关签发的首份 RCEP 原产地证书。与此同时，作为北汽福田汽车在东南亚的重点市场之一，马来西亚承诺进一步降低汽车进口关税，北汽福田向马来西亚出口的汽车关税将从 30% 降至 5%，并将逐年降至 0。无论是原产地证书还是关税减免，都促使北汽福田出口东南亚市场竞争力获得极大提升。

总体来看，RCEP 落地的近两年来，北京企业与 RCEP 其他成员国之间的合作交流持续深化，不仅丰富了北京进口产品种类，提高了北京出口产品的国际竞争力，巩固了北京在相关产业链、供应链和价值链的地位，在一定程度上保持了北京国际贸易基本盘的稳定性和韧性，也为北京跨国公司的发展提供了更多机会。

## （二）关税减免红利逐步释放，企业享惠水平明显提高

协定生效以来，RCEP 对区域内货物往来实施的关税减免红利逐步释放，且在未来有更进一步释放的空间。尽管在 RCEP 正式生效之前，部分成员伙伴已经签署过双边自贸协定，但关税减免力度不大。例如，中韩之间自贸协定覆盖的零关税产品仅为八成多，而根据 RCEP，最终将有 90% 以上的区域内货物产品能够实现零关税。表 2 和表 3 分别列示了其他成员国对中国的降税模式和中国对其他成员国的降税模式。可以看到，RCEP 各成员国之间适用的降税模式包括协定生效立即降为零、部分降税、例外产品和过渡期降为零等，RCEP 的签署进一步加大了区域内各成员国之间货物贸易往来的关税减免力度。更为重要的是，在 RCEP 正式生效之前，日本与韩国、中国与日本之间并未签署过双边自贸协定。通过加入 RCEP，中国、日本、韩国将能够在范围更大、层次更深的区域内实现货物商品、服务商品和数字商品等关键要素的自由流动。此外，原产地累积规则作为 RCEP 的重要突破之一，允许 RCEP 成员国将生产经营过程中使用的其他伙伴国的原材料视为本地的原产材料，累积增加原产价值成分比例，从而大幅度降低 RCEP 成员国享受货物零关税的门槛。

表 2　其他成员国对中国降税一览

单位：%

| 降税模式 | 日本 | 韩国 | 东盟十国 | | 澳大利亚 | 新西兰 |
|---|---|---|---|---|---|---|
| | | | 马、新、越、印、泰、文、菲 | 柬、老、缅 | | |
| 协定生效立即降为零 | 57.0 | 50.4 | 74.9 | 29.9 | 75.3 | 65.4 |
| 部分降税 | 0.0 | 1.0 | 6.0 | 0.0 | 1.1 | 0.0 |
| 例外产品 | 12.0 | 13.0 | 4.0 | 13.7 | 0.7 | 8.2 |
| 最终零关税比例 | 88.0 | 86.0 | 91.0 | 86.3 | 98.0 | 92.0 |

资料来源：中国海关数据。

表 3　中国对其他成员国降税一览

单位：%

| 降税模式 | | 日本 | 韩国 | 东盟十国 | 澳大利亚 | 新西兰 |
|---|---|---|---|---|---|---|
| 协定生效立即降为零 | | 25.0 | 38.6 | 67.9 | 65.8 | 66.1 |
| 过渡期降为零 | 10 年降为零 | 46.5 | 41.0 | 12.7 | 14.2 | 13.9 |
| | 15 年降为零 | 11.5 | 3.1 | 3.0 | 0.0 | 0.0 |
| | 20 年降为零 | 3.0 | 3.2 | 6.9 | 10.0 | 10.0 |
| 部分降税 | | 0.4 | 1.0 | 5.4 | 5.5 | 5.6 |
| 例外产品 | | 13.6 | 13.0 | 4.1 | 4.5 | 4.4 |
| 最终零关税比例 | | 86.0 | 86.0 | 90.5 | 90.0 | 90.0 |

资料来源：中国海关数据。

　　北京市为充分用好用活用全 RCEP 关税减免政策，打造了"海关政策进万家"活动。针对北京市重点外贸企业、重点外贸产品，系统梳理了 RCEP中有关关税减免、原产地累积规则等四大类主要内容，组织开展了享惠申报、线上操作、关税查询等直播宣讲，积极回应了企业关注的 RCEP 热点问题，帮助企业更好利用 RCEP，充分享受 RCEP 关税减免红利，目前已惠及北京市企业 3600 余家。此外，为进一步提高 RCEP 下北京外贸企业的享惠水平，北京市商务局、北京海关和北京 CBD 管委会联合打造了"经贸规则计算器"，为企业更为便利地掌握和应用经贸规则、自主分析进出口商品的比较优势和成本优势、直观感受 RCEP 关税减免优惠力度提供了可视化平台。

通过积极利用 RCEP 关税减免政策，北京市企业享惠水平逐步提高。总体来看，2022 年，北京海关签发的 RCEP 证书就达到了 4304 份之多，涉及货物价值达到 2.45 亿美元，共惠及 137 家北京外贸企业，帮助出口企业在目的国享受关税减免约 1600 万元人民币。从国别来看，随着日本对 RCEP 项下进口关税进行两次下调，北京企业对日贸易积极性进一步提高，产业链互补趋势明显。此外，在关税减免政策的红利下，北京企业也开始深耕国外市场。例如，中纺国际服装有限公司主要对日出口服装产品，受益于 RCEP，相关商品在日本的关税将从 10% 逐年递减为 0，提高了企业生产布局的灵活性，提振了企业外贸发展的信心和决心。

## （三）积极把握国际经贸契机，对外开放水平稳健提升

RCEP 的正式生效，充分体现了 15 个国家对货物贸易、服务贸易和投资市场的高水平开放承诺，将极大促进成员国之间原材料、产品、人才、技术、资本、信息和数据等关键生产要素的自由流动，给区域内带来的优惠不仅仅体现在关税减免红利上，还涵盖了投资自由化和贸易便利化等方方面面。具体而言，在投资自由化方面，RCEP 规定每一个成员国都需要设立一站式投资中心等实体服务机构，为相关企业提供咨询服务，为外商投资营造良好的制度环境；在贸易便利化方面，RCEP 明确规定要简化海关通关手续、提高易腐产品的通关效率、加强落实卫生措施、优化通关服务等，为区域内贸易往来的便利性、畅通性提供了政策保障和支持。

北京市则以用好用活全 RCEP 国际经贸规则为良好契机，主动布局相关领域，逐步出台了《对标国际先进经贸规则北京市先行先试清单第一批》《把握 RCEP 机遇 助推"两区"高水平发展行动方案》等相关政策措施，并依托国家服务业扩大开放综合示范区、中国（北京）自由贸易试验区"两区"建设的发展目标，倒逼北京市国际经贸规则与国际更高标准进行对接，为国际贸易、外资引进和扩大开放提供更多的政策便利。具体而言，北京市积极搭建贸易促进平台、推进口岸通关监管改革、推进贸易投资便利化改革，营商环境持续优化；优化北京市"单一窗口"建设，为北京市继续

提升通关效率、实施有效贸易便利化措施提供支持，贸易自由化和便利化水平明显提升；全面落实外商投资准入前国民待遇加负面清单管理制度，设立首批合格境内有限合伙人（QDLP）试点等金融领域有影响力的项目落地，初步形成一批可复制可推广的先进经验。与此同时，北京市举办首届 RCEP 报关协会国际论坛，深化自贸区成员国报关协会及重点企业间的互联互通，并将 RCEP 融入"两区"建设，搭建 RCEP 伙伴合作桥梁，促进了北京更高水平的对外开放。

## 三　RCEP 推动北京国际贸易高质量发展未来机遇

### （一）跨境电商红利仍待释放，数字贸易前景广阔

数字贸易是未来贸易发展的方向，是新一轮国际竞争的重点。从成员国在数字贸易方面的发展空间来看，近年来东盟国家数字经济发展持续加速。2022 年，东盟六国的数字经济近 2000 亿美元，年环比增长 20%，且在 2025 年有望突破 3600 亿美元，到 2030 年甚至可能达到 7000 亿~10000 亿美元。[①]为实现数字经济的更好发展，东盟也持续推出相关政策规划。例如，《东盟互联互通总体规划 2025》《东盟数字总体规划 2025》等发展规划，从区域合作及一体化角度提出了数字经济发展政策和目标。与此同时，2019 年以来，中国与东盟签署了多项数字经济合作协议，为持续深化数字领域合作奠定了坚定基础；中国东盟自贸区、中国东盟信息港、中国东盟商贸通等数字化平台的建立完善助力双方数字经济合作持续推进。图 14 列示了中国东盟数字经济国际合作指数。可以看到，中国与东盟国家在数字经济方面的合作持续加深，为数字贸易发展奠定了坚实基础。

从北京在跨境电商、数字经济等方面的优势来看，北京近年来提出了打造"三位一体"的数字经济和数字贸易开放格局，探索试验区内跨境数据

---

① 资料来源：《2021 年东南亚数字经济报告》。

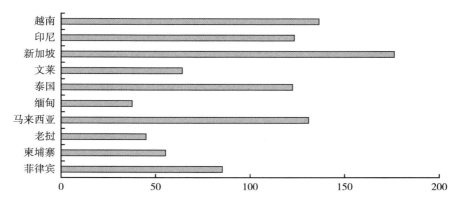

**图 14　中国东盟数字经济国际合作指数**

资料来源:《中国东盟数字经济国际合作指数报告 (2022) 》。

安全有序流动的发展路径,立足中关村软件园、朝阳金盏国际合作服务区、北京自贸区大兴机场片区,探索建设国际信息产业和数字贸易港等,在数字经济和数字贸易发展方面拥有一定的优势和禀赋。表 4 列示了 2021 年数字生态指数得分全国排名前五省份。可以看到,北京无论是在数字基础、数字能力、数字应用还是在数字生态方面,均位居前列,属于全面领先型的发展类型。

**表 4　2021 年数字生态指数得分全国排名前五省份**

| 省份 | 数字基础 | 数字能力 | 数字应用 | 数字生态 | 发展类型 |
| --- | --- | --- | --- | --- | --- |
| 北京 | 87.2 | 82.2 | 91.5 | 87.3 | 全面领先型 |
| 广东 | 69.6 | 86.2 | 73.0 | 75.7 | 全面领先型 |
| 上海 | 84.2 | 44.4 | 67.2 | 63.5 | 全面领先型 |
| 浙江 | 62.0 | 45.0 | 65.6 | 57.6 | 全面领先型 |
| 江苏 | 44.1 | 54.8 | 67.3 | 55.8 | 全面领先型 |

资料来源:《2022 年数字生态指数报告》。

从协定本身来看,RCEP 明确以更加开放的态度对待数字贸易,在促进跨境贸易的同时也积极规范跨境数据传输,大幅降低了各类企业参与国际贸易的门槛，为跨境电商等贸易新业态及中小微外贸企业创造了更多参与国际合作的机会。例如，在"电子商务"章节和"知识产权"章节中，RCEP不仅强调了互联网时代下成员国之间的知识产权保护，还对跨境数据传输的范围和安全性加以限制；在规范无纸化贸易、保证电子认证与签名效力和在线个人信息保护等多方面，RCEP 提出了一系列具有可执行性的有效措施，能够显著降低区域内的贸易壁垒；在跨境电商服务平台与推动物流服务体系建设等方面，RCEP 同样对成员国做出了一系列要求和规定，能够显著提升成员国之间数字贸易的便利性和安全性。

由此可见，在 RCEP 对数字贸易往来的规定和开放承诺下，北京国际贸易未来发展的重要机遇之一，就是充分利用在数字经济方面的优势和禀赋，深入挖掘东盟等成员国在数字贸易方面的发展空间，加速跨境电商红利的持续释放，增强电商行业的集聚示范效应，创造新的盈利模式与国际化合作模式，持续促进区域内跨境电商转型升级，推动数字贸易的高质量发展。

### （二）高效对接北京"两区"建设，培育开放型经济新动能

"两区"即国家服务业扩大开放综合示范区和中国（北京）自由贸易试验区，"两区"建设是中央支持北京开放发展的重大政策，是构建新发展格局中赋予北京的重大机遇。与此同时，RCEP 同样为推动"两区"高水平发展、培育开放型经济新动能提供了历史性机遇。从"两区"建设的投资与贸易自由便利水平来看，与 RCEP 进行高效对接，有助于"两区"建设相关标准向国际更高标准靠拢，优化"单一窗口"建设，从而实现"两区"建设的"投资自由便利"和"贸易自由便利"目标。

从"两区"建设的产业布局来看，RCEP 的生效不仅能够降低北京市对各成员国在纺织等传统合作领域的贸易壁垒，还能够加强双方在跨境电商、绿色经济与中小企业发展等前沿领域的产业链合作，结合"两区"建设推动制造业生产服务化，有利于推动实现"促进先进制造业和现代服务业融合发展，再培育几个具有全球竞争力的万亿级产业集群"的发展目标。

从"两区"建设的制度设计来看，RCEP 涵盖了著作权、商标权、地理标志与知识产权执法等领域的广泛内容，有利于拓展"两区"知识产权保险试点工作保障范围、优化"两区"知识产权公共服务、提升外籍人才来京投资以及研发机构创新研发的积极性，为北京市本土科技研发、引进高端技术与人才创造稳定环境。

由此可见，北京"两区"建设与 RCEP 的高效对接，能够助力打造"北京服务"新名片，促进"两区"商务服务业向国际化、高端化发展，其是北京市国际贸易未来实现高质量发展的重要机遇之一。

（三）立足首都比较优势，提升对外开放层次

北京作为我国首都，在与 RCEP 成员国之间的国际交流合作方面，可以基于首都比较优势，充分发挥外向型经济发展水平较高、监管能力较强、应用场景丰富等一系列禀赋优势，持续推动国际交往中心功能建设，对接 RCEP 经贸规则，深化高水平制度型开放，这既是北京作为首都进行先行先试的重大使命，也是推动高质量发展的必然要求。

在位置优势方面，北京作为国际交往中心，包括金融、科技、人才、文化等资源要素均会聚集在此，北京首都国际机场和北京大兴国际机场的联动发展，也使得北京成为世界级航空枢纽，能够为企业参与 RCEP 提供开放、稳定的平台和各类资源禀赋；在人才优势方面，北京拥有上千家科研院所、近百家大学以及上万家国家级高新技术企业，能够为国际贸易方面和 RCEP 方面的人才提供多方面服务保障；在资源优势方面，北京拥有自由贸易试验区和国家服务业扩大开放综合示范区，北京始终重视"两区"建设，全力打造优势科技创新策源地，为 RCEP 的高效落地和企业参与 RCEP 提供了更为坚实的科技创新平台和资源交流平台。

基于此，北京应当立足当前拥有的比较优势，把握 RCEP 机遇，将国际贸易资源加速聚集，扩大"走出去"规模，紧紧围绕构建新发展格局，加快培育对外贸易新动能。

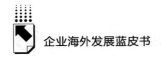

## 四 RCEP 推动北京国际贸易高质量发展主要挑战

### （一）外贸形势复杂严峻，企业"出海"面临多重阻力

2022 年，世界百年未有之大变局与世纪疫情交织叠加，国际环境复杂严峻。首先，俄乌冲突扰乱全球供应链稳定，美拉拢日韩等 RCEP 成员国意图在核心技术、供应链、基础设施等领域对中国实行围堵封锁，北京在高科技和敏感行业产品技术交流上严重受阻；其次，地缘政治摩擦与新冠疫情影响各国交通物流和关键基础设施的正常运转，不利于跨国、跨区域货物和服务贸易的有序进行，增加了北京外贸企业的物流成本和等待时间，降低了企业与 RCEP 伙伴贸易往来的积极性；最后，当前美元走强，东南亚多国货币兑美元相对动荡，汇率波动风险显著增加，尽管中国在东盟积极推进人民币国际化并取得一定成效，但部分东盟国家仍有高度美元化的惯性，这使得部分外贸企业面临较高的汇兑风险，导致企业外贸成本上涨，稀释关税减免带来的利润增长，还会让东盟国家与北京合作受到一定美国因素制约。

### （二）成员合作有待深化，高端产业优势尚不明显

RCEP 是将我国与日本和韩国三大经济体纳入同一框架的贸易安排。在 RCEP 成员国之间，中日韩三国的经济体量在 80% 以上，具有十分重要的影响力。长期以来，中国与日本和韩国的贸易关系十分紧密，但由于一系列历史因素和现实因素，区域经济一体化进程受到了严重制约。RCEP 的正式生效，填补了多边自贸协定的空白，为三国之间的合作交流提供了新机遇，但同时也带来了诸多挑战。一方面，日韩等成员国基于对自身技术优势的保护，对诸多技术的进出口进行了不同程度的制约，限制了高科技和精密技术等行业方面的技术交流、基础设施合作和贸易往来，对北京相关企业"出海"形成了诸多障碍；另一方面，日韩作为美国重要的盟友，在军事、安全和经济领域始终对美国有所依赖。美国以控制地缘经济秩序主导权为目的

的战略同样也是中日韩区域经济合作最为重要的干扰因素之一，将会在数字化、智能化、绿色化服务贸易等多个领域影响北京与日韩两国企业的合作。

（三）原有产业格局改变，贸易往来竞争更为激烈

RCEP 为区域内企业的贸易往来提供了更为便利、开放的环境，尽管在一定程度上促进了区域内产业链、供应链和价值链的深度融合，但也会带来区域内的产业外移，导致原有产业格局的改变。一方面，从中高端产品来看，我国主要从日本、韩国进口集成电路、电机产品、汽车产品等中高端产品，RCEP 加速了我国与日本、韩国的贸易往来，且进一步降低了这类产品的关税成本，导致我国在这类中高端产品上面临更加激烈的竞争；另一方面，从低端产品来看，RCEP 中有关关税减免、原产地累积规则的政策，会加速轻工业、纺织业这类成本敏感型、劳动密集型的产业向东盟国家转移。基于上述分析，若北京市企业难以在短期内完成相关产业的转型升级，将面临更为激烈的竞争环境，甚至有可能丧失原有的竞争优势和竞争禀赋，且RCEP 的原产地累积规则也对北京企业整合产业链的能力提出了新的要求。

# 五　RCEP 推动北京国际贸易高质量发展政策建议

## （一）政府层面

首先，北京市政府应总结当前成果，充分发挥在数字经济方面的优势和禀赋，挖掘与 RCEP 其他成员国在数字贸易合作方面的潜力，助力国际贸易高质量发展。第一，北京市应当研究制定推动跨境电商发展实施方案，逐步增加跨境电商进出口货物和服务试点的区域和种类，扩大正面清单适用范围，降低跨境电商对 RCEP 伙伴进出口交易限额。第二，北京市应当创新跨境电商业务，利用数字经济赋能跨境电商，发展跨境电商线下自提点，推动零售业向数字化转型发展，打造北京外贸发展新业态，为跨境电商和零售行业注入新活力。第三，北京市可以积极推动与 RCEP 其他成员国间体系互

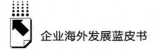
信、数据共享、监管互认，优化从 RCEP 区域进口准入机制和前置要求。第四，利用 RCEP 电子商务规则，发挥服务贸易创新发展试点和服务外包示范城市优势，打造数字贸易示范区，促进数字服务贸易出口，加快 RCEP 区域数字经济合作。

其次，北京市政府应当以"两区"为支点，打造多点支撑的经贸规则示范区，促进制造业升级和产品升级，助力打造开放型经济的发展目标。一方面，北京市应当围绕重点产业，结合功能定位、区位优势和产业基础，深化与 RCEP 其他成员国在科技、数据等领域的交流合作，吸引 RCEP 其他成员国企业和项目入驻，积极完善国际贸易生态系统，推动重点产业转型升级；另一方面，北京市政府把握 RCEP 这类高标准自贸协定，推动制造业转型升级，打造制造业行业的高端化、智能化、绿色化，并积极引导中小企业的可持续发展，助力中小企业在与 RCEP 伙伴开展的国际合作中发挥更大效用。

最后，为北京市企业与 RCEP 其他成员国企业开展国际贸易合作提供更为便利化、更具开放性的政策支持和服务保障，推动营商环境的市场化、法治化和国际化。第一，北京市可以加大对外贸企业的 RCEP 政策宣传与培训力度，指导企业更好、更全地利用协定规则，提升企业知识产权意识和法律法规认知水平。第二，提升金融机构对外贸企业的支持水平和服务能力，为外贸企业进行国际化合作和竞争提供更加坚实的金融保障体系。第三，积极构建与 RCEP 其他成员国之间的陆海新通道，为企业间的国际贸易往来提供更为便利的交通、电信等配套设施，深化企业与其他成员国之间的国际交流。

## （二）企业层面

首先，北京市企业应当提升政策解读和应用能力。一方面，北京市企业应当用好用活全 RCEP 中有关关税减免、贸易便利化和原产地累积规则等方面的政策，加快适应 RCEP 规则和环境，增加成本优势，拓展区域市场；另一方面，北京市外贸企业应当持续关注国际经贸新形势，把握产业发展新动态，提升对其他各类自贸协定和开放平台的规则研究能力，动态调整海外发展战略规划，提升企业国际化水平和"走出去"能力。

其次，北京市企业应抓住数字经济发展的新机遇推动数字化转型升级。在数字经济浪潮下，为把握数字贸易机遇，企业应加快数字化转型升级，将数字化应用融入生产制造、日常经营、战略决策等企业发展全流程，推进相关数据资源的集成和共享；加强基础设施、网络技术、数据环境的安全体系构建，促进原有业务和数字经济的融合发展，提升产品的价值链地位。

最后，北京市企业应注重科技创新能力，提升内在核心竞争力。一方面，企业应当借助 RCEP 带来的营商环境利好，加速技术改造和核心技术攻关，提升产品或服务的国际竞争力，争取在产业链、供应链和价值链中占据行业领先地位；另一方面，企业应提高风险防范意识，充分意识到 RCEP 这类自贸协定带来的机遇和挑战共存，科学规划海外发展进程，推动企业自身的高质量发展。

## 参考文献

《〈把握 RCEP 机遇 助推"两区"高水平发展行动方案〉政策解读》，北京市商务局网站，2022 年 5 月 11 日，https：//sw. beijing. gov. cn/zwxx/zcfg/zcscjd/202207/t20220711_2768609. html。

《2021 年东南亚数字经济报告》，锦程物流网，2021 年 12 月 22 日，https：//info. jctrans. com/newspd/myxw/202112222630013. shtml。

华信研究院：《中国东盟数字经济国际合作指数报告（2022）》，2023。

# B.8
# RCEP 推动北京对外投资高质量发展研究

金 瑛 刘思义*

**摘 要:** 《区域全面经济伙伴关系协定》（RCEP）为区域经济一体化注入强劲动力，也为推动北京对外投资高质量发展带来了挑战和机遇。为此，本报告对 RCEP 如何推动北京对外投资高质量发展进行了研究。首先总结了 RCEP 及其投资规则总体情况，从制度层面分析了北京投资 RCEP 其他成员国的市场准入问题；其次，探讨了 RCEP 下北京对外投资发展的基础，包括政策基础、产业优势和经验积累；再次，着重分析了 RCEP 推动北京对外投资高质量发展的现状、挑战与机遇，包括 2022 年北京投资 RCEP 其他成员国现状、2022 年 RCEP 其他成员国吸引外资现状、RCEP 推动北京对外投资高质量发展的挑战与机遇等三个方面；最后，基于以上分析，提出了 RCEP 推动北京对外投资高质量发展的建议，包括统筹区域全产业链布局、对接其他国家开发计划、推广 ESG 可持续发展理念、与"一带一路"倡议互动互鉴等。

**关键词:** RCEP 投资规则 对外投资

---

* 金瑛，浙江工商大学会计学院讲师，主要研究方向为会计信息与资本市场；刘思义，对外经济贸易大学国际商学院副教授、博士生导师，主要研究方向为审计与内部控制。

# 一 RCEP 及其投资规则总体情况

## （一）RCEP 总体背景

经过各方共同努力，RCEP 于 2022 年 1 月 1 日起正式生效，并在 2023 年 6 月 2 日正式全面生效（见表 1）。RCEP 的生效实施，标志着全球人口最多、经贸规模最大、最具发展潜力的自由贸易区扬帆起航，将为区域乃至全球贸易投资增长、经济复苏和繁荣发展做出重要贡献。

**表 1 RCEP 生效时间**

| 国家 | 生效时间 | 是否东盟十国 |
| --- | --- | --- |
| 中国 | | 否 |
| 日本 | | 否 |
| 澳大利亚 | | 否 |
| 新西兰 | | 否 |
| 越南 | 2022 年 1 月 1 日 | 是 |
| 老挝 | | 是 |
| 泰国 | | 是 |
| 文莱 | | 是 |
| 柬埔寨 | | 是 |
| 新加坡 | | 是 |
| 韩国 | 2022 年 2 月 1 日 | 否 |
| 马来西亚 | 2022 年 3 月 18 日 | 是 |
| 缅甸 | 2022 年 5 月 1 日 | 是 |
| 印度尼西亚 | 2023 年 1 月 2 日 | 是 |
| 菲律宾 | 2023 年 6 月 2 日 | 是 |

资料来源：根据百度百科"区域全面经济伙伴关系协定"词条整理。

RCEP 文本包括序言、正文和附件 3 个部分，其中正文包括 20 个章节（主要包括货物贸易、原产地规则、贸易救济、服务贸易、投资、电子商务、政府采购等），附件包括 4 个（货物贸易、服务贸易、投资和自然人临时移动承诺表）。总体而言，RCEP 涵盖贸易投资自由化和便利化的各个方面。

## （二）RCEP 投资规则

RCEP 投资规则包括第十章的文本规则及其附件、附件三的负面清单，以及分散在其他章节的投资相关内容（见表 2）。RCEP 投资章是当前亚洲地区规模最大的投资协定，是在原有 5 个"东盟 10+1 自由贸易协定"投资规则的基础上的全面整合和升级，实现了共同的投资规则和市场准入政策。

表 2　RCEP 投资规则

| 文本规则 | 负面清单 |
| --- | --- |
| 第十章（投资）<br>第十章的两个附件（习惯国际法和征收） | 附件三（服务和投资保留及不符措施承诺表） |

　　注：RCEP 其他章节中也有适用于投资的内容，例如第一章（初始条款和一般定义）、第十七章（一般条款和例外）、第十九章（争端解决）等。

　　资料来源：RCEP 原文。

### 1. RCEP 投资文本规则分析

RCEP 投资章包括 18 个条款，涵盖投资自由化、投资保护、投资便利化和投资促进等 4 个方面（见表 3）。其中，"准入前国民待遇+负面清单"、间接征收、禁止业绩要求等内容实现了在成员方间既有投资协定基础上的增值，体现了高水平国际投资协定的发展趋势。同时，RCEP 投资规则通过审慎设置过渡期、国别保留等多种方式兼顾成员方经济发展水平差异和个别成员的特定关切，体现了规则的灵活性和包容性。

表 3　RCEP 投资章主要内容

| 目标 | RCEP 条款 | 主要内容 |
|---|---|---|
| 投资自由化 | 第 3 条国民待遇 | 投资的设立、扩大、管理、运营、出售或其他处置方面和本国投资者一样的待遇 |
| | 第 4 条最惠国待遇 | 其他缔约方之间的平等待遇，柬埔寨、老挝、缅甸和越南不适用该条款 |
| | 第 5 条投资待遇 | 公平公正待遇 |
| | 第 6 条禁止业绩要求 | 缔约方不得施加或强制执行业绩要求；部分条款不适用于柬埔寨、老挝和缅甸 |
| | 第 7 条高级管理人员和董事会 | 不得要求属于涵盖投资的该缔约方的法人任命某一特定国籍的自然人担任高级管理职务 |
| | 第 8 条保留和不符措施 | 允许缔约方保留采取、维持不符措施的权力 |
| | 第 15 条安全例外 | 允许缔约方为维持国际和平或自身安全保留必要措施 |
| 投资促进 | 第 16 条投资促进 | 鼓励投资，促进交流 |
| 投资保护 | 第 9 条转移 | 投资、收入、利润和清算资产等的自由转移 |
| | 第 10 条特殊手续和信息披露 | 不得将未实质性损害投资保护的手续解释为特殊手续，外国投资者的保密信息受到保护 |
| | 第 11 条损失的补偿 | 不低于缔约方在类似情形下给予本国、其他缔约方或非缔约方的投资者或其投资的待遇 |
| | 第 12 条代位 | 行使代位权 |
| | 第 13 条征收 | 不得直接征收或国有化，补偿应该及时、充分和有效 |
| | 第 14 条拒绝授惠 | 被非缔约方控制，无实质性经营活动 |
| 投资便利化 | 第 17 条投资便利化 | 外商投诉的协调解决 |

资料来源：RCEP 原文。

与我国在区域内达成的其他自贸协定相比，RCEP 投资规则有六大新变化。一是降低市场准入门槛。RCEP 采用负面清单方式对制造业、农业、林业、渔业、采矿业 5 个非服务业领域投资做出较高水平开放承诺，准入限制进一步放宽。二是提高投资待遇。RCEP 纳入了准入前国民待遇。准入前国民待遇是指国民待遇延伸至投资准入阶段，即在企业设立、扩大等阶段给予外国投资者及其投资不低于本国投资者及其投资的待遇。三是降低合规成本。RCEP 在 WTO 基础上扩展了禁止业绩要求的范围，加大了对投资者知识产权和投资安全的保护力度。另外，RCEP放松了对高级管理人员和董事会的限制性要求。四是RCEP规定了具体可操作的投资促进和投资便利化措施，包括为促进投资提供更多平台和机会、简化投资申请及批准流程、鼓励设立争端预防和外商投诉协调处理的独立机制等。五是扩大投资定义。RCEP规定"投资"包括：企业及其分支机构、股份、债券、合同权利、授权、财产权利、东道国认可的知识产权和商誉、投资收益的再投资、具有财务价值的金钱请求权和合同行为的给付请求权。六是严格征收和国有化。征收和国有化一直是跨境投资的常见风险之一。对此，RCEP严格而详细地规定了实施征收和国有化的条件和程序，特别是明确了间接征收的判定标准。

2. RCEP投资负面清单分析

RCEP投资负面清单主要为服务和投资保留及不符措施承诺表（协定附件三），其列出了各成员方关于投资领域的不符措施清单。从清单结构上看，各成员方负面清单包括清单A（LISTA）和清单B（LISTB），两者适用的规则不同。其中，列入清单A的是现存的不符措施。这些措施在过渡期内适用冻结规则，过渡期满适用棘轮规则①。列入清单B的是一些敏感领域，各成员方保留完全的政策空间，今后可以在这些领域采取对外资更具限制性的加严措施。此外，各不符措施或涉及所有行业，或涉及特定行业。通过分析各成员方的不符措施数量及其所涉及的行业，可以了解RCEP下北京对外投资所面临的基本投资环境和具体的行业准入限制。

（1）各国不符措施数量

图1报告了RCEP国家清单A现存不符措施数量数据。总体而言，除新西兰和澳大利亚以外，日本、韩国和新加坡等发达国家均规定了较多的不符措施，而除文莱以外的东盟不发达国家所列的不符措施数量较少，表明投资前类发达国家时面临较多的行业准入限制。从图2报告的RCEP国家清单B保留不符措施数量来看，发达国家和发展中国家之间的数量差异缩小，但总

---

① 冻结规则是指成员方在协定对其生效后，对现存不符措施的修改不能低于RCEP负面清单承诺水平。棘轮规则是指成员方在协定对其生效后，对现存不符措施的任何修改，只能比修改前减少对外资的限制，而不能降低修改前外资已享受的待遇水平。

体上发达成员国仍然存在较多的保留不符措施数量。此外，文莱仍然保留了很高的不符措施数量。

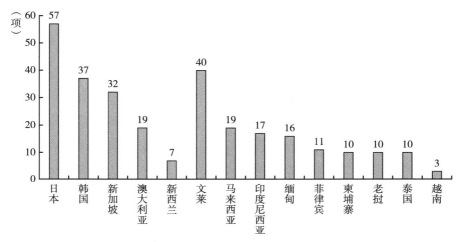

**图1　RCEP 国家清单 A 现存不符措施数量**

说明：本报告研究对外投资，因此没有报告我国相关数据，下同。
资料来源：根据 RCEP 附件三手工整理。

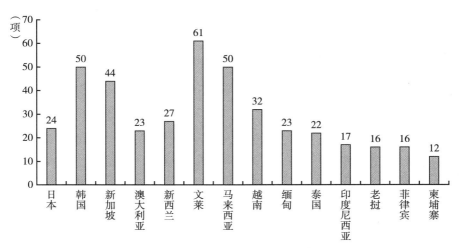

**图2　RCEP 国家清单 B 保留不符措施数量**

资料来源：根据 RCEP 附件三手工整理。

223

（2）各国不符措施所涉行业分布

各国不符措施所涉行业方面（见表4），首先，RCEP各国均具有较高的"所有行业"不符措施数量，其中相较于发达国家，东盟发展中国家的数量总体更高。其次，从单一行业来看，总体而言，RCEP各国在运输服务、农林牧渔、商业服务、制造业、金融服务、公共行政、通信服务、采矿业、娱乐文体、能源等行业具有较高的不符措施数量，表明在RCEP国投资这些行业将面临更多的市场准入限制问题。

表4 RCEP国家在投资负面清单上保留的不符措施涉及的行业

单位：项

| 行业 | 日本 | 韩国 | 新加坡 | 澳大利亚 | 新西兰 | 文莱 | 柬埔寨 | 印度尼西亚 | 老挝 | 马来西亚 | 缅甸 | 菲律宾 | 泰国 | 越南 |
|---|---|---|---|---|---|---|---|---|---|---|---|---|---|---|
| 所有行业 | 5 | 7 | 14 | 11 | 11 | 7 | 14 | 20 | 7 | 21 | 23 | 15 | 16 | 24 |
| 能源 | 3 | 5 | 5 | 2 | 0 | 3 | 0 | 1 | 0 | 2 | 1 | 0 | 1 | 1 |
| 采矿业 | 1 | 0 | 0 | 3 | 0 | 1 | 1 | 2 | 4 | 2 | 4 | 3 | 2 | 3 |
| 制造业 | 3 | 2 | 1 | 0 | 0 | 1 | 2 | 4 | 6 | 4 | 2 | 5 | 4 | 4 |
| 运输服务 | 13 | 6 | 14 | 1 | 3 | 15 | 0 | 0 | 0 | 6 | 0 | 0 | 0 | 0 |
| 通信服务 | 4 | 7 | 2 | 1 | 5 | 3 | 0 | 0 | 0 | 2 | 0 | 0 | 0 | 0 |
| 专业服务 | 0 | 5 | 1 | 0 | 0 | 0 | 0 | 0 | 1 | 8 | 0 | 0 | 0 | 0 |
| 商业服务 | 0 | 8 | 17 | 0 | 6 | 18 | 0 | 0 | 1 | 2 | 0 | 0 | 0 | 0 |
| 金融服务 | 1 | 1 | 1 | 0 | 0 | 15 | 0 | 0 | 1 | 3 | 0 | 0 | 0 | 0 |
| 社会服务 | 1 | 3 | 2 | 0 | 0 | 10 | 0 | 0 | 0 | 3 | 0 | 0 | 0 | 0 |
| 教育服务 | 1 | 2 | 0 | 0 | 0 | 3 | 0 | 0 | 0 | 3 | 0 | 0 | 0 | 0 |
| 娱乐文体 | 0 | 6 | 6 | 1 | 3 | 7 | 0 | 0 | 0 | 2 | 0 | 0 | 0 | 1 |
| 公共行政 | 6 | 5 | 5 | 0 | 0 | 3 | 5 | 1 | 0 | 4 | 0 | 0 | 1 | 0 |
| 废物管理 | 0 | 0 | 0 | 0 | 0 | 0 | 0 | 0 | 0 | 6 | 0 | 0 | 0 | 0 |
| 农林牧渔 | 2 | 4 | 0 | 2 | 6 | 4 | 4 | 9 | 6 | 0 | 8 | 3 | 6 | 3 |
| 其他服务 | 0 | 0 | 0 | 1 | 1 | 0 | 1 | 0 | 0 | 3 | 0 | 0 | 0 | 0 |

资料来源：赵博文、张纪凤：《RCEP成员国投资负面清单及其对中国的启示》，《北方经贸》2023年第4期。

## 二 RCEP 下北京对外投资发展的基础

### （一）政策基础

#### 1. 政策方针支持

2022 年，北京市商务局印发《把握 RCEP 机遇 助推"两区"高水平发展行动方案》，以深入推进北京市与 RCEP 其他成员国经贸往来与合作，推动北京市"两区"建设，培育开放型经济新动能，打造高水平对外开放新平台。在对外投资合作方面，首先，创新对外投资合作方式。高质量建设 RCEP 成员国经贸合作区，支持有能力的企业在 RCEP 其他成员国共商共建以北京园区（基地）命名的主题合作园区。在日本、韩国、新加坡等国合作建设科研型园区，在马来西亚、泰国、越南等国合作建设加工制造、物流、销售型园区，在老挝、柬埔寨等国合作建设制造、农业种植、资源开发型园区，促进北京企业高质量建设境外经贸合作区。创新灵活运用 RCEP 中交钥匙、建设、管理、生产或收入分享合同等投资形式。鼓励人工智能、生物医药、智能制造等龙头企业提高对东盟等国投资水平，积极参与国际行业标准制定。支持北京市对外承包工程企业参与东盟等国基础设施、国际产能合作重大项目建设，拓展集投资、建设、营运于一体的综合发展路径，拓展境外承包工程市场。其次，打造投资服务品牌活动；举办北京双向投资论坛暨国别日系列活动，搭建与 RCEP 成员国政府部门直接对话渠道；借助中国国际服务贸易交易会、中关村论坛、金融街论坛、中国（北京）国际视听大会等，搭建"走出去"国际交流与合作平台；办好中国国际经济合作"走出去"高峰论坛。此外，还在"优化市场化、法治化、国际化营商环境"和"保障措施"两个方面提出了具体的行动方案，为北京市在 RCEP 下发展对外投资提供保障。

#### 2. 倡议/战略协同

（1）"一带一路"倡议

2013 年 9 月和 10 月中国国家主席习近平分别提出建设"新丝绸之

路经济带"和"21世纪海上丝绸之路"的合作倡议；2015年3月28日，国家发展改革委、外交部、商务部联合发布了《推动共建丝绸之路经济带和21世纪海上丝绸之路的愿景与行动》。而截至2023年6月底，中国已与152个国家、32个国际组织签署200多份共建"一带一路"合作文件。作为我国对外开放的重要窗口，北京是"一带一路"建设的重要枢纽，包含中央企业在内的北京市企业也是在"一带一路"共建国家投资的"排头兵"和"领头羊"。"一带一路"倡议为RCEP的签署和扩容奠定了良好基础，而RCEP实践为"一带一路"倡议高质量发展树立了国际规则协调典范，"一带一路"倡议与RCEP能够"双轮"驱动更高水平对外开放。

（2）自贸区建设

中国自由贸易试验区是指在我国境内关外设立的，以优惠税收和海关特殊监管政策为主要手段，以贸易自由化便利化为主要目的的多功能经济性特区。中国自贸区的设立是党中央、国务院全面深化改革和扩大开放的重大战略举措。2013年，在国际投资贸易规则变化和国内经济新常态的宏观背景下，我国首先设立上海自由贸易试验区。自2013年的初期试点阶段到2020年的全面推进阶段，中国自贸区版实现了从点到线再从线到面的空间战略布局。根据2020年9月21日国务院印发的《中国（北京）自由贸易试验区总体方案》，北京自贸区的战略定位为具有全球影响力的科技创新中心、服务业扩大开放先行区、数字经济试验区、京津冀协同发展的高水平对外开放平台。

（3）京津冀协同发展

京津冀协同发展是当前三大国家战略之一。京津冀协同发展的核心是京津冀三地作为一个整体协同发展，以疏解非首都核心功能、解决北京"大城市病"为基本出发点，调整优化城市布局和空间结构，构建现代化交通网络系统，扩大环境容量生态空间，推进产业升级转移，推动公共服务共建共享，加快市场一体化进程，打造现代化新型首都圈，努力形成京津冀目标同向、措施一体、优势互补、互利共赢的协同发展新格局。

（4）"两区"建设

"两区"建设，即建设国家服务业扩大开放综合示范区、中国（北京）自由贸易试验区，是中央批复支持北京的两项重大政策。2020 年 9 月，北京肩负起"两区"建设的历史重任，全力打造改革开放的"北京样板"。北京市高标准推进"两区"建设，突出科技创新、服务业开放、数字经济发展特征，以首善标准搭建立体化开放体系，融入和服务全国新发展格局构建。"两区"建设要做到园区开放和产业开放，关键任务是制度创新，推动贸易、投资和人才流动自由化便利化，营造国际一流营商环境；特色是科技创新、服务业开放、数字经济发展、区域协同开放。RCEP 为北京"两区"建设打通了新航道、扩大了朋友圈。

## （二）产业优势

### 1. 金融

北京市金融业总量占到全国近一半。在金融领域，2022 年北京金融业实现增加值 8197 亿元，同比增长 6.4%，高于全国平均水平。北京金融业占GDP 比重达到 19.7%，创历史新高。随着金融领域改革开放的持续推进，北京国家金融管理中心功能不断完善，市场发展潜力不断扩大。同时，北京也是全国的资金汇聚地。据中国人民银行微信公众号消息，初步统计，2022年末，我国金融业机构总资产为 419.64 万亿元，同比增长 9.9%，北京金融资产总量超过 190 万亿元，约占全国的一半。北京金融业多年保持高速增长，从 2013 年到 2022 年，十年间从 3248 亿元增长到 8197 亿元，年平均增速超过 10%，且在近几年受影响情况下，仍能保持 7%～8% 的增长率。金融产业已经成为北京市支柱产业之一。

### 2. 数字经济

北京是我国数字经济的发展高地。北京市对数字经济历来重视，北京市发展和改革委员会及北京市经济和信息化局分别在 2020 年 6 月和 9 月发布《北京市加快新场景建设培育数字经济新生态行动方案》与《北京市促进数字经济创新发展行动纲要（2020—2022 年）》，在政策层面加快推动北京市数字经济创新发展，打造全国数字经济发展先导区和示范区。实践层面。北京的数字资源丰富，数字经济发展领先。2022年北京市数字经济增加值为17330.2亿元，占地区生产总值的41.6%，位居全国第一。目前北京正在加快建成超大城市数字化治理体系，数字基础设施不断完善，数据要素汇聚持续推进，数字创新能力不断提升，着力推进数字经济全产业链开放发展，构建数字驱动未来产业发展的数字经济体系。总之，北京市在数字经济浪潮中具有得天独厚的优势，对RCEP伙伴国的投资可以着重在数字经济领域进行拓展。

### 3. 科技

北京是全球十大科技创新中心之一，拥有独角兽企业数量占全国近一半，人工智能企业数量和专利数量居全国第一。北京产业结构不断优化升级，从传统产业转向以新一代信息技术、人工智能等产业为主的高精尖产业，进一步支撑首都经济高质量发展。2022年，北京市信息传输、软件和信息技术服务业的经济增加值为7456亿元，较上年增长9.8%，占北京市地区生产总值的17.9%；科学研究与技术服务业的经济增加值为3465亿元，较上年增长1.8%，占北京市地区生产总值的8.3%；两者合计达10921亿元，占北京市生产总值26.2%。由此可见，北京市科技产业体量大、发展快，协同RCEP伙伴国开展科技创新方面的国际投资合作，北京市拥有显著优势。

### 4. 服务业

服务业是北京市的王牌产业之一。从数据来看，北京市服务业占GDP比重超过80%，已达到全球发达国家城市水平；北京服务业消费额占市场总消费额的55%，服务贸易进出口额占全国的20%以上，服务业新设外商投资企业占新设外商投资企业总数的96%，服务业实际利用外资占实际利用外资总数的95%；此外，在保险、金融和信息等新兴服务贸易方面，北京保持全国领先。从领域来看，北京服务业扩大开放主要围绕科技、互联网信息、金融、教育、文化旅游、医疗养老、专业服务等七个领域。由此可见，北京服务业扩大开放领域已涵盖多数服务贸易领域，具有全方位特征。

因此，北京在服务业领域投资 RCEP 其他成员国具有优势。

5. 基础设施建设

北京企业（尤其是在京央企）在"一带一路"共建国家的基础设施建设、供应链打造方面具备长足经验和优势，未来可以在这些领域持续投入，与 RCEP 伙伴国深化合作。例如，重视形成统一的协商机制和政策引导，推动走廊经济合作形成合力；加强互联互通基建方面的标准规则制定，提高经济走廊合作的效率和竞争力；厘清经济走廊建设之间的内在联系，重视走廊建设的经济收益与可持续发展，重新思考调整经济走廊的推进模式与建设布局；等等。应为保障全球供应、促进区域经济发展做出贡献。

（三）经验积累

1. "四个中心"战略定位

作为我国首都，北京具有独特的战略定位和地位。作为我国的政治中心，北京担纲"国家的门面"，在一定程度上代表了中国态度，在国际投资中能发挥很强的示范效应和引领作用；作为我国的国际交往中心，北京与国际各国和地区交往密切，是互联互通的重要枢纽，辐射作用巨大；作为我国的文化中心，北京历史悠久，文化底蕴深厚，兼容并蓄，是国际文化交流、文化产业传承和创新的核心地和引领区；作为我国的科技创新中心，北京科技人才会聚、科研基础雄厚、高新企业数量全国居首位，在数字经济发展、金融创新等领域处于全国领先地位。随着"四个中心"方向的明确和首都城市战略定位的打造，北京将在 RCEP 其他成员国投资中发挥举足轻重的引领和示范作用。

2. 共建"一带一路"经验

"一带一路"倡议和 RCEP 两者是高度契合的，前者能为后者提供经验借鉴。一方面，从倡议/协定本身来看，首先，"一带一路"共建国家与 RCEP 伙伴国存在重叠，目前除了日本和澳大利亚以外，RCEP 其他成员国均已加入"一带一路"倡议；其次，"一带一路"倡议与 RCEP 在理念上高度一致，均倡导"开放"、"合作"和"共赢"；再次，"一带一路"倡议在政策协调、基础设施建设、经贸合作、金融发展和文化交流等方面取得的卓越成就，有利于稳固国家在 RCEP 下合作的基础；最后，"一带一路"倡议持续向周边国家和地区释放经贸合作红利，有利于吸引非 RCEP 国家加入 RCEP 合作之中。另一方面，从实践情况来看，2023 年是"一带一路"倡议提出的十周年，十年来其已成为开放包容、互利互惠、合作共赢的国际合作平台和国际社会普遍欢迎的全球公共产品，而以中央企业为代表的北京企业在"一带一路"共建国家投资中发挥了"排头兵"和"主力军"的作用，积累了丰富的国际投资合作实践经验，这些经验无疑可以转移到与 RCEP 伙伴国的投资合作之中。

# 三 RCEP 推动北京对外投资高质量发展的现状、挑战与机遇

## （一）2022年北京投资 RCEP 其他成员国现状

2022 年，北京市企业在 RCEP 其他成员国新增直接投资 4.88 亿美元，占全市的 7.1%，主要投资行业为信息传输、软件和信息技术服务业，租赁和商务服务业。① 由此可见，相较于全市新增，北京市企业在 RCEP 其他成员国的直接投资新增规模不算太大，这可能与 RCEP 刚刚生效和不同国家分阶段生效有关。由于 2022 年为 RCEP 正式生效的元年，且更具体的投资数据较为缺乏，因此难以对北京投资 RCEP 其他成员国现状做更深入的分析。

## （二）2022年 RCEP 其他成员国吸引外资现状

### 1. 吸引外资数据

根据联合国贸易和发展会议于 2023 年 7 月 5 日发布的《2023 年世界投资报告》，2017 年以来的 RCEP 伙伴国外商直接投资（FDI）水平和增长率

---

① 参见 https://open.beijing.gov.cn/html/kfdt/sddt/2023/5/1685415420997.html。

存在很大差异（见表 5）。首先，发达国家吸引 FDI 水平整体较高，其中：新加坡总体水平最高且保持波动增长；澳大利亚其次，且在经历 2019~2021 年的整体下降后，在 2022 年已基本恢复至 2019 年以前的水平；日本基本保持稳定增长；韩国在经历 2018~2020 年的下降后，2022 年已恢复至 2017 年的较高水平；新西兰总体水平较低。结合 RCEP 生效时间来看，2022 年，在 RCEP 最早生效的发达国家中，仅澳大利亚、新西兰两国的 FDI 流入出现了明显增长，新加坡和日本则是保持一贯以来的持续性增长（见图 3）。

**表 5　2017~2022 年 RCEP 伙伴国 FDI 流入**

单位：百万美元，%

| 国家 | 2017 年 | 2018 年 | 2019 年 | 2020 年 | 2021 年 | 2022 年 | 2022 年同比增长率 |
|---|---|---|---|---|---|---|---|
| 日本 | 9356 | 9963 | 13755 | 10703 | 24652 | 32509 | 31.87 |
| 韩国 | 17913 | 12183 | 9634 | 8765 | 22060 | 17996 | -18.42 |
| 新加坡 | 85369 | 73561 | 97484 | 72903 | 131151 | 141211 | 7.67 |
| 澳大利亚 | 46114 | 67568 | 38886 | 13583 | 20899 | 61629 | 194.89 |
| 新西兰 | 2723 | 2298 | 4273 | 3886 | 3993 | 7539 | 88.81 |
| 马来西亚 | 9399 | 7618 | 7813 | 3160 | 12173 | 16940 | 39.16 |
| 越南 | 14100 | 15500 | 16120 | 15800 | 15660 | 17900 | 14.30 |
| 印度尼西亚 | 20579 | 20563 | 23883 | 18591 | 21131 | 21968 | 3.96 |
| 柬埔寨 | 2786 | 3213 | 3663 | 3625 | 3483 | 3579 | 2.76 |
| 菲律宾 | 10256 | 9949 | 8671 | 6822 | 11983 | 9200 | -23.22 |
| 泰国 | 8285 | 13752 | 5519 | -4951 | 14641 | 10034 | -31.47 |
| 缅甸 | 4409 | 2892 | 2509 | 1907 | 2067 | 1239 | -40.06 |
| 老挝 | 1686 | 1358 | 756 | 968 | 1072 | 528 | -50.75 |
| 文莱 | 460 | 517 | 375 | 577 | 205 | -292 | -242.44 |

注：原表标记了估计数、资产/负债基础等统计信息，本报告仅引用数据，不再说明。
资料来源：联合国贸易和发展会议《2023 年世界投资报告》。

其次，东盟发展中国家方面，印度尼西亚和越南保持了整体较高且平稳的 FDI 流入水平；菲律宾、马来西亚和泰国总体水平上居于其次，但增长趋势方面差异很大，三个国家均在经历下降后出现反弹，但泰国波动很大，且 2022 年仅

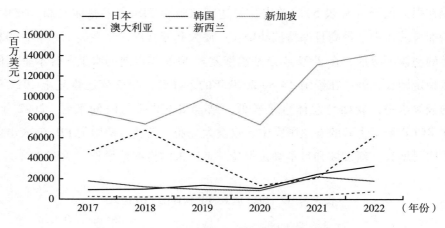

**图3　2017~2022年RCEP发达伙伴国FDI流入**

资料来源：联合国贸易和发展会议《2023年世界投资报告》。

马来西亚保持继续增长，菲律宾和泰国出现逆势下降；柬埔寨、缅甸、老挝和文莱总体FDI流入水平较低，增长不明显。结合RCEP生效时间来看，2022年仅马来西亚和越南保持了较高的FDI流入增长率，印度尼西亚和柬埔寨增长不明显，而其他东盟发展中国家均出现了非常明显的FDI流入下降（见图4）。

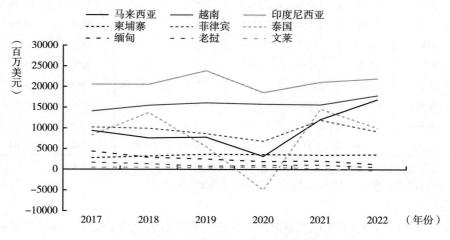

**图4　2017~2022年RCEP发展中伙伴国FDI流入**

资料来源：联合国贸易和发展会议《2023年世界投资报告》。

总结来看，从历史水平和增长来看，RCEP 其他国家中的新加坡、澳大利亚、日本，以及印度尼西亚、泰国、马来西亚等 6 国长期以来比较受外商投资的青睐，这也表明这些国家具备较好的投资环境；从 2022 年 RCEP 生效后的增长来看，RCEP 国家中的澳大利亚、新西兰、马来西亚、日本和越南表现抢眼，表明这些国家当前具备较强的 FDI 吸引力。这些数据结果为未来北京投资 RCEP 其他成员国提供了参考。

**2. 投资环境分析**

基于相关性角度，本部分从营商环境、制度环境、基础设施质量、数字经济发展水平共四个维度进一步分析 RCEP 其他成员国的投资环境。

**（1）营商环境**

营商环境是一国吸引外商直接投资的基础决定因素。根据世界银行发布的《2020 年营商环境报告》①（Doing Business 2020），首先，5 个 RCEP 发达国家营商环境整体得分较高，排名前列，其中新西兰、新加坡和韩国分列全球第 1、2 和 5 位。其次，RCEP 发展中国家中，马来西亚和泰国的营商环境较优，全球排名分别为第 12 和 21 位；文莱、越南和印度尼西亚的营商环境较好，全球排名分别为第 66、70 和 73 位；而菲律宾、老挝、缅甸和柬埔寨的营商环境较差（见图 5）。

**（2）制度环境**

制度环境是一国吸引外商直接投资的重要因素，制度环境的不稳或失范甚至会导致外商直接投资的失败。以世界银行全球治理指数 WGI 作为制度环境的衡量指标，本部分整理了 RCEP 伙伴国2021 年②的全球治理指数得分（见表 6）。首先，RCEP 发达国家的全球治理指数 6 个维度的平均得分排名为新西兰、新加坡、澳大利亚、日本和韩国，其中韩国在"腐败控制"一项得分偏低，新加坡在"话语权和问责制"一项得分很低，这意

---

① 2021 年 9 月，世界银行宣布停止发布《营商环境报告》，新方案 Business Ready（B-READY）尚未发布新的数据，因此本报告以最后一期的《2020 年营商环境报告》作为数据参考来源。

② 截至本报告完稿时间，2022 年的全球治理指数 WGI 尚未发布。

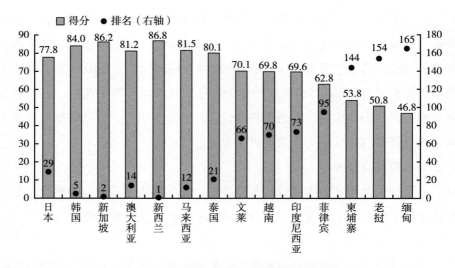

**图5 RCEP伙伴国2020年营商环境排名与得分**

资料来源：世界银行《2020年营商环境报告》。

味着未来北京投资这些国家时应当对相应维度的问题进行考量。其次，RCEP发展中国家方面，仅文莱和马来西亚两国的平均得分在中值以上（也即大于0），总体上，RCEP发展中国家的全球治理指数平均得分均较低，平均制度环境较差。

**表6 RCEP伙伴国2021年全球治理指数**

| 国家 | 话语权和问责制 | 政治稳定性 | 政府效率 | 监管质量 | 法律制度 | 腐败控制 | 平均得分 |
|---|---|---|---|---|---|---|---|
| 日本 | 1.08* | 1.03 | 1.40 | 1.38 | 1.58 | 1.57 | 1.34 |
| 韩国 | 0.93 | 0.66 | 1.41 | 1.10 | 1.13 | 0.76 | 1.00 |
| 新加坡 | −0.14 | 1.49 | 2.29 | 2.23 | 1.86 | 2.17 | 1.65 |
| 澳大利亚 | 1.38 | 0.85 | 1.51 | 1.84 | 1.67 | 1.74 | 1.50 |
| 新西兰 | 1.62 | 1.44 | 1.35 | 1.81 | 1.82 | 2.20 | 1.71 |
| 文莱 | −0.85 | 1.17 | 1.45 | 0.99 | 0.89 | 1.25 | 0.82 |
| 马来西亚 | −0.15 | 0.14 | 0.99 | 0.72 | 0.56 | 0.17 | 0.41 |
| 印度尼西亚 | 0.16 | −0.51 | 0.38 | 0.30 | −0.22 | −0.43 | −0.05 |

| 国家 | 话语权<br>和问责制 | 政治<br>稳定性 | 政府<br>效率 | 监管<br>质量 | 法律<br>制度 | 腐败<br>控制 | 平均<br>得分 |
|------|------|------|------|------|------|------|------|
| 泰国 | -0.79 | -0.55 | 0.25 | 0.09 | 0.11 | -0.46 | -0.23 |
| 越南 | -1.30 | -0.11 | 0.28 | -0.40 | -0.15 | -0.29 | -0.33 |
| 菲律宾 | -0.15 | -0.93 | 0.07 | 0.08 | -0.64 | -0.51 | -0.35 |
| 老挝 | -1.68 | 0.73 | -0.62 | -0.89 | -0.64 | -1.04 | -0.69 |
| 柬埔寨 | -1.44 | -0.13 | -0.42 | -0.64 | -0.90 | -1.18 | -0.79 |
| 缅甸 | -1.66 | -2.07 | -1.41 | -1.13 | -1.46 | -1.03 | -1.46 |

注：＊世界银行全球治理指数各维度评分范围为-2.5 到 2.5，分值越大，该维度所代表的治理水平越高。

资料来源：世界银行全球治理指数 WGI 数据库，http：//info. worldbank. org/governance/wgi/。

（3）基础设施质量

基础设施质量影响外商直接投资项目的进展。参考王蕊等（2023）的成果，本部分整理了 2021 年[①] RCEP 伙伴国电力可获得性、每公里航空货物运输量、每百人固定电话用户和每百人固定宽频用户等四个指标的统计数据，分别衡量 RCEP 伙伴国在能源、交通、通信、网络等四个方面的基础设施质量（见表 7）。总体而言，RCEP 发达国家的基础设施质量整体较高，其中日本和韩国尤其突出；而 RCEP 发展中国家的基础设施质量以马来西亚为先，其他国家总体而言质量不高。

**表 7　2021 年 RCEP 伙伴国基础设施质量相关指标**

| 国家 | 电力可获得性（%） | 每公里航空货物<br>运输量（百万吨） | 每百人固定<br>电话用户（人） | 每百人固定<br>宽频用户（人） |
|------|------|------|------|------|
| 日本 | 100.00 | 10947.02 | 49.30 | 36.25 |
| 韩国 | 100.00 | 15370.02 | 44.79 | 44.27 |
| 新加坡 | 100.00 | 3666.85 | 32.00 | 25.69 |
| 澳大利亚 | 100.00 | 1244.76 | 14.46 | 35.28 |

① 截至本报告完稿时间，2022 年的相关指标统计数据尚未出来。

续表

| 国家 | 电力可获得性(%) | 每公里航空货物运输量(百万吨) | 每百人固定电话用户(人) | 每百人固定宽频用户(人) |
|---|---|---|---|---|
| 新西兰 | 100.00 | 317.59 | 12.69 | 35.11 |
| 马来西亚 | 100.00 | 1119.41 | 24.56 | 11.12 |
| 越南 | 100.00 | 676.51 | 3.20 | 19.83 |
| 泰国 | 100.00 | 604.02 | 6.47 | 17.35 |
| 文莱 | 100.00 | 23.08 | 25.21 | 17.83 |
| 老挝 | 100.00 | — | 17.51 | 2.03 |
| 印度尼西亚 | 99.21 | 772.90 | 3.29 | 4.54 |
| 菲律宾 | 97.49 | 530.28 | 4.03 | 8.45 |
| 柬埔寨 | 82.50 | — | 0.24 | 2.03 |
| 缅甸 | 72.47 | 18.36 | 0.97 | 1.66 |

资料来源：世界银行世界发展指数数据库，https://databank.worldbank.org/source/world-development-indicators。

（4）数字经济发展水平

数字经济是北京的优势产业，也是北京投资 RCEP 伙伴国的重要方向，而 RCEP 伙伴国的数字经济发展水平将为此提供参考。根据许劲等（2022）的测度（见表8）。首先，RCEP 发达国家中，新加坡的数字经济发展水平最高，其次为韩国，第三梯队则为日本、新西兰和澳大利亚；其次，RCEP 发展中国家中，马来西亚也具有较高的数字经济发展水平，而与之形成强烈对比的是其他 RCEP 发展中国家，数字经济发展水平总体不及最高的新加坡的一半。

**表8　RCEP 伙伴国数字经济发展水平**

| 国家 | 数字基础设施建设 | 数字化竞争力 | 数字化发展环境 | 数字化潜力人才 | 数字经济发展水平 |
|---|---|---|---|---|---|
| 日本 | 75 | 59 | 81 | 71 | 76 |
| 韩国 | 82 | 82 | 52 | 95 | 81 |
| 新加坡 | 95 | 100 | 100 | 94 | 100 |

| 国家 | 数字基础设施建设 | 数字化竞争力 | 数字化发展环境 | 数字化潜力人才 | 数字经济发展水平 |
|---|---|---|---|---|---|
| 澳大利亚 | 73 | 50 | 76 | 93 | 73 |
| 新西兰 | 74 | 45 | 87 | 88 | 75 |
| 马来西亚 | 43 | 93 | 84 | 41 | 72 |
| 菲律宾 | 21 | 89 | 45 | 36 | 53 |
| 文莱 | 36 | 43 | 49 | 51 | 47 |
| 泰国 | 38 | 44 | 46 | 39 | 45 |
| 越南 | 36 | 64 | 31 | 12 | 40 |
| 印度尼西亚 | 27 | 13 | 61 | 23 | 34 |
| 老挝 | 10 | 21 | 39 | 1 | 20 |
| 柬埔寨 | 20 | 6 | 33 | 4 | 17 |
| 缅甸 | 1 | 0 | 0 | 6 | 0 |

资料来源：许劲、黄漫玲、肖思思：《东道国数字经济发展水平对中国对外直接投资的影响——来自 RCEP 伙伴国的证据》，《兰州财经大学学报》2022 年第 4 期。

## （三）RCEP 推动北京对外投资高质量发展的挑战与机遇

按照经济发展程度和地域临近度，本报告将 RCEP 伙伴国划分为日本和韩国、新加坡、澳大利亚和新西兰、新加坡以外东盟国家共四个组别，分别分析投资这些不同区域所面临的挑战与机遇。

首先，分析一下挑战。

### 1. 对日本、韩国投资的挑战

日本和韩国具备较好的投资环境，但因为政治问题、产业竞争等因素，对日本、韩国进行投资面临诸多的挑战。首先，美日、美韩同盟强化，中日韩合作不确定性上升。例如，2022 年 5 月，美韩发布联合声明称，两国将从军事、经济、技术方面进一步加强同盟关系，试图将传统安全同盟提升为"全球全面战略同盟"；美日发表联合声明称，双方将确保美对日延伸威慑的可靠性和韧性，巩固延伸威慑的双边对话机制。此外，拜登正式宣布启动"印太经济框架"，13 个初始成员中包含日本和韩国，而该框架企图构建"对华地缘政治经济包围网"，重塑区域经贸规则，恢

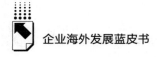

复其亚太经济框架主导权。

其次，新一轮全球产业转移背景下，三国产业竞争更趋激烈。全球产业链已进入重构变革期，本土化和区域化趋势明显，跨行业和跨业态深度融合，知识垄断成为新特点。中日韩产业发展模式相近，同业竞争日趋激烈。在制造业领域，日韩当前空前重视产业链自主可控、分散化、本地化；在能源领域，三国能源进口呈现同构性竞争态势，且三国能源领域制度化合作程度较低。

再次，中日韩建立多双边合作机制进展缓慢。中日韩三国倡导建立或共同参与的区域小多边合作机制主要有环日本海经济圈和中日韩自由贸易区。环日本海经济圈构想起源于20世纪80年代，但该构想自提出至今始终停留在概念阶段；而中日韩自由贸易区自2012年以来已完成16轮谈判，前景渺茫。总的来看，受地缘政治冲突、中美博弈加剧、日韩贸易摩擦等内外因素影响，三国关系起伏不定，未来三方小多边合作仍不容乐观。

最后，"中日韩+X"合作新模式仍面临挑战。2018年第七次中日韩领导人会议首次提出"中日韩+X"合作模式，围绕产能合作、减贫、灾害管理、节能环保等领域实施联合项目，发挥三方在装备、技术、资金、工程建设等方面特有优势，共同开拓多方市场。"中日韩+X"合作既尝试谋求共同利益，也试图补全中日韩合作体系中的重要一环。但这一模式机制尚未明晰，也未出产标杆性成果。

**2. 对新加坡投资的挑战**

新加坡同样具备友好的投资环境。目前，投资新加坡的挑战主要体现为以下具体方面。一是人员招聘。新加坡培养的人才以金融、管理方面为主，新加坡本地创业者大多是投行、咨询公司出身。在市场拓展和技术研发等业务方面，新加坡没有太多匹配型人才，基本只能靠中国公司从国内挖人。二是劳工政策。新加坡政府对外籍员工比例有严格限制，要保障本土员工优先就业，无形中提高了本土公司招聘外国人的难度。三是产业规模。在消费习惯上，新加坡追求多元化、兼容并蓄的文化，这也造成了很难把一个产业的规模做得特别大，不太能符合一些中国创业者的预期。此外，新加坡向来以友好的营商环境闻名，但并不意味着在这一寸土寸金的国家，会对每位创业者、每个领域都很友好。

### 3. 对澳大利亚、新西兰投资的挑战

澳大利亚总体上具备较好的投资环境，然而，对于我国企业而言，投资澳大利亚仍然存在一些挑战。首先是监管趋严。例如，2020 年 3 月，澳大利亚将外国投资项目的审核门槛降至 0 元，将最长审核期限延至 6 个月；而在 2021 年 1 月，澳大利亚《外商投资改革——保护澳大利亚国家安全法》生效，这是澳大利亚"自 1975 年以来变化最大、最广泛深刻"的外商投资审核政策改革；又如，2023 年 8 月，澳大利亚财长指出，"将加强审查外国在澳大利亚锂矿等清洁能源行业相关的关键大宗商品领域的投资"。澳大利亚在外国投资项目审查方面的趋严和不确定变动无疑给在澳投资增加了准入障碍。其次是规范障碍。例如，澳大利亚公众和政治家用其自身秉持的价值观和遵循的规范来衡量中国企业，澳大利亚民众担心我国投资项目给当地就业和消费安全带来威胁等，这些均可能给我国企业投资带来障碍。最后是认知障碍。文化差异使澳大利亚人对中国投资有根深蒂固的不信任感，这种心态会给在澳大利亚投资的中国企业带来挑战。

2020 年新西兰的营商环境在全球排名第一，其制度环境、基础设施质量和数字经济发展水平得分也均较高。与澳大利亚一致，目前投资新西兰的主要挑战在于外国投资项目审查制度。长期以来，新西兰非常重视本土企业的发展，并制定了一系列的政策和措施来保护本土企业利益，其中最重要的政策是设立"投资促进与保护委员会"，该委员会旨在保护新西兰本土企业利益，防止外国投资者对本土企业进行垄断。此外，新西兰还注重保护本土企业的知识产权与技术，以为本土企业提供一个公平的竞争环境。由此可见，尽管新西兰投资环境良好，新西兰政府也注重吸引外资，但当涉及本土企业利益时，投资新西兰将面临较大的准入挑战。

### 4. 对新加坡以外东盟国家投资的挑战

东盟国家在资源、技术、政策、市场、文化等多方面的局限将给 RCEP 推动北京对外投资东盟国家带来风险。首先，东盟各国资源和技术水平的有

限性将会削弱我国与东盟能源合作的基础；同时，部分东盟国家法律法规不健全、基础设施落后、市场机制不完善，加上东盟国家不断滋生的资源民族主义情绪和多民族冲突，使得我国对外投资面临风险。其次，部分东盟国家存在诸多不符合国际惯例的法律法规。有的东盟国家在允许外国公司在其领土上获得利润的同时，也会从出于保护自身利益的角度出发，制定一些针对外国企业的规定，收取诸如合同签字费、生产定金、利润提成等费用，并在外国企业进入时，设有投资额门槛，多数表现为承担最低义务工作量、交纳各种费用、必须完成的基础设施建设以及各种援助等。再次，部分东盟国家基础设施落后和市场环境欠佳。东南亚部分国家，尤其是缅、越、老、柬等经济欠发达国家，经济落后，工业基础较薄弱，缺乏基本的基础设施建设，难以对投资形成有效支撑。最后，部分东盟国家存在民族及宗教冲突的风险。东南亚各国是典型的多民族国家，缅甸有 135 个民族，越南有 50 多个民族，泰国有 30 多个民族。独立后，各国不同的民族地区经济发展的不平衡、民族宗教信仰的差异等因素，引发一些国家错综复杂的民族矛盾和冲突，甚至产生民族分离意识和分离运动。

其次，分析一下机遇。

### 1. 投资日本、韩国的机遇

RCEP 的签署为中日韩三国带来了巨大的经济发展机遇。一是经济增长和市场扩大，RCEP 将打破贸易壁垒并降低关税和减少贸易限制，加强中日韩三国之间的经济联系。二是产业链和价值链合作，RCEP 为中日韩三国创建了更为开放和便利的贸易环境，有助于加强产业链和价值链合作。三国可以通过更紧密的经贸合作，整合各自的优势产业，提高产品的竞争力和降低生产成本。三是区域和平与稳定，通过 RCEP 的合作，中日韩三国可以加强政治和经济的互信，促进区域和平与稳定。四是争端和问题解决，RCEP 为三国提供了解决贸易争端和经济合作问题的平台，有助于加强三国之间的交流和合作。五是创新与技术发展，RCEP 将加强知识产权保护和技术合作，三国可以共同开发新技术、推动数字经济和智能制造等领域的发展，提高经济竞争力和创新能力。

未来中日韩投资合作可以在以下三个方面发力。首先，持续推动 RCEP 区域经济一体化发展。一是推进中日韩在 RCEP 后续谈判中发挥引领和主导作用；二是加快推进中日韩自贸协定谈判；三是共同维护供应链安全稳定。其次，深化中日韩金融合作。一是推动中日韩共同基金落地；二是构建三国汇率协调机制。最后，研究推动建立国家级合作先导区。一是在智能制造、现代服务业、医药、新能源、跨境电商等领域推动创建中日韩产业合作先行先试引领区；二是完善产学研创新体系，推动企业与科研机构协同合作；三是探索共建"三国三园"和"三国多区"的合作模式，为深化中日韩产业与投资合作搭建新平台。

**2. 投资新加坡的机遇**

新加坡是全球最具竞争力的经济体之一，新加坡连续多年位居全球营商环境前列。长期以来，新加坡作为经济全球化、贸易自由化的受益者和推动者，积极倡导区域和多双边合作。截至 2022 年，新加坡已同世界不同国家签署了 30 个自由贸易协定、40 多个投资保护协定和 80 多个避免双重征税协定。作为服务贸易及港口服务十分发达的国家，RCEP 签署将对新加坡在服务贸易和港口服务方面产生积极影响。RCEP 生效后，助推新加坡出口，使其加工食品、化学品和塑料等行业的企业受惠更多。RCEP 使企业拥有更大的灵活性，并能够充分利用市场准入的优惠待遇。

中国与新加坡互为彼此重要的合作伙伴，双边经贸合作取得长足发展，具有层次高、领域宽、融合深的特点。2013 年至今，中国连续 8 年保持新加坡最大贸易伙伴地位，新加坡则是中国第一大新增投资来源国。新加坡是中国企业跨出国门、开拓海外市场的首选。近两年，中国对新加坡投资呈现快速增长趋势，新加坡正在成为中国重要的对外投资目的国。中新多领域合作在新冠疫情下逆势上扬，充分体现了合作的韧性和活力。在中新两国许多政府间合作项目和地方合作机制项目中，涉及中国、新加坡和东盟国家的合作，包括基础设施、产业园区、数码经济、金融科技、智慧城市等多个领域。中新两国企业在绿色发展、数字经济、电子商务以及陆海新通道建设等多个领域合作前景广阔。

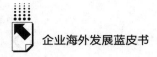
**3. 投资澳大利亚、新西兰的机遇**

澳大利亚是亚太经合组织的创始成员，也是联合国、二十国集团、英联邦、经济合作与发展组织及太平洋岛国论坛的成员。澳大利亚是资源输出型国家，作为世界上经济最发达的国家之一，其在经济上与亚洲深度捆绑。自2020年5月以来，我国先后对澳大利亚的红酒、大麦、牛肉、煤炭、原木、龙虾等6种产品颁布惩罚性关税和禁运措施。随着RCEP的签署，希望能给中澳贸易关系带来巨大转机。综合来看，RCEP的成功签署对于15个成员国的自由贸易与经济发展有着关键的利好作用，将提供更加优质的营商环境，有利于培养各行各业的专业人才，也给近期出口业务陷入颓靡的澳大利亚雪中送炭。由于澳大利亚全国1/5的工作岗位依赖于贸易，RCEP对澳大利亚在疫情后重建经济至关重要。但解决中澳贸易摩擦的关键还在于澳大利亚，只有真正拿出诚意和友好态度来进行协商和解决问题，营造健康稳定的中澳关系，才能在一定程度上缓和目前态势，争取互利共赢。

新西兰被世界银行列为世界上最方便营商的国家之一，经济结构成功地从以农业为主，转型为具有国际竞争力的工业化市场经济。自2008年起，中国从新西兰进口的各种乳制品关税逐年降低，其中2019年从新西兰进口的所有乳制品协定关税均降为零。RCEP的签署，将实现东亚和大洋洲高水平的区域经济一体化，全面提升包括乳业在内的贸易自由度和便利度，进一步改善乳业的投资环境和营商环境，并为出口商创造新的机会。例如，作为中国乳品企业里面较早"走出去"的企业之一，蒙牛在新西兰建立了工厂，布局大洋洲优质奶源地，一步步开始链接海外供应链。RCEP能大展身手的就是将区域元素充分整合起来，实现区域间协作，发挥产业链的最大能效。

**4. 投资新加坡以外东盟国家的机遇**

东盟是世界第五大经济体，东盟地区被视为当前全球经济中的活力地区。东盟正在着力推进自身区域经济一体化，加强互联互通，推动数字经济、绿色经济发展，共同应对全球需求疲弱、通胀、国际地缘政治冲突等，实施多双边自由贸易协定助力经济增长，积极与对话伙伴发展经济合作。目前，东盟经济领域的三大优先重点工作是复苏和重建、数字经济发展、可持续发展。

中国与东盟互为最大贸易伙伴，双方经贸合作格局紧密、活跃，双方已进入了发展全面战略伙伴关系的新阶段。一是亚洲区域新的经贸关系正在形成，东亚区域分工走向重构，东盟在劳动力密集型产品方面的市场份额扩大，中国则成为重要的最终需求来源和更高附加值的中间品提供者，这为中国与东盟的金融合作提供了实体经济基础。二是人民币国际影响力正在提升，人民币是东盟区域影响力第二大的货币，跨境人民币业务框架进一步完善。三是数字经济、绿色经济等新领域和新业态在区域内蓬勃发展，带来更多合作机遇。

# 四　RCEP 推动北京对外投资高质量发展建议

## （一）统筹区域全产业链布局

全球产业链和供应链正在加速重构，RCEP 的生效和全面实施，为实现现代、全面、高质量、互惠共赢的经济伙伴关系框架搭建提供了坚实的基础，促使本区域内的产业链供应链加速集成、完善和提升。RCEP 作为综合型自由贸易协定，既涵盖地区贸易自由化约定，同时约定了投资保护、投资促进和投资便利化等方面的相关措施，创造更多长期投资机遇，解决了制约区域经济深入一体化的关键"痛点"。RCEP 形成的统一的区域经贸规则，充分发挥着"整合器"作用，大大降低了区域间投资贸易的运营成本，减少了不确定性，为扩大各领域投资合作的范围提供先决条件。而其中涵盖的自然人移动方面，更为区域内双向投资合作带来实惠，创造更加稳定、开放、透明和便利的投资环境。

在 RCEP 成员国内，中国工业门类齐全、中日韩产业链完整、中国—东盟产业循环畅通，RCEP 的生效实施有利于区域内各国发挥各自优势，巩固区域内产业链供应链，通过强化伙伴间的产业分工合作，实现优势互补，推

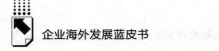
动形成更加合理并惠及区域内各方的产业链、供应链和价值链闭环，促使企业的生产经营活动更加安全稳定。

### （二）对接其他国家开发计划

近年来，在我国"一带一路"倡议与欧亚经济联盟对接的良好示范下，韩国、蒙古国等的国家发展战略或计划积极与"一带一路"倡议开展对接合作，为推动地区发展和形成开放型世界经济做出更大贡献。在 RCEP 背景下，同样可以建立起 RCEP 国家投资与亚洲其他国家开发计划之间的对接合作。这些亚洲其他国家开发计划主要有以下几个。

俄罗斯远东开发计划。远东地区是俄罗斯的战略发展地之一，俄罗斯的远东开发历经百年。2012 年，俄罗斯远东发展部成立；2013 年，《俄罗斯远东和贝加尔地区社会经济发展国家规划》生效；2023 年，俄罗斯总统普京在第八届东方经济论坛上强调远东地区开发是俄罗斯 21 世纪的战略优先方向。俄罗斯远东地区与中国东北相毗邻，中俄"东北—远东"合作具有广阔的前景，也展现了积极活力。在这一新的发展契机下，RCEP 进一步带来了中俄合作机遇，双方可以以边境口岸为重要平台打造我国国内市场东北延伸带、推动东北建设面向东北亚的交通运输网络。

蒙古国草原之路。"草原之路"最早的雏形是 2000 年蒙古国提出的"千年路计划"，即包括横竖两条干线和一些支线公路组成的全国现代化公路网。在 2012~2016 年的政府工作纲领中，蒙古国提出了建设连接中俄和欧亚运输走廊的发展目标。2013 年，蒙古国议会颁布《关于蒙古国经济社会 2014 年发展计划》，确定建设连接中蒙俄三国的铁路、公路、石油、天然气、电力五大通道。2014 年，蒙古国议会第 34 号决议《关于保障经济稳定增长的措施》正式将"五大通道"升级为"草原之路"发展战略。目前，中蒙双方已就"草原之路"与"一带一路"倡议的对接分别于 2017 年和 2019 年签署了谅解备忘录和行动计划。同样，RCEP 国家投资同蒙古国"草原之路"发展战略也将有广阔的合作空间。

中亚五国倡议和发展战略。中亚五国倡议和发展战略包括哈萨克斯坦

"光明之路"新经济政策、吉尔吉斯斯坦"2026 年前国家发展纲要"、塔吉克斯坦"2030 年前国家发展战略"、土库曼斯坦"复兴丝绸之路"战略、"新乌兹别克斯坦"2022~2026 年发展战略等。2023 年 5 月，中国同中亚五国在西安举行中国—中亚峰会，六方将以"一带一路"倡议提出十周年为新起点，加强"一带一路"倡议同中亚五国倡议和发展战略对接，深化各领域务实合作，形成深度互补、高度共赢的合作新格局。这也为 RCEP 与中亚五国倡议和发展战略的对接提供了借鉴。

### （三）推广 ESG 可持续发展理念

在 RCEP 和"双碳"目标的共同助力下，对外投资企业迎来新的发展局面。相关企业应在对外开放中主动融入可持续、高质量发展等理念，将 ESG 理念融入公司发展体系中，积极在对外投资项目中采用国际通行可持续发展相关原则，建立 ESG 管理体系。企业应主动了解国际多双边金融机构对于环境与气候的政策标准，以获得可持续资金保障，在项目筛选方面，企业可将 ESG 纳入决策流程，开展 ESG 尽职调查和项目实践的可行性研究，提高项目质量；在风险管理方面，企业应主动加强项目 ESG 风险控制能力，设置项目环境和社会风险评估与预警机制、应急预案。此外，企业应积极主动参与东道国可持续发展关键议题的相关行动，如应对气候变化、保护生态环境和生物多样性等，积极与当地各利益相关方保持有效沟通，定期发布项目信息，进行经验分享等。

### （四）与"一带一路"倡议互动互鉴

"一带一路"倡议与 RCEP 在覆盖地区、涵盖领域、合作内容等方面相互重叠、相互补充、相互影响，具有一定的功能互补性，能够发挥"1+1>2"效能，应在亚洲地区形成"一带一路"倡议与 RCEP"双轮"驱动的经贸合作发展新格局，从而推动我国实现更高水平对外开放。第一，正确处理"一带一路"倡议与 RCEP 的关系，促进区域协调均衡发展。第二，发挥"一带一路"倡议互联互通作用，加快落实 RCEP 规则和深化 RCEP 合作。

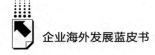

一是发挥政策沟通作用；二是发挥设施联通作用；三是发挥民心相通作用，加强人文交流。第三，采用"双循环"模式协同 RCEP 和"一带一路"倡议高质量发展，由内向外逐层驱动更高水平对外开放。一是坚持区域协调发展战略，使从沿海到内陆均与 RCEP、"一带一路"倡议对接开放措施，形成以内促外的发展格局；二是扩展"双循环"模式至 RCEP 与"一带一路"倡议当中。

## 参考文献

《北京市加快新场景建设培育数字经济新生态行动方案》，北京市发展和改革委员会网站，2020 年 6 月 10 日，http：//fgw. beijing. gov. cn/fgwzwgk/zcgk/qtwj/202203/t20220 322_ 2636738. htm。

《北京市推进共建"一带一路"三年行动计划（2018—2020 年）》，北京市发展和改革委员会网站，2018 年 10 月 25 日，http：//fgw. beijing. gov. cn/fgwzwgk/zcjd/201912/t20191226_ 1505482. htm。

《北京市促进数字经济创新发展行动纲要（2020—2022 年）》，北京市经济和信息化局网站，2020 年 9 月 22 日，http：//www. beijing. gov. cn/zhengce/zhengcefagui/202009/t20200924_ 2089591. html。

联合国贸易和发展会议：《2023 年世界投资报告》，2023 年 7 月 5 日。

饶春晓、周之浩、王滨：《东道国制度环境对中国对外直接投资的影响——基于 RCEP 国家的研究》，《对外经贸实务》2023 年第 4 期。

《2020 年营商环境报告》，中文互联网数据资讯网，2019 年 10 月 26 日，http：//www. 199it. com/archives/955614. html。

王蕊、张玉玲、李憧憬：《基础设施质量对中国与 RCEP 国家贸易效率影响研究》，《上海节能》2023 年第 6 期。

许劲、黄漫玲、肖思思：《东道国数字经济发展水平对中国对外直接投资的影响——来自 RCEP 伙伴国的证据》，《兰州财经大学学报》2022 年第 4 期。

张雪领：《RCEP 背景下中日韩产业与投资合作新举措》，《中国投资》（中英文）2023 年第 Z1 期。

赵博文、张纪凤：《RCEP 成员国投资负面清单及其对中国的启示》，《北方经贸》2023 年第 4 期。

# 区 域 篇
## Regional Reports

**B.9**
# 2022年北京跨境电商发展研究

孙宛霖　王分棉*

**摘　要：** 2022年，中国及北京跨境电商在复杂的全球形势下持续逆势增长，为新常态下我国经济增长提供新动力。本报告在综合考察2022年中国及北京跨境电商的发展背景与外部环境后，从增长态势、企业分布、贸易结构等方面对北京跨境电商的发展现状及特点进行了总结，其中北京跨境电商贸易以进口为主，地区分布上呈现集群效应。之后，本报告进一步探究了驱动北京跨境电商发展的主要因素，其中利好政策持续出台、RCEP新发展机遇等在推动北京跨境电商持续发展中发挥着关键作用。与此同时，本报告深入分析了当前北京跨境电商面临的来自全球经济不确定性加剧、数据跨境合规与安全问题、流量获取与转化压力增大三方面的风险与挑战，并在展望与建议部分提出有针对性的应对方法。此外，结

---

* 孙宛霖，对外经济贸易大学国际商学院博士研究生，主要研究方向为国际企业管理；王分棉，博士，教授，对外经济贸易大学北京企业国际化经营研究基地研究员，主要研究方向为战略管理、国际企业管理。

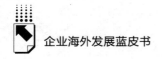
合泡泡玛特、智齿科技和 TikTok Shop 的典型案例，本报告指出，面对多种不利外部因素冲击，北京跨境电商应充分把握政策支持和"一带一路"、RCEP 等区域合作机遇，推进产业高端化、智能化、绿色化转型升级，同时强化跨境数据风险管理与安全防护，推动自身高质量稳增长。

**关键词：** 跨境电商　北京企业　高质量发展

# 一　2022年北京跨境电商发展总体分析与评价

## （一）2022年北京跨境电商发展背景分析

2022 年，世界经济经历了新冠疫情、俄乌冲突、高通货膨胀、气候危机等一系列相互叠加因素的冲击，经济、政治、金融和环境风险持续存在，消费者和投资者信心受到显著影响，全球贸易增速明显放缓。根据 WTO 数据，2022 年世界商品贸易总额为 24.2 万亿美元，较 2021 年增长了 12%，增速远低于 2021 年的 27%。与此同时，全球互联网和线上零售企业在过去一年也面临着消费降级、利润下滑等诸多挑战，加之人工智能、Web3.0 等技术重塑行业发展模式，海外线上零售行业进入转型阵痛期，亚马逊、Meta 等海外跨境电商巨头裁员数量均超过 1 万名。

中国跨境电子商务行业虽然也面临来自大环境的多重压力，但得益于国家相关政策鼓励和资源支持，2022 年仍保持稳定增长态势，全年跨境电子商务进出口总额首次突破 2 万亿元大关。同时，中国跨境电商经过了 20 余年的发展，已不再局限于单纯的外贸信息服务和线上交易服务，新模式和新业态不断涌现，全产业链生态不断融合，目前其已进入重大发展机遇期。

与此同时，北京市作为国家电子商务示范城市、先导城市和国际经济政治枢纽，在经济、市场、人才和信息方面具有独特资源优势，拥有发展跨境电子商务的良好基础。2014 年，北京市政府成立跨境电子商务发展工作小组；

2018 年，北京市获国务院批准成立跨境电子商务综合试验区，为推动全国跨境电子商务健康发展探索新经验、新做法。近年来，北京连续出台了多项政策支持跨境电商发展，积极完善跨境电商服务支撑体系，充分引导跨境电商新模式、新业态发展，并制定了 5 年左右累计培育和建成 100 家跨境电商综合服务企业、100 个跨境电商海外仓和保税仓、100 个跨境电商体验店、20 个跨境电商产业园，跨境电商进出口占外贸进出口比重超过 20%的发展目标。

## （二）2022年中国跨境电商发展规模及特点分析

2019~2022 年，中国跨境电商进出口规模连续 4 年保持增长，跨境电商出口比重连年增加，成为跨境电商总量增长的主引擎，为我国对外贸易发展注入新动能。2022 年，中国跨境电商进出口规模再创新高，历史上首次突破 2 万亿元关口，同比增长 7.0%，占进出口总额的 4.9%。其中，中国跨境电商出口规模继续保持增长态势，出口总额为 1.530 万亿元，同比增长 9.9%，占我国出口总额的 6.4%；跨境电商进口规模延续 2021 年的下滑态势，进口总额降至 0.528 万亿元，同比下降 0.8%，占我国进口总额的 2.9%。

2019~2022 年中国跨境电商进出口总体情况见表 1。

表1　2019~2022 年中国跨境电商进出口总体情况

单位：万亿元，%

| 年份 | 金额 | | | 同比增长 | | | 出口进口比例 |
|------|------|------|------|---------|------|------|------|
| | 进出口 | 出口 | 进口 | 进出口 | 出口 | 进口 | |
| 2019 | 1.290 | 0.798 | 0.492 | 22.2 | 30.5 | 10.8 | 1.6 |
| 2020 | 1.622 | 1.085 | 0.537 | 25.7 | 36.0 | 9.1 | 2.0 |
| 2021 | 1.924 | 1.392 | 0.532 | 18.6 | 28.3 | -0.9 | 2.6 |
| 2022 | 2.058 | 1.530 | 0.528 | 7.0 | 9.9 | -0.8 | 2.9 |

资料来源：中国海关总署网站。

从贸易国家布局来看，中国海关统计数据显示，2022 年中国跨境电商贸易伙伴更趋多元。出口方面，中国产品主要销往美国（34.3%）、英国（6.5%）、德国（4.6%）、马来西亚（3.9%）、俄罗斯（2.9%）五大市场，新加坡、日本、加拿大、法国也属于出口热门国家，此外还进入了泰国、菲律宾、巴西、越南等新兴市场国家。进口方面，日本（21.7%）、美国（17.9%）、澳大利亚（10.5%）、法国（7.5%）的商品格外受国内消费者欢迎，同时，来自韩国、荷兰、德国、新西兰、瑞士、加拿大、英国、印度尼西亚、泰国、越南等世界各地市场的商品也正通过跨境电商进入国内消费市场。

从跨境电商地区分布来看，2022年中国跨境电商业态仍呈现显著的头部效应，广东、浙江、福建、江苏四地占据了全国跨境电商进出口总额的近七成，其中广东地区跨境电商发展水平尤为领先，占全国跨境电商进出口总额的43.4%。

此外，后疫情时代全球线上消费趋势继续，国内和国际市场消费者在电商平台和独立站上购买商品的比重不断增加，跨境电商交易结构也持续向To C端倾斜。2022年跨境电商出口货物总额中，消费品占比高达92.8%，较上年增加了1.0个百分点，消费品类型主要为服饰鞋包、电子产品和家居家纺用品；进口货物总额中，消费品占比高达98.3%，较上年增加了1.7个百分点，消费品类型主要为美妆洗护用品、食品生鲜、医药及医疗器械和奶粉等。图1展示了2018~2022年中国跨境电商交易结构，可以看到，随着实体经济发展和政府政策支持，过去5年B2C型跨境电商交易占比不断增加，从2018年的16.8%上升到2022年的24.4%，充分满足全球消费者的线上购物需求。

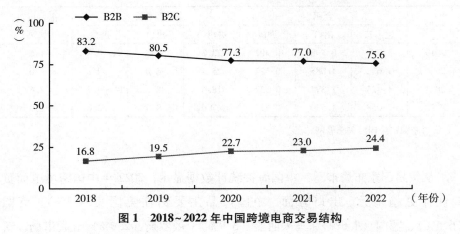

图1　2018~2022年中国跨境电商交易结构

资料来源：网经社。

### （三）2022年北京跨境电商发展规模及特点分析

自加入中国第3批跨境电子商务综合试验区以来，北京跨境电子商务发展整体稳中有进、持续向好。根据相关统计数据可知，2022年北京跨境电商进出口总额同比增长近20%，其中B2B类型企业发展尤为突出，B2B跨境电商出口额同比增长110%；跨境电子商务销售医药产品试点工作取得显著成效，跨境电商零售药品进口总量同比增长150%；2022年上半年，北京跨境电商申报票数同比增长117%，商品数量同比增长151%，商品贸易额同比增长138%。

从企业分布情况来看，截至2023年8月，中国海关公示的跨境电商企业名录中，北京市共有跨境电商企业1200余家，包括跨境电子商务交易平台企业312家、跨境电子商务物流企业21家、跨境电子商务支付企业28家。图2统计了截至2023年8月北京跨境电商企业地区分布数量，可以看到，北京跨境电商企业在地区分布上呈现集群效应。其中，朝阳区的跨境电商企业数量最多，共有349家；海淀区、大兴区、顺义区的跨境电商企业数量紧随其后，均超过100家。

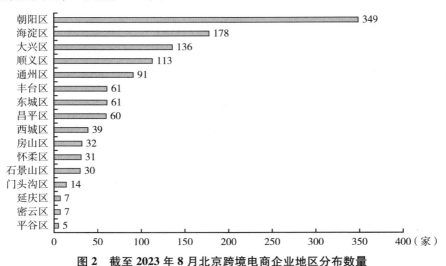

**图2  截至2023年8月北京跨境电商企业地区分布数量**

资料来源：中国海关总署网站。

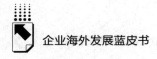 

从贸易结构情况来看，北京跨境电商仍以进口为主，且呈增长态势。2022年"双十一"大促期间，北京海关共验放跨境电商零售进口清单约30.36万票，同比增长80.66%，金额约1.18亿元，同比增长28.99%。图3列示了2018~2022年北京进出口贸易情况，可以看到，2022年北京对外贸易进口额超过3万亿元，占进出口总额的83.8%。

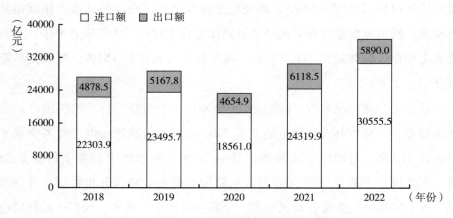

**图3　2018~2022年北京进出口贸易情况**

资料来源：《北京市2022年国民经济和社会发展统计公报》。

此外，北京市抓住"两区"开放优势，发挥"双枢纽"物流潜力，深化医药产品销售、"免税、保税和跨境电商政策衔接"等跨境电商新模式试点，取得一系列显著成绩。2022年，北京天竺综保区验收通过，大兴综保区正式运营，中关村、亦庄综保区推进申建，中德经济技术合作先行示范区入驻德国企业90家，中日创新合作示范区新增注册主体超过1000家。

## 二　北京跨境电商发展的驱动因素分析

### （一）利好政策持续出台的驱动

2022年，在国内国际"双循环"战略引领和国际消费中心城市建设目标下，北京抓紧跨境电商发展战略机遇期，出台一系列覆盖范围广、扶持力度大的跨境电商利好政策，有力推动培育跨境电商新业态、新模式，构建起北京发展跨境电商的独特优势和竞争力。表2总结了2022年北京跨境电商发展相关政策情况。可以看到，北京的政策支持与改革举措，全面覆盖了跨境电子商务的各个环节和各类主体，充分保障跨境电商朝创新、高效、高质的方向发展。2022年，北京市政府出台政策大力推进空港型物流枢纽发展，建设"双枢纽"空港电子货运平台，在提升口岸物流支撑能力的同时，优化单证办理手续和通关模式，从制度和基础设施两方面有效提升跨境贸易物流效率。同时，依托综合保税区等开放平台的集群优势，推进"免税、保税和跨境电商政策衔接"等全国首创性政策试点，允许企业先将待售产品保税存储在综保区内，再进行分批销售，有效缓解了跨境电商企业的仓储压力。最后，北京制定相关政策为跨境电商各参与主体提供多种资金支持，支持对象既包括跨境电商平台和平台内经营者，也包括跨境电商配套服务主体，如海外仓和海外运营中心等。

**表2　2022年北京跨境电商发展相关政策情况**

| 时间 | 政府机构 | 政策及其内容 |
|---|---|---|
| 2022年1月 | 北京市人民政府办公厅 | 《打造"双枢纽"国际消费桥头堡实施方案（2021—2025年）》：发挥首都国际机场、大兴国际机场"双枢纽"优势，加快引进跨境电商重点产业项目，培育跨境电商集聚区，打造新模式、新业态、新场景 |
| 2022年1月 | 北京市商务局 | 《关于进一步推进跨境电子商务创新发展的若干措施》：支持跨境电商平台发展，推进新业态、新模式试点，构建跨境电商对接合作平台，建立和完善跨境电商协调调度机制 |
| 2022年6月 | 北京市商务局 | 《推进跨境贸易便利化全环节改革　促进高水平对外开放》：推出6方面31项改革举措，推进跨境贸易便利化全环节改革 |
| 2022年8月 | 北京市商务局、北京市财政局 | 《北京市外经贸发展资金支持北京市跨境电子商务发展实施方案》（修订版）：确定了资金支持跨境电商发展的五类对象、七类方向、四类方式 |

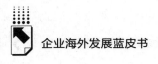
| 时间 | 政府机构 | 政策及其内容 |
|---|---|---|
| 2022 年 8 月 | 北京市商务局 | 《2022 年支持跨境电子商务发展项目申报指南》：明确对跨境电商企业、业务、产业园、体验店、仓储物流、贷款融资等方面的资金支持标准和申报方法 |

资料来源：根据政府部门官方信息整理。

### （二）RCEP 新发展机遇的驱动

2022 年 1 月 1 日，《区域全面经济伙伴关系协定》（RCEP）正式生效，截至 2023 年 6 月已对中国、日本、韩国、澳大利亚、新西兰和东盟十国共15 个成员国生效。RCEP 在第 12 章中对于电子商务的无纸化贸易、电子认证和签名、跨境信息传输、对话和争端解决等问题做出了一系列具体约定，有利于便利电子商务使用，促进国际电商合作，创造电子商务发展的有利环境。RCEP 正式生效后，我国与东盟、澳大利亚、新西兰之间的零关税比例即时达 65% 以上，预计未来 RCEP 成员国之间 90% 以上的货物贸易将最终实现零关税，这既有利于提高中国产品在国际市场的价格竞争力，也可以使国内消费者享受更优惠的价格，促进消费回流。同时，RCEP 通过促进成员国之间承认电子贸易文件和电子认证的法律效力，有效降低了跨境电商的交易成本。此外，RCEP 可以推动原产地、海关程序、检验检疫等方面规则标准的统一和复制推广，保障区域贸易合作的顺畅进行，有效减少跨境电商企业在成员国的政策风险和合规风险。最后，RCEP 重点提到鼓励搭建跨境电商发展服务平台和配套物流服务体系，支持海外仓建设，这有助于我国跨境电商的转型升级和跨境电商生态体系的规范发展。

### （三）新技术、新模式涌现的驱动

跨境电商作为互联网时代背景下的新兴国际贸易方式，其发展受到技术进步的直接驱动，新模式的涌现也为跨境电商行业高质量发展不断注入新动能。在新兴数字技术方面，2022年是全球5G加速发展的一年，各国积极推进5G网络建设，截至年底，5G已覆盖全球所有大洲共102个国家和地区，全球推出5G业务的运营商增至250多家，全球5G网络人口覆盖率达33.1%，5G链接用户总数超过10亿名；中国作为全球5G发展引领者，5G基站总量达231.2万个，占全球总量超过60%。5G技术的普及应用和全球覆盖，有效提升了跨境电商的用户体验和运营效率，一方面为跨境电商搭建起数据高速传播的桥梁，有利于产品溯源和跨境物流信息共享；另一方面也提高了交易网络承载能力，有力保障了跨境支付的安全透明。同时，近年来大数据分析技术被越来越多地运用在跨境电商仓库选址、产品选择和流量推广等各个环节，帮助企业实现运营精细化和营销精准化，提高决策制定的效率和准确度。另外，2022年底ChatGPT的发布，推动了AIGC在各个行业和不同场景下的应用，未来AIGC技术经过不断发展成熟，有望成为跨境电商行业新的变革方向，在智能客服、多语种译制、定制化营销等环节发挥重要作用，实现降本增效和用户体验提升。

在商业模式创新方面，近年来"社交媒体+电商"的模式已经在全球跨境电商产业中得到普遍推广，国外Instagram和Facebook及国内知乎、小红书等社交媒体中均插入内置商店，消费者从信息浏览到购买的路径被大大缩短；同时，国内"直播电商"模式发展得如火如荼，在2022年收入达到4800亿美元，而海外直播电商发展较为滞后，跨境电商出口企业可以复制国内先进经验，抢占蓝海市场。

北京作为全球科技创新中心之一，聚集了全国1/2的顶尖学科、1/2的两院院士和1/3的国家重大科技基础设施，2022年每万人口发明专利拥有量达218.3件，同比增长18%。北京拥有得天独厚的科技集群优势，能够促进新兴科技成果和创新商业模式的转化应用，助力跨境电商产业转型升级。2022年1月北京市人民政府办公厅在发布的《打造"双枢纽"国际消费桥头堡实施方案（2021—2025年）》中，特别鼓励跨境电商企业应用数字人民币和直播电商等新技术、新模式；2022年北京市新增5G基站7000个；同年，北京国际大数据交易所研发的国内首个跨境数据托管服务平台正式投

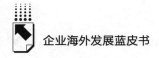

用，为国内外企业提供合规咨询、数据脱敏、托管治理、融合计算等服务，可有效推进跨境电商行业内数据资产的安全高效流通。

（四）产业生态不断完善的驱动

面对世界经济形势的巨大不确定性和海外电商市场的激烈竞争，我国跨境电商的高质量发展离不开全产业链的协同支持。近年来，北京市在扶持和鼓励跨境电商企业主体发展的同时，依托跨境电商产业园区和综保区，加快了对跨境物流、跨境支付、跨境仓储等产业配套服务的完善和扶持，推动跨境电商朝全产业链生态融合的方向发展。

例如，在物流体系建设方面，2022 年 1 月国家发改委发布了《"十四五"现代流通体系建设规划》，提出要促进跨境贸易的多元化发展。在该规划指引下，北京市持续致力于优化口岸营商环境，引领跨境物流创新发展。例如，北京市充分畅通了高新技术产业的跨境贸易通道，推出了生物医药产品"白名单"，并设立了疫苗出口与关键零部件、设备进出口绿色通道，有力推动了跨境电商产业升级。同时，北京市积极支持海外仓、保税仓、出口集货仓、智能口岸仓等跨境电商物流设施的建设，并为其提供实质性资金支持和奖励。得益于设施的建设和相关政策的不断完善，2022 年北京关区的进口、出口通关时间分别缩短至 25.53 小时和 0.57 小时，取得历史最好成绩；383 家专精特新"小巨人"企业的进出口总额达到了 123.4 亿元，同比增长 27.5%。

在支付方式优化方面，2022 年 6 月中国人民银行发布了《关于支持外贸新业态跨境人民币结算的通知》，为跨境电商发展提供了良好的配套金融服务，创造了更加便利的结算环境。

此外，2022 年 4 月 25 日，全球服务贸易联盟（GATIS）第一届会员大会和第一届理事会第一次会议在北京召开。GATIS 由世界各个国家和地区的企业、行业/商业协会、专业机构和组织组成，总部设在北京。服贸会在北京召开，聚集了全球优质商业资源，为国内外优质产品和平台提供了向全球展示的窗口，也为北京跨境电商的品牌化、合作化发展提供了新机遇。

# 三 北京跨境电商发展面临的风险与挑战

## （一）全球经济不确定性加剧带来的风险与挑战

2022年，新冠疫情延宕反复、地缘政治局势紧张、重大自然灾害频发，各种短期不稳定、不安全因素叠加，又加之持续的高通货膨胀和全球金融条件收紧，世界经济复苏面临巨大阻力，国际市场前景充满不确定性。据国际货币基金组织（IMF）统计，2022年世界平均通胀率达到了8.3%，是21世纪以来的第二高通胀水平，仅次于2008年8.9%的平均通胀率；除中国物价保持相对稳定外（通胀率为2.0%），通胀水平在美国、欧盟等发达经济体和非洲、拉美、中东等新兴经济体普遍大幅上升。持续的高通胀导致消费者购买力不断降低，世界许多发达国家和发展中国家大幅紧缩银根，进一步推高了利率和债务成本，削弱了投资者信心。2022年上半年经济合作与发展组织（OECD）成员国消费者信心指数和商业信心指数持续降低，下半年虽有所回温，但整体仍低于疫情前水平（见图4）。受世界经济下行和上半年新冠疫情等因素影响，2022年北京消费市场也有所下降，社会消费品零售总额为13794.2亿元，较2021年下降了7.2%（见图5）。

全球经济不确定性加剧是跨境电商风险的重要来源，给其海外运营和市场发展带来了诸多挑战。一方面，消费者信心下降和购买力减弱，会直接影响跨境电商的海外市场需求，同时导致海外需求难以预测，"牛鞭效应"更为显著，加剧了供应链管理难度；另一方面，国际金融市场波动和货币汇率变动会影响企业的盈利能力、融资成本和市场竞争力，加大跨境电商企业的经营风险和融资风险。因此，跨境电商企业需要更加谨慎地进行战略制定和风险管理，提升全球供应链的柔性和韧性，在激烈变化的经济环境中保持可持续的发展。

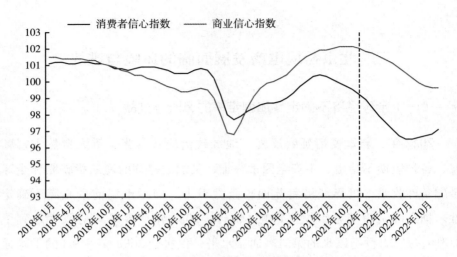

**图4　2018~2022年OECD成员国消费者/商业信心指数**

资料来源：OECD数据。

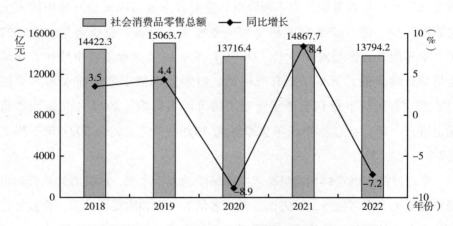

**图5　2018~2022年北京社会消费品零售总额及其同比增速**

资料来源：《北京市2022年国民经济和社会发展统计公报》。

## （二）数据跨境合规与安全问题带来的风险与挑战

数据跨境贯穿跨境电商产品开发、市场营销和供应链管理的各个环节，是跨境电商经营和发展的基础。自2018年欧盟发布《一般数据保护条例》

以来，全世界已有超过 100 个国家和地区出台了数据保护法和隐私保护法，各大主要国家和经济体的数据监管力度均有所加大。2021 年，中国正式提出申请加入《数字经济伙伴关系协定》（DEPA），表明了加快推进数据跨境合作的决心；之后，相继落地了《中华人民共和国数据安全法》、《中华人民共和国个人信息保护法》和《数据出境安全评估办法》，构建起数据安全与信息保护的基本法律法规框架。2022 年底，《中共中央　国务院关于构建数据基础制度更好发挥数据要素作用的意见》（简称"数据二十条"）发布，提出探索跨境电商、跨境支付、供应链管理等应用场景中安全规范的数据跨境流动方式，并对可能影响国家安全的数据处理和跨境传输等活动进行国家安全审查。由此可见，数据跨境合规与安全问题已成为跨境电商企业治理的重中之重。

随着中国和世界各国数据管理制度日趋完善，中国跨境电商受到本国和东道国法律法规的双重监管，数据跨境合规风险较高。一方面，目前全球范围内数据跨境尚未形成统一规则，各国立法框架和发展趋势存在较大差异。比如，以美国为代表的国家更看重数据自由流动的经济效益，整体政策较为宽松；以俄罗斯为代表的国家更关注国家安全治理，对数据跨境流动实行"内外双严"的严格管控；而以欧盟和亚太经合组织为代表的地区则从保护个人信息出发，监管和执法程序更为标准化和透明化，致力于推动地区间数据流通与合作。监管法律法规的差异，使得跨境电商企业需要投入更多的资源来确保数据跨境行为符合本国和东道国监管规制，也增加了跨境合作的复杂性。另一方面，欧美等国数据跨境规制中均涉及"长臂管辖"条款，常常以"数据安全"为名对其他国家跨国企业进行审查和打压，加大了跨境电商企业数据合规的风险。

除合规风险以外，数据跨境的传输链路较长，因此在许多环节暴露在网络攻击的威胁下，数据存在被窃取、篡改和损毁的风险；同时，跨境电商自身运营不当和意外灾害等，也可能会造成数据的丢失和损毁。随着消费者个人数据安全意识的提高，跨境电商的数据安全问题直接关乎企业的商业声誉和客户信任，进而会影响企业的长期发展，需要企业充分进行研判和预防。

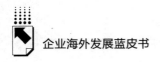
### （三）流量获取与转化压力增大带来的风险与挑战

随着跨境电商企业数量持续增加和市场竞争日趋激烈，国内外市场流量红利殆尽，数据碎片化严重，跨境电商企业的流量获取成本和转化难度不断升高。目前，跨境电商流量获取的主流来源包括广告、社交平台、KOL 和搜索引擎等。以 PPC（Pay Per Click，点击付费广告）为例，Marketplace Pulse 数据显示，截至 2022 年 6 月，亚马逊平台平均 CPC（单次点击费用）较 2020 年上涨超过 40%。随着跨境电商广告需求的增加和"社交媒体+电商"模式的逐渐成熟，Instagram 及 TikTok 等社交媒体广告费用和 KOL 推广费用也逐渐攀升。同时，跨境电商第三方平台上往往存在流量倾斜的问题，少数热门商品和品牌吸引大部分流量，中小企业和新兴品牌难以获得足够的曝光机会，严重影响市场竞争、消费者选择和平台生态平衡，使得许多跨境电商企业同时面临成本高、转化难的双重挑战。

近年来，越来越多的跨境电商企业开始在第三方平台以外建立独立站。数据显示，2016~2020 年，独立站占中国跨境电商 B2C 市场份额从 9.8%（规模 2000 亿元）增长到了 25%（规模 8000 亿元），预计到 2025 年，独立站的市场份额将提升到 50% 左右。然而，独立站也存在站外精细化投放难度大、访客流失率高等痛点，为提高流量转化率，企业需要投入更多资源来优化网站和应用的用户体验，进一步挤占利润空间。未来，随着直播和短视频等流量玩法在海外逐渐兴起，跨境电商的海外流量争夺也将细化到私域流量，企业在传统广告成本投入之外，还需投入大量人力和时间成本，才可能抓住社交流量风口，赢得市场竞争先机。

## 四　北京跨境电商典型企业案例分析

### （一）泡泡玛特：线上线下全渠道协同"出海"

北京泡泡玛特文化创意有限公司（以下简称"泡泡玛特"）成立于 2010

年，总部位于北京，是中国领先的潮流文化娱乐公司，于2020年12月11日在港股挂牌上市。泡泡玛特于2018年正式开始国际化之路，目前已在日本、韩国、新加坡、美国、英国等20多个国家和地区实现线上线下全渠道入驻，拥有13个跨境电商平台站点，包括亚马逊、速卖通、虾皮Shopee和Lazada等国际知名电商平台，将其产品销售到全球超过80个国家和地区。

作为一家潮流玩具零售企业，泡泡玛特早期主要通过To B的方式将产品销售给海外经销商，以可控的成本和风险在新市场"试水"后，再通过成立合资公司，在当地线下铺设零售店和机器人商店。新冠疫情的暴发，使得泡泡玛特在海外开店的进度被迫放缓，线下渠道的销售也受到较大影响。在观察到东南亚市场跨境电商的快速渗透后，泡泡玛特果断组建了跨境电商业务团队，以线上的方式继续开拓海外市场，提升品牌认知。泡泡玛特针对海外消费者多元化的购物习惯，除在亚马逊、速卖通等第三方电商平台开设官方旗舰店以外，还在不同国家建立了国际版官网和官方线上App，通过多渠道的布局有效强化全球市场渗透和消费者触达。疫情期间全球"宅经济"的兴起和消费者购物习惯的转变，使得泡泡玛特在全球市场的线上营销取得良好进展，许多欧洲网红开始在社交平台上发布"泡泡玛特盲盒"的开箱视频，有力提升了泡泡玛特的品牌知名度，也给了泡泡玛特充分的机会通过社交媒体与粉丝和消费者互动，深入了解当地市场偏好。

根据公司年度报告披露数据，2021年泡泡玛特港澳台及海外营业收入中，线上渠道营业收入4116.2万元，占总收入的88.8%。2022年，泡泡玛特的海外线下渠道业务得以恢复，但线上渠道营业收入仍占比37.4%，且呈飞速增长之势，较2021年同比上涨119.2%，其中在亚马逊平台的营业收入同比上涨了163.9%。线上线下全渠道的内在联动和协同互补，不仅帮助泡泡玛特度过了疫情期间的艰难时刻，还有助于全球销售的规模化和品牌化，对中国新消费品牌的"出海"具有较大的借鉴意义。

（二）智齿科技：数字技术赋能无界联络

北京智齿博创科技有限公司（以下简称"智齿科技"）于2014年在

北京成立，是一家国内领先的客户联络解决方案供应商，至今已完成 7 轮融资，累计金额超过 13 亿元，客户包括惠普、OPPO、小米、新东方、海底捞、理想汽车等数千家行业头部企业。智齿科技在 2021 年底开始实施国际化战略，在新冠疫情冲击全球的背景下，成为连接企业与全球客户的桥梁，至 2022 年海外业务营收占比近 10%，并且还在不断增长之中。智齿科技基于多年行业经验和技术积累，针对跨境电商客户联络场景下人工回复的高成本和低时效，以及多平台渠道、多语言、多时区割裂的客户联络通道，推出了公域与私域范围一体化、营销与服务场景一体化、软件与BPO 业务一体化的全球客户联络解决方案，全面助力企业提高客户联络效率和转化率，提升客户满意度。目前，智齿科技的全球客服系统已经接入了 Instagram、Facebook、WhatsApp 等多个主流通信平台，并覆盖了 18 种语言，提供多时区支持。

作为一家 SaaS 企业，智齿科技自成立以来便十分重视数字技术和人工智能技术的使用。例如，智齿科技通过自主研发自然语言处理和语音识别模型，帮助 AI 客服更加准确地识别客户语音、理解客户语义，以技术赋能跨境电商企业降本增效。基于大数据分析技术，智齿科技提供的服务可以基于多项个性化参数实现顾客精准分组，赋能跨境电商企业对全球客户开展精细化运营和个性化服务。另外，随着 AIGC 的兴起，智齿科技率先在行业内探索 AIGC 在 AI 客服领域的应用。一方面，在消费者端可以提高 AI 客服的对话流畅度，提升客户服务质量；另一方面，在企业端也赋能了对话素材的自动检索和回复提炼，有效降低人工成本。

### （三）TikTok Shop：电商全链路生态搭建

TikTok Shop 是字节跳动依托 TikTok 短视频社交平台而搭建的跨境电商平台，于 2021 年正式上线，截至 2022 年底，TikTok Shop 跨境电商已覆盖英国、越南、马来西亚、泰国、菲律宾和新加坡六大市场，布局了服饰鞋包、3C 数码、快消美妆等六大行业。区别于传统跨境电商平台，TikTok Shop 充分依托其短视频平台在内容营销方面的优势，基于 UGC（User

Generated Content，用户生成内容）模式，实现直播电商与短视频内容双效合一，并结合大数据分析实现对用户的精准推送，有效助力品牌全球化，发挥企业跨境增长潜力。2022 年度，TikTok 平台在全球累计开展了超过 286 万场直播，累计直播总时长超过 1.6 亿小时，产生 GMV 的跨境电商短视频超过 243 万条。JungleScout 发布的调研数据显示，68% 的美国 Z 世代消费者在社交媒体购物上更愿意选择 TikTok（见图 6）。

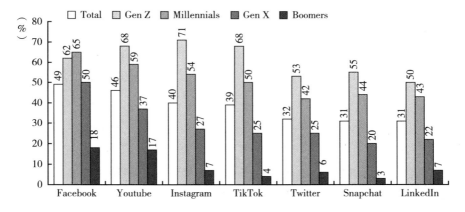

图 6  美国消费者社交媒体购物偏好调研

资料来源：Jungle Scout《消费者趋势报告》。

同时，TikTok Shop 不断提升其跨境电商综合服务能力，为商家提供一站式的跨境电商解决方案。品牌商家入驻 TikTok Shop 后，可以通过短视频、直播和商品橱窗三大渠道进行商品营销，消费者从浏览到下单、支付和客服联络都可以在平台上一站式完成，从而构建起线上销售的闭环，实现流量转化率最大化。截至 2022 年底，TikTok Shop 跨境电商入驻服务方近 20000 家，并上线了跨境电商服务市场，通过吸引跨境电商服务商、跨境机构及联盟和跨境直播基地等生态伙伴的入驻，搭建了从商家到消费者全链路生态。2023 年 5 月，TikTok Shop 进一步推出"全托管"运营模式，商家只需向平台进行产品供货，而平台负责物流、运营、履约及售后服务，极大简化了商家的经营链路，提高平台规模效应，对于工厂型、工贸一体型的跨境电商企

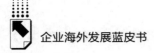

业而言，也有助于减少其运营成本和风险，可以更加专注于产品的研发与生产。

# 五　展望与建议

## （一）展望

2022 年，在新冠疫情、俄乌冲突、高通货膨胀和气候危机等不利因素叠加影响下，国际贸易发展面临多重压力和风险，跨境电商成为中国新常态下对外贸易增长和经济稳健发展的新动能。北京作为全国跨境电子商务综试区、国家服务业扩大开放综合示范区和自由贸易试验区，在人才引进政策、制度机制和信息资源等方面具有发展跨境电商得天独厚的优势，在政府政策支持和资金扶持下，把握 RCEP 生效带来的重大发展机遇，跨境电商新技术、新模式不断涌现，产业生态服务体系不断建立。展望未来，2023 年北京跨境电商的发展虽然面临多重挑战，但发展潜力和空间仍然巨大，在制度创新和科技进步的双重推动下，有望进一步拓展业务，实现高质量可持续的发展，并为中国其他地区的跨境电商提供有利借鉴。

## （二）建议

### 1. 推进北京产业结构升级

随着全球市场竞争加剧、增速趋缓、监管趋严，中国跨境电商已经告别前期粗放式、爆发式增长模式，需要寻求高质量发展的新路径。北京市跨境电商发展应结合本市"高精尖"产业优势，持续推进"优进优出"，推动国内高技术含量、高附加值产品出口和国外高端产品进口，促进消费提质升级和产业结构升级。首先，根据联合国贸易和发展会议公布的数据，全球"绿色产品"贸易规模在 2022 年达到历史新高 1.9 万亿美元，北京市应大力引导跨境电商企业聚焦高端、智能、绿色的发展方向，实现经济发展与环境保护的双重进步。其次，企业应积极探索先进技术应用和数字化转型实践，运用 5G、大数据分析、AIGC 和区块链等新兴数字技术，提升精细化运营水平和消费者购物体验，建立在全国乃至全球市场上的竞争优势。此外，优化供应链管理是产业结构升级的关键一步，企业应充分利用北京市的跨境物流服务体系和政策支持优势，通过大数据分析等方法，建立高效的供应链网络，提高货物流通效率，为企业在全球范围内开拓更广阔的市场创造条件。最后，注重人才培养和团队建设，吸纳和培养优秀的跨境电商人才，构建多元化、高效率的团队，有助于推动企业从传统的经营模式向更加灵活、创新的发展模式转变。

**2. 优化北京跨境电商的跨境数据管理**

RCEP 对电子贸易的跨境数据流动方面进行了具体约定，中国作为 RCEP 成员国，也在原则上首次做出了对数据设施和数据本地化的约束性承诺，体现出数据安全在跨境贸易中的重要地位。具体而言，跨境电商企业可以从以下几个方面提高跨境数据合规管理能力和安全防护能力，实现跨境贸易相关数据风险的最小化。首先，掌握跨境数据的涉及主体、应用场景等具体信息，对跨境数据整体情况进行把控，避免"长臂管辖"相关风险。其次，建立从上到下的跨境数据治理体系，明确数据安全的负责人和管理机构，对企业跨境数据的动态与东道国法规进行实时跟踪和洞察，并建立跨境数据合规风险应对机制和问责制度；当企业不具备相应资源和能力时，考虑与外部跨境数据合规专业机构的合作。再次，根据我国和东道国法律法规要求对跨境数据进行分类分级，建立数据全生命周期的安全防护体系，将数据安全相关操作流程化、制度化，防止由失误造成的数据破坏和泄露。最后，建立定期、专业的培训机制，培养管理层和员工的数据合规与数据安全意识，将跨境数据风险管理融入企业文化之中。

**3. 积极把握政策和平台带来的机遇**

北京市正处在跨境电商行业发展的重要机遇期和重大转型期，跨境电商企业应积极了解和把握相关政策和国际合作平台，充分发挥政策引导与市场机遇方面的双重优势。首先，北京市自 2018 年加入跨境电商综合试验区以来，充分发挥带动示范作用，积极出台了一系列支持跨境电商创新发展、完

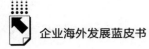

善跨境电商服务支撑体系的支持性政策和补助奖励方案。跨境电商企业应充分了解和把握免税、保税和绿色通道等便利性条件，积极参与跨境电商支持性项目申报。其次，与"一带一路"共建国家深化区域合作，可以有效帮助跨境电商企业降低风险、开发市场、促进对外贸易稳增长。东南亚作为全球电子商务发展最快的地区之一，2022年电商市场渗透率飞速提升，已逐渐成为跨境电商的红海市场；印度等"一带一路"共建国家电商市场仍存在巨大潜力，为跨境电商发展提供新机遇。此外，RCEP的全面生效将有力促进成员国贸易合作，减少贸易壁垒和交易成本，放宽市场准入，为北京跨境电商企业扩展亚太市场提供了便利化的条件。北京市跨境电商企业应积极建立与RCEP各成员国在资源、技术、商品贸易和人才流动等方面的合作关系，将自身优势与中国制造业相结合，寻找跨境电商的新增量，推动产业向规范化、合作化、生态化发展。

**参考文献**

《2023年世界经济形势与展望执行摘要》，搜狐网，2023年8月2日，https：//roll.sohu.com/a/708089827_121615303。

普华永道、奇安信科技集团股份有限公司：《数据跨境合规白皮书》，2023。

《2022-2023中国跨境出口B2C电商报告——生态篇丨亿欧智库》，新浪网，2023年4月14日，http：//k.sina.com.cn/article_2540408364_976b8e2c00102hr9l.html。

《泡泡玛特：潮玩出海丨案例展播》，"哈佛商业评论案例研究"微信公众号，2023年3月20日，https：//mp.weixin.qq.com/s/IOkZn-QIQhri26mK-XK9dA。

智齿科技网站，https：//www.sobot.com/。

《TikTok Shop跨境电商2023年度策略报告》，"威廉姆斯跨境测试"微信公众号，2023年2月15日，https：//www.amz123.com/t/EsGGojle。

《十年突破3万亿 北京海关助首都外贸提挡加速（非凡十年3）》，"海关发布"百家号，2022年8月10日，https：//baijiahao.baidu.com/s？id=1740741810453548934&wfr=spider&for=pc。

# B.10
# 2022年北京企业发展"一带一路"数字贸易研究

彭 皎 刘思义*

摘　要：　在"一带一路"共建国家贸易往来日趋紧密和数字贸易蓬勃发展的双重背景下，本报告聚焦于北京企业如何高质量发展"一带一路"数字贸易这一时代话题。首先，梳理了数字贸易国内外发展现状；其次，从数字经济、数字基础设施、企业研发创新、政策支撑体系等四个方面详细剖析了北京企业发展"一带一路"数字贸易的优势，同时指出面临关键领域核心技术受制于人、数字贸易规则持续碎片化、全球数字贸易集中度提升、数字贸易发展协同性不足等挑战；再次，从加强数字基础设施建设、提升数据安全防护能力、协同产业链供应链发展、充分利用特色优势领域、积极利用国际公共产品等方面提出五大关键发展路径；最后，为北京市政府赋能"一带一路"数字贸易发展提出了发挥"五子"联动政策叠加效应、加快建设北京国际大数据交易所、开展数字贸易规则制定合作等建议。

关键词：　北京企业　"一带一路"　数字贸易

---

* 彭皎，对外经济贸易大学国际商学院博士研究生，主要研究方向为会计信息与资本市场；刘思义，对外经济贸易大学国际商学院副教授、博士生导师，主要研究方向为审计与内部控制。

# 一 数字贸易国内外发展现状

## （一）全球数字贸易发展现状

从总体规模来看，根据联合国贸易和发展会议（UNCTAD）统计数据，2021年全球可数字化交付服务贸易①出口额达38114亿美元（见图1），占当年服务贸易出口额比重高达62.77%，而在2010年占服务贸易出口额比重仅为47.24%（见图2），数字服务贸易在服务贸易中的主导地位逐渐显现，自2020年以来，占比均接近2/3，传统服务贸易数字化进程加快，新兴数字服务产业发展，新一代信息技术快速迭代和成熟应用，大幅提高服务可贸易性，医疗、教育、金融等服务由线下转到线上，游戏视听、云计算、协同办公等新模式新业态获得了发展机遇。

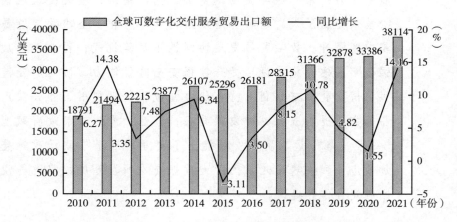

**图1 2010~2021年全球可数字化交付服务贸易出口额及其同比增速**

资料来源：UNCTAD。

从增长趋势来看，2010年全球可数字化交付服务贸易出口额为18791亿美元，这一规模在12年间扩大超一倍。2021年实现同比增长14.16%，为近

---

① 本报告中可数字化交付服务贸易、数字服务贸易、数字贸易不做区别。

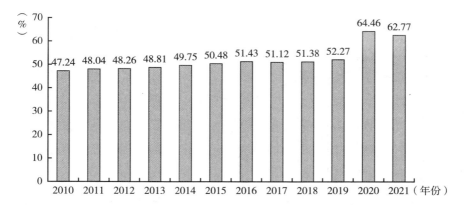

**图2 2010~2021年全球可数字化交付服务贸易出口额占服务贸易出口额比重**

资料来源：UNCTAD。

10年最高，数字贸易成为全球贸易新的增长引擎。随着全球数字经济蓬勃发展，数字贸易也将继制成品贸易、中间品贸易后，成为国际贸易的主体。

## （二）中国数字贸易发展现状

随着改革开放持续深化，"一带一路"建设扎实推进，我国与"一带一路"共建国家贸易往来日趋紧密。2013~2022年，我国与"一带一路"共建国家货物进出口额由6.5万亿元增至13.8万亿元，年均增长8.7%，高出整体贸易年均增速3.2个百分点，占外贸进出口额比重由25.2%升至32.8%。2022年，我国与共建国家进出口总额同比增长19.4%。与此同时，我国数字贸易也表现出增长势头。

从总体规模来看，2021年中国可数字化交付服务贸易进出口额达到3597亿美元，同比增长22.35%。自2020年以来，数字贸易占比基本稳定，2021年占比较2010年提升9个百分点，较2015年提升16个百分点（见图3）。与此同时，我国可数字化交付服务贸易规模世界排名稳步提升，2020年在全球105个国家和地区的排名升至第5位，是10年来首次跻身前五，中国是5强中唯一的一个发展中国家。

从出口和进口相对规模来看，2010年我国可数字化交付服务贸易出口

**图3 2010~2021年中国可数字化交付服务贸易进出口额**
**及其占服务贸易进出口额比重**

资料来源：UNCTAD。

额和进口额分别为577亿美元、690亿美元，逆差为113亿美元。2021年可数字化交付服务贸易出口额为1948亿美元，同比增长26.17%，可数字化交付服务贸易进口额为1648亿美元，同比增长18.05%，可数字化交付服务贸易顺差为300亿美元，数字贸易顺差同比增长102.70%。我国数字服务贸易由逆差转为顺差，顺差规模有进一步扩大趋势，自2015年首次实现数字服务贸易顺差72亿美元，顺差已扩大超3倍，我国数字服务贸易的国际竞争力持续增强（见图4）。

从细分领域来看，UNCTAD在《ICT服务贸易和ICT赋能服务贸易》报告中提出了6类可数字化交付服务贸易，即保险和养老金服务（以下简称"保险服务"），金融服务，知识产权使用费服务（以下简称"知识产权"），电信、计算机和信息服务（以下简称"电信计算机或ICT服务"），其他商业服务①以及个人、文化和娱乐服务（以下简称"个人文娱"）。我国细分数字服务进出口结构凸显了以其他商业服务和电信计算机为主体的模式，2021年进出

———————————

① 其他商业服务包括研发、会计、法律、广告、管理咨询、公共关系等服务贸易。

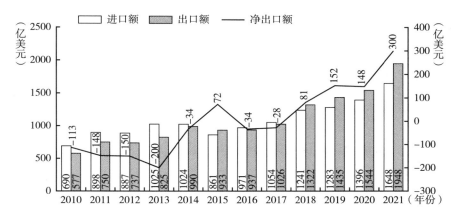

**图4 2010~2021年中国可数字化交付服务贸易进口额、出口额、净出口额**

资料来源：UNCTAD。

口额分别为1468亿美元和1171亿美元，占比分别为17.61%和14.05%，合计占比接近1/3。其次分别为知识产权、保险服务、金融服务和个人文娱，占比分别为7.06%、2.56%、1.25%和0.62%，合计占服务贸易进出口额比重为11.49%（见图5）。

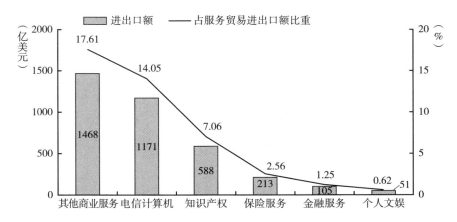

**图5 2021年中国可数字化交付服务贸易各细分领域进出口额
及其占服务贸易进出口额比重**

资料来源：UNCTAD。

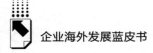 

从细分领域的进口维度来看，2021年其他商业服务进口额最高，为532亿美元，分别高于知识产权、电信计算机63亿美元和131亿美元，但增速在六大细分领域中最低，为5.35%，增速排前3位的领域分别为金融服务（68.39%）、保险服务（29.92%）和知识产权（24.61%）（见图6），我国对金融领域数字服务贸易需求较大。

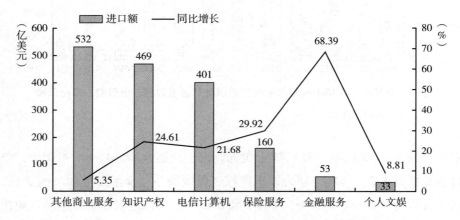

**图6 2021年中国可数字化交付服务贸易各细分领域进口额及其同比增速**

资料来源：UNCTAD。

从细分领域的出口维度来看，2021年其他商业服务出口额最高，为936亿美元，同比增长24.08%。其次为电信计算机770亿美元，同比增长30.42%，占全球电信计算机领域数字贸易的比重为9.08%，规模位居第三，仅次于爱尔兰（1977亿美元）和印度（817亿美元），是六大细分领域中全球排名最高的领域。排在第3位的知识产权为119亿美元，在规模上明显小于其他商业服务和电信计算机，同比增速为34.55%，与增速高达44.49%的个人文娱领域同样表现出较大的发展潜力（见图7）。

作为在全球数字服务贸易细分领域中我国最具有竞争力的领域，有必要进一步分析ICT服务变化趋势。自2010年以来ICT服务出口额保持明显的增长态势，从2010年的105亿美元增长到2021年的770亿美元（见图8），

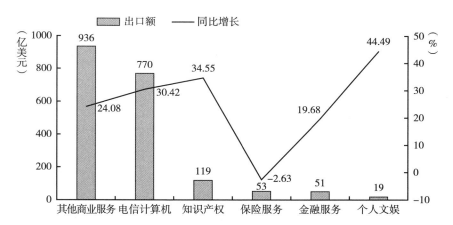

**图7 2021年中国可数字化交付服务贸易各细分领域出口额及其同比增速**

资料来源：UNCTAD。

复合增长率达19.86%，显著高于世界平均水平。与此同时，ICT服务进口额也保持逐年增长，从2010年的41亿美元增长到2019年的269亿美元（见图9）。贸易顺差从2010年的64亿美元扩大到2019年的269亿美元，我国在电信计算机领域数字贸易竞争实力明显增强，ICT服务在数字贸易中的重要性日益凸显。

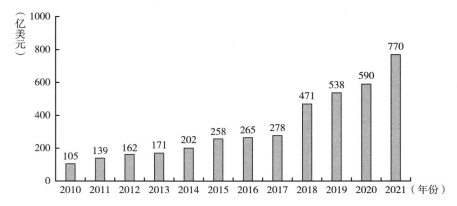

**图8 2010~2021年中国电信、计算机和信息服务贸易出口额**

资料来源：UNCTAD。

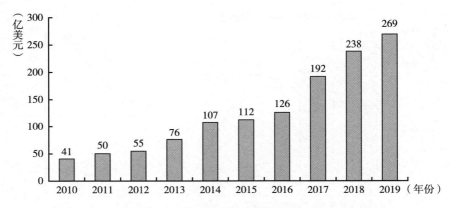

**图9 2010~2019年中国电信、计算机和信息服务贸易进口额**

资料来源：UNCTAD。

### （三）北京数字贸易发展现状

近年来北京地区对外开放能级不断提升，有利于推动构建"一带一路"数字贸易开放新格局。从对外贸易总量来看，近年来呈波动增长态势，北京进出口额从2017年的21924亿元增长至2022年的36446亿元，复合增长率为10.7%。其中，2022年北京进口额30556亿元，同比增长25.6%，出口额5890亿元，同比下降3.7%，进口额占对外贸易总量的83.8%（见图10），对全国进出口增长贡献率达到19.9%，居全国首位。2023年以来，北京对外贸易发展持续跑出"加速度"，第一季度实现外贸进出口额8992.4亿元，同比增长11.6%，高于同期全国进出口额增速6.8个百分点，对全国外贸增长贡献率达20.8%。

从对外贸易地区来看，2022年北京地区对"一带一路"共建国家进出口额达1.59万亿元，同比增长28.2%，占地区进出口额的43.6%。对中东、非洲、拉美、俄罗斯分别进出口9005.6亿元、3249.0亿元、2757.7亿元和1896.9亿元，分别增长52.3%、19.7%、10.0%和42.1%，北京与"一带一路"共建国家贸易发展稳步向好。

从进出口产品来看，2021年北京地区机电产品和高新技术产品（二者

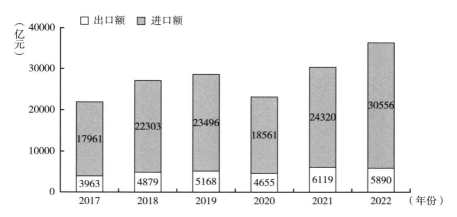

**图 10　2017~2022 年北京对外贸易出口额与进口额**

资料来源：北京市统计局网站。

有交叉）出口额分别为 2691.1 亿元和 2606.4 亿元，分别增长 20.8%和 90.0%，分别占当年出口额的 44.0%和 42.6%，高技术、高附加值的产品正成为北京地区出口新的增长点和优势。能源产品进口成为北京进口增长的最大动力，2022 年北京地区能源产品进口额 1.7 万亿元，年贡献率达到 80.3%。

从对外贸易新业态新模式来看，北京地区可数字化交付服务贸易进出口额从 2017 年的 502 亿美元增长到 2021 年的 697 亿美元，2021 年同比增长 12.4%，复合增长率达 8.6%（见图 11），约占全国数字贸易进出口额的 1/5，数字贸易总体规模呈快速扩大趋势。与此同时，北京地区数字贸易进出口额占服务贸易进出口额的比重从 2017 年的 35%增长到 2021 年的 50%，数字贸易已成为北京地区服务贸易的主要模式，是北京地区服务贸易发展的新引擎。北京数字贸易的优势领域集中在保险服务、个人文娱、金融服务，出口额占全国同类比重分别高达 54.9%、45.2%和 31.7%。在建设全球数字经济标杆城市的进程中，北京市正加速培育数字贸易新业态新模式，着力推进贸易全链条数字化赋能与传统贸易主体数字化转型，构建数字贸易开放新格局。

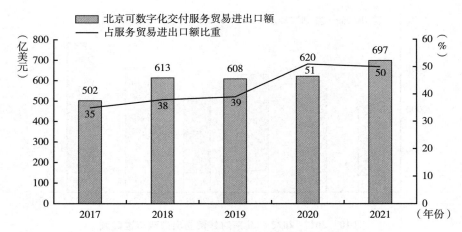

**图 11　2017~2021 年北京可数字化交付服务贸易进出口额
及其占服务贸易进出口额比重**

资料来源：国务院发展研究中心、前瞻产业研究院《2022 年数字贸易发展研究报告》、中新网。

# 二　北京企业发展"一带一路"数字贸易
# 优势及挑战

## （一）北京企业发展"一带一路"数字贸易的优势

### 1. 数字经济持续释放发展活力，赋能"一带一路"数字贸易高质量发展

数字贸易的本质是数字经济的国际化。数字贸易体现了一个国家或地区的数字化能力。北京企业"一带一路"数字贸易发展前景，在一定程度上取决于我国及北京市数字经济发展水平。党的二十大报告指出，要加快发展数字经济，促进数字经济和实体经济深度融合，打造具有国际竞争力的数字产业集群。根据工业和信息化部数据，2017~2022 年，中国数字经济规模从 27.2 万亿元增长到 50.2 万亿元，复合增长率达到 13.0%，数字经济占国内生产总值比重从32.7%提升至 41.5%，中国是仅次于美国的全球第二大数字经济体。

数字经济是数字时代"一带一路"贸易数字化转型的重要引擎，是

形成北京企业国际竞争力的有力支撑。北京数字经济增加值从 2016 年的 9675 亿元增加到 2022 年的 17330 亿元,占地区生产总值的比重从 2016 年的 35.8% 提高到 2022 年的 41.6%,提高 5.8 个百分点,且有进一步增长趋势。根据最新统计数据,2023 年上半年北京数字经济实现增加值 9181 亿元,按现价计算同比增长 8.7%,占地区生产总值的比重进一步提高至 44.5%(见图 12)。根据《数字经济及其核心产业统计分类(2021)》①,2022 年北京市数字经济核心产业增加值为 9958 亿元,同比增长 7.5%,占数字经济增加值的比重为 57.5%。2022 年北京市规模以上数字经济核心产业企业 8307 家,实现营业收入 4.6 万亿元,比 2021 年增长 2.8%。

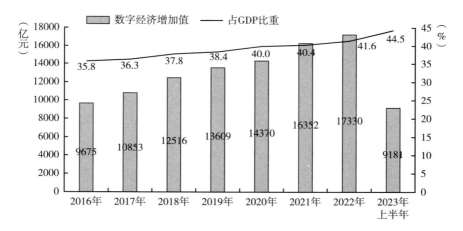

**图 12　2016 年至 2023 年上半年北京数字经济增加值及其占 GDP 比重**

资料来源:北京市统计局网站。

北京围绕着"全球数字经济标杆城市建设"这一发展目标,在数字产业化和产业数字化领域协同发展,厚植北京企业"一带一路"数字贸易发展基础。2021 年 3 月成立的北京国际大数据交易所,已建成国内首个基于

---

① 该分类将数字经济产业范围确定为 01 数字产品制造业、02 数字产品服务业、03 数字技术应用业、04 数字要素驱动业、05 数字化效率提升业等 5 个大类。其中,数字经济核心产业是指为产业数字化发展提供数字技术、产品、服务、基础设施和解决方案,以及完全依赖于数字技术、数据要素的各类经济活动。该分类中 01~04 大类为数字经济核心产业。

自主知识产权的数据交易平台 IDeX 系统，将数据交易全过程上链存储，推动实现数据合规流通。根据国家网信办发布的《数字中国发展报告（2022年）》，北京在数字化综合发展水平评价中位列第二，在数字化转型、数字公共服务、数字化公共治理等方面成效显著。

2. 数字基础设施建设全面推进，夯实"一带一路"数字贸易发展底座

数字贸易的快速发展离不开先进的数字基础设施。高速稳定的网络环境、先进的数据中心和云计算等技术，为北京企业发展"一带一路"数字贸易提供了必要的条件。

从基础设施投资来看，《北京市 2022 年国民经济和社会发展统计公报》数据显示，2022 年北京市固定资产投资比上年增长 3.6%，其中基础设施投资增长 5.2%，科学研究和技术服务业投资增长 60.7%，信息传输、软件和信息技术服务业投资增长 36.0%，继续领跑其他行业。2022 年共推动 585项市区重点工程实现开工，总投资超 7000 亿元。

从网络基础设施来看，目前互联网宽带、移动互联网普及，千兆光纤网络、IPv6 是全球网络基础设施建设的前沿。《北京数字经济发展报告（2022~2023）》显示，截至 2022 年底，北京市新增 5G 基站 2.4 万个，已建成 5G 基站 7.5万个，累计开通 5G 基站约 6.6 万个，每万人拥有 5G 基站数位列全国第一。2022 年北京市完成了"两横""四环""百点"的建设任务，实现了 5G 网络在五环内及城市副中心的连续覆盖和五环外精准覆盖。同时，在千兆固网建设方面持续发力，注重提升 1000M 接入能力，优化宽带城域网，提高传输水平，以满足通信访问需求。截至 2022 年底，千兆固网累计接入 129.6万名用户。

从城市算力基础设施来看，北京市持续加码人工智能算力建设，为贯彻落实《北京市加快建设具有全球影响力的人工智能创新策源地实施方案（2023—2025 年）》，2023 年 5 月印发《北京市促进通用人工智能创新发展的若干措施》，加快建设北京人工智能公共算力中心（海淀区）、北京数字经济算力中心（朝阳区）两个市级人工智能算力中心。首个人工智能计算中心——北京昇腾人工智能计算中心已落地中关村门头沟园，首批签约北京

昇腾人工智能计算中心的企业和科研单位达47家，预计算力使用规模超过248P，短期算力规模将达到500P，长期将达到1000P。目前北京市已建总浮点算力约12400P，其中智能算力约3400P，初步形成规模化先进算力供给能力，已建成国家工业互联网大数据中心，为北京企业"一带一路"数字贸易发展提供了强大的数字底座。

3. 企业研发创新持续推进，积聚"一带一路"数字贸易创新发展动能

作为国际科技创新中心和首个"双奥之城"，北京市高新技术产业蓬勃发展，北京企业研发投入持续增加、创新成果迭代涌现，不断挖掘增长潜力，不断积聚"一带一路"数字贸易创新发展动能。

从创新投入角度来看，2022年北京地区上市公司研发投入为9.77亿元，同比增长13.08%，较2017年4.70亿元研发投入扩大1倍以上，近6年复合增长率达12.97%（见图13）。从北京市整体研发投入数据来看，2021年数字经济核心产业企业研发费用为3217亿元，同比增长29.7%，占营业收入的比重从2019年的5.9%提升至7.0%，数字经济核心产业的经济效益加速释放。根据"2022北京数字经济企业100强"① 榜单，京东、小米、百度、网易有道等2022年北京数字经济100强企业营业收入总额达到1.92万亿元，同比增长14.7%，数字经济重点企业带动作用明显。

从创新产出角度来看，近年来，北京地区发明专利、实用新型专利、外观设计专利授权总量持续增多，从2016年的10.1万件增长至2022年的20.3万件，复合增长率为12.3%（见图14）。从三类专利授权结构来看，2021年北京地区发明专利、实用新型专利、外观设计专利授权量分别为7.92万件、9.61万件和2.35万件（见图15），占比分别为39.8%、48.3%和11.9%。发明专利是最能体现一个地区自主创新能力、衡量科研产出质量和市场应用水平的综合指标，2022年北京地区发明专利授权量8.80万件，同比增长11.1%，占三类专利授权总量的43.3%，占比较上

---

① "2022北京数字经济企业100强"榜单由北京企业联合会、北京市企业家协会共同发布。

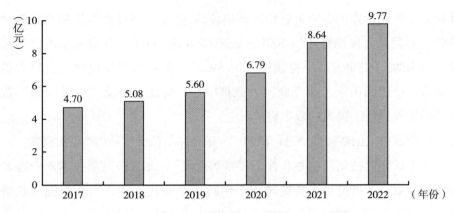

**图 13  2017~2022 年北京地区上市公司研发投入**

资料来源：CSMAR 数据库。

年提高 3.5 个百分点，年末拥有有效发明专利 47.80 万件，同比增长 18.0%。

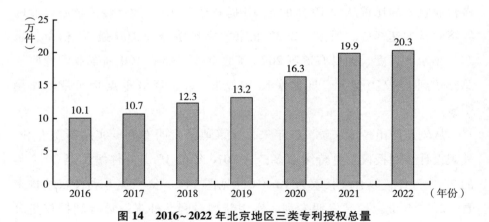

**图 14  2016~2022 年北京地区三类专利授权总量**

资料来源：CSMAR 数据库、《北京市 2022 年国民经济和社会发展统计公报》。

与此同时，多项数字技术创新成果不断涌现，"悟道 3.0"的发布标志着全面进入开源的新阶段，涵盖语言、视觉、多模态等基础大模型；个头小但算力强的光子 AI 计算芯片，已实现全球首家商用落地，为我国人工智能底层

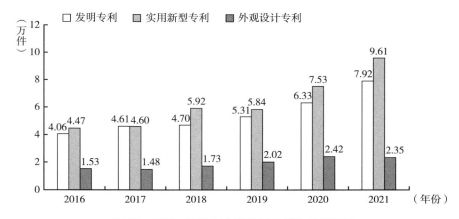

图 15　2016~2021 年北京地区三类专利授权量

资料来源：CSMAR 数据库。

技术自主可控贡献了"北京方案"；长安链作为我国首个自主可控的区块链软硬件技术体系，成功研发 PB 级数据存储引擎"泓"（Huge），是目前全球支持量级最大的区块链开源存储引擎，实现更有价值的可信万物互联。

从企业研发创新支持政策来看，税惠"加油"助力科创企业迈向快车道。为进一步支持科技创新，自 2022 年 1 月 1 日起，科技型中小企业研发费用税前加计扣除比例由 75% 提高到 100%。根据国家税务总局北京市税务局发布的数据，2022 年新一轮中关村先行先试实施以来，北京市有 10139 家科技型中小企业申报享受研发费用税前加计扣除政策，同比增加 4034 家，增长 66%，加计扣除金额超 334 亿元，以真金白银反哺企业创新。同时，进一步加大对创新型数字企业融资支持力度，科创板、创业板已上市的战略性新兴产业企业中，数字领域相关企业占比分别接近 40% 和 35%。工业互联网领域新增上市企业 53 家，首发累计融资规模 581.34 亿元，从财政、金融等多领域强化对企业科技创新的政策支持，为企业发展"一带一路"数字贸易提供财税支撑。

**4. 政策支撑体系日趋完善，引领"一带一路"数字贸易高质量发展**

高质量发展"一带一路"数字贸易，离不开顶层设计。近年来，我国不断完善数字贸易政策支撑体系（见表 1），对发展数字贸易的重视程度逐

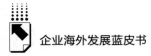

步加深。自2019年11月《中共中央　国务院关于推进贸易高质量发展的指导意见》首次提出"加快数字贸易发展"以来，2020年10月《国务院办公厅关于推进对外贸易创新发展的实施意见》进一步提出"支持企业不断提升贸易数字化和智能化管理能力"。随后，《"十四五"服务贸易发展规划》首次将"数字贸易"列入服务贸易发展规划，同时《"十四五"数字经济发展规划》进一步突出了"数字丝绸之路"建设的重要性。

**表1　关于数字贸易主要政策梳理**

| 层次 | 时间 | 文件名称 | 主要内容 |
|---|---|---|---|
| 国家层面 | 2019年11月 | 《中共中央　国务院关于推进贸易高质量发展的指导意见》 | 首次提出"加快数字贸易发展"。提升贸易数字化水平。以共建"一带一路"为重点，大力优化贸易结构，推动进口与出口、货物贸易与服务贸易、贸易与双向投资、贸易与产业协调发展 |
| | 2020年8月 | 《国务院关于深化北京市新一轮服务业扩大开放综合试点建设国家服务业扩大开放综合示范区工作方案的批复》 | 推进数字经济和数字贸易发展。加快推动公共数据开放，引导社会机构依法开放自有数据，支持北京市在特定领域开展央地数据合作，推动政务数据与社会化数据平台对接。研究境内外数字贸易统计方法和模式，打造统计数据和企业案例相结合的数字贸易统计体系。研究建立完善数字贸易知识产权相关制度 |
| | 2020年10月 | 《国务院办公厅关于推进对外贸易创新发展的实施意见》 | 加快贸易数字化发展。大力发展数字贸易，推进国家数字服务出口基地建设，鼓励企业向数字服务和综合服务提供商转型。支持企业不断提升贸易数字化和智能化管理能力。建设贸易数字化公共服务平台，服务企业数字化转型 |
| | 2021年10月 | 《"十四五"服务贸易发展规划》 | 首次将"数字贸易"列入服务贸易发展规划。加快服务贸易数字化进程。大力发展数字贸易，推进服务外包数字化高端化，促进传统服务贸易数字化转型，建立健全数字贸易治理体系 |
| | 2021年11月 | 《"十四五"对外贸易高质量发展规划》 | 提升贸易数字化水平。加快贸易全链条数字化赋能。推进服务贸易数字化进程。推动贸易主体数字化转型。营造贸易数字化良好政策环境 |
| | 2021年11月 | 《关于支持国家数字服务出口基地创新发展若干措施的通知》 | 建设数字贸易公共服务平台。统筹利用现有资金渠道支持基地建设共性技术支撑平台、数据资源交易合作平台、跨境数字贸易营销平台、数字贸易应用场景展示平台、大数据分析应用平台等公共服务平台。依托基地高标准打造数字贸易示范区，对接国际高水平自由贸易协定数字贸易规则开展先行先试，为我国参与制定相关国际规则提供实践经验 |

续表

| 层次 | 时间 | 文件名称 | 主要内容 |
|---|---|---|---|
| 国家层面 | 2021年12月 | 《"十四五"数字经济发展规划》 | 以数字化驱动贸易主体转型和贸易方式变革,营造贸易数字化良好环境。<br>推动"数字丝绸之路"深入发展。加强统筹谋划,高质量推动中国—东盟智慧城市合作、中国—中东欧数字经济合作 |
| | 2022年3月 | 《2022年国务院政府工作报告》 | 2022年政府工作报告首提"数字贸易"。创新发展服务贸易、数字贸易,推进实施跨境服务贸易负面清单。深化通关便利化改革,加快国际物流体系建设,助力外贸降成本、提效率 |
| | 2023年2月 | 《数字中国建设整体布局规划》 | 构建开放共赢的数字领域国际合作格局。统筹谋划数字领域国际合作,建立多层面协同、多平台支撑、多主体参与的数字领域国际交流合作体系,高质量共建"数字丝绸之路",积极发展"丝路电商" |
| 北京层面 | 2020年9月 | 《北京国际大数据交易所设立工作实施方案》 | 建设成为国内领先的大数据交易基础设施及国际重要的大数据跨境交易枢纽 |
| | 2020年9月 | 《北京市促进数字经济创新发展行动纲要(2020—2022年)》 | 建立数字贸易试验区,开展数据跨境流动安全管理试点,构建适应开放环境的数字经济和数字贸易政策体系 |
| | 2021年10月 | 《北京市关于促进数字贸易高质量发展的若干措施》 | 促进数字贸易高质量发展,打造数字贸易示范区,助力全球数字经济标杆城市建设 |
| | 2021年12月 | 《北京市推进"一带一路"高质量发展行动计划(2021—2025年)》 | 落实"一带一路"数字经济国际合作倡议,积极参与数字经济规则对接,探索建立国际数字贸易交易标准、数字证书和电子签名的国际跨境互认 |

根据国家顶层设计,立足首都城市战略定位,围绕着高质量发展数字贸易这一主题,北京市政府相继出台了一系列发展数字贸易工作方案、行动计划等。2020年8月国务院批复《深化北京市新一轮服务业扩大开放综合试点建设国家服务业扩大开放综合示范区工作方案》,为形成与国际先进规则相衔接的制度创新和要素供给体系,做出"研究境内外数字贸易统计方法和模式,打造统计数据和企业案例相结合的数字贸易统计体系。

研究建立完善数字贸易知识产权相关制度"等工作部署。同年 9 月，发布《北京市促进数字经济创新发展行动纲要（2020—2022 年）》，提出"建立数字贸易试验区，开展数据跨境流动安全管理试点，构建适应开放环境的数字经济和数字贸易政策体系"。在 2021 年 10 月发布的《北京市关于促进数字贸易高质量发展的若干措施》中进一步提出"打造数字贸易示范区，助力全球数字经济标杆城市建设"发展目标。2021 年底发布《北京市推进"一带一路"高质量发展行动计划（2021—2025 年）》，将"落实'一带一路'数字经济国际合作倡议，积极参与数字经贸规则对接"作为优先行动。

综上，围绕着高质量发展数字贸易这一主题，国家层面和北京层面相继出台了一系列政策，推动形成"点面结合、重点突破、牵引带动"的政策体系，北京企业发展"一带一路"数字贸易的政策红利有望在"十四五"期间充分释放，为构建和平、安全、开放、合作、有序的"一带一路"数字贸易网络空间命运共同体创造了良好的外部环境。

### （二）北京企业发展"一带一路"数字贸易面临的挑战

**1. 关键领域核心技术受制于人，制约"一带一路"贸易数字化进程**

数字贸易的高速增长有赖于数字经济的蓬勃发展。我国数字经济规模连续多年稳居世界第二，从 2012 年的 11.0 万亿元增长到 2021 年的 45.5 万亿元，占国内生产总值的比重提升，电商交易额、移动支付交易规模全球第一。《中国互联网发展报告（2023）》最新数据显示，2022 年我国数字经济规模已达 50.2 万亿元，同比增长 10.3%。但不可否认的是，我国数字经济领域存在"大而不强、快而不优"的问题。我国在关键领域创新能力仍然不强，在操作系统、算力算法、工业制造软件、高端芯片、基础材料、人工智能等核心技术领域仍存在短板，技术研发和工艺制造水平依然落后于国际先进水平，数字基础产品和服务创新能力均有待提高。关键领域核心技术受制于人的局面在一定程度上制约着北京企业"一带一路"贸易数字化进程，也在一定程度上影响着我国与"一带一路"共建国家数字贸易合作发展。

**2. 数字贸易规则持续碎片化，抬高"一带一路"数字贸易规则壁垒**

数字基础设施是北京企业发展"一带一路"数字贸易的"硬联通"，而数字贸易规则是重要的"软联通"。数字贸易是新一轮大国竞争的焦点，数字贸易规则制定的主导权更是国际竞争和博弈的焦点。目前，全球数字贸易规则呈现碎片化特点，我国在数字贸易规则体系中的话语权有待提高。

从"一带一路"共建国家法律体系来看，"一带一路"共建各国分属大陆法系、英美法系、阿拉伯法系等多个法律体系，而各个法律体系的渊源、分类、诉讼程序等多个方面存在显著差异，不同法律体系之间容易产生冲突，这给完善"一带一路"数字贸易规则、健全"一带一路"数字贸易治理体系带来了阻碍。

从"一带一路"共建国家发展水平来看，这些国家中兼具发达国家与发展中国家，以2021年各国国内生产总值为切入点，排在前10位的国家分别为中国、日本、印度、韩国、俄罗斯、伊朗、印度尼西亚、沙特阿拉伯、土耳其、波兰，仅从第1位到第10位就相差近25倍（见图16）。发达国家与发展中国家的利益诉求不同，不同发达经济体之间的利益诉求亦不同。

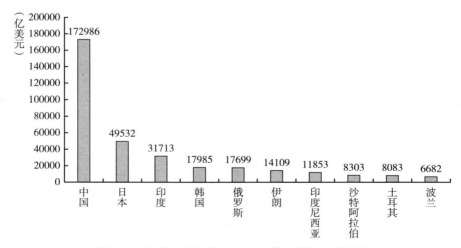

**图16　2021年GDP前10位"一带一路"共建国家**

资料来源：CSMAR数据库。

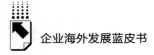

从"一带一路"共建国家数字贸易政策来看，一方面，由于数字贸易标的物的敏感性，难以达成一致意见。不少国家正在追求分化性的数字贸易政策，发展中国家在数字贸易政策、跨境数据流动规则等方面处于防御地位。如印度、印尼、南非等国家拒绝《大阪数字经济宣言》，对全球电子商务谈判持反对意见，印度则主张将数据存储本地化。另一方面，"一带一路"共建国家数字贸易规则协定交错复杂，如新加坡、新西兰均为 RCEP、《数字经济伙伴关系协定》（DEPA）、《全面与进步跨太平洋伙伴关系协定》（CPTPP）等六个协定的成员国，不同协定的承诺水平、执行机制、争端解决体系均存在差异，导致"一带一路"数字贸易规则适用难度提升，同时增加了北京企业发展"一带一路"数字贸易制度性成本。

3. 全球数字贸易集中度提升，数字贸易利润空间有限

综观全球，欧美等发达国家和地区在数字经济与数字贸易方面具有持续领先的竞争力。美国作为数字革命的重要发源地，出台了《国家制造业创新网络计划》《大数据研究与发展计划》《2021 美国创新与竞争法案》等；与此同时，欧盟出台了《数字红利战略》《欧洲工业数字化战略》《塑造欧洲的数字未来》《2030 数字罗盘：欧洲数字十年之路》等。欧美等发达国家在政策上持续发力，有力推动了数字经济的发展，在某种程度上塑造了当下以欧美等发达国家为主导的数字贸易发展格局，全球数字贸易的集中度呈上升态势。

根据 UNCTAD 披露的数据，2021 年美国、英国、爱尔兰、德国、中国分别以 9634 亿美元、6772 亿美元、5286 亿美元、4124 亿美元、3597 亿美元的数字贸易规模位列全球前五（见图 17）。美国得益于拥有众多超大型跨国信息通信企业，数字贸易规模连续多年稳居世界第一，而众多大型互联网企业将欧洲总部设在爱尔兰，催生了爱尔兰数字贸易蓬勃发展动力。我国自 2020 年起跻身全球前五，并且是唯一一个发展中国家，但不可否认的是，我国数字贸易无论是总量还是发展水平仍与美国、英国等发达国家存在较大差异。美国、英国数字贸易规模分别是我国的 2.7 倍、1.9 倍，欧美等发达国家作为全球数字贸易的第一梯队，在数字经济产业链上游

（数字基础设施）、中游（数字产业化和产业数字化）、下游（数字化治理）均具有显著优势，而"一带一路"共建国家数字经济发展水平普遍不高，数字贸易利润空间有限。

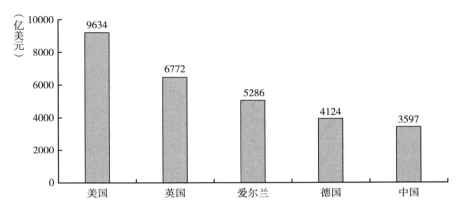

**图 17　2021 年可数字化交付服务贸易进出口额排名前五国家**

资料来源：UNCTAD。

**4.数字贸易发展协同性不足，拉大"一带一路"数字贸易发展鸿沟**

"一带一路"倡议经过 10 年发展，截至 2023 年 6 月，我国已经同 152 个国家和 32 个国际组织签署 200 余份"一带一路"共建合作文件。① 但不可否认的是，从我国与"一带一路"共建国家数字贸易发展现状来看，共建国家之间发展水平差距较大。根据华信研究院发布的《"一带一路"数字贸易发展指数报告（2022）》，新加坡、马来西亚属于深度合作型国家，俄罗斯、越南、印度、泰国、阿联酋、印度尼西亚、捷克等 7 个国家属于快速推进型国家，以色列、波兰、菲律宾、匈牙利、土耳其、沙特阿拉伯、罗马尼亚、哈萨克斯坦、克罗地亚、巴基斯坦等 10 个国家属于逐步拓展型国家，尚有 11 个国家属于有待加强型国家，占披露国家总数的 37%。从披露的"一带一路"数字贸易发展指数得分来看，新加坡以 271 分遥遥领先，而绝大多数国家（占披露国家总数的 93%）指数得分在 90 分以下，"一带一路"

---

① 具体国家和国际组织详见中国一带一路网，https：//www.yidaiyilu.gov.cn/p/77298.html。

共建国家在数字贸易关系、潜力、基础、环境、风险、水平等方面差距巨大，显著的国别差异不利于北京企业"一带一路"数字贸易经验积累与迁移，尤其是"一带一路"共建国家中的发展中国家，存在投资效率低、包容性发展水平不高、要素流动不畅以及环境保护不足等现实问题，加大了北京企业发展"一带一路"数字贸易的难度。

北京作为创新要素最为集中的城市，信息基础设施建设有力，第三产业发展迅猛，金融科技发展水平领跑全国，数字生态位居全国前列，有力支撑北京企业数字贸易高质量发展。但从北京企业发展"一带一路"数字贸易现状来看，数字贸易发展的系统性、协同性有待提升。一是不同行业、不同区域、不同群体的数字化基础不同，发展差异明显，导致传统产业数字贸易发展相对较慢。农业、工业等传统产业数字化还需深化，部分企业数字化转型存在"不愿""不敢""不会"的困境。二是中小企业发展"一带一路"数字贸易阻力较大，一方面表现在中小企业数字化转型相对滞后，头部企业在数字贸易领域具有绝对的竞争优势，竞争优势集中表现在营业收入规模上，规模超过 100 亿元的企业有 7 家，分别是字节跳动、美团、快手、百度、京东、小米和滴滴公司。现有竞争优势推动企业在数字经济、数字贸易领域加大研发投入，进一步巩固了头部企业的竞争优势。根据《北京数字经济发展报告（2022~2023）》披露的数据，研发投入 Top20 企业研发费用占全市的比重超四成，研发投入强度达 20.5%，重点企业带动作用明显。其中，字节跳动、快手、小米和京东研发费用超百亿元，另有 39 家数字经济产业企业研发投入超 10 亿元。另一方面，高物流成本、高平台费用是中小企业发展"一带一路"数字贸易的主要阻力。根据 2021 年 7 月德勤对多家亚太国家跨境电商企业的调研结果，高物流成本是跨境电商最大的挑战。对于发展中经济体和中小微企业，物流成本占货物贸易最终价格的比例分别高达 26% 和 42%。高企的物流成本不利于北京企业尤其是中小微企业发展"一带一路"数字贸易，显著提高了出口成本，降低了在国家贸易市场中的竞争力，在"一带一路"数字基础设施互联互通、共享利用方面还面临众多堵点难点。

# 三 北京企业发展"一带一路"数字贸易关键路径

## （一）加强数字基础设施建设，突破"一带一路"数字贸易"卡脖子"问题

构建开放共赢的"一带一路"数字贸易国际合作格局，企业需要构筑自立自强的数字技术创新体系，把握"一带一路"数字贸易发展新机遇。

一是科技型骨干企业要积极发挥支撑引领作用。在京央企国企带头聚焦芯片技术、光刻机、人工智能算法、生物智能等产业短板领域，在加大科研经费投入基础上，优选科学技术人才，赋能关键领域核心技术攻关，提高产业链供应链安全性稳定性。

二是科创型企业要积极联合科研机构、高等院校，搭建长期稳定的科研合作平台，集聚创新要素，研究解决重大科技难题。积极参与"一带一路"联合实验室建设，从科技合作入手，联合"一带一路"共建国家企业、高校研究解决其发展中的重大挑战和问题，从战略层面推动发展"一带一路"数字贸易。积极利用怀柔科学城全球科学家联合研发的重要支撑平台，共同突破集成电路、高端软件等数字技术领域重点"卡脖子"环节。

## （二）提升数据安全防护能力，健全"一带一路"数字贸易安全保障体系

构建开放共赢的"一带一路"数字贸易国际合作格局，既需要企业构筑自立自强的数字技术创新体系，也需要企业筑牢可信可控的数字安全屏障，兼顾发展与安全。数据安全不仅是企业发展的重中之重，更关乎国家安全和经济社会发展。数据安全作为国家和企业战略上的保障，在数字经贸规则中涉及的数字治理、网络安全和隐私保护等问题，是各国乃至全人类面临的共同议题。北京企业发展"一带一路"数字贸易应以国家安全和公共利

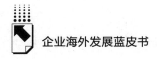
益为底线。全面加强网络安全和数据安全保护，筑牢数字安全屏障。

企业要积极贯彻落实国家网络安全、数据安全等法律法规。党的十八大以来，我国颁布了《中华人民共和国网络安全法》（以下简称《网络安全法》）、《中华人民共和国数据安全法》（以下简称《数据安全法》）、《中华人民共和国个人信息保护法》（以下简称《个人信息保护法》），形成了互联网及数据安全监管的三大基本法律框架。《网络安全法》对关键信息基础设施的运营者强制要求数据本地化，并提出发生网络安全事件向主管机构披露漏洞的强制性要求。《数据安全法》在第四章中明确了数据安全保护义务，对于"重要数据的处理者应当明确数据安全负责人和管理机构，落实数据安全保护责任"。《个人信息保护法》专设第三章，明确对个人信息跨境提供的有关规则。与此同时，我国积极对接国际数字规则，发布《全球数据安全倡议》，积极维护全球信息技术产品和服务的供应链开放、安全、稳定。

"一带一路"共建国家合作领域逐步扩展至能源、电力、水利等关系国计民生的基础性设施，这对企业数据安全防护能力提出了更高要求。北京企业在发展"一带一路"数字贸易过程中，应进一步加强数据跨境流动安全管理，落实网络安全等级保护，增强安全能力以应对网络安全漏洞。同时，落实关键信息基础设施安全保护制度要求，对可能涉及国家信息安全、企业信息安全、个人信息安全、网络商业秘密、网络知识产权的事件保持警惕。

（三）协同产业链供应链发展，构建"一带一路"数字贸易系统化发展格局

从产业链供应链协同来看，党的二十大报告指出，要着力提升产业链供应链的韧性和安全水平。企业要在建链、补链、强链、稳链上下功夫，打造数字贸易产业链图谱，实现产业高效链接。对于"一带一路"数字贸易重点企业，带头把产业链变成纵横交错的产业链网，打造层级丰富、上下互通、左右联动的产业生态，提升供应链的协调能力和响应速度；对于科技创新、数字经济等产业，加快提升数字产业创新能力；对于生物制药、绿色金

融等产业，推动产业数字化转型提档加速。

从区域协同来看，立足京津冀全局谋划产业布局，协同推进京津冀三地企业数字产业化和产业数字化转型，协同发展"一带一路"数字贸易。促进三地产业链共建、供应链共享、价值链共创，聚焦重点领域推进产业链协同开放，加强中国（北京）自由贸易试验区、中国（天津）自由贸易试验区、中国（河北）自由贸易试验区协同发展，创新京津陆海"一港通"快速通关模式，降低企业通关成本、提高通关效率，提升京津冀三地企业整体国际竞争力。

从大中小企业协同来看，一方面，产业链供应链核心企业积极发挥引领作用，探索组建企业"一带一路"数字贸易进出口联盟，促进中小微企业深度融入产业链供应链。头部企业推动实现数字贸易与双向投资有效互动，吸引"一带一路"共建国家投资，发挥对产业升级和外贸高质量发展的带动作用。另一方面，中小微企业提升"一带一路"数字贸易竞争力，鼓励中小微企业抱团"出海"行动。对于创新能力强、掌握关键领域核心技术的"小巨人"企业充分发挥在细分领域中的比较优势，深入了解"一带一路"共建国家市场需求，融入全球价值链体系，拓展更多蓝海市场。

（四）充分利用特色优势领域，推动"一带一路"数字贸易高质量发展

根据商务部国际贸易经济合作研究院发布的《中国对外贸易形势报告（2023年春季）》，我国与"一带一路"共建国家贸易互补性不断增强，中间产品出口占我国对"一带一路"共建国家出口比重由2013年的49.8%增长至2022年的56.3%，我国与"一带一路"共建国家逐渐形成相互协作的专业化生产关系。北京企业应进一步扩大中间品贸易规模，积极融入开放合作的全球分工体系，与"一带一路"相关企业逐渐形成衔接有序、畅通高效、富有韧性的全球产业链供应链。

目前北京已培育形成新一代信息技术（含软件和信息服务）、科技服务两个万亿级产业集群以及智能装备、医药健康、节能环保、人工智能四个千亿

级产业集群。北京企业发展"一带一路"数字贸易进程中，应充分发挥电子元件、电动载人汽车、锂电池、太阳能电池等高质量、高技术、高附加值产品贸易优势，不断提高劳动密集型产品档次和附加值。结合《北京市"十四五"时期高精尖产业发展规划》，对于新一代信息技术行业企业，继续发挥国际引领支柱产业优势，构筑"一带一路"全球人工智能创新策源地和产业发展高地；对于医药健康行业企业，把握产业转型升级和变换发展赛道机遇，发力建设创新药、新器械、新健康服务三大领域，引领"一带一路"互联网医疗、"智能+健康管理"、数字化中医诊疗等新服务业态发展。

（五）积极利用国际公共产品，加快"一带一路"数字贸易发展进程

北京企业应积极利用"中国国际服务贸易交易会"（以下简称"服贸会"）等国际会展交易平台，加快"一带一路"数字贸易发展进程。服贸会作为商务部与北京市政府共同主办的国家级、国际性、综合型大规模展会和交易平台，自 2012 年以来累计吸引 196 个国家和地区的 60 余万名展客商、600 余家境外商协会和机构参展参会，为共谋"一带一路"数字贸易高质量发展开辟了新天地。服贸会涵盖运输服务，旅行服务，建筑服务，保险和养老金服务，金融服务，电信、计算机和信息服务，知识产权使用费服务，个人、文化和娱乐服务，维护和维修服务，其他商业服务，加工服务，政府服务等十二大服务贸易领域，聚焦数字经济，以数字贸易引领未来国际贸易发展的新趋势，搭建了"一带一路"数字贸易交流平台、展示平台与合作平台，极大地便利了北京企业尤其是中小企业与共建国家对接数字贸易合作，与共建国家有"服"同享、共创未来。

北京企业应积极利用中欧班列、西部陆海新通道等国际公共产品，打通国际物流和贸易大通道，提升物流运输规模化、集约化、组织化、网络化水平，降低"一带一路"数字贸易物流成本，充分利用数字支付便利进一步降低数字贸易成本。中欧班列作为便利快捷、安全稳定、绿色经济的新型国际运输组织工具，已成为我国共建"一带一路"、推动构建人类命运共同体

的重要实践成果。截至 2023 年 6 月，中欧班列已累计开行超过 7.3 万列、690 万标箱，通达欧洲 25 个国家 216 个城市，有力保障了国际产业链供应链稳定畅通，为畅通国内国际"双循环"、促进各国共建"一带一路"、服务"一带一路"数字贸易高质量发展注入了强劲动能。

# 四　展望与建议

## （一）展望

自 2013 年习近平总书记首次提出"一带一路"倡议，至今已走过 10 年发展历程。随着数字经济的蓬勃发展，2017 年 5 月，习近平主席在"一带一路"国际合作高峰论坛开幕式上的演讲中正式提出"数字丝绸之路"建设，截至 2022 年底，我国已与 17 个国家签署"数字丝绸之路"建设合作谅解备忘录，与 23 个国家建立"丝路电商"双边合作机制，数字贸易合作日益密切。数字贸易已成为"一带一路"建设的新引擎，为共建国家经济复苏增长注入新动能。

北京积极顺应数字贸易发展趋势，于 2021 年 10 月发布《北京市关于促进数字贸易高质量发展的若干措施》，提出数字贸易发展目标：截至 2025 年，北京市数字贸易进出口额达到 1500 亿美元，占全市对外贸易进出口额的比重为 25%，而其中，数字服务贸易占北京市服务贸易的比重要达到 75%。数字贸易正成为北京国际贸易发展的新牵引。数字贸易作为中国深化与"一带一路"共建经济体在各领域合作的新实践，是推进"一带一路"数字化建设的重要抓手。为当好"十四五"时期国家"一带一路"建设排头兵，2021 年 12 月，北京发布《北京市推进"一带一路"高质量发展行动计划（2021—2025 年）》，提出引领"数字丝绸之路"建设的宏伟目标。

北京企业将全面拥抱"一带一路"数字贸易的最新注脚，服务于构建"双循环"新发展格局，为实现高质量"引进来"和高水平"走出去"，积极探索新技术、新业态、新模式，探寻新的增长动能和发展路径，为建设"数字丝绸之路""创新丝绸之路"、繁荣"一带一路"国际经贸往来贡献应有力量。

（二）建议

1.发挥"五子"联动政策叠加效应，凝聚"一带一路"数字贸易发展合力

数字贸易作为交叉性、综合性议题，涉及方方面面。推动"一带一路"数字贸易高质量发展，需牢牢把握系统观念这个基础性思想和工作方法。北京市政府工作报告中提出，2022年的主要任务之一，是要坚持"五子"联动融入新发展格局。"五子"均与北京企业推动"一带一路"数字贸易高质量发展息息相关。建设国际科技创新中心作为第一"子"，发展"一带一路"数字贸易首先要抢占科技创新的先机，创新是数字贸易的核心驱动力；第二"子"是"两区"建设，即国家服务业扩大开放综合示范区建设和中国（北京）自由贸易试验区建设，是推进"一带一路"数字贸易的重要抓手，是北京搭建立体化开放体系的制度性探索；第三"子"是数字经济发展，其是北京聚焦全球数字经济标杆城市建设，统筹开放和安全，打造更大范围、更宽领域、更深层次的高水平对外开放新格局的必由之路；第四"子"是以供给侧结构性改革引领和创造新需求，其是提升"一带一路"数字贸易全球价值链的应有之义；第五"子"是深入推动以疏解北京非首都功能为"牛鼻子"的京津冀协同发展，其是实现三地企业协同发展"一带一路"数字贸易的关键路径。北京立足国家战略，发挥"五子"联动政策叠加效应，推动"一带一路"数字贸易高质量发展。

2.加快建设北京国际大数据交易所，释放"一带一路"数字贸易数据红利

习近平主席在第二届"一带一路"国际合作高峰论坛上指出："我们要顺应第四次工业革命发展趋势，共同把握数字化、网络化、智能化发展机遇，共同探索新技术、新业态、新模式，探寻新的增长动能和发展路径，建设数字丝绸之路、创新丝绸之路。"[①] 数字经济时代数据成为关键生产要素，

---

① 《习近平"工笔"描绘"机遇之路、繁荣之路"》，"新华网"百家号，2019年4月26日，https：//baijiahao.baidu.com/s？id＝1631888507709867848&wfr＝spider&for＝pc。

贸易对象数字化是"一带一路"数字贸易的重要内容。为进一步挖掘数据要素价值，2022年5月北京市经济和信息化局发布《北京市数字经济全产业链开放发展行动方案》，提出率先建成活跃有序的数据要素市场体系目标，加快建设北京国际大数据交易所。

2022年北京市数字经济实现增加值17330亿元，占地区生产总值的41.6%。其中，数据要素市场规模约为350亿元，占全国的39%。"一带一路"数据要素市场发展前景广阔。同时，由于数据要素打破了要素市场流通的行业和地域壁垒，数据红利是连接式的，将显著提升"一带一路"数字贸易经济效益。目前，北京国际大数据交易所已推出"可用不可见、可控可计量"交易模式，完善基于自主知识产权的交易平台，上架数据产品1364个，参与主体329家，交易调用7.73亿笔，成立全国首个数据资产登记中心，为充分释放"一带一路"数字贸易数据要素价值提供契机。

**3. 开展数字贸易规则制定合作，综合考虑"一带一路"共建国家利益诉求**

目前发达国家是制定数字贸易规则的主导者。美式数字贸易规则强调保护大型数字跨国企业利益，欧式数字贸易规则旨在借助欧盟的大市场效应和强监管效应从中美两国的互联网巨头中收回数字主权，欧盟通过颁布《通用数据保护条例》《非个人数据自由流动条例》，强调数据存储和传输方面的自主权，强调对个人数据和隐私的严格保护。无论是美式还是欧式数字贸易规则，都已逐渐渗透到新加坡、韩国等"一带一路"共建国家。

但从全球数字贸易规则制定实践来看，尚未形成统一且被广泛认可的多边规则，我国在"一带一路"数字贸易规则制定领域挑战与机遇并存。目前WTO并没有针对数字贸易出台专门规则，相关规则多散见于WTO框架下的一些协定文本及其附件中，如《服务贸易总协定》《与贸易有关的知识产权协议》等。我国应积极与"一带一路"共建国家开展数字贸易规则制定合作，综合考虑各国经济发展水平、数字贸易发展程度以及利益诉求，同时与欧盟各成员国、印度等新兴经济体协同制定数字贸易规则，为形成互利共赢、包容互惠的"一带一路"数字贸易发展格局提供坚实的制度基础。

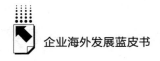

## 参考文献

习近平：《不断做强做优做大我国数字经济》，《求是》2022年第2期。

贾怀勤等：《数字贸易测度的概念架构、指标体系和测度方法初探》，《统计研究》2021年第12期。

贾怀勤：《数字贸易的概念、营商环境评估与规则》，《国际贸易》2019年第9期。

余森杰、郭兰滨：《数字贸易推动中国贸易高质量发展》，《华南师范大学学报》（社会科学版）2022年第1期。

杨艳等：《中国经济增长：数据要素的"双维驱动"》，《统计研究》2023年第4期。

张新民、金瑛：《资产负债表重构：基于数字经济时代企业行为的研究》，《管理世界》2022年第9期。

姜峰、蓝庆新：《数字"一带一路"建设的机遇、挑战及路径研究》，《当代经济管理》2021年第5期。

高疆：《发展"一带一路"数字贸易：机遇、挑战与未来方向》，《国际贸易》2022年第11期。

李猛、翟莹：《构建"一带一路"数字经济合作发展保障机制研究》，《北京航空航天大学学报》（社会科学版）2023年第4期。

王媛媛：《中国与"一带一路"沿线国家数字经济合作研究》，《东岳论丛》2022年第11期。

商务部服务贸易和商贸服务业司：《中国数字贸易发展报告2021》，2022。

联合国贸发会议：《ICT服务贸易和ICT赋能服务贸易》，2015。

《数字中国发展报告（2022年）》，中国网信网，2023年5月22日，http：//www.cac.gov.cn/2023-05/22/c_ 1686402318492248. htm。

谢辉主编《北京数字经济发展报告（2022~2023）》，社会科学文献出版社，2023。

《北京市2022年国民经济和社会发展统计公报》，北京市人民政府网站，2023年3月21日，https：//www. beijing. gov. cn/zhengce/zhengcefagui/202303/t20230321_ 2941262. html。

《"一带一路"数字贸易发展指数报告（2022）》，华信研究院网站，2023年2月3日，https：//huaxin. phei. com. cn/gain/409. html。

德勤：《科技赋能下的亚太数字贸易》，2021。

中国互联网协会：《中国互联网发展报告（2023）》，2022。

商务部国际贸易经济合作研究院：《中国对外贸易形势报告（2023年春季）》，2023。

《北京市"十四五"时期高精尖产业发展规划》，北京市人民政府网站，2021年8月18

日，https：//www. beijing. gov. cn/zhengce/zhengcefagui/202108/t20210818_ 2471375. html。

《国务院新闻办就 2022 年全年进出口情况举行发布会》，中国政府网，2023 年 1 月 13 日，https：//www. gov. cn/xinwen/2023-01/13/content_ 5736993. htm。

《数字贸易成"北京服务"新引擎》，大公网，2022 年 8 月 31 日，http：//www. takungpao. com/news/232108/2022/0831/759564. html。

# B.11
# 2022年北京企业在"一带一路"共建国家投资分析

韩紫轩 杨道广*

**摘 要：** 本报告以北京企业在"一带一路"共建国家的投资活动为焦点，采纳了综合数据分析与案例研究相结合的方法，深入探讨了2022年度该地区企业的投资规模、区域分布、行业动态等以及所面临的主要挑战与机遇。研究揭示，北京企业在"一带一路"共建国家的投资布局受多种因素影响，诸如地缘政治动态、全球经济环境及市场机遇等。尤其是俄乌冲突、美国对中国企业的制裁、西方国家对"一带一路"倡议的批判态度，以及企业在环境保护与绿色转型方面所承受的压力，都对北京企业的投资策略产生了显著的影响。研究结果显示，尽管面临这些挑战，北京企业在"一带一路"共建国家投资仍呈现出复苏态势，表明其能有效适应变幻莫测的国际环境，并在风险与机遇并存的背景下保持活力。鉴于上述发现，本报告提出了一系列建议，包括加强国际交往、构建创新合作平台、完善服务保障体系，并强化企业风险管理与环境保护意识等。这些措施有助于北京企业更好地适应国际环境的复杂性，进而实现在"一带一路"共建国家投资的高质量发展。

**关键词：** 北京企业 "一带一路"共建国家 海外投资

---

* 韩紫轩，对外经济贸易大学国际商学院博士研究生，主要研究方向为会计信息与资本市场；杨道广，对外经济贸易大学国际商学院教授、博士生导师，主要研究方向为内部控制与公司财务、审计与公司治理。

# 一 北京企业在"一带一路"共建国家投资面临的新形势

## （一）北京企业在"一带一路"共建国家投资的风险

### 1.俄乌冲突等地缘政治冲突导致逆全球化加剧

俄乌冲突作为冷战结束后最重大的地缘政治事件，引发了全球范围内的粮食、燃料和金融三重危机，加剧了逆全球化现象。俄罗斯是"一带一路"建设中连接中国与欧洲的关键枢纽，其稳定与北京企业在"一带一路"共建国家投资的成功紧密相关。俄乌冲突对北京企业的投资造成了较大影响，尤其是在涉及基础建设的地区。首先，地缘政治不稳定性削弱了投资者信心。地缘政治冲突通常伴随着不确定性和高风险，不仅导致冲突地区的投资环境恶化，同时也导致被投资地区法律和政策环境的不稳定性，投资者面临更高的政治风险与合规风险，这可能使得其在冲突相关地区的投资决策更加复杂，从而导致投资信心下降，影响甚至搁置其对项目的投资计划。其次，俄乌冲突可能对"一带一路"建设过程中的基础建设项目产生影响。北京许多具有国际竞争力的企业在"一带一路"共建国家投资中发挥了重要作用，承担了多个共建国家基础建设项目。冲突相关地区的基础建设项目可能会中断或延迟，影响项目的推进及融资，投资企业也可能会对其投资决策进行重新评估。同时，冲突也可能会导致供应链的中断，影响基础建设所需的材料、设备、人力资源的供应，导致项目成本大幅上升。最后，除了俄罗斯、乌克兰这两个冲突的主要国家外，许多欧洲国家也受到牵连，美国也给乌克兰提供了一系列支持，冲突引起了国际社会的广泛关注，不同国家在冲突中所采取的行动与自身立场也存在差异，而在"一带一路"共建国家投资通常涉及多个国家的合作，企业在维护自身利益的同时还需考虑与相关国家的合作伙伴关系，冲突所导致的国家合作关系的紧张也会给在"一带一路"共建国家投资带来负面影响。

**2. 美国对我国企业的制裁不断升级**

美国与中国之间的紧张局势日趋加剧，美国视中国为最重要的战略竞争对手。中国推进的"一带一路"倡议也不断受到美国及西方国家的批判，它们通过贸易摩擦、科技制裁、金融遏制等手段阻碍我国企业的发展，对北京企业在"一带一路"共建国家投资产生了多方面的负面影响。

美国拜登政府上任以来，总体上延续了特朗普时期的对华战略，并将对我国企业的制裁拓展到更多领域，美国的"长臂制裁"导致我国企业可能面临供应链中断、技术合作受限、市场不确定性等一系列问题，限制相关企业在"一带一路"共建国家的投资，增加了风险与不确定性。同时美国还对"一带一路"共建国家及个人进行制裁。这些措施不仅会影响北京企业在"一带一路"共建国家的生产与经营，也大大限制了北京企业在"一带一路"共建国家的技术获取及合作机会。

**3. 欧洲等西方国家对"一带一路"倡议存在偏见**

"一带一路"倡议自提出以来，国际社会给予了极高的关注程度，总体来看国际各方对"一带一路"倡议的评价是理性且正面的，提出的一些建议也具有一定的参考性，但同时也存在一些对"一带一路"倡议主观且片面的批判，部分西方国家及媒体忽视客观事实，无视"一带一路"倡议带来的发展红利，持续不断地进行批判和质疑，产生了诸如"债务陷阱论""环境破坏论""过剩产能转移论""经济掠夺论"等一系列抹黑"一带一路"倡议的论调。

西方国家对中国的"一带一路"倡议保持着谨慎且复杂的态度，对中国发展模式及其国际推广的态度则各有差异。从国际环境来看，全球政治经济格局的不确定性增加，而西方国家将一系列对自身的担忧和不确定性转移到了"一带一路"倡议上。在对待"一带一路"倡议上，西方国家呈现出来一种复杂且矛盾的心态，它们既有意愿与中国进行合作，又对中国的崛起担忧。而在利益方面，西方国家普遍认为"一带一路"倡议可能会威胁到它们的传统利益和势力范围。这涉及美国、日本及欧盟国家等。继澳大利亚宣布退出在维多利亚州与中国签署的两项共建"一带一路"谅解备忘录之后，七国集团中唯一与中国有"一带一路"合作的国家意大利表示开始思考是否应当退出 2019 年 3 月签署的"一带一路"合作协议，而此前意大利一直与北京及北京企业保持良好的合作关系。包括欧盟在内的很多西欧国家，对意大利和中国签署"一带一路"合作协议提出了很多批评，认为中国提出的"一带一路"倡议就是深入西方的"特洛伊木马"。这一系列因素导致西方国家无法全面了解和看待我国的实际发展情况，进而影响"一带一路"共建国家与我国的投资合作意愿及北京企业在"一带一路"共建国家投资计划的顺利执行。

4. 企业环境保护与绿色转型压力日益增长

在全球环境问题不断升温的今天，企业在"一带一路"共建国家投资不仅关乎经济利益，更涉及全球可持续发展的大局。随着世界各国对生态环境保护、气候变化和绿色低碳发展等问题愈来愈重视，中国企业在"一带一路"共建国家投资面临的环境压力越来越大。环境保护与社会责任正日益成为企业在投资决策和实施中不可忽视的重要因素。北京多家企业承担了多个项目，而在一系列项目推进过程中，企业面临着许多环境挑战。同时，"一带一路"共建国家中的发展中国家工业化发展任务艰巨，城市化快速推进，产业结构处于供应链价值链的低端，长期面临被发达国家主导的全球价值链"低端锁定"的困境。共建国家面临国际竞争日趋激烈、经济发展压力巨大等挑战，但对于绿色转型等可持续发展问题重视程度不够。

企业在倡导绿色"一带一路"建设进程中，还面临缺乏资金支持和绿色转型经验不足的挑战。"一带一路"绿色投融资体系尚未完善，目前对于巨大的绿色资金需求问题也还没有完善的解决途径。北京企业所投资的绿色"一带一路"建设项目多数是基础建设项目，需要长期稳定的投融资体系、强大的技术保障、专业的人才队伍、国际认可的环境与社会评估标准等多方面支撑，而环境与社会评估标准不足是导致北京企业"一带一路"基础建设项目面临巨大挑战的重要原因之一。

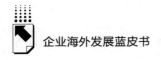

## （二）面临的投资机遇

### 1. 经济复苏带动投资机会持续增长

面对危机重重的国际环境、国内经济发展"三重压力"以及疫情散发频发等超预期因素影响，北京全市上下迎难而上，坚决贯彻落实党中央、国务院决策部署和市委、市政府工作要求，坚持稳中求进工作总基调，持续高效统筹疫情防控和经济社会发展，稳增长保民生政策措施落地显效，优势行业发挥支撑作用，新兴动能成长壮大，全年经济保持恢复态势，地区生产总值超过 4.1 万亿元，高质量发展继续迈进。

随着经济逐渐从过去的不景气中复苏，北京企业在"一带一路"共建国家的投资机会也呈现出增长的趋势。这种复苏势头可以为共建国家和地区创造更多的发展机遇，推动经济合作与互利共赢。首先，经济复苏将带来更多的投资潜力。许多国家纷纷推出刺激政策，促进经济恢复。这些政策不仅会刺激北京的消费和产业增长，还会推动企业寻找更多的投资机会。其次，经济复苏会增强区域合作意愿。各国在经济发展方面面临的共同挑战将促使它们加强合作，寻求更多的共同利益。"一带一路"倡议作为一个开放、包容的合作平台，将会因此受益。国家间的合作将有助于共同开发新的市场，促进人员流动和技术创新，这将为企业带来广阔的投资市场。另外，随着就业机会增加和经济前景改善，人们的消费信心将逐渐回升，这将在一定程度上刺激内需增长，进而推动产业链上下游的发展。企业可以通过抓住消费升级的机会，参与到不同层次的产业链中，实现更好的回报。最后，经济复苏将加速基础建设。许多"一带一路"共建国家在基础建设方面仍存在巨大的需求，如交通、能源、通信等领域。随着经济活动的恢复，企业将更有能力和意愿投入资金和资源来推动这些项目的实施，从而实现长期稳定的投资回报。

### 2. 绿色能源与环保发展推动新兴产业投资

2022 年"一带一路"共建国家清洁能源发展迎来重要战略期，"绿色丝绸之路"建设的顶层设计文件《关于推进共建"一带一路"绿色发展的意见》于 2022 年 3 月颁布，该文件聚焦推动绿色基建、绿色能源、绿色交通、绿色金融等领域的合作，为中国绿色产业技术、标准、装备、投资创造"走出去"契机，助力共建国家在智能电网、风光储、氢能、新能源车船等领域加快绿色转型步伐。而北京企业积极响应国家号召，绿色能源技术创新成果大幅增长，从而为在"一带一路"共建国家投资带来新的机遇。

绿色能源的发展将成为重要的投资领域。随着对化石燃料的依赖日益减少，"一带一路"共建国家将目标逐渐转向可再生能源，如太阳能、风能、水能等。这些清洁能源不仅有助于减少温室气体排放，也能够保持能源供应稳定，并推动能源多元化。企业可以参与到绿色能源项目的投资和建设中，分享可持续能源产业的增长红利。此外，完善的环保产业链将有助于投资增长。环保不仅仅是能源转型领域的关键，还涵盖了废物处理、水资源管理、生态保护等多个领域。"一带一路"共建国家在改善环境质量方面面临着巨大的挑战，需要建立完善的环保产业体系。企业作为投资者可以参与到废物处理技术创新、污水处理设施建设、生态修复等领域，为国家提供可持续的解决方案，实现环境和经济的双赢。同时，绿色金融的崛起将为环保产业提供更多资金支持。随着环保理念的深入人心，绿色金融成了一个热门话题。越来越多的投资者愿意将资金投入环保项目中，推动环保产业的发展。"一带一路"共建国家可以通过发行绿色债券、设立绿色基金等方式，吸引国内外资金进入环保领域，推动新兴产业的投资增长。而技术创新也将推动环保产业的升级。绿色能源和环保领域需要不断的技术创新来提高效率和降低成本。企业在绿色科技研发、新能源设备制造等领域的投资，能够为环保产业发展注入更多活力，实现产业的持续增长。

### 3. 数字技术与经济带来广阔投资合作空间

发展数字经济是把握新一轮科技革命和产业变革带来的新机遇的战略选择。"一带一路"共建国家对于数字经济有迫切的发展需求，多个"一带一路"共建国家陆续在其发展规划中强调了数字化建设的战略需求（见表1），数字化转型已成为未来的重要发展方向。

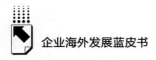
表1 "一带一路"共建国家数字经济发展的相关规划

| 年份 | 国家 | 名称 | 主要内容 |
|---|---|---|---|
| 2018 | 新加坡 | "服务与数字经济蓝图"计划 | 通过应用信息技术,建设数字政府,发展数字经济,打造数字社会。提升新加坡在服务业领域的数字创新能力 |
| 2020 | 文莱 | 《数字经济总体规划2025》 | 发展充满活力和可持续的经济,建立数字化、面向未来的社会和数字生态系统;将从工业数字化、政府行政数字化、促进数码产业发展以及人力和人才开发等四方面推进目标的实现 |
| 2021 | 马来西亚 | 《马来西亚数字经济蓝图》 | 成为数字经济发展的区域领导者,实现包容、负责任和可持续的社会经济发展 |
| 2021 | 柬埔寨 | 《数字经济和数字社会政策框架(2021—2035)》 | 争取在2035年实现数字化转型,数字经济规模将占国内生产总值的5%~10% |

资料来源:笔者手工整理。

2023年2月,中共中央、国务院印发了《数字中国建设整体布局规划》,强调"构建开放共赢的数字领域国际合作格局","高质量共建'数字丝绸之路',积极发展'丝路电商'"。"数字丝绸之路"将成为未来中国数字化能力"走出去"的重要通道,通过与共建国家数字经济发展的有效对接,加强在信息基础建设、数字协同平台打造、信息安全保障、人才培养等方面的协作。北京在信息化、数字化建设中一直走在全国前列。"建设全球数字经济标杆城市"是《北京市国民经济和社会发展第十四个五年规划和二〇三五年远景目标纲要》提出的战略目标。2022年北京市数字经济赋能新发展。全年数字经济实现增加值17330.2亿元,按现价计算,比上年增长4.4%,占全市地区生产总值的比重达到41.6%,比上年提高1.2个百分点;其中数字经济核心产业增加值9958.3亿元,比上年增长7.5%,占全市地区生产总值的比重为23.9%,比上年提高1.3个百分点。

北京市数字技术与经济的高速发展已成为重组要素资源、重塑投资结构、改变竞争格局的关键力量,为企业在"一带一路"共建国家投资带来了广阔的空间。它不仅加速了商业流程数字化,还拓展了市场范围,激发了创新和新业务模式，提升了金融服务质量，并增强了数据安全性。企业可以充分利用这些数字技术与经济，实现更高效、更具竞争力的投资。

## 二　北京市促进企业在"一带一路"共建国家投资的措施分析

### （一）强化"一带一路"国际交往功能

#### 1. 提升北京市国际交往中心功能

北京市立足首都城市战略定位，积极参与、主动融入"一带一路"建设，对外交往、科技创新、人文交流、投资贸易等领域国际交流合作取得实打实的成效，为共建"和平、繁荣、开放、创新、文明"之路做出北京积极贡献。

北京市国际交往中心功能持续提升，高质量推进"一带一路"建设重大任务。圆满完成两届"一带一路"国际合作高峰论坛服务保障工作，并主办峰会首届地方合作论坛，"一带一路"国际科学组织联盟等峰会重大成果在京落地。举办五届中国—中东欧国家首都市长论坛，其成为"一带一路"建设的重要平台。建设雅典国家海外文化交流中心、西班牙中医药交流中心，为民心相通奠定良好基础。积极参与肯尼亚蒙内铁路等 20 个国家"一带一路"重点项目建设。连续举办三场京港"一带一路"共建专题活动，深化京港在第三方市场、专业服务等领域合作，助力香港打造"一带一路"共建功能平台。为充分发挥科技创新在国际合作中的重要作用，进一步加强南南合作框架下的技术交流与合作，推动全球绿色可持续发展，召开中国国际服务贸易交易会"南南合作与服务贸易国际论坛"。

北京市积极促进国际合作的不断深化，充分发挥国际交往合作"排头兵"作用。北京市已与 24 个"一带一路"共建国家首都及重点城市建立友城关系，共向 22 个国家的 24 个友城捐赠防疫物资，与 21 个国家的 26 个城市及 3 个国际组织举办抗疫和复工复产经验分享视频会，在全国率先启动外

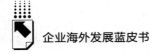

籍人士疫苗接种。配合国家举办"中欧合作伙伴对话"首场活动，搭建双向投资合作交流平台，加快中德、中日等一批国际合作园区建设。推进中蒙俄经济走廊重要节点城市合作，俄罗斯上乔油气田等项目顺利实施。

2. 发挥城市引领示范作用

北京作为中国的首都，在"一带一路"倡议中具有重要的城市引领示范作用。通过其在文化、制造、环保等领域的优势，北京企业在"一带一路"建设过程中扮演着积极的角色，推动着投资合作与区域经济发展。

在发挥文化中心优势方面，北京市推进人文交流和民心相通。由北京倡导发起的世界旅游城市联合会已发展成为拥有 75 个国家 223 个会员的国际组织，发布《"一带一路"旅游走廊节点城市建设倡议》。"藤蔓计划"已帮助 1200 余名国际青年学生获得实习机会。在肯尼亚内罗毕建设中国（北京）影视译制基地，译制的《奋斗》等一大批影视作品深受当地居民欢迎。与世界卫生组织合作中心共同实施 10 个"一带一路"国际卫生健康合作示范项目，搭建面向全球的北京中医药双语远程健康服务平台。

在高精尖产业和专业服务业方面，北京市也具有引领性的优势，北京企业积极开拓"一带一路"市场，带动"北京制造"和"北京服务"一起"走出去"，基础建设投资和国际产能合作呈现亮点，为当地民众带来实实在在的收获。市属国企发挥在"一带一路"建设中的龙头作用，积极参与汽车、环保、能源等领域重大项目，新加坡樟宜二期新生水工程运营良好，北汽南非工厂第一辆南非本地组装生产汽车在中南两国领导人的见证下成功下线，印尼巴厘巴板—萨马林达高速公路全线通车。一批民营高新技术企业国际业务迅速拓展，在智能手机、移动互联网、安全检测、轨道交通等方面形成一批影响力大、美誉度高的国际品牌。

在引领"绿色丝绸之路"建设方面，北京市积极创建绿色产业交流合作平台，发布《北京市建设"绿色丝绸之路"白皮书》，建立节能环保产业对外交流示范推广基地，深化与共建国家在节能环保、清洁能源、新能源和可再生能源等领域合作，推动绿色技术综合应用示范区建设，支持金融机构通过市场化方式设立"一带一路"绿色基金。2022 年 12 月 14 日举行的第二十五届京港洽谈会京港携手共建"一带一路"专题活动上，北京市绿色丝绸之路创新服务基地成立，这是推进"绿色丝绸之路"建设的全国首创之举，是发挥示范引领作用的北京创新服务品牌。北京市绿色丝绸之路创新服务基地将秉承共商共建共享宗旨，坚持平等互利共赢原则，以"创新与服务"为主线，以"对接近百国家、联动百家企业、会聚上千人才"为目标，推进建立"绿色丝绸之路"专业支撑服务平台体系，促进绿色产业"走出去"和"引进来"双向合作与融合发展，以绿色高质量发展助力"五子"联动融入新发展格局，率先打造引领"绿色丝绸之路"建设的北京创新服务品牌和高标准试验示范。

## （二）打造"一带一路"创新合作网络枢纽

### 1.强化创新合作网络枢纽功能

北京市采取了一系列措施加强国际科技创新合作，强化"一带一路"创新合作网络枢纽功能。实施"一带一路"科技创新行动，建设剑桥启迪科技园等一批海外科技园，吸引包括工业4.0、生命健康研发等多个领域创新机构入驻。建成4个"一带一路"联合实验室，加强在先进制造、分子免疫学等重点领域研究合作。搭建"一带一路"技术转移协作网络，促成7000多项跨国技术对接。举办北京国际学术交流季、"一带一路"共建国家大学生科技创新训练营等品牌活动，促进与共建国家科技界、青少年的交流互通。

一方面，北京市通过搭建创新合作平台，促进跨国企业间的技术和经验共享。北京建立的科技园区、孵化器和研究机构可以与"一带一路"共建国家的相关机构合作，创建联合实验室、创新中心等，致力于共同解决技术难题，推动新技术的研发和应用。通过这种方式，北京企业可以与"一带一路"共建国家合作开展高水平的研究和创新，为投资提供技术支持。另一方面，北京企业借助创新合作网络枢纽，为"一带一路"共建国家提供培训和人才支持。北京拥有众多优质高校和培训机构，通过举办培训班、技术研讨会、交流会等方式，帮助"一带一路"共建国家提升技能水平，培

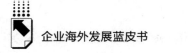
养专业人才。这将有助于提升这些国家的人力资源质量，为投资和合作创造更有利的条件。

**2. 积极推进创新成果转化落地**

北京市通过发挥中关村社会组织联合会、海外留学生创业园协会等社会组织资源渠道优势，将集聚国际创新资源的端口前移，支持创新主体在"一带一路"共建国家设立研发中心、创新中心、海外孵化器等创新载体平台，促进创新资源双向流动，推动创新成果的批量转化，形成"海外孵化、北京落地"和"北京研发、海外转化"的国际创新双循环格局，将北京打造成为"一带一路"技术转移网络重要节点。建设好中关村产业技术联盟联合会等平台，建设技术转移工作体系，营造良好技术转移环境，推进高质量技术转移转化合作，推动与共建国家的产业对接和成果转化。

北京企业通过创新合作网络枢纽，积极促进创新项目的联合申报以及创新成果的落地。具体而言，北京的创投机构、风险投资基金等与"一带一路"共建国家的投资机构合作，共同发掘有潜力的创新项目，为其提供资金支持。这不仅有助于推动创新项目的落地，还能够促进两国之间的投资合作，实现经济共赢。此外，北京企业还通过强化创新合作网络枢纽功能，推动合作伙伴间的技术转移和产业升级。例如，北京的先进制造业企业与"一带一路"共建国家的相关企业合作，传授技术和管理经验，帮助其实现产业升级和提高竞争力。这将有助于推动"一带一路"共建国家的工业化进程，为双方的合作奠定更加稳固的基础。同时，北京企业充分利用国际资源，拓展创新成果的应用领域。通过与"一带一路"共建国家的企业、研究机构和投资者合作，将创新成果应用于不同领域，为"一带一路"共建国家的可持续发展提供技术支持。

### （三）完善"一带一路"服务保障体系

**1. 优化北京企业国际投资环境**

北京市正积极致力于进一步完善"一带一路"服务保障体系，以推动北京的服务品牌建设，同时不断优化企业国际投资环境，采用一系列有力的措施。北京市已设立了超过 50 家企业境外服务中心、民营经济发展服务基地，以及"一带一路"双向投资服务平台。这些举措旨在为企业拓展"一带一路"共建国家市场提供充分的保障和支持。在加强境外投资管理和服务创新方面，北京市制定了《北京市企业境外投资管理办法》，同时出台了一系列投资促进和信用管理政策，旨在提供更便捷的境外投资环境。为推动境外投资备案方式的创新，北京市积极推进线上化改革，实现了境外投资项目备案、信息服务以及全程监管等环节的网上办理，使企业从烦琐的"跑一次"变为"一次不用跑"。

北京市在承包工程企业境外资金集中管理方面走在全国前列，帮助企业降低 10% 的境内外汇资金汇出成本，节约约 15% 的资金成本。与此同时，中关村高新技术企业外债便利化试点范围得到扩大，发债额度从 500 万美元提高至 1000 万美元。作为国家金融管理中心，北京在全球范围内拥有最为活跃的创业资本氛围。其私募股权、风险投资等基金管理规模居全国之首，上市公司总市值约占沪深两市的 21%。通过中关村高新技术企业外债便利化试点，建立了政府、金融机构和企业之间的对接平台，积极为企业提供投融资的便利。

此外，北京市还构建了一个覆盖 50 余家企业的境外服务网络，包括企业境外服务中心、民营经济发展服务基地以及"一带一路"双向投资服务平台。通过这个网络，北京提升了国际商务咨询、国际商事调解、知识产权保护等服务水平。值得一提的是，"一带一路"国际商事调解中心的影响力不断提升，还联合发起了"一带一路"仲裁行动计划，进一步完善了企业海外发展的服务保障体系。

2. 搭建"一带一路"综合服务平台

为进一步支持企业海外发展，北京着重搭建了"一带一路"综合服务平台，以构建更加完善的政策和服务保障体系，从而为北京企业在海外进行市场拓展提供更加有利的条件。

在法律服务领域，北京采取了打造"1+N"国际商事法律服务平台的举措。这包括成立北京市"一带一路"法律商事创新服务平台，并由"一带

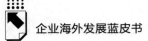
一路"国际商事调解中心发布了"北京倡议"。此外，北京国际仲裁中心还与吉隆坡区域仲裁中心和开罗地区国际商事仲裁中心合作，共同发起了"一带一路"仲裁行动计划，并在中非联合仲裁中心内罗毕中心揭牌。

在金融服务方面，北京借助金融街论坛，举办了"一带一路"共建国家金融治理高端对话活动。同时，北京优化了"政金企"对接平台，以促进完善政府、金融机构和企业之间关于政策、资金和项目的常态化交流机制。此外，北京还鼓励商业银行等金融机构为企业提供多元化、便利化的跨境金融服务，同时支持企业利用海外资信服务来提升国际化经营能力。

为完善境外安全服务保障机制，北京市积极加强了涉外突发事件应急指挥机制的建设，并优化了境外安全服务平台功能，以提升风险监测预警和应急处置能力，有效保障境外人员和资产的安全。此外，北京还开展风险防控培训，以指导企业加强风险意识并提升防范能力。在国际反腐合作方面，北京也在丝绸之路建设中加强了廉洁合作。

在信息服务领域，北京市推动与"一带一路"共建国家进行互联互通和信息共享。为此，北京成立了"一带一路"建设促进中心，发布了北京市"一带一路"综合服务地图，并构建了北京市企业的"走出去"服务网络。此外，北京还加强了"一带一路"智库的建设。

## 三 北京企业在"一带一路"共建国家投资现状

### （一）投资规模变动

由图1可以看出，2017~2022年，北京企业在"一带一路"共建国家的投资规模经历了明显的波动和变化。2017年，投资规模达到26220百万美元，而随后的2018年，投资规模出现轻微下降，降至24610百万美元。这一年的下滑可能受到外部经济环境和政策变化的影响，使得投资活动出现短暂的调整。2019年北京企业的投资规模攀升至30280百万美元，呈现出迅速增长的势头。这可能得益于"一带一路"倡议逐渐在国际获得认可，以及中国企业在倡议支持下在"一带一路"共建国家市场开展的合作增加。2020年由于全球范围内的COVID-19蔓延,北京企业在"一带一路"共建国家投资大幅减少至13050百万美元。疫情的蔓延对全球经济和跨国投资造成了严重冲击,导致许多项目的推迟和搁置,市场不稳定也成为影响投资的重要因素。2021年投资规模进一步下降至6950百万美元,显示出投资陷入谷底。然而,这也可能是因为疫情的持续影响,加之全球供应链的断裂,造成投资计划受阻。值得注意的是,2022年投资规模上升至15690百万美元,显示出复苏的迹象。这可能是因为疫情逐渐得到控制,国际经济逐渐复苏,使得企业有更多的信心和机会参与"一带一路"倡议。政府的支持和投资环境的改善可能也对此起到了积极作用。

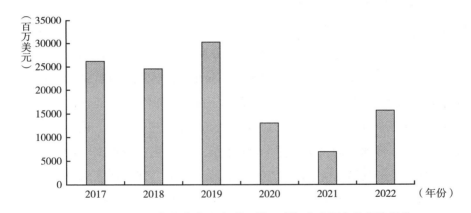

**图1　2017~2022年北京企业在"一带一路"共建国家的投资规模**

资料来源:WIND数据库、CSMAR数据库以及China Global Investment Tracker数据库。

综合来看,2017~2022年,北京企业在"一带一路"共建国家的投资规模呈现出了起伏,从起初的整体增长到受疫情的影响出现下降,再到逐步复苏。这一过程是多重因素交织的结果,涉及国际经济环境、政策变化以及全球疫情的影响。未来,随着全球形势的变化,北京企业在"一带一路"倡议下的投资可能会继续受到各种因素的综合作用,需要持续关注和灵活应对。

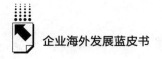

（二）投资区域分布

2017~2022 年，北京企业在"一带一路"共建国家投资的区域分布呈现出明显的变化（见图2），充分展示出不同国家之间的投资趋势和企业战略的调整。这段时间内，投资的区域分布重心逐渐发生变动，各个区域的投资规模也出现了不同程度的波动。

具体而言，2017 年，北京企业在"一带一路"共建国家的投资主要分布在东亚地区，达 14810 百万美元，占据了总投资规模的大部分。而欧洲地区以 3970 百万美元、西亚地区以 3330 百万美元，分别位居其后。南美洲、撒哈拉以南非洲及阿拉伯中东和北非地区的投资规模较低，分别为 720 百万美元、730 百万美元和 2660 百万美元。在 2018 年，东亚地区的投资规模有所下降，但仍然占据了总投资规模的较大部分，为 8790 百万美元。然而，南美洲和撒哈拉以南非洲地区的投资规模快速增长，分别达到 6220 百万美元和 4820 百万美元，分别超过了 2017 年的投资规模。阿拉伯中东和北非地区的投资规模有所增长，欧洲和西亚地区的投资规模有所下降。2019 年，西亚地区的投资规模迅速增加至 8430 百万美元，西亚成为投资的主要地区之一。南美洲、阿拉伯中东和北非等地区的投资规模也保持稳定增长，撒哈拉以南非洲、欧洲和东亚地区的投资规模有所下降。2020 年，除了欧洲，其他地区的投资规模均有所下降。这一年，由于全球 COVID-19 蔓延，投资活动受到了极大影响，导致多个地区的投资规模减少。2021 年，下降趋势持续。2022 年，阿拉伯中东和北非地区的投资规模大幅上升至 6610 百万美元，该地区成为投资的主要焦点之一。东亚和撒哈拉以南非洲地区的投资规模也有显著增加。与此同时，南美洲地区的投资规模略有下降，西亚地区的投资规模下降明显。

根据上述分析，2017~2022 年，北京企业在"一带一路"共建国家投资的区域分布发生了较大变化，不同区域的投资规模呈现出波动和调整。这种分布的演变可能受到国际经济环境、区域政策和市场机遇等的影响。北京企业在投资决策上需要综合考虑各个区域的机遇和挑战，以适应不断变化的国际环境。

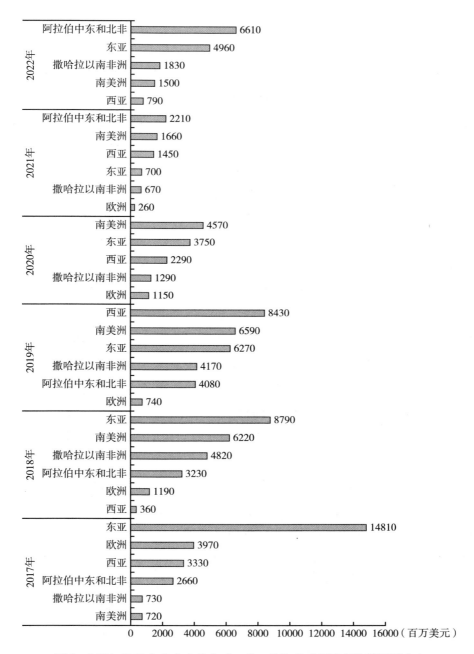

**图2　2017~2022年北京企业在"一带一路"共建国家投资的区域分布**

资料来源：WIND 数据库、CSMAR 数据库以及 China Global Investment Tracker 数据库。

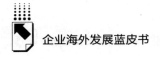

（三）投资国家分布

2017~2022 年，北京企业在"一带一路"共建国家的投资规模和格局呈现出显著的变化（见图 3），不同国家的投资规模上下波动。初始的投资主要聚焦于新加坡、阿联酋等国，但随着时间推移，投资国家发生了显著变化。2022 年沙特阿拉伯、印度尼西亚等国成为北京企业重要的投资对象。这一系列变化可能受到了这些国家不断优化的商业环境和不断扩大的市场潜力的影响，同时也反映出企业在国家投资战略方面的调整。

2017 年，北京企业的投资主要集中在新加坡，规模达 10260 百万美元，显示出对这一国家的重点投资。阿联酋、巴基斯坦、韩国和卢森堡分别以 2660 百万美元、2320 百万美元、2200 百万美元和 1760 百万美元的投资规模位列其后。经济形势和市场机遇在投资国家分布变化中起到了重要作用。2017 年，新加坡成为北京企业投资的主要目标，可能受到其作为国际金融中心和商业枢纽的地位吸引。随后，其他国家在逐渐开放市场和优惠政策的影响下，吸引了更多的投资。例如，阿联酋的优惠政策和区位优势可能吸引了投资，而印度尼西亚不断增长的经济潜力也可能成为吸引点。2018 年，北京企业投资国家分布出现了明显的变化。老挝以 4170 百万美元的投资规模首次进入前五，印度尼西亚、秘鲁、阿联酋和乌干达分别以 2940 百万美元、2690 百万美元、2330 百万美元和 1820 百万美元的投资规模位列前五。老挝和乌干达投资规模的突然上升，可能与这些国家加强与中国的合作有关，促进了投资规模的增加。2019 年，北京企业投资国家分布再度发生变化，俄罗斯以 4140 百万美元的投资规模位居榜首，秘鲁、印度尼西亚、智利和柬埔寨分别以 3820 百万美元、2510 百万美元、2230 百万美元和 2080 百万美元的投资规模紧随其后。随着 2020 年的到来，前五国家的投资格局继续变动。智利、柬埔寨、斯里兰卡、孟加拉国和秘鲁分别以 3030 百万美元、1860 百万美元、1430 百万美元、860 百万美元和 780 百万美元的投资规模位列前五。可见疫情的发生对北京市企业的投资活动产生了巨大的冲击，导致其对许多国家的投资规模大幅下降。这种情况可能是由于疫情引发

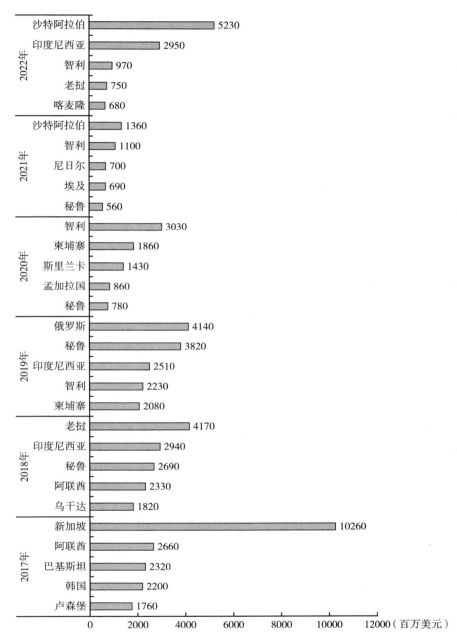

**图3 2017~2022年北京企业在"一带一路"共建国家投资规模位列前五的国家分布**

资料来源：WIND 数据库、CSMAR 数据库以及 China Global Investment Tracker 数据库。

的不确定性和市场不稳定性，使得企业暂停或推迟了跨国投资计划。2021年前五国家的投资格局再度发生变化。沙特阿拉伯以1360百万美元的投资规模首次进入前五，智利、尼日尔、埃及和秘鲁分别以1100百万美元、700百万美元、690百万美元和560百万美元的投资规模位列前五。2022年，印度尼西亚以2950百万美元的投资规模进入前五，同时沙特阿拉伯以5230百万美元的投资规模再次进入前五。喀麦隆、老挝和智利分别以680百万美元、750百万美元、970百万美元的投资规模位列第五、第四、第三。

综合来看，2017~2022年，北京企业在"一带一路"共建国家投资规模位列前五的国家分布呈现出一系列的变化，不同国家的投资规模上下波动。这种变化可能受到国际经济环境、地缘政治和市场机遇、疫情等多重因素的影响，这种变动显示北京企业在投资战略中需要灵活应对不断变化的国际环境，寻找最具潜力的合作伙伴并适时进行调整。

### （四）投资行业分布

由图4可见，2017~2022年，北京企业在"一带一路"共建国家投资的行业分布发生了显著的变化，各个行业的投资规模经历了多次上升和下降，反映出企业在国际投资战略方面的多元化调整。

2017年，北京企业的投资涵盖了多个行业，其中能源和物流行业的投资规模最大，分别达到9200百万美元和9060百万美元。这可能是因为这两个行业与"一带一路"倡议的基础建设和资源开发密切相关，吸引了企业的投资。金融和旅游行业也得到了较大的关注，分别以1990百万美元和1830百万美元的投资规模位居前列。2018年，投资行业分布出现了变化。能源、运输和金属行业的投资继续保持较大规模，分别为9860百万美元、8220百万美元和2810百万美元，可能与这些行业的市场机遇和合作机会多相关。2019年，能源行业的投资规模大幅增加至18300百万美元，其成为投资的主要行业之一。房地产、金属和运输行业的投资也保持较大规模。2020年，投资行业分布再度变动，大部分行业的投资规模下降。这可能与全球疫情的发生导致市场不稳定和需求变化有关。2021年，大部分行业下降趋势持续。

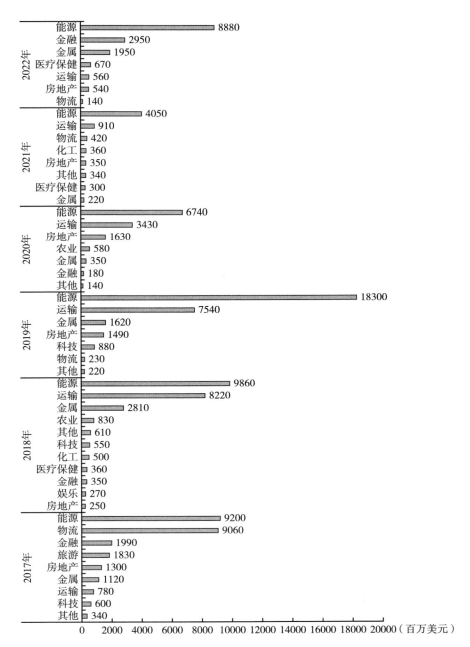

**图 4  2017~2022 年北京企业在"一带一路"共建国家投资的行业分布**

资料来源:WIND 数据库、CSMAR 数据库以及 China Global Investment Tracker 数据库。

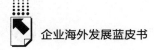

2022 年，能源、金融和金属行业的投资规模较大，分别为 8880 百万美元、2950 百万美元、1950 百万美元，物流行业的投资规模下降。

2017~2022 年，北京企业在"一带一路"共建国家投资的行业分布经历了多次变化，受到市场机遇、国际政治局势、国家策略和企业战略等多重因素的影响。企业在国际投资中需要考虑各种因素，以保持投资策略的有效性和多样性。

### （五）投资主体性质分布

图 5 显示了 2017~2022 年北京企业在"一带一路"共建国家投资的主体性质分布及变动，可见这期间不同类型的企业在国际投资中的角色不断演变，受到多重因素的影响。国有企业始终保持较大投资规模，但在过去几年内规模整体有所减少。与此同时，民营企业的投资规模呈现起伏状态，2022年有所回升。这一系列趋势可能反映了政府鼓励多元化投资、支持新兴企业发展的政策影响。

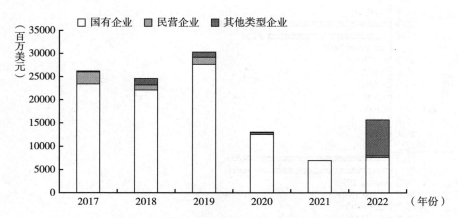

**图 5　2017~2022 年北京企业在"一带一路"共建国家投资的主体性质分布**

资料来源：WIND 数据库、CSMAR 数据库以及 China Global Investment Tracker 数据库。

具体来看，2017 年，国有企业是北京企业在"一带一路"共建国家投资的主要主体，投资规模达 23420 百万美元，显示出国有企业在国际投资中的主导地位。民营企业和其他类型企业也有相应的投资规模，分别为2590百万美元和210百万美元。2018年，国有企业的投资规模下降至22120百万美元，可能受到市场调整和政策变化的影响。与此同时，民营企业的投资规模也显著下降至1100百万美元，可能与国内经济形势和国际市场变化相关。其他类型企业的投资规模则有所增加，可能受到市场机遇和需求增多的影响。2019年，国有企业的投资规模再次上升至27670百万美元，可能受到国家政策支持和国际合作机会增加的影响。民营企业的投资规模也有所增加，但增幅较小。其他类型企业的投资规模下降。2020年，投资主体性质分布再度变动。国有企业的投资规模下降至12550百万美元，可能与全球疫情的发生和市场的不稳定性有关。民营企业的投资规模进一步减少至320百万美元，可能是因为疫情对企业的影响较大。其他类型企业的投资规模也下降，可能与市场调整和风险因素有关。2021年，受到疫情的持续影响，国有企业投资规模大幅下降至6950百万美元，民营企业和其他类型企业的投资规模下降至0。2022年，投资主体性质分布再度发生变化。国有企业的投资规模上升至7630百万美元，可能是受到国家政策支持和市场机遇增多的影响。民营企业和其他类型企业的投资规模也有所增加，可见企业逐渐适应了新的市场环境。

总的来看，2017～2022年的六年间，北京企业在"一带一路"共建国家投资的主体性质呈现出多元化的变化趋势。国有企业、民营企业以及其他类型企业在投资中的角色不断演变，受到国际市场波动、国家政策调整和全球疫情等多种因素的交织影响。在这个时期内，企业的投资策略与市场环境密切相关，企业灵活调整战略以适应不断变化的国际经济格局。这些变化也表明企业在国际投资中需要不断适应变革，寻找最优投资机会。未来企业将继续根据市场需求、政策变动和全球形势调整投资战略，为"一带一路"共建国家的可持续发展贡献更多价值。

（六）投资方式分布

由图6可见，2017～2022年北京企业在"一带一路"共建国家投资的方式分布也发生了显著的变化。总体来看，非绿地投资在这段时期内波动下降，表明企业更多关注于已有项目的拓展和巩固；而绿地投资在不同年份的波动可能受到市场需求、政策环境等因素的影响。这一趋势反映了北京企业在"一带一路"共建国家投资中寻求更稳定增长的动向。

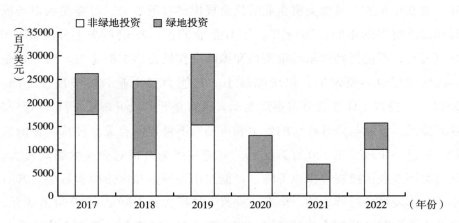

图6　2017～2022年北京企业在"一带一路"共建国家投资的方式分布

资料来源：WIND数据库、CSMAR数据库以及China Global Investment Tracker数据库。

具体而言，2017年，北京企业在"一带一路"共建国家采用非绿地投资的方式进行了较大规模的投资，投资规模达17550百万美元。与此同时，绿地投资的规模为8670百万美元。这反映了当时企业在国际市场寻求合作机会、资源整合和市场拓展等目标。然而，到了2018年，绿地投资的规模上升至15620百万美元，超过了非绿地投资的规模（8990百万美元）。这一变化可能是因为企业与"一带一路"共建国家相关企业逐渐确立了合作关系，通过绿地投资来实现更深入的合作，进一步推动当地经济的发展。2019年，投资方式分布继续发生变化。非绿地投资的规模增加至15310百万美元，而绿地投资的规模为14970百万美元。这一变动可能与国际政治环境、市场机遇和国家政策等因素有关。2020年，投资方式分布再度变化。非绿地投资的规模下降至5190百万美元，可能与全球疫情发生导致的市场不稳定性和风险增加有关。绿地投资的规模为7860百万美元，反映出企业在

"一带一路"共建国家寻求更稳定和可持续的合作模式。2021 年，绿地投资的规模下降至 3270 百万美元，可能是因为企业出于市场机遇和风险考虑，选择了更加谨慎的投资方式。与此同时，非绿地投资的规模为 3680 百万美元。2022 年，受到国际经济形势和市场环境的影响，绿地投资的规模上升至 5600 百万美元，非绿地投资的规模为 10090 百万美元，这可能是因为企业继续在"一带一路"共建国家寻求更深入的合作和资源整合。

从 2017~2022 年北京企业在"一带一路"共建国家投资的方式分布变化可以看出，企业在面对多元化的市场环境和风险时，不断进行战略调整和创新。非绿地投资和绿地投资的交替变化，折射了企业在寻求合作机会、资源整合和市场拓展之间的权衡。随着国际形势的演变，企业在绿地投资和非绿地投资之间寻求平衡，寻找最适合自身发展和最契合市场机遇的投资方式。未来，随着"一带一路"建议的深入推进，企业仍将保持灵活性，根据市场需求和政策环境，持续优化投资战略，为实现更加稳健和可持续的国际合作做出积极贡献。

## 四　北京企业在"一带一路"共建国家投资典型案例

### （一）三峡集团投资巴基斯坦卡洛特水电站项目[①]

#### 1. 项目简介

巴基斯坦卡洛特水电站项目由中国三峡集团投资建设，位于巴基斯坦吉拉姆河上，总装机容量为 720 兆瓦，年发电量为 32.1 亿千瓦时。2015年 12 月该水电站正式开工，2017 年 2 月实现融资关闭，2019 年 4 月开始进行拦河坝工程施工，2021 年 12 月底投入商业运营。这是中巴经济走廊

---

① 资料来源：《【长江日报】卡洛特水电站点亮当地的夜晚》，中国三峡网站，2023 年 10 月 17 日，https：//www.ctg.com.cn/sxjt/xwzx55/dmtj31/1452857/index.html；《卡洛特水电站：巴基斯坦的"三峡工程"》，国家发展和改革委员会网站，2023 年 10 月 17 日，https://www.ndrc.gov.cn/wsdwhfz/202310/t20231017_ 1361248.html。

资助的第一个水电站项目，也是巴基斯坦第一个完全依靠中国标准和技术建设的水电站项目。卡洛特水电站投入使用后，满足了当地约 500 万人的用电需求，在很大程度上填补了巴基斯坦的用电缺口。卡洛特水电站项目总投资 17.4 亿美元，项目采用了 BOOT（建设—拥有—运营—移交）开发方式，建设期为 5 年，运营期为 30 年，到期后将无偿移交给巴基斯坦政府。

### 2. 项目成效

卡洛特水电站项目有利于促进中巴两国经济共同发展。水电站项目帮助缓解巴基斯坦用电紧张的现状，还为当地提供了近 3000 个就业岗位，在很大程度上提高了当地经济活跃度。此外，卡洛特水电站项目的主要设备由中国生产制造，带动了国内 29 家国有企业约 3.38 亿美元"中国制造"的机电产品"走出去"，积极推动了"一带一路"高质量发展，实现中巴共同迈向可持续发展目标。

卡洛特水电站项目方积极履行环境责任。在施工前期，三峡集团南亚公司投资约 1.5 亿元人民币制订了适用于当地的环保专项计划。其中包括采用高标准废水处理设备，以及对员工及社区人员宣传生态环保意识等。在施工期间，项目采用了国际通用的环境保护标准，有效地保护了当地的生态环境。在项目完工后，公司也在第一时间通过制定明确的生态保护规范，恢复并维持当地的生态环境和景观。据估计，卡洛特水电站项目每年可减少二氧化碳排放量 350 万吨，有效推动巴基斯坦实现碳中和目标。

卡洛特电力有限责任公司积极承担社会责任。实施了完善的社区投资计划（CIP），总投资额超过 477 万美元，包括建设学校、医院、图书馆和休息室，维修公共供水系统和道路，免费为受项目影响的当地居民进行技能培训，联合多所院校为贫困家庭成员提供全额奖学金和工作机会。

### 3. 项目经验

在经济方面，该项目用了很短时间就实现了完全融资关闭，充分体现了"中国速度"。该项目充分发挥了 IFC 丰富的国际项目经验优势，使得中方在与 IFC 等国际项目经验丰富的贷款人顾问团队共事的过程中，不断学习对方先进的项目管理理念和丰富的项目经验，以锻造自己专业的、高素质的国际项目融资和管理团队。

在社会方面，项目公司注重建立良好的社区关系，配备专门联络员对受项目影响的搬迁者进行实地走访和调研，深入了解他们的要求和意见。项目方还聘请资深社会专家走访政府部门，了解它们的实际要求。此外，项目公司还聘请了当地律师，有效了解适用于当地社区管理的法律法规。

在治理方面，项目公司积极吸纳当地优秀人才并提供多项培训，提升员工综合素质，打造了一支专业、团结的中巴员工混合团队，实现了属地化经营。据报道，项目公司共有中方常驻人员 19 人，外籍员工 20 人，凝聚形成了包括征地移民专家、技术顾问、税务顾问、社会专家、人力专家等在内的专业人才队伍。

在环保方面，该项目严格遵循中国和国际上对社会环境的高标准，建立了符合当地实际的管理体系。在项目前期调研阶段，项目公司专门聘请了社会环境评估顾问公司编制更适应巴基斯坦当地政策的《社会环境影响评价报告》另外，在项目建设过程中，项目方最大限度地采用当地制造的建筑材料，并聘请专业环境工程师对当地员工进行工艺指导、管理和环境保护培训，同时对附近社区的废物管理也进行了改善。

## （二）大唐集团投资泰国可再生能源项目①

### 1. 项目简介

泰国 PTG 1×24 兆瓦生物质电厂及配套工程总承包项目是我国"一带一路"倡议在泰国实施的重点工程项目之一，位于泰国南部北大年府与马来西亚交界处。项目由中国大唐集团承揽，项目承建范围包括设计、采购、制造、运输、施工、安装、调试、培训、试运行和性能试验等工作。

---

① 资料来源：《大唐加强与东盟国家能源合作》，人民网，2018 年 9 月 18 日，http：//paper. people. com. cn/rmrbhwb/html/2018-09/18/content_ 1881945. htm。

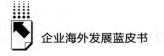

2. 项目成效

大唐集团在项目开发过程中积极探索当地人才招聘渠道，尽可能多地雇佣来自当地的管理人员和施工人员，为当地解决了近千人次的就业需求。项目建成后，电厂预计能够在运营期间创造1.92亿千瓦时发电量，并每年为当地政府纳税28万美元。这不仅能够缓解泰国南部用电紧张的局面，更能够缓解当地就业压力、促进当地经济增长。

项目对当地的环境保护也起到了促进作用。项目采用了往复炉排锅炉发电技术。该技术是东南亚生物质发电行业的标杆之一，能够在有效提高燃烧效率和氧利用率的同时降低散热损失，利用有限的材料制造更多的电力。另外，生物质电厂采用的燃料原料是橡胶树根、棕榈叶及棕榈果壳等废料的混合物，实现了对周边地区农作物废料的有效利用，成为当地重要的民生工程。

3. 借鉴意义

尽管生物质发电项目在中国"一带一路"可再生能源项目中占比较少，但中国和泰国作为农业大国都拥有丰富的生物质资源，具有发展生物质发电项目的良好基础。更关键的是中泰两国都有发展生物质发电项目的计划和决心。2020年，泰国国家能源政策委员会宣布将继续支持以生物质和沼气为燃料的社区发电项目，并发布了配套的详细政策。我国国家发改委于2022年5月发布了《"十四五"生物经济发展规划》，于6月发布了《"十四五"可再生能源发展规划》。这两份规划都强调了推进生物质多元开发和发展的新战略。大唐集团率先在泰国投资了多个生物质发电项目，获得了中泰两国政府的赞许。

未来中泰生物质发电合作可以聚焦于秸秆等农作物原料的利用。开展以秸秆等农作物原料作为燃料的生物质发电项目将更有利于保障燃料供给充足和减少环境污染。另外未来中泰生物质发电合作应采用更先进和环保的技术。但项目中采用的生物质直燃技术仍存在一定的环境风险，未来可以进一步利用"中国技术"为泰国当地供应"零碳"清洁能源。

## （三）美团点评投资尼日利亚移动支付平台项目①

### 1. 项目简介

2019 年 1 月 18 日，尼日利亚移动支付服务商 OPay 宣布，已经完成 1.2 亿美元的 B 轮融资，投资机构包括美团点评、龙珠资本（美团点评产业基金）、高榕资本、源码资本、IDG、金沙江创投、红杉资本中国、软银、BAI 和红点创投。这是美团点评时隔四个月后再次投资 OPay。7 月 11 日，美团点评曾参与 OPay 的 5000 万美元 A 轮融资。OPay 由昆仑万维旗下的 OPera 孵化，自 2018 年正式成立后，其在尼日利亚迅速发展，目前移动支付市场份额处于领先地位。

### 2. 项目成效

美团点评投资 OPay 在其海外布局的过程中起到了关键作用，OPay 将自身产品与 OPera 平台所支持的一系列产品打通，包括叫车应用 ORide 和外卖服务 OFood，共同打造一个相对成熟、完善的 O2O 生活服务平台。这与美团点评的战略方向高度协同。美团点评的海外布局已触及东南亚、印度与非洲等地区。除 OPay 之外，美团点评的投资矩阵还包括印尼打车与租车服务提供商 Go-Jek 的 E 轮和 F 轮投资、印度外卖平台 Swiggy 的 F 轮及后期投资等。

### 3. 借鉴意义

首先，"一带一路"共建国家拥有庞大的人口和不断增长的中产阶级，这为我国互联网企业提供了广阔的市场。在其他新兴市场也可以探索类似的机会，尤其是那些人口众多且尚未完全普及传统金融体系的地区。其次，"一带一路"共建国家之间的贸易和人员流动频繁，跨境支付需求旺盛。互联网企业也可以利用这一点，在其他地区推动跨境支付的发展，为贸易和金融活动提供便利。再次，移动支付市场的崛起推动了金融科技的发展，包括

---

① 资料来源：《风投看好、政府支持，"数字非洲"焕新希望的大陆》，"走出去"导航网站，2019 年 12 月 12 日，https：//www.investgo.cn/article/yw/tzyj/201912/471898.html。

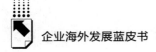
数字钱包、区块链等技术的应用。互联网企业可以借鉴这些技术在其他地区开展类似的金融创新。最后，不同国家和文化背景的差异需要有针对性的本地化战略。互联网企业可以借鉴美团点评在尼日利亚等地区的本地化实践，将这种策略应用于其他地区，以满足当地用户的需求。

# 五　展望与建议

## （一）展望

随着"一带一路"倡议的深入实施，北京企业在"一带一路"共建国家的投资逐步增加。2017~2022年，北京企业在"一带一路"共建国家投资中呈现出多样化的投资区域、主体性质和方式等。在过去六年中，北京企业在"一带一路"共建国家的投资规模呈现出波动的趋势。从区域来看，北京企业在"一带一路"共建国家投资主要集中在东亚、阿拉伯中东和北非、南美洲等地区。在不同年份，投资的区域分布有所变化。从国家分布来看，呈现出显著变化。北京企业的投资行业涵盖了科技、金融、能源、房地产、运输等多个领域。在投资主体性质方面，国有企业、民营企业和其他类型企业都参与了"一带一路"共建国家投资。尤其是国有企业的投资规模相对较大，但民营企业在某些年份的投资也有较好的表现。投资方式上，绿地投资和非绿地投资交替出现。

总体而言，北京企业在"一带一路"共建国家投资中已经在多个领域取得了令人瞩目的成就。例如，北京的建筑、能源、通信等企业积极参与了各种基础建设项目，推动了共建国家的经济发展。此外，北京的高科技企业也在技术创新、数字经济等方面展现出强大的实力，为"一带一路"建设注入了新的活力。未来，北京企业在"一带一路"共建国家投资的前景依然十分广阔。首先，随着中国经济的不断发展，北京企业将有更多的资金和资源可以用于境外投资，为"一带一路"建设提供更多支持。其次，随着技术的不断创新，北京企业可以在数字化、人工智能、绿色技术等领域与共建国家合作，推动创新合作，实现互利共赢。此外，文化交流、人才培养等方面也将有助于加强北京企业与共建国家的合作，增进人民之间的友谊。

尽管前景光明，但北京企业在"一带一路"共建国家投资中也存在一些问题。首先，政治风险和不稳定因素仍然存在，一些国家政治环境不稳定，存在政治风险，可能会对企业的投资产生不利影响。例如，一些国家的政策可能会随时发生变化，使得企业的投资计划受到影响。政治不稳定使企业的长期投资计划具备一定的不确定性。其次，市场不透明性和信息不对称带来较大风险，"一带一路"共建国家的市场环境和法律制度存在差异，市场不透明性可能会导致企业难以准确判断投资风险。此外，信息不对称也使得企业难以获取准确的市场信息，影响了投资决策的准确性。同时，北京企业与共建国家可能会存在文化和语言障碍：不同国家拥有不同的文化和语言，企业在开展"一带一路"投资时可能会面临文化和语言障碍。这些障碍可能会导致沟通不畅，影响合作伙伴关系的建立和维护。最后，企业仍然面临着不确定性的宏观环境，全球经济、金融市场的不确定性因素等，都可能会对企业的投资产生影响。这些宏观环境因素使得企业在"一带一路"共建国家投资时需要更加谨慎考虑，加强风险管理。

综上所述，北京企业在"一带一路"共建国家投资拥有巨大的机遇和潜力。加强经济互补、基础设施建设、技术创新、文化交流、绿色发展等多方面的合作，将为北京企业拓展国际市场、提升国际竞争力带来新的机遇。然而，也需要充分认识到在投资过程中可能会面临的风险与挑战，通过科学的规划和管理，实现在"一带一路"共建国家投资的长远可持续发展。

（二）建议

北京市积极推动"一带一路"建设高质量发展，在"一带一路"共建国家日益成为中国贸易和投资重地的基础上，共商共建共享共赢，带动更多新兴经济体和发展中国家形成贸易与投资的热土及可持续发展的新格局。然而，北京市采取的一系列在"一带一路"共建国家投资促进举措在实施过程中也面临一些问题。针对这些问题，以下从政府和企业两个方面提出建议。

1. 政府层面

第一，完善政策支持和法律保障体系。目前，北京企业在"一带一路"共建国家投资相关政策协调不足。不同部门之间政策协调不够紧密，可能会导致政策冲突和协调困难。因此，政府部门应加强内部协调，确保政策的一致性。建立跨部门合作机制，推动政策协调，为企业提供更好的政策支持。制定针对"一带一路"投资的优惠政策，包括税收优惠、减少行政审批等，为企业提供更加友好的投资环境。建立健全法律框架，保障投资者权益，提供司法保障，降低投资风险。

第二，促进信息交流合作。"一带一路"项目中一些合作协议和合同缺乏透明度，可能会引发猜疑和误解。在未来政府应加强信息公开，提供项目合作的相关信息，提升项目的透明度。完善信息服务平台，定期及时分享政策变化，对政策积极解读，持续更新市场变动、需求变化等信息，帮助企业更好地做出投资决策。另外，当前企业对于"一带一路"共建国家当地文化理解还存在不足。不同国家之间的文化差异可能会导致合作中的误解和摩擦。政府应加强跨文化交流和培训，提升政府官员的跨文化理解和合作能力。推动"一带一路"共建国家之间的政治、经济、文化合作，为企业提供更加稳定和友好的合作环境。政府可以设立文化交流项目，促进共建国家之间的文化交流，减少文化冲突。与国际组织、多边机构等合作，共同推动区域发展和可持续合作，建立合作网络，帮助企业发展更多的合作伙伴，实现双赢及多赢的局面。

第三，合理推动基础建设。政府在基础建设方面的投资，能够改善"一带一路"共建国家的交通、通信等基础设施，提升投资环境便利度。这有助于降低企业的运营成本，提高投资效率，同时也可为当地的经济发展提供更好的基础条件。但同时"一带一路"项目中涉及的基础建设可能会带来环境压力，影响可持续发展。相关部门应进一步加强环保监管，确保项目的可持续发展。政府可以引导企业采用环保技术，推动绿色投资和可持续发展，确保项目不对环境造成严重影响。

2. 企业层面

第一，加强多元化投资。目前来看，北京企业在"一带一路"共建国家投资的行业仍以传统行业为主，随着"一带一路"倡议的推进，北京企业应继续寻求多元化的投资领域。除了传统的基础设施和能源领域，企业应加大在新兴技术、数字经济、绿色产业等领域的投资力度。新兴领域的投资不仅有助于提升企业创新能力和竞争力，还能够促进"一带一路"共建国家的产业升级和可持续发展。

第二，风险防范和政策调整。企业对在"一带一路"共建国家投资过程中的风险管理不足。"一带一路"共建国家的政治、经济环境多样，风险不可忽视，但一些企业在对外投资时未能充分考虑风险。企业需要更加关注全球经济环境的变化和政策调整。国际局势、贸易政策、地缘政治等因素都可能会对企业的投资产生影响，建立更加敏感的风险预警机制，及时调整投资战略，以减少外部风险对投资的不利影响。同时也应加强风险评估与管理，建立完善的风险防控机制，充分了解目标国家的政治、法律、文化等方面情况，制定相应的风险应对策略。

第三，创新合作模式。北京企业在"一带一路"共建国家投资中应进一步探索更多的创新合作模式。随着数字化和科技的迅猛发展，跨国合作可以更加灵活地通过云平台、区块链等技术手段实现，促进资源共享和合作效率提升。同时，企业还应考虑与当地企业、初创企业等建立合作伙伴关系，共同开发新产品、新业务模式，从而实现互利共赢。

第四，注重社会责任和可持续合作。一些企业在海外投资过程中可能忽视了社会责任，对当地环境和社会造成不良影响。北京企业未来在"一带一路"共建国家投资中应更加注重可持续发展和环境保护。随着全球对气候变化和环境问题的关注程度不断加深，企业应积极寻求环保技术和绿色投资机会，以确保投资项目对当地生态环境没有负面影响。同时也应进一步加强企业社会责任意识，实施绿色投资和可持续发展战略。积极参与当地社区建设，推动环保、文化交流等方面的合作，这不仅有助于提升企业形象，也能够帮助企业获得当地政府和居民的支持。

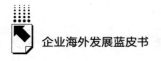
## 参考文献

Christoph Nedopil Wang, Brief：China Belt and Road Initiative（BRI）Investment Report H1 2022，2022 年 7 月 24 日，https：//greenfdc. org/china-belt-and-road-initiative-bri-investment-report-h1-2022/。

《北京市推进"一带一路"高质量发展行动计划（2021—2025 年）》，北京市人民政府网站，2021 年 10 月 25 日，https：//www. beijing. gov. cn/zhengce/zhengcefagui/202112/t 20211219_ 2564427. html。

《2022 年世界投资报告》，国家发展和改革委员会网站，2022 年 6 月 29 日，https：//www. ndrc. gov. cn/fggz/fgzh/gjzzychyjdt/gjzzyc/202206/t20220629_ 1329380_ ext. html。

《北京市数字经济促进条例》，北京市法规规章规范性文件数据库，2022 年 11 月 25 日，https：//www. beijing. gov. cn/zhengce/dfxfg/202212/t20221214_ 2878614. html。

# 案 例 篇
## Case Reports

# B.12
# 世纪优优国际化发展案例研究

孙宛霖　王分棉*

**摘　要：** 世纪优优是中国影视内容海外发行领域的领先企业，自成立以来
坚持实施文化"出海"战略，推动大量国产优秀影视作品走向世
界。本报告以世纪优优为研究对象，采用单案例的研究方法，深
入分析世纪优优国际化发展的历程、现状、动因和竞争优势等。
分析表明：世纪优优在国内影视行业提质发展、海外华语市场潜
力巨大、文化"出海"政策红利支持的背景下，通过借船"出
海"开始国际化；之后，世纪优优通过渠道建设、本土化运营、
中泰文化互动和技术赋能，逐渐构建起国际化竞争优势，发展成
为集 IP 孵化、中外合拍、虚拟制作、全球发行于一体的全产业链
公司，在从影视制作到发行的各个环节中都实现了高度国际化。
结合上述分析，本报告认为，随着国际化的不断深入，中国影视

---

\* 孙宛霖，对外经济贸易大学国际商学院博士研究生，主要研究方向为国际企业管理；王分
棉，博士，教授，对外经济贸易大学北京企业国际化经营研究基地研究员，主要研究方向为
战略管理、国际企业管理。

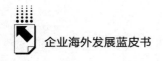

企业应当全面提升风险管理能力，基于大数据分析和 AI 算法等工具深入洞察市场需求，积极加强国际人才储备，聚焦"一带一路"和 RCEP 等重点市场区域，充分发挥影视企业在增强国家文化软实力、促进文化交流与合作等方面的重要作用。

**关键词：** 影视企业　国际化发展　世纪优优

# 一　公司概况

## （一）世纪优优简介

世纪优优（天津）科技股份有限公司（以下简称"世纪优优"）正式成立于 2012 年 5 月，是一家集影视国际制作与全球发行、流媒体平台运营、虚拟拍摄技术于一体的数字娱乐产品集成服务商。在创始人李福德的带领下，世纪优优自成立起便一直坚守在文化领域，将全球娱乐内容用户确定为目标顾客，积极在电视剧、电影等领域推动文化"出海"，双向发力推动中国文娱产品"走出去"和海外优质内容"引进来"，业务区域涉及世界范围内的 200 多个国家和地区。表 1 梳理列示了世纪优优 10 余年发展历程中的重要事件。如表 1 所示，世纪优优在成立后的 2014 年起便开始试水海外发行业务，通过在 YouTube 本土化运营多语言内容频道、自主研发海外全媒体发行运营平台、自主搭建 Ulight 智能光场虚拟拍摄技术等举措，实现从借船"出海"到造船"出海"的成功转变。世纪优优不仅注重推动优质中国文化产品的海外播出与推广，同时也积极引进海外优质影视内容，实现多部泰剧的引进、制作和发行，搭建起中国与其他国家文化双向交流的桥梁。经过多年来在影视"出海"业务上的深耕，世纪优优已在泰国、日本、新加坡等地建立分公司，与全球超过 150 家传统电视台和流媒体平台建立合作伙伴关系，海外市场涵盖东南亚、北美、西亚、欧洲，推动大量优秀国内影视剧在世界各地广泛传播。凭借出色的海外平台研发与运营能力，世纪优优曾经入选"2017~2018 年度国家文化出口重点项目""2019~2020 年度国家文化出口重点项目""2019~2020 年度国家文化出口重点企业",并获得了 YouTube 平台亚太区域唯一的"2022 年度最佳运营"称号。

### 表1 世纪优优重要发展事件

| 年份 | 重要事件 |
|---|---|
| 2012 | 公司正式成立 |
| 2014 | 试水国际流媒体平台运营,与 YouTube 签订官方战略协议 |
| 2016 | 成功在全国中小企业股份转让系统挂牌交易 |
| 2016 | 开始进行海外互联网电视云平台研发;被天津市认定为高新技术企业 |
| 2017 | 定向增发 59.55 万股,合计募集资金约 3000 万元 |
| 2017 | 入选"2017~2018 年度国家文化出口重点项目"名录;自主研发的 UUTV App 上线手机端和 OTT 端,与多家海外智能硬件厂商和电信运营商达成战略合作 |
| 2017 | 增加游戏海外发行业务 |
| 2017 | 与美国南加州大学创新技术实验室合作,引进智能光场还原拍摄系统 Ulight 1.0 技术 |
| 2018 | 定向增发约 503.73 万股,合计募集资金约 6730 万元 |
| 2018 | 在曼谷成立泰国分公司,开始布局泰剧的引进、制作和全球 IP 开发业务 |
| 2019 | 开启与海外电视台的双向合作,实现海外优质影视内容的引进和独家发行 |
| 2019 | 与马来西亚好享广播电视电影集团(Enjoy TV)合作推出新媒体电视平台"Enjoy UU",在 Enjoy TV 智能电视机顶盒中进行预装 |
| 2019 | 被评为"2019~2020 年度国家文化出口重点企业" |
| 2020 | 开始与泰国主流电视台合作出品泰剧,在中泰、北美、越南多地播出。 |
| 2020 | 在 YouTube 运营的英语频道订阅观众超过 100 万,累计观看次数达 2.8 亿人次 |
| 2020 | 在日本建立分公司,布局日本数字文娱行业 |
| 2021 | Ulight 2.0 完成搭建,开始在内容制作领域提供全流程虚拟拍摄解决方案。 |
| 2022 | 正式退出游戏业务 |
| 2022 | 推出首部使用 Ulight 虚拟拍摄技术制作的短剧,并在国内外多个国家同步上线 |
| 2022 | 获得 YouTube 平台"2022 年度最佳运营"称号 |
| 2022 | 承办国家广播电视总局、泰国民联厅和中国驻泰国使馆共同主办的中泰一家亲·视听交流活动 |

资料来源:世纪优优访谈整理、世纪优优网站、世纪优优年度报告。

自成立以来,世纪优优围绕影视发行的核心业务,在版权维护、广告宣传与游戏发行等领域尝试进行多元化布局,发挥全球资源和渠道的协同作用。影视发行是世纪优优最早的业务，公司现已建立起覆盖全球的媒体渠道和平台合作关系，累计发行影视内容超过800多部，拥有合计3万多集的剧集储备。同时，世纪优优在YouTube平台的多语言频道运营，不仅为其带来可观的广告分成款收入，也有助于建立和保持与海外观众的深度互动，提升海外宣发能力，直接收集受众需求和反馈。目前，公司运营的YouTube频道累计用户超过3000万名，超过7个视频频道的订阅量超过百万人。此外，世纪优优拥有版权维权（反盗版）的丰富经验，长期为国内外电影出品方提供版权保护增值服务，进一步增进与内容制作、发行企业的合作黏性，助力主营业务发展。最后，世纪优优于2017年起在东南亚地区试水游戏海外发行业务，助力多部国内游戏"出海"；但由于游戏行业政策变化等原因，公司于2022年正式剥离游戏业务。表2列示了世纪优优2022年营业收入的业务构成情况。可以看到，截至2022年，世纪优优的主营业务包括影视发行、广告宣传、版权维护和游戏发行四大类别。其中，影视发行作为世纪优优的第一大业务，2022年为公司贡献了约1.04亿元的营业收入，营收占比高达91.89%；广告宣传业务为其第二大业务，营收占比达到6.09%；公司的版权维护业务营收占比较低，仅为0.46%；公司的游戏发行业务营收占比为1.56%，但已于2022年从公司商业模式剥离。

表2 世纪优优2022年营业收入业务结构

单位：元，%

| 类别 | 金额 | 占营业收入比重 |
| --- | --- | --- |
| 影视发行 | 104012959.32 | 91.89 |
| 广告宣传 | 6896143.27 | 6.09 |
| 版权维护 | 523584.91 | 0.46 |
| 游戏发行 | 1764311.23 | 1.56 |

资料来源：世纪优优年度报告。

图1展示了世纪优优2018~2022年相关财务指标的变化趋势。如图1所示，2018~2021年，世纪优优的营业收入、净利润和资产规模均呈逐年上

升趋势。其中，得益于影视剧发行和游戏业务规模的增长，公司的营业收入增速尤为突出，2019 年营业收入增长率超过 100%，2020 年营业收入增长率超过 80%，并于 2021 年首次突破 2 亿元，公司业务呈现良好增长态势。净利润方面，2018~2021 年也呈现稳定上升趋势，2021 年实现净利润 1469 万元。资产规模方面，2020 年公司资产迅速超过 2.5 亿元，主要原因是公司自制剧和游戏储备的增加带来的存货增加，以及外购影视版权增加带来的无形资产增加。2022 年，由于公司游戏业务的剥离和国际政治局势、新冠疫情及汇率变动对海外影视剧发行业务的重大影响，公司整体业绩有所下滑，营业收入较上年同期下降了 48.72%，净利润较上年同期下降了 379.02%，资产规模较上期期末下降了 15.65%。2022 年公司业绩的波动，也体现出影视行业面临着较大的政策与行业变革风险。

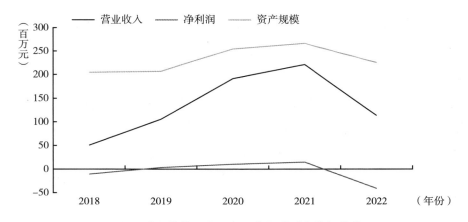

**图 1　世纪优优 2018~2022 年相关财务指标趋势**

资料来源：世纪优优年度报告。

## （二）世纪优优国内外发展历程

### 1. 国内发展历程

2012 年 5 月 3 日，世纪优优于天津正式成立。自成立之初，世纪优优便确定了"让文化连接世界"的使命，坚守在文化"出海"领域进行深耕。世纪优优从 2013 年开始布局新媒体发行，两年后达成全媒体发行，与凤凰卫视、北京卫视、卡酷动画等多家卫视电视台均建立了良好的合作关系。2016 年，世纪优优成功在全国中小企业股份转让系统挂牌交易，并被天津市科学技术委员会、天津市国家税务局、天津市财政局、天津市地方税务局共同认定为高新技术企业。同年，世纪优优正式与天津卫视、湖北卫视、贵州卫视、陕西卫视、江西广电、青岛广电电视台建立了合作关系，电视台内容均由公司平台传播至海外。与此同时，世纪优优也持续发力版权维护业务，2016 年，华谊兄弟出品的电影均由世纪优优提供版权保护服务，同时还包括当年《驴得水》《我不是潘金莲》《夏有乔木 雅望天堂》《盗墓笔记》等国产大片；2017 年，世纪优优获评"2017 中国版权年度最具影响力企业"。

随着版权发行和保护业务的深入发展，世纪优优开始发力内容生产环节，基于"文化+科技"的战略布局，发力产业链上游虚拟拍摄和 AI 技术领域。作为国内较早一批入局虚拟制作的公司，世纪优优在 2017 年便开启与美国南加州大学创新技术实验室合作，引进智能光场还原技术，结合公司多年的影视实践经验，建立起 Ulight 1.0 的虚拟拍摄系统。相比 LED 屏，Ulight 智能光场能够实现光场、人和场景的完美结合，将影视制作的后期流程"前置化"，用于作品补拍和虚拟拍摄等方面，可以大幅促进影视剧制作的"降本增效"。2021 年，Ulight 2.0 完成搭建，解决了 Ulight 1.0 灯光切换速度较慢等痛点问题，光场效果也有了质的提升。同时，世纪优优积极探索 Uight 2.0 智能光场除影视剧拍摄之外的应用场景，包括广告拍摄、数字文旅、直播短视频制作等。2022 年，公司首部运用 Ulight 虚拟拍摄技术的短剧《休想作刺本王小姐》在腾讯平台上线；2023 年公司自制微短剧《请叫我乌雅氏》中虚拟拍摄占比达 50%，共计 84 个场景仅用 4 天就完成拍摄，大幅缩短了制作周期和创作成本，有力推动了国内文化内容制作模式的创新。

2. 国外发展历程

世纪优优作为中国大陆地区影视行业较早开始国际化的企业，通过搭建全球媒体平台渠道，整合国内外优质影视内容，打造本土化多语言视频平台，有效助力了中国优秀文化内容"走出去"。世纪优优在成立后的 2014

年起便开始试水海外发行业务，通过与 YouTube 签订官方战略协议合作运营海外频道，成功搭上 YouTube 的"大船"。在迈出借船"出海"的第一步之后，世纪优优以 YouTube 为起点，陆续发展了 30 多个海外流媒体平台，包括全球地区市占率居首的 Netflix、Daily Motion 和亚太地区的 Viki 等。同时，世纪优优也在传统发行渠道上保持着与北美、新加坡、日本、韩国、越南、柬埔寨、马来西亚、中国香港、中国澳门等国家和地区电视台的良好合作关系。同时，世纪优优积极通过各种电视、电影节活动来进行渠道拓展，不断挖掘国际资源合作新机会，包括法国戛纳秋季电视节、新加坡 ATF 电视节、北美国际电视节、香港国际影视展等各大国际节展。除了外部平台的合作，世纪优优也积极推进自有平台的研发和运营，打造 PC 端、电视端、移动端三位一体的"出海"平台。2016 年起，公司开始自主研发"海外互联网电视云平台"；2017 年，公司自主研发的 UUTV App 在手机端和 OTT 端上线，并与 IPTV、Smart TV 等多家海外智能硬件厂商和电信运营商达成战略合作，至 2018 年底覆盖东南亚和北美地区，用户规模接近百万。2019 年，公司与马来西亚好享广播电视电影集团（Enjoy TV）合作推出了"Enjoy UU"新媒体电视播放平台并在 Enjoy TV 智能电视机顶盒中进行预装，获得 2019 年京交会"最具发展潜力示范案例"称号。

此外，世纪优优在海外业务发展中"以进带出"，推进中泰影视文化双向交流与合作。2018 年，世纪优优在泰国曼谷成立分公司，开始布局泰剧的引进、制作和全球 IP 开发业务。2019 年，世纪优优海外影视内容制作全面开启；2020 年，公司与泰国主流电视台合作出品的泰剧《我叫布萨芭》在中国、泰国、北美、越南多地播出，同时上线北美 Viki 和越南 Viettel 等海外平台。截至 2022 年 11 月，世纪优优与泰国主流媒体合作制作了三部 S 级泰剧，并向国内市场引进优质泰剧内容近千集，与安徽卫视"海豚周播剧场"建立长期泰剧版权供应关系。

（三）世纪优优国际化发展现状

世纪优优自 2014 年开始海外运营，在过去 10 年持续深耕文化"出海"

领域，至今已成为国内领先的海外版权方，2020 年公司文化进出口贸易规模超过 2500 万美元，出口额约为 1500 万美元。目前，在海外内容发行领域，世纪优优已与 150 多家海外主流媒体建立深度合作关系，涵盖视频网站、OTT、IPTV、互联网电视等全终端，并与美国、加拿大、泰国、新加坡、马来西亚、越南、菲律宾、日本、中国香港、中国澳门等国家和地区的电视台均保持着良好合作。截至 2022 年，世纪优优累计拥有超过 800 部海外发行记录和 3 万多集的剧集储备，内容涵盖电视剧、综艺、动画、网剧、微短剧、短视频等不同影视类型和题材，辐射 200 多个国家近 20 亿名海外观众，既包括北美、日韩、东南亚等主流市场，也逐渐拓展到英国、土耳其、荷兰、哈萨克斯坦等新兴市场。

同时，世纪优优自国际化伊始便与全球范围内影响力最大、用户数量最多的 YouTube 平台签订了合作协议，目前已成为 YouTube 在中国最大的影视版权合作方之一。公司通过践行精细化、本土化运营，将 YouTube 频道成功拓展到英语以外的多语言频道，包括越南语、阿拉伯语、印尼语、西班牙语、法语、俄语等 14 个不同语种。图 2 统计了世纪优优 2023 年 8 月 1 日时点上 YouTube 几大语言频道的订阅人数，可以看到，英语是订阅量最大的非华语频道，阿拉伯语频道作为 YouTube 最大的华语内容阿拉伯语频道，用户订阅量超过 220 万人。截至 2022 年底，世纪优优在 YouTube 的官方运营频道用户总订阅量已突破 3000 万人，共有 7 个频道订阅用户超过百万人，非中文频道订阅人数近 80%，观看量超过 200 亿次。公司在频道运营上的高品质成功实践，为其赢得了 YouTube 2022 年度亚太区域唯一的最佳运营奖。

综上所述，世纪优优自成立以来坚持开展文化"出海"战略，不断积累全球渠道和内容资源，同时通过自主研发海外平台和虚拟拍摄技术，持续不断进行业务拓展，构建起独特的竞争优势，现已在国际影视制作与全球发行的多个方面取得不菲的成绩。基于此，对世纪优优海外发展的动因和关键因素展开分析，有助于更好地理解我国影视产业国际化经营的重要性和需要具备的关键能力，对于推动中国优秀内容产品走向国际市场、向世界讲好中国故事具有重要的现实意义。

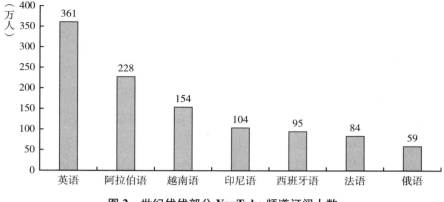

**图 2　世纪优优部分 YouTube 频道订阅人数**

资料来源：根据 YouTube 网站数据手动整理。

## 二　世纪优优国际化发展动因分析

### （一）国内影视行业提质发展

近年来，随着国民经济的持续增长和居民生活水平的不断提高，中国影视行业蓬勃发展，市场规模不断扩大，如今已成为电视剧世界第一生产大国，电影市场银幕数和票房收入居全球之首。图 3 列示了 2014~2024 年中国影视行业市场规模及增速（2022~2024 年为预测数据）。由图中可以看出，2015 年中国影视行业市场规模增速高达 32%，2015 年之后除 2020 年受新冠疫情影响市场规模短暂下降外，增速均保持在 10% 以上，市场发展态势良好，吸引着各类社会资本涌入影视行业。同时，国家对娱乐行业的规范化整治、市场对优质内容的需求上升、数字技术的发展进步，也使得中国影视行业逐渐告别过去粗放式的增长模式，呈现出更加专业、规范的发展趋势，影视内容产品不断垂直化、精品化。在题材方面，随着国内市场受众观影偏好的改变，最近几年的爆款作品题材不断多元化，除了传统的古装、偶像剧外，还出现了《开端》《狂飙》等悬疑短剧和现实题材作品，体现出市场的潜在活力；在技术方面，国内影视企业与海外团队合作增加，通过引进国外的先进经验和制作技术，推动国内电影行业向工业化演进，许多国内企业也开始探索利用虚拟拍摄、AIGC 等数字化技术"降本增效"。比如，过去国内特效大片多由好莱坞团队参与制作，而2019 年上映的电影《流浪地球》从前期概念、服装道具到后期数字特效，剧本均由国内特效公司完成，标志着国产科幻电影制作水准的崛起。

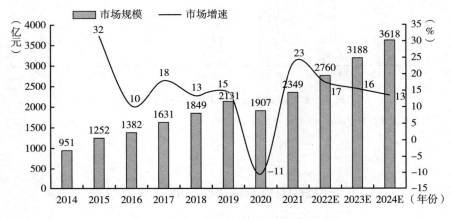

图 3　2014~2024 年中国影视行业市场规模

资料来源：艾媒数据中心。

内容是影视作品传播的基础和核心。随着国产影视作品制作质量的显著提升和内容题材的扩展丰富，我国大量优秀影视作品不断向欧美等成熟市场和非洲、东南亚等新兴市场渗透，华语影视作品也逐渐成为海外观众追捧的热点。图 4 展示了 2012~2022 年间中国电视剧出口的相关数据。具体而言，2012~2022年中国电视剧的海外传播经历了三大阶段。第一阶段（2012~2014 年）是自发"出海"阶段，该阶段国产剧的质量和海外影响力快速提升，但电视剧的制作、发行机构与播出平台之间合作较为松散，电视剧"出海"规模不大，3 年电视剧出口总量为 569 部次，合计 2.6 万余集。第二阶段（2015~2017 年）是规模化"出海"阶段，影视行业以"一带一路"共建国家为重点，加快建设电视剧海外播出平台和整合海外渠道资源，电视剧"出海"实现规模化、常态化，4 年间电视剧出口总量达到 1755 部次，合计 9.5 万多集，是上一阶段的三倍多。第三阶段（2018~2022 年）是产业链"出海"阶段，随着优爱腾等国内流媒体平台积极开展国际化运营，中国电视剧的海外传播构建了"内容+平台+终端+网络"的产业链合作模式，运营也更趋于本土化和平台化，实现了从"走出去"到"播得好"的关键转变，该阶段电视剧出口总量达到2689部次，合计10万多集。世纪优优的国际化历程，正是在国内影视行业不断发展、作品内容质量持续提高的前提条件下，战略性地搭上了2014年影视行业规模化"出海"的列车，将一大批内容优秀、题材多元的国内影视作品带向世界各地。

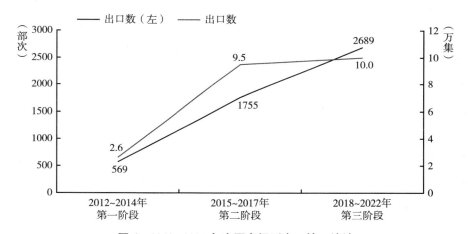

**图4　2012~2022年中国电视剧出口情况统计**

资料来源：国家广电智库。

## （二）海外华语市场潜力巨大

世纪优优于2012年成立，2014年开始布局海外业务。2014年，国内影视市场正值"网络自制剧元年"，腾讯、优酷、爱奇艺、乐视等几大视频网站发展势头强劲，对市场份额展开激烈争夺，内容版权也成为大家争夺的重点。与国内激烈的市场竞争环境相比，同期的华语影视剧"出海"正处于起步阶段，玩家数量不多但潜在受众群体不断增加，属于潜力巨大的蓝海市场。一方面，改革开放以来，中国对外移民数量迅速增加。相关数据统计显示，2016~2017年，世界华人华侨数量约达5800万人，是改革开放初期数量的2.6倍，构成了世界上最大的海外移民群体之一；加上长居国外的留学生和赴海外旅游、差旅、生子的短剧华人，海外对国产影视内容的华语受众规模十分可观。与老一代移民相比，海外新移民对互联网电视、OTT、流媒体平台等多样化影视产品播出渠道的接受度更高，对现实题材剧、悬疑题材剧、综艺节目等多元化影视产品的需求也不断增加，为华语内容在海外市场开展渠道合作和商业模式创新提供了较大空间。另一方面，随着综合国力的不断增强和国家文化软实力的持续提高，中国文化内容产品正以势不可挡的力量进入海外发达市场和新兴市场，成为塑造国家形象、传播文化内核的窗口，国产影视剧作的非华语受众也不断增加。比如，中国对东南亚地区的经济辐射，使其成为中国以外华文媒体最集中、影响最大、数量最多的地区，同处大儒家文化圈中，也使得该地区对中国传统文化具有天然的认同感和亲近感，因此，许多影视制作机构和播出平台均将东南亚作为"出海"的第一站。此外，除东南亚、非洲等新兴市场外，近几年许多华语影视剧在发达市场也广受追捧，2020 年以来的《开端》《苍兰诀》《小敏家》等爆款剧均在国内播出阶段被 Netflix、迪士尼等平台买断海外版权；2022 年的《人世间》更是在开拍之初就被迪士尼买断其海外独家播映权。

## （三）文化"出海"政策红利支持

世纪优优近 10 年国际化发展取得一系列瞩目成就，离不开国家文化"走出去"战略的制定落实和一系列文化"出海"利好政策的有力支持。21 世纪之初，文化"走出去"战略便成为我国结合全球化发展形势和国家发展战略而做出的重要决策。2001 年，我国正式加入 WTO，广播影视"走出去工程"被首次提出。2005 年与 2006 年，我国分别颁布了《关于进一步加强和改进文化产品和服务出口工作的意见》和《关于鼓励和支持文化产品和服务出口的若干政策》，为我国文化"走出去"政策确立了基本思路和框架，也直接提升了文化产业"出海"的积极性。2011 年，党的十七届六中全会上正式提出文化"走出去"战略；之后，2012 年党的十八大报告、《国家"十二五"时期文化改革发展规划纲要》中均对文化"走出去"做出进一步强调和提出系列举措。2016 年，中央全国深化改革领导小组第二十九次会议审议通过了《关于进一步加强和改进中华文化走出去工作的指导意见》，习近平总书记在发言中进一步强调了创新、内容和渠道对中华文化"走出去"的重要性。2017 年，党的十九大报告指出，要讲好中国故事，推进国际传播能力建设。2021 年，"十四五"规划提出，要积极发展对外文化贸易，鼓励优秀传统文化产品和影视剧等数字文化产品"走出去"，加强国家文化出口基地建设。2022 年，党的二十大报告进一步提出，要深化文明交流互鉴，增强文化传播力和影响力，推动文化更好地走向世界。2022年 7 月，商务部等 27 个部门联合出台了《关于推进对外文化贸易高质量发展的意见》，提出包括扩大鼓励优秀广播影视节目出口、发挥平台载体赋能作用等 28项举措，大力推进文化"出海"的创新发展。

影视作品是文化"走出去"的重要媒介载体，也是我国文化"走出去"工程最早推出的细分领域，因此中央和地方政府实施了一系列支持性的政策和举措，鼓励和扶持国内优秀影视作品走向世界。表 3 列示了近年来支持和鼓励影视行业"走出去"的部分关键政策。

表 3　影视行业"走出去"相关政策支持

| 年份 | 政府机构 | 政策内容 |
|---|---|---|
| 2007 | 商务部、外交部、文化部、国家广播电影电视总局、新闻出版总署、国务院新闻办 | 《文化产品和服务出口指导目录》：每两年一次，认定"国家文化出口重点项目"和"国家文化出口重点企业"，对认定项目和企业在市场开拓、技术创新、海关通关等方面予以支持 |
| 2016 | 国家电影事业发展专项资金管理委员会 | 《关于奖励优秀国产影片海外推广工作的通知》：优秀国产影片在海外电影市场票房收入达到或超过人民币 100 万元的，对出品或代理海外业务的中方单位给予奖励 |
| 2017 | 国家新闻出版广电总局、国家发展改革委、财政部、商务部、人力资源和社会保障部 | 《关于支持电视剧繁荣发展若干政策的通知》：支持优秀电视剧"走出去"，完善电视剧出口激励机制，对符合条件的国产电视剧版权购买、译制、国际版本制作等环节给予支持；支持有条件的各类实施主体通过并购、合资、合作等方式开办中国影视节目播出频道、时段，在境外兴办实体，建立海外制作和传播平台 |
| 2021 | 国家电影局 | 《"十四五"中国电影发展规划》：拓展国际发行网络；在戛纳等主要境外电影节、电影市场上设立"中国联合展台"；努力提高国际标准参与和引导能力 |

资料来源：根据政府官方信息整理。

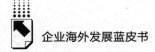

综上所述，世纪优优基于国内影视行业市场规模持续增长、发展更加专业规范、内容趋于多元优质的条件，在国内影视剧开始规模化"出海"的背景下，开始进行影视作品的国际化出品。与此同时，海外华语影视剧的蓝海市场，具有良好的受众基础，竞争企业相对较少，发展潜力巨大，为世纪优优的国际化发展提供了宝贵的市场机遇。最后，21世纪以来，国家制定了一系列文化"走出去"战略决策和影视作品"出海"利好性、支持性政策，为世纪优优实施国际化战略和搭建海外合作渠道提供了良好的政策条件和发展动力。在上述三个动因的支持下，世纪优优发展成为集IP孵化、中外合拍、虚拟制作、全球发行于一体的全产业链公司，在从影视制作到发行的各个环节中都实现了高度国际化。

## 三　世纪优优国际化关键影响因素分析

### （一）整合全球渠道，创新发行模式

强大的海外发行渠道和合作资源，是世纪优优从事文化"出海"的核心资源能力。在国际化进程中，世纪优优与150多家海外主流媒体和平台均建立了深度合作关系，构建起包括传统电视台、流媒体平台和自有平台的多元化发行渠道，并以此为依托进行多样化内容的规模化发行。

一方面，世纪优优持续进行与海外传统电视台的渠道关系建设，和日本、韩国、新加坡、越南、马来西亚、泰国、英国、土耳其、荷兰等国家和地区的70多家主流电视台建立了联系与合作。例如，截至2021年底，世纪优优已向日本10多家当地电视台和流媒体平台输送了40多部中国优秀影视作品，既有日本市场一贯偏爱的古装题材，也有近年来接受度逐渐提高的悬疑剧、青春剧、现代剧等，有效促进了日本观众对中国传统文化和社会生活的了解，搭建起文化传播的桥梁。另一方面，近年来随着数字技术的进步和平台经济的兴起，影视内容受众的消费习惯逐渐从传统电视播出转向平台在线观看，新媒体渠道的发展速度和覆盖受众远超过传统媒

体。因此，世纪优优自 2014 年国际化战略启动之时，便与全球最大的视频网站 YouTube 签订战略合作协议，并以此为起点，不断扩大海外平台渠道合作，包括 Netflix、Daily Motion、Viki 等数十家国际领先流媒体平台。例如，世纪优优自 2016 年 9 月与北美领军视频网站 Viki 达成年度战略合作以来，至 2021 年底已累计在 Viki 平台播出了优秀中国影视作品 100 多部，合计超过 3000 集；其中，2020 年 3 月开播的青春剧《冰糖炖雪梨》在 Viki 上的字幕超过 35 种不同语言，单日观看时长多次位居中国剧类第一。此外，世纪优优还投资开发了"海外新媒体发行运营平台""海外互联网电视云平台""UUTV App""Enjoy UU"等自有平台，并与东南亚和北美地区的多家智能硬件厂商和电信运营商达成战略合作，用户规模超过百万。

基于多元化的全球发行渠道，世纪优优突破了传统的影视项目单部发行的方式，与海外电视台和流媒体平台建立起影视专区的合作关系，品牌化、规模化地向海外输送中国影视内容，极大提高了影视"出海"的效率和效果。例如，世纪优优与泰国最大的长视频平台 TrueID 和新加坡最大的广播电视集团 MediaCorp 均合作建立了中国影视剧专区，对应上线数十部中国热播影视剧和网剧，极大促进了海外观众收视习惯的养成，形成可持续的海外发行渠道。

## （二）多语种译制，本土化运营

YouTube 是中国内容"出海"的第一大全球视频平台。世纪优优从 2014 年起，长期在 YouTube 平台上进行多语言频道运营和影视内容输出，现已成为 YouTube 在中国最大的影视版权合作方之一，并于 2022 年获得 YouTube"2022 年度最佳运营"奖项，成为亚太区域唯一的获奖者。语言是影视内容"走出去"的最大障碍之一，世纪优优在 YouTube 的成功运营，离不开其多年来在各大细分语种频道上对内容译制的投入和对本土化运营的坚持。世纪优优基于其自有译制人员和全球合作团队，进行华语影视作品的字幕翻译和配音工作，从英语开始，逐渐扩展到越南语、阿拉伯语、印尼语、西班牙语等 14 种不同语言。同时，在译制过程中注重使用本地母语者，确保译制内容充分融入当地的文化和理解。根据相关统计，多语言本土化运营可以使 YouTube 上的单剧运营收入提高 3~9 倍，观看次数提高 5~10 倍。表 4 展示了世纪优优在 YouTube 平台上部分热播剧集的数据，其中，《99 分女朋友》是世纪优优截至 2023 年 2 月在 YouTube 平台播放流量最高的剧集，总观看次数达到 4.36 亿次，其中多语言观看次数达 3.67 亿次，是中文观看量的 5.3 倍。

表 4　世纪优优 YouTube 平台部分热播剧集

| 名称 | 题材 | 中文观看次数 | 其他语种观看次数 |
| --- | --- | --- | --- |
| 《99 分女朋友》 | 都市、甜宠 | 6886 万次 | 3.67 亿次 |
| 《一不小心捡到爱》 | 都市、爱情、喜剧 | 1.51 亿次 | 2.67 亿次 |
| 《我凭本事单身》 | 青春、校园 | 5352 万次 | 3.55 亿次 |
| 《冰糖炖雪梨》 | 青春、爱情、竞技 | 3167 万次 | 2.82 亿次 |
| 《将军家的小娘子》 | 古装、爱情、喜剧 | 3677 万次 | 2.27 亿次 |

资料来源：中国联合展台（时间截至 2023 年 2 月）。

世纪优优在积极推动语言本土化翻译的同时，也积极采取营销策略的本土化。在市场分析环节，世纪优优在购买国内版权之前，往往会通过提前询问海外合作伙伴的采购意向和意见、向平台 C 端用户播送片花收集反馈等方法，避免因各国文化和审美不一致而造成的决策失误。在事件营销环节，世纪优优通过积极举办和承办中外交流活动，在促进中外友好交流的同时，不断扩大品牌国际影响力。2022 年 11 月，世纪优优承办了国家广播电视总局、泰国民联厅和中国驻泰国使馆共同主办的"中泰一家亲·视听交流活动"，此次活动配合了习近平主席出席亚太经合组织第二十九次领导人非正式会议和对泰国的访问，具有重要的文化交流和政治意义，活动期间《家在青山绿水间》《中泰一家亲》等 6 部中泰合拍纪录片在泰国国家电视台和泰国国家新闻社电视频道进行播出。

## （三）加强双向互动，实现"以进带出"

作为一家国际化企业，世纪优优深知文化双向交流的重要性，在不断扩展影视海外传播渠道的同时，利用公司积累的优势资源，将优秀海外影视作品引进国内市场，以高起点、大格局实现文化交流的合作共赢，现已成为中外影视双向合作的领军企业。泰国与中国在地理和文化上距离都比较接近，两国之间有着近 2000 年的友好交往关系，且目前政治和外交关系仍较为稳定，国内也已经形成一批泰剧深度粉丝，为影视和文化双向交流提供了一个良好的基础。基于此，2018 年世纪优优在泰国正式成立分公司，开始布局泰剧的引进与制作，开展与当地内容制作方、电视台和流媒体平台的全方面合作。2019 年，世纪优优与安徽卫视建立起长期合作关系，为安徽卫视 10 点档的海豚周播剧场独家供应泰剧内容，培养了一批忠实的观影群体，使其收视率排名重新回到前五，其中播出情况最好的《情牵一线》在同档期排名第二。到 2021 年底，世纪优优与国内主流的电视台和流媒体平台均建立了合作关系，向东方卫视、安徽卫视、爱奇艺、优酷、腾讯、芒果 TV 等媒体渠道引进了近千集泰国影视剧，包括《戴面具的女人》《星星的房子》《爱情迷踪》《遮心之帘》《你是我心中的太阳》等。

成功的泰剧引进，也推动了华语电视剧在泰国的规模化播出。基于与泰国 3 台、7 台、GMM 等主流电视台和 TrueID、MONOMAX 等流媒体平台的合作伙伴关系，公司向泰国输出了 30 多部近 1000 集不同题材的中国剧集，包括《冰糖炖雪梨》《秋蝉》《司藤》等。部分剧集因播出反响良好，还由泰国平台专门进行了泰语配音制作，使得中国影视剧在泰国当地建立了良好的市场基础。2020 年新冠疫情期间，世纪优优和优酷、安徽卫视共同联合泰国当地主流电视台和一线明星、新锐艺人录制了"中泰一家亲，患难见真情"主题视频，为武汉加油，进一步加深了两国之间的文化联结。

在大量的中泰影视交流合作基础之上，世纪优优开启与泰国的电视剧联合制作，实现双方的深度合作。2020 年，由世纪优优出品、泰国知名影星主演的浪漫爱情喜剧《我叫布萨芭》在中国优酷、芒果平台和泰国 ONE31

频道黄金时段播出上映，同时也发行到北美的 Viki 和越南的 Viettel 平台进行播出，收获了全球观众的良好反响。之后，世纪优优还与泰国本土团队合作翻拍了《我叫金三顺》《她很漂亮》《W 两个世界》三部韩剧，后面两部还在 Netflix 平台上播出，并取得较好排名。未来，世纪优优计划继续布局内容生产环节，联合海外合作方加速孵化一批国际顶级 IP，向全球用户提供更加丰富多元化、国际化的影视产品。

（四）布局数字技术，赋能影视制作

近年来，随着虚拟制作、AIGC 等数字技术与影视行业的结合逐渐进入应用视野，世纪优优在国际影视合作过程中也意识到数字技术对影视工业化和全流程"降本增效"的重要性，于 2017 年起开始布局虚拟制作影棚，成为国内最早的一批入局者。世纪优优通过引进美国南加州大学的智能光场还原技术，自主研发了 Ulight 虚拟拍摄系统，相较于已有的 LED 屏技术而言，智能光场技术的效率更高、效果更好，且能通过影视后期制作"前置化"，大幅降低影视制作成本。在新冠疫情期间，世纪优优的 Ulight 虚拟拍摄影棚承接了多部影视作品的补拍工作，有效解决了演员的行程限制和档期冲突等问题。同时，世纪优优还结合已有影视剧拍摄经验，不断推动技术迭代。2021 年，公司推出 Ulight2.0，将应用场景扩展到影视剧拍摄、人物补拍和换脸、广告拍摄、文旅服务等众多方向。同时，公司还自主独立研发了一套 VPN 系统，提供线上审查、分包、素材同步等功能，对项目素材实现科学高效的数据库管理，同时在同一平台中实现各项目人员工作进度的可视化和项目流程的整体管理，可以有效降低沟通成本、避免时间和资源浪费。目前，世纪优优已成功运用 Ulight 虚拟制作系统完成《休想行刺本王小姐》《请叫我乌雅氏》等自制微短剧，使其制作周期和成本得到有效降低，为国产影视剧制作"降本增效"探索出一条可行道路。目前，世纪优优还正在积极探索 AIGC（Artificial Intelligence Generated Content）在虚拟拍摄中的应用，通过 AI 技术赋能，大幅降低素材成本。

综上所述，世纪优优多元的发行渠道和合作资源，使其海外发行可以覆盖更广泛的地区和受众，有效破解了中国影视剧出口过程中"看不到"的难题，构建起品牌化、规模化的海外影视发行模式。同时，多语言、本土化的运营模式，有助于消减中国影视作品海外传播过程中的语言和文化隔阂，避免海外非华语和非华人受众"看不懂"的问题。此外，文化的双向交流，有助于深化海外渠道合作，实现从内容生产到发行的全产业链国际化，"以进带出"促进中国优质影视剧和优秀文化更好地向世界各地传播。最后，基于对前沿数字技术的开发和应用，世纪优优发挥资源协同作用，进行业务横向拓展，以技术"组合拳"构建内部核心能力，赋能我国影视行业的工业化和数字化发展，助力更多优秀的影视内容的生产和"出海"。

# 四　展望与建议

## （一）提升风险管理能力

影视行业在市场竞争、政策监管、版权保护等方面都面临着较大的风险，影视企业在国际化过程中不仅需要应对这些行业风险，海外政治风险、汇率波动风险等也都可能对企业在海外的生产经营造成重大影响，因此，提升风险管理能力，防范行业风险和海外风险，对世纪优优文化"出海"战略的成功实施和长期稳健运营至关重要。首先，影视剧市场经过几十年的发展，市场规模持续增加，各类社会资本纷纷入局，加之政策对行业的支持力度不断加大，国内与海外的市场竞争均呈日趋激烈之势。对此，提高版权购买和自制内容的质量，采取更加精细化的营销策略，加强品牌推广和维护，有助于世纪优优在市场竞争中占据优势。其次，影视行业因具有意识形态的特殊属性，在制作、发行、进口等环节均受到政策的严格监管，各国之间在资格准入和内容审查等方面也具有不同的标准。对此，世纪优优在充分了解和严格遵守母国和东道国政策监管制度的前提下，也可以考虑通过多元化渠道和多样化题材，在最大程度上分散相关风险。此外，世纪优优推动了国内影视作品的成功"出海"和海外优质作品的成功引入，但作品热度的上升意味着盗版侵权问题会更为严重，对公司日常经营和法律风险均有较大影响。为此，世纪优优应该加强盗版侵权风险的监督和治理体系建设，推动版权监测常态化、维权工作流程化，严厉打击盗版，维护行业良性发展。最后，随着国际化的不断深入，世纪优优应当制定全面的风险管理策略和风险评估体系，对各种风险进行科学评估和应对方案制定，将风险管理理念融入企业文化，贯穿于整个组织的国际化运营全流程之中。

## （二）深入洞察市场需求

影视剧作为大众文化消费的一种，消费者感知和判断标准基于主观体验，市场需求也更为复杂多变，因此精准把握市场需求和受众偏好是世纪优优成功"出海"的关键。目前，世纪优优已经建立起一套较为有效的市场内部评估体系，包括对接海外合作伙伴、进行海外消费者预调研等手段。同时，随着数字化技术得到广泛应用，大数据分析和挖掘技术成为及时、准确洞察影视作品细分市场特点和消费者偏好的有力工具。比如，Netflix已经开始运用大数据算法来引导影视内容生产，基于对海量用户观看和评价数据的分析，进行新剧的创意决策和精准推送，从而满足不同用户的口味；Netflix甚至会在用户群中进行A/B测试，根据不同设备上的不同使用者，有针对性地播放特定内容的预告片，精准进行广告发放和用户捕获。未来，世纪优优可以基于现有的全球渠道资源，推进与知名平台之间市场分析相关的技术合作和引进，基于大数据分析和AI算法进行海外观众行为分析、社交媒体监测和跨平台数据整合，从而大幅提高版权购买和内容制作的决策效率和投资回报率。

## （三）加强国际人才储备

2021年11月，国家电影局制定的《"十四五"中国电影发展规划》提出，"培育电影科技人才、兼具艺术素养和技术能力的复合型创作人才，以及既懂艺术又懂市场的复合型经营管理人才"。世纪优优将人才视为公司竞争力的核心，通过吸纳和储备国际化影视人才，适应不同文化环境、市场需求和技术标准，提升影视项目"出海"的国际竞争力和适应力。比如，世纪优优目前拥有海外背景经验的优秀人才，Ulight 事业部创新总监和虚拟拍摄总负责人均曾经任职于好莱坞特效公司；同时，公司在越南、巴西、哥伦比亚、伊拉克、泰国当地均招纳了影视剧翻译和配音领域的人才，充分支持公司的多语言、本土化、精细化运营策略。未来，公司可以尝试构建与国际影视机构、教育机构等的合作与交流，或积极参加国际影展、行业论坛、影视交易市场等活动，拓展国际人脉，促进人才交流与吸纳；也可以通过聘请有国际影视经验的专业顾问，为"出海"项目提供指导和建议。

## （四）聚焦重点市场发展

2022 年 7 月，商务部等 27 个部门联合出台了《关于推进对外文化贸易高质量发展的意见》，提出在海外市场开拓和合作构建时，要充分聚焦重点市场，包括港澳台地区、RCEP 成员国和"一带一路"共建国家等。以"一带一路"市场为例，共建国家总人口约 44 亿人，经济总量约 21 万亿美元，分别约占全球的 63% 和 29%，为中国影视作品"走出去"提供了巨大市场机遇。2014 年，国家新闻出版广电总局创办了"丝绸之路国际电影节"，搭建了各国电影作品交流的平台。2015 年，国家发展改革委、外交部、商务部联合发布《推动共建丝绸之路经济带和 21 世纪海上丝绸之路的愿景与行动》，提出共建国家间互办文化年、艺术节、电影节、电视周等活动，合作开展广播影视剧精品创作及翻译。目前，YouTube 平台上中国视频观看次数前 20 的国家中，有 18 个属于"一带一路"共建国家。未来，世纪优优在海外市场的布局和发展中，可以更多聚焦"一带一路"共建国家等重点市场，抓住政策和合作机遇，讲好中国故事，充分发挥影视企业在增强国家文化软实力、塑造国际形象、促进文化交流与合作等方面的重要作用。

## 参考文献

张春兰：《中国电视剧国际传播路径探索——世纪优优的运营实践》，《传媒》2023年第6期。

《世纪优优拓展国际市场的"三板斧"》，"中国联合展台"微信公众号，2021年11月16日，https：//mp. weixin. qq. com/s/4Jxvs5b0VCEwwgLVfNPd6w。

《我国影视产业"走出去工程"10年的绩效反思》，全国哲学社会科学工作办公室网站，2013年3月12日，http：//www. nopss. gov. cn/n/2013/0312/c357475-20763916. html。

《中国电视剧国际传播进入合作出海新阶段》，江苏省广播电视局网站，2022年9月29日，http：//jsgd. jiangsu. gov. cn/art/2022/9/29/art_ 69985_ 10619510. html。

世纪优优网站，http：//www. centuryuu. com/。

# B.13
# 掌阅科技国际化发展案例研究

贺 佳 王分棉*

**摘 要:** 掌阅科技是全球领先的数字阅读平台之一，也是全球影响最广的中文阅读平台，拥有海量的图书版权资源和领先的数字技术优势，是我国文化企业"走出去"的典范，其国际化过程可以为其他文化企业提供借鉴，为我国文化"走出去"提供参考。本报告以掌阅科技为研究对象，对其国际化发展进行了研究与分析。研究发现，海量内容资源积累、海外在线阅读市场广阔和国家政策的支持引导推动了掌阅科技的国际化发展。在掌阅科技国际化发展的过程中，成熟的内容创作模式、因地制宜的市场进入策略和数字技术的应用等因素发挥了关键作用。未来，掌阅科技需要继续加强海外合作、丰富图书类型、深入应用数字技术以及拓展更多语种，进一步推动中国文化"走出去"。

**关键词:** 掌阅科技 在线阅读 文化"走出去" 数字化

## 一 公司概况

### （一）掌阅科技简介

掌阅科技（全称掌阅科技股份有限公司）成立于 2008 年 9 月，专注于

---

\* 贺佳，对外经济贸易大学国际商学院博士研究生，主要研究方向为国际企业管理；王分棉，博士，教授，对外经济贸易大学北京企业国际化经营研究基地研究员，主要研究方向为战略管理、国际企业管理。

数字阅读，为全球 150 多个国家和地区的用户提供高品质的图书内容和智能化的服务体验，是全球领先的数字阅读平台之一。"做全球最专业的阅读平台"是掌阅科技的愿景，"让阅读无处不在"是掌阅科技的使命。2017 年 9 月 21 日，掌阅科技股份有限公司在上海证券交易所挂牌上市。

**1. 企业优势**

（1）掌阅科技拥有大量的高质量图书资源

经过多年在图书内容领域的积累，掌阅科技与上千家出版社、版权机构、文学网站等建立了良好的合作伙伴关系，因此拥有了大量正版的高质量图书资源。掌阅科技所拥有的图书资源涵盖众多品类，包括严肃文学、网络文学有声读物、漫画、杂志等各种类型，因而能够满足用户各种类别、各种场景的阅读需求。同时，掌阅科技拥有的图书资源中包含较多高质量的精品内容，如《平凡的世界》《百年孤独》《三体》《繁花》《射雕英雄传》《冰与火之歌》《哈利·波特》等经典作品。此外，掌阅科技还发展了"掌阅文学"内容孵化生态体系，旨在通过挖掘、签约、培养、推荐、衍生增值等方式产生高品质的原创内容，进一步增加优质原创图书资源，目前"掌阅文学"累计签约笔者数万名。

（2）掌阅科技拥有行业领先的技术优势

掌阅科技十分关注产品的研发与创新，不仅自主研发了数字阅读平台，还始终围绕着优化用户体验的产品策略不断优化产品的细节和性能。此外，掌阅科技还领先于行业应用了 3D 仿真翻页、护眼模式等创新技术。同时，掌阅科技在文档识别、转化、续读以及数字内容的精装排版技术等领域形成了字节集的核心优势。

（3）掌阅科技高度重视知识产权保护

掌阅科技致力于加强知识产权保护，自主研发搭建了一个拥有海量内容版权管理能力的版权支撑系统平台。该平台具备多重预警机制、版权风险识别和风险应对方案，为合作出版机构、内容供应商和笔者的版权权益提供了良好的保障。基于此，掌阅科技也开始致力于优质网络文学作品的电子版权及有声、影视、短剧、游戏、动漫等衍生改编版权的销售与开发，探索基于优质 IP 的深度开发，为版权衍生提供了更多的可能性。

（4）掌阅科技利用数字技术精准运营

掌阅科技以内容挖掘和用户行为为导向进行精准运营，利用大数据技术筛选优质内容，高效精准将优质内容触达到用户，形成了精细化且高效的数字阅读运营体系。此外，掌阅科技致力于打造新型数字阅读平台，不断探索新技术在文化阅读领域的应用，目前已经拥有 App、电子书阅读器、数字借阅一体机等多种阅读终端，还可以根据客户需求定制个性化的阅读场景，打造智能阅读空间。

2. 业务布局

掌阅科技的主营业务是互联网数字阅读服务及增值服务，主要从出版公司和文学网站等获取正版图书数字内容来源，对数字内容编辑制作和聚合管理后，面向互联网发行数字图书产品，同时也从事网络原创文学版权运营，以及基于自有互联网平台的流量增值服务。掌阅科技旗下主要业务包括掌阅精选、iReader 阅读器、掌阅国际版、掌阅课外书、掌阅作书匠和掌阅翻译猿等（见表1）。

表 1  掌阅科技业务布局

| 业务模块 | 业务内容 |
| --- | --- |
| 掌阅 App | 电子中文阅读手机 App，拥有出版、原创文学、有声书、在线课程、漫画、杂志、自出版等内容，为读者提供优质便捷的阅读服务 |
| 掌阅文学 | 掌阅自由内容的生产和孵化中心，旗下包括多家原创内容平台，拥有海量原创文学作品，同时携手多家影视、游戏公司及视频平台，实现创作、孵化、影游漫等衍生开发一体化，实现内容生态的良性发展 |
| 掌阅精选 | 专注于精选优质图书并提供阅读服务，可为政企事业单位提供专业数字阅读服务，助力打造学习型组织 |
| iReader 阅读器 | 推出系列电子书阅读器，将硬件、软件和内容相结合，内置更适合中国人使用习惯的中文阅读系统，为用户提供高品质的阅读体验 |
| 掌阅公版 | 致力于将传统文化书籍数字化，并佐以注释、翻译、插图、附录等，使原著更加丰富易懂，更有利于推广普及 |
| 掌阅有声 | 提供包括有声小说、亲子儿童、相声评书、知识付费等精品有声内容 |

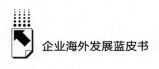

| 业务模块 | 业务内容 |
|---|---|
| 掌阅课外书 | 专注于青少年课外阅读,精选来自全球 36 个国家的 2 万余本优质课外图书,分级阅读推介,提供与同龄人阅读交流的互动社区 |
| 掌阅国际版 | 向海外用户发售全球版权书籍,覆盖 150 多个国家和地区,40 多个"一带一路"共建国家,支持汉语(简体、繁体)、英语、西班牙语、泰语、韩语等语种 |
| 掌阅作书匠 | 电子书制作的专业平台,研发了 PDF 版面分析工具和 ePub 精排版工具,提升用户电子书制作的质量和效率 |
| 掌阅翻译猿 | 协作式翻译平台和工具,支持英语、法语、西班牙语、泰语等多个语种,旨在提高作品翻译速度和质量,满足不断增长的海外阅读市场需求,同时有效保护网络文学的作品版权 |

资料来源:掌阅科技网站。

### (二)掌阅科技国内外发展历程

#### 1.国内发展历程

掌阅科技成立于 2008 年 9 月,最开始叫"掌中浩阅",于 2011 年正式上线了掌阅 App,提供电子中文阅读,并于 2013 年在业内率先实现了 3D 仿真翻页、护眼模式等技术创新。2015 年成立掌阅文学,成为掌阅科技的内容生产和孵化中心。同年,掌阅科技推出了首款 iReader 电子书阅读器,并在此后不断更迭,通过技术创新为读者提供更优质的阅读体验。2016 年,掌阅科技成立了掌阅作书匠平台,致力于提升电子书制作的质量和效率,同年 6 月,掌阅科技用户数量突破 6 亿人。2017 年 9 月,掌阅科技在上海证券交易所主板挂牌上市。2018 年,掌阅科技推出了聚焦青少年课外阅读的掌阅课外书。2019 年,掌阅科技推出了专注于精选优质图书并提供阅读服务的掌阅精选。2021 年,掌阅科技在成立 13 周年之际,发布了文化 3.0,以自驱敢为、客观坦诚、简单高效、追求极致的掌阅范为一致的行为倡导,打造持续奋斗、持续创业的组织。2021 年掌阅科技宣布使用全新品牌标识(见表 2)。

**表 2　掌阅科技国内发展历程**

| 时间 | 重要事件 |
|---|---|
| 2008 年 9 月 | 掌阅科技股份有限公司正式成立 |
| 2011 年 1 月 | 掌阅 App 正式上线 |
| 2013 年 3 月 | 掌阅科技在行业内率先实现了 3D 仿真翻页、护眼模式等技术创新 |
| 2014 年 1 月 | 精品书项目正式上线 |
| 2014 年 5 月 | 公版书项目正式上线 |
| 2015 年 4 月 | 掌阅文学正式成立 |
| 2015 年 8 月 | 第一代 iReader 电子书阅读器上市 |
| 2016 年 4 月 | 掌阅"作书匠"平台正式成立 |
| 2017 年 6 月 | iReader 电子书阅读器 iReader Light 青春版上市 |
| 2017 年 9 月 | 掌阅科技在上海证券交易所主板挂牌上市 |
| 2017 年 11 月 | iReader 电子书阅读器 iReader Ocean 上市 |
| 2018 年 4 月 | iReader 电子书阅读器 iReader T6 上市 |
| 2018 年 8 月 | 掌阅课外书正式上线 |
| 2019 年 1 月 | 掌阅精选正式成立 |
| 2019 年 4 月 | 首款听读一体电子书阅读器 iReader A6 上市 |
| 2019 年 8 月 | 成为"学习强国"学习平台重要数字内容资源合作伙伴 |
| 2019 年 9 月 | 手写智能本电子书阅读器 iReader Smart 上市 |
| 2019 年 11 月 | 旗舰级智能手写阅读本 iReader SmartX 上市 |
| 2020 年 3 月 | 首款彩色墨水屏电子书阅读器 iReader C6 上市 |
| 2020 年 10 月 | 旗舰级超级智能本 iReader Smart2 上市 |
| 2021 年 2 月 | 受人民出版社委托,开发并维护"中国共产党思想理论资源数据库'悦读器'" |
| 2021 年 5 月 | 召开"重塑想象"iReader 新品发布会,发布四款新品 |
| 2021 年 9 月 | 彩色墨水屏电子书阅读器 iReader C6 Pro 上市;公司成立 13 周年升级发布文化 3.0,以自驱敢为、客观坦诚、简单高效、追求极致的掌阅范为一致的行为倡导,打造持续奋斗、持续创业的组织 |
| 2021 年 10 月 | 召开"阅见极致"iReader 新品发布会,发布两款新品,并推出两款新功能 |
| 2021 年 11 月 | 宣布启用全新品牌标识,以书为媒,携手用户更好地探索、发现、认知世界和自我 |
| 2022 年 1 月 | 发布《2021 年度掌阅数字阅读报告》 |
| 2022 年 4 月 | 宣布加入 CARSI 联盟,为高校用户提供使用掌阅精选图书资源更加便捷高效的方式;举办"这一次,读写更好"iReader 新品发布会,发布了超级智能本 iReader Smart 3 和智能阅读本 iReader Ocean 2 两款新品,并展示了微信互联功能、REINK 排版引擎 3.0 版,以及新升级手写功能和显示效果等最新固件 |
| 2022 年 9 月 | 举办第二届"掌阅精选企业阅读节"并发布全新升级的机构阅读服务方案"掌阅精选企业会员" |

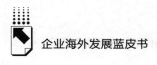

续表

| 时间 | 重要事件 |
|---|---|
| 2022 年 12 月 | 召开"超灵动"iReader 新品发布会,发布 iReader Smart Air 及 iReader Smart Air Pro 智能手写本,并展示了全新升级的夜览模式、笔记本 3.0、学习模式 2.0、双语系统 等多项组件;发布年度好书榜单——掌阅"风帆好书榜——2022 年度总编推荐" |
| 2023 年 3 月 | 召开"巨!清晰"2023 年春季新品发布会,发布了智能阅读本 iReader Ocean 3;参 与制定的《企业读书会创建运营管理规范》团体标准(标准编号:T/CECIA 08- 2023)正式发布,并与 4 月 23 日正式实施 |
| 2023 年 4 月 | 召开 2023 年春季新品发布会,不仅发布了 10.3 英寸的智能办公本 iReader Smart 4 和 iReader Smart 4 Pro,以及 6 英寸的智能阅读本 iReader Neo 和 iReader Neo Pro 双系四款新品,还重磅发布了全新卡片式交互系统 SmartOS |
| 2023 年 6 月 | 宣布国内阅读行业第一款对话式 AI 应用"阅爱聊"封闭内测 |
| 2023 年 6 月 | 发布智能阅读本、Ocean 系列全新升级产品 iReader Ocean 3 Plus,主打巨清晰,柔性屏 |

资料来源:掌阅科技网站。

### 2. 国外发展历程

掌阅科技于 2015 年 10 月正式上线了掌阅国际版 iReader App,向海外 用户发售全球版权书籍,提供付费模式的在线电子阅读,正式开启了"走 出去"的历程。

2016 年,掌阅科技与哈珀·柯林斯出版集团（Harper Collins Publishers） 签约,该出版集团是全球第二大大众图书出版集团,总部位于美国纽约,分 支机构覆盖全球 18 个国家。同年,掌阅科技参加了新德里国际图书展（中国 唯一应邀参加的数字阅读平台企业）、美国芝加哥国际书展、首尔国际动漫节 （与韩国多家内容方达成合作）、德国法兰克福书展。2016 年 11 月,掌阅科技 与韩国英泰（INTIME）签约合作,掌阅科技获得 INTIME 旗下 4000 多部韩文 图书的数字授权,迈出了"走出去"的重要一步。此次合作既"走出去",也 "引进来",掌阅科技也获得了多部中文版韩国畅销书的独家数字版权,其中 包括著名作家南喜成先生的《月光雕刻师》。截至 2016 年 12 月,经过 1 年多 的国际化布局,掌阅国际版 iReader App 已可向海外用户提供 30 万部中文图 书、5 万部英文图书和数万部韩语和俄语图书,位列 60 多个国家或地区的读书类 App 销售榜榜首，成为全球影响最广的中文阅读平台。

2018 年，掌阅科技率先发布了习近平总书记《摆脱贫困》的英语版和法语版，在"走出去"的过程中致力于推广中国文化。

目前，掌阅国际版用户量已累计达 3500 万人，覆盖全球 150 多个国家和地区，40 多个"一带一路"共建国家，支持汉语（简体、繁体）、英语、西班牙语、泰语、韩语等语种。2020 年掌阅国际还增加了海外原创业务，目前已拥有 6000 多部海外原创作品、上万名海外原创笔者，海外用户日均阅读时长 64 分钟。掌阅科技"出海"的主要目的地为北美（以美国为主）、欧洲（以英国为主）、东南亚（以泰国和菲律宾为主）。2021 年 8 月，掌阅科技入选 2021~2022 年度"国家文化出口重点企业"。2023 年 6 月，掌阅科技宣布与国际出版集团企鹅兰登（Penguin Collection）达成英文原版电子书版权合作。

近 2 年掌阅海外仍处于良好的发展势头，在内容生态搭建、平台本地化等方面都有显著提升，掌阅海外孵化出众多优质英文作品，主要为国外优质笔者的原创作品。内容是掌阅科技海外发展的重要优势，而如何更好地引导海外笔者进行后续的创作，如何进行翻译作品的本地化是掌阅科技接下来要发展的重点。

3. 掌阅科技获奖情况

历经近 15 年的发展，掌阅科技多次入选"全国文化企业 30 强"提名，获得"国家知识产权优势产业""中国出版政府奖""国家文化出口重点企业"等荣誉（见表 3）。从掌阅科技所获奖项的历程可以看出，其企业优势一开始集中在版权方面，2015 年后数字化和国际化方面的优势开始增加。

表 3　掌阅科技获奖情况

| 年份 | 奖项 |
| --- | --- |
| 2013 | 中国版权最具影响力企业 |
| 2014 | 全国版权示范单位 |
| 2015 | 第四届世界知识产权组织版权金奖 |
| 2016 | 新闻出版业科技与标准重点实验室<br>出版融合发展重点实验室 |

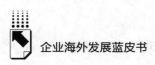

续表

| 年份 | 奖项 |
| --- | --- |
| 2017 | 北京民营文化产业百强、科技创新百强、企业社会责任百强 |
| 2018 | 国家文化出口重点企业<br>首都新闻出版广电"走出去"示范企业<br>第四届中国出版政府奖<br>首都文明单位<br>北京民营企业文化产业百强、科技创新百强<br>第十届"全国文化企业30强"提名 |
| 2019 | 国家文化和科技融合示范基地<br>第十三届"全国文化企业30强"提名<br>北京民营文化产业百强、科技创新百强、企业社会责任百强<br>CPCC十大中国著作权人<br>第十一届"全国文化企业30强"提名<br>北京市知识产权运营试点示范单位 |
| 2020 | 国家文化出口重点企业<br>国家知识产权优势企业<br>第十二届"全国文化企业30强"提名 |
| 2021 | 2021~2022年度国家文化出口重点企业<br>北京市知识产权运营试点示范单位<br>第二十二届中国专利优秀奖<br>第五届中国出版政府奖 |
| 2022 | iReader数字阅读平台入选"数字出版优质平台遴选计划"<br>北京市第一批"专精特新"中小企业<br>第二十三届中国专利优秀奖<br>北京民营企业文化产业百强、社会责任百强<br>北京服务业企业100强<br>北京数字经济企业100强<br>国家知识产权示范企业<br>《重生——湘江战役失散红军记忆》获评2021年度"中国好书" |
| 2023 | 对话式AI应用"阅爱聊"入选北京市通用人工智能大模型行业应用典型场景案例<br>入选北京市通用人工智能大模型应用场景需求榜单和北京市通用人工智能产业创新伙伴计划第二批成员名单<br>联合出品的长篇报告文学《西海固笔记》入选2022年度"中国好书",荣获第十八届文津图书奖、第八届中华优秀出版物奖、第十届北京市文学艺术奖 |

资料来源:掌阅科技网站及百度百科。

# 二 掌阅科技国际化发展动因分析

## （一）原创加翻译积累海量海外内容资源

掌阅科技在国内多年的发展积累了大量优质的图书版权，形成了成熟的创作模式，这为"出海"积累了宝贵的资源。良好的内容模式推动了掌阅科技"走出去"，使得其在"走出去"的过程中能够高效地实现转换，提高资源利用率。例如，掌阅目前在海外的内容就主要来源于两种模式。第一种是国内网文翻译"出海"，这是在国内大量高质量图书版权资源的积累基础上实现的。国内的很多优质文学作品，可以进行翻译后，在合适的地区进行推广。因此，掌阅科技遴选优秀的国内文学作品，通过翻译和本土化创作，使得这些内容能够在海外得到传播。第二种海外内容来源方式是海外本土作者签约。掌阅科技将国内优秀的原创内容产出模式复制到海外，深耕海外创作者，与众多优秀海外作者签约，已签约的海外本土作者超过10000名，这使得掌阅科技在海外本土获得了很多高质量的作品。

此外，掌阅科技在国内的发展过程中也积累了成熟且优秀的团队，这些团队包括内容编辑团队、商务团队和内容引入团队，其来自国内，拥有丰富的经验和专业知识，能够很好地应用于海外市场。这为掌阅科技在海外市场开展业务提供了强大的支持。

总而言之，国内市场也提供了优秀的海外工作人才、优良的翻译文学作品和优秀的内容工作模式，使得掌阅科技在国外市场也可以获得优质的内容，争取到竞争优势，实现资源的高效转化和有效利用。借助这种模式，掌阅科技已经拥有了60000+部海外原创作品，1000+部翻译作品，10000名海外原创作者。

## （二）国外在线阅读市场广阔，开拓新市场寻求增长

掌阅科技在国内数字阅读市场进入较早，作为国内数字阅读市场的领先品牌，掌阅科技已经在国内市场取得了很大的成功，然而，国内市场的增长

空间有限，掌阅科技需要开拓新的市场来实现持续的增长。与此相比，国外市场具有广阔的在线阅读市场，许多国外本土的在线阅读品牌由于经验和模式的不足，在内容获取方面面临着瓶颈。而且在内容创作和积累方面，许多国家的本土公司尚未取得优势，而这正是掌阅科技的长处所在，因此为掌阅科技的创作模式和内容资源"出海"提供了重要的机会。

掌阅科技怀揣着在海外在线阅读领域占领第一梯队并持续超越的目标，以开拓市场、寻求新增长为出发点，开始了"走出去"的历程。通过进军国外市场，掌阅科技能够拓宽其用户群体，扩大品牌影响力，并在竞争激烈的国际市场中取得更多的机会和增长空间。

## （三）国家政策支持引导，助力传播中国文化

掌阅科技"走出去"也是立足政策优势的决策，在对外政策、扶持民营企业发展和支持数字发展等多种政策叠加效应影响下，掌阅科技开始积极拓展海外业务。2015 年以来我国支持文化"走出去"的部分重要政策如表4 所示。

表4　我国支持文化"走出去"的部分重要政策

| 相关政策 | 颁布年份 | 颁发部门 |
| --- | --- | --- |
| 《推动共建丝绸之路经济带和 21 世纪海上丝绸之路的愿景与行动》 | 2015 | 国家发展和改革委员会、外交部、商务部 |
| 《关于进一步加强和改进中华文化走出去工作的指导意见》 | 2016 | 中央全面深化改革领导小组 |
| 《关于加强"一带一路"软力量建设的指导意见》 | 2016 | 中央全面深化改革领导小组 |
| 《"十三五"国家战略性新兴产业发展规划》 | 2016 | 国务院 |
| 《文化部"一带一路"文化发展行动计划（2016—2020）》 | 2017 | 文化部 |
| 《知识产权对外转让有关工作办法（试行）》 | 2018 | 国务院办公厅 |
| 《关于推进对外文化贸易高质量发展的意见》 | 2022 | 商务部等 27 个部门 |

资料来源：笔者整理。

在这些文化"出海"政策的引领和"一带一路"倡议下，掌阅科技不仅通过政策优势积极向国际市场寻求发展空间，拓展海外市场，提升国际影响力，还积极推广中国文化，建立文化自信，增强文化影响力。例如，掌阅国际版 iReader App 在产品设计中会提供具有中国特色的书籍翻页效果，同时会在春节等中国传统节日时机提供一些特色风俗运营活动。此外，掌阅科技对于翻译内容还会进行端内、Facebook 广告平台等进行推荐投放展示，专门针对翻译内容进行测试和评估，支持合理的投放成本，推广中国文化的相关内容。通过这些方式，掌阅科技更加深耕了翻译内容在海外的推广，将优秀中国内容通过本地化的方式传播到世界各个国家，让中国内容成为海外人人津津乐道的优质内容。

# 三 掌阅科技国际化关键因素分析

## （一）内容创作模式成熟，深厚积累助力"出海"发展

掌阅科技在国内优秀的内容模式使得企业在海外国家依然可以获得优质的内容，以此帮助掌阅的海外发展迅速取得了竞争优势。借助在国内发展积累的内容资源和创作模式，通过已有国内图书内容翻译和在海外复制国内的创作模式两种方式，掌阅科技在"走出去"的过程中迅速积累了大量的海外可发行资源。再加上成熟的图书排版经验技巧，掌阅科技在海外成功开展了优秀的内容输出，将优秀、经典的文学作品推介给全球读者。

一方面，掌阅科技进行国内内容的翻译"出海"，遴选优秀的国内文学作品，通过本土化创作，使得内容能够在海外传播。目前，掌阅科技已翻译超过 1000 部作品。另一方面，掌阅科技将其成熟的内容创作模式引入海外市场，积极发掘和培育海外本土作者群体，积累了优秀的海外本土内容文化。具体而言，掌阅科技将国内优秀的内容产出模式复制到海外，持续深耕海外作者群体，通过与海外本土作者签约，在海外本土获得了很多优秀作品，目前已实现月新增签约作者超过 50 人。对于海外新作者，掌阅科技会

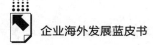

提供包括细纲定制、文案精修、定向辅导、流量扶持等一些培育机制，旨在为海外作者提供一套标准有效的扶持路径，通过平台自身努力，不断促进海外作者生态健康发展。相比之下，海外的本土竞争对手由于模式的不同，在内容获取上存在瓶颈，并且错失了先机，后进入市场再进行内容采买已经为时已晚。

不论是国内翻译作品还是海外本土创作得到的图书资源，掌阅科技都会经过系统的审核和修改，具体包括人工初审、平台测试、编辑/作者精修、平台复测、推广测试等环节。其核心思路是通过编辑部门的主观评估及平台大数据评估，确定内容的质量等级，再经过编辑和作者的共同精修，弥补内容的不足之处，然后通过付费推广测试，明确内容的受众区域、人群画像等情况，最终进入内容正式推广期。掌阅科技借助这种在国内已经试验成功的成熟内容创作模式，在海外迅速推出了许多优质的精品在线阅读内容。

### （二）提前进行市场调研，因地制宜制定进入策略

在进入每一个海外市场前，掌阅科技都会进行市场调研，根据不同国家的地区特色，因地制宜地制定"走出去"发展策略，在不同国家和地区，根据当地市场的法律法规、风土人情、用户喜好采用不同的策略，提供优质内容服务。

文化产业"走出去"面临的一个重要问题是文化差异。掌阅科技通过深入调研和借助合作公司的经验，更细致地了解当地文化情况以做出判断。例如，在西班牙和巴西等国，就要进行语言本土化和产品功能本土化。在语言方面，掌阅科技通过与海外本土作者获取内容，也通过翻译公司、本地作者进行翻译内容产出。

除了文化差异以外，政策限制也是文化"走出去"面临的主要挑战之一。掌阅科技在海外发展过程中始终坚持严格遵守当地法律法规，积极处理各地区的合规问题，积极应对可能出现的挑战。此外，不同国家和地区的差异也会影响在线阅读产品的内容选取、功能设计和付费模式。例如，在泰国，掌阅科技会调整内容定价，以更适应当地的消费水平。在面对这些挑战

时，掌阅科技会灵活处理，针对不同地区制定不同的策略。

总而言之，在线阅读产品在国际化发展的过程中，模式、内容的本地化都非常重要，掌阅科技一直秉承着更好地服务当地用户的信念，针对不同国家和地区的政策限制和文化差异进行不同的内容处理、模式调整，灵活地处理各个国家和地区的实际问题，不是简单地通盘复制，而是因地制宜地精细化运营。

### （三）利用数字技术优化"走出去"的多个环节

在掌阅科技"走出去"的过程中，数字技术扮演了至关重要的角色。借助自身积累的数字技术优势，掌阅科技在海外发展的多个环节实现了优化，例如在海外发展的业务模式上实现了更高的内容生产效率，而根据数据参考判断投放更精准的内容，掌阅科技也使得用户体验更好，阅读也更便捷。

具体而言，在市场调研方面，掌阅科技运用大数据分析和人工智能等技术收集、整理和分析海外市场的相关数据和趋势，以更准确地了解目标市场的特点和需求。通过分析海外读者的阅读喜好、购买行为和用户画像等信息，掌阅科技可以精准地选择适合"出海"的作品，并制定进入市场的策略。

在内容生产方面，掌阅科技对内容的审核、修改、推广等环节都会利用大数据进行评估，数字技术也会帮助掌阅确定内容的质量等级，为编辑和作者指导修改方向，让内容创作依靠数据修改，做到有据可依。

在内容推广方面，掌阅科技会通过付费推广测试，利用数字技术明确内容的受众区域、人群画像等情况后再进入内容正式推广期，这个阶段掌阅科技通过精准的数据投放预估模型判断市场推广营销合理性，对不同内容做出判断。此外，掌阅科技结合数字化媒体和社交媒体平台，通过精准定位和营销解读，投放有针对性的广告和推广策略，吸引更多目标用户并提升用户的留存率。同时，掌阅科技还利用数据分析，根据用户的反馈和行为，及时优化产品和服务，提高用户满意度和黏性。

在用户体验方面，掌阅科技使用自研的电子书籍格式，使得用户在阅读时体验更沉浸，交互更流畅，支持功能更丰富，形成核心竞争优势。同时，文化产业在海外发展的一个主要挑战是对海外文化的不熟悉和不了解，而数字技术可以帮助掌阅科技在海外发展的过程中分析不同海外用户的数据表现，判断不同地区、人群、国家、系统等在不同内容上的阅读情况，来进行内容的选取指导。数据的判断往往更标准，更明确，因此可以帮助掌阅海外更好地判断不同功能的测试结果，来为最终选取哪种方案提供更必要的帮助。以数据判断结果为准来展示提供用户体验。此外，掌阅海外也通过多种即时聊天方式与用户进行互动，快速收集反馈，处理问题，并回馈用户，提升海外用户的在线阅读体验。

一个典型的例子是，来自澳大利亚的本土作者 Jessica Hall 的 *His Lost Lycan Luna* 是近半年来平台最畅销书籍，书籍内容为典型的西方魔幻题材，单本书截至 2022 年的累计稿费在 10 万美元以上，书籍的成功除了作者自身较强的写作能力之外，也与掌阅海外的版权编辑团队在创作过程中，不断提供基于数据及市场分析的方向性建议密不可分。

# 四 展望与建议

## （一）加强与海外企业合作，助力进一步深耕海外

目前，掌阅科技在海外的发展还是以"单打独斗"为主进行独立资本经营。掌阅科技目前在海外尚且没有分支机构，合作主要是签订合作合同，内容版权方面可能会和当地版权公司合作，支付方式方面会和国际支付公司合作，但更多的合作还是来自国内"出海"的公司，原因是国内的公司更能够理解国内文化企业"出海"的需求，并且提供服务也会更便利。但如果要再进一步深耕海外市场，掌阅科技这种以国内经验和国内合作为主要支撑的"出海"模式则会面临更多的挑战，如何实现更好的本土化将是掌阅科技未来海外发展面临的主要难题。在当前逆全球化趋势愈加严重的国际环境下掌阅科技这样的文化企业"出海"也可能面临更严重的政策限制和文化壁垒。未来，掌阅科技可以通过与海外本土企业建立更紧密的合作关系，如更多与海外出版发行企业合作，或者与海外企业合资、合作，甚至在海外建立分支机构，雇佣当地员工等方式加强企业的本土化，以更好地了解海外

本土市场的用户需求、文化背景和政策要求，提供更符合当地用户口味的内容和服务，同时保证合规、合法，为深耕海外提供更多有利的条件。

## （二）丰富多元化图书类型，拓展目标用户群体

作为在线阅读平台，掌阅科技目前在海外的主要用户群体是海外女性群体，主要原因是其狼人吸血鬼等题材的网文内容更适合更吸引女性用户。然而，这一用户群体是有限的，掌阅科技要进一步开拓海外市场，寻求新的增长就需要吸引更多的其他阅读类型的用户群体，拓展如科幻、历史、严肃文学等更多类型的图书内容。未来，掌阅科技可以通过国内内容翻译、与海外出版商合作、海外签约作者原创等方式开拓更多品类的阅读资源，丰富平台的图书类型，拓展更多的目标用户群体，吸引更多不同兴趣和阅读偏好的用户群体，实现在海外新一轮的市场增长。

## （三）利用数字化技术选取适合"出海"的作品，提高翻译本土化水平

尽管掌阅科技已经在各个环节运用数字化技术做到了更好的运营，但其签约海外作者原创产出内容和国内内容翻译"出海"的两种内容创作模式在海外发展的过程中都还存在一些问题。一方面，目前海外网文市场的优质内容产出率整体偏低，相比国内，海外作者整体写作水平还处在较为早期阶段，作者自身的文学素养、写作手法、市场风向分析等能力普遍较差，生态发展还需要较长时间成熟。那么，针对上述情况，推动国内网文"出海"就变得势在必行，但早期国内网文"出海"大多以失败告终，原因大体归结于内容本土化及翻译本土化，综观当下国内翻译机构的内容创作机构，能将上述两个核心问题解决的特别少，大多数只能做到文本阅读无障碍，但是很难真正把文本背后的感情色彩通过合理的译文表达出来。因此，如何选取合适的翻译原作，国内内容供给是否符合海外环境，翻译作品的本地化都存在一定的挑战。

因此，掌阅科技在海外的两种内容生产模式都还有改进的空间，这就需要进一步利用数字化技术来实现更好的改进。无论是发现、找到更多优秀适

合海外用户阅读的网络文学作品，提升翻译的本土化水平、确保翻译作品能够准确传达原作的情感和文化内涵，还是原创作品的创作、收集与发现，抑或是市场的推广投放和用户体验，都需要持续运用数字化来改进。另外，利用数字化技术，掌阅科技也可以根据数据回收情况灵活调整在相关地区的投入，或是进一步判断在其他国家和地区的拓展。未来，掌阅科技依然需要尝试在各个领域进行数字技术的创新与研发，避免在快速发展的互联网行业被抛弃，只有积极拥抱新技术新领域才能保持领先地位。

## （四）拓展更多语种翻译，优化海外布局

目前，掌阅科技的海外发展还主要布局在美英澳加等发达国家和地区，语言还是以英语为主。泰国、韩国、巴西等小语种地区正处于拓展阶段。未来，掌阅科技可以借助"一带一路"共建地区的政策优势，增加更多相关国家的语种翻译，拓展更多的海外国家市场，进一步优化海外布局。在拓展的过程中可以充分利用国内发展的成熟模式，在已有海外市场的成功经验，以及数字化技术的精准判断，实现高效、优质的市场拓展。

**参考文献**

掌阅科技网站，https：//www.zhangyue.com/home。

# B.14
# 北京建工在"一带一路"共建国家发展案例研究

张 弛 刘思义*

**摘 要:** 作为我国建筑行业的领军企业之一,北京建工具备超强的国际化布局能力与综合完备的海外投资建设经验,其在"一带一路"共建国家的相应实践可以为其他"出海"企业提供思路借鉴与路径依赖。本报告因此以北京建工作为主要研究对象,对其国际化战略和在"一带一路"共建国家的经营实践进行研究,回顾北京建工的国内外发展历程以及在"一带一路"共建国家的发展现状,探讨并阐释了北京建工开拓相应区域的动因及取得卓越建设成果的关键影响因素。随着"一带一路"倡议持续深入推进、海外新兴市场工程建设需求日趋旺盛,以北京建工为代表的一批国内领先建筑类企业正日益走向全球市场,在"六廊六路多国多港"的宏观布局支持下积极推进相关区域建设,力求实现由大到强的国际承包商定位演变。北京建工在其国际化经营实践中积累的贴合国家总体规划、审慎选取投资对象、广泛开展企业合作、依托属地文化管理以及采取股权投资带动承包工程模式等具体经验,是其国际化战略深入推进的重要凭依和参与海外市场竞争的优势所在。未来,北京建工还旨在继续优化其企业形象塑造、经营风险管控、雇员属地管理和专业人才培养,打造"国内一流、国际知名的工程建设与城市综合服务商"。本报告

---

\* 张弛,对外经济贸易大学国际商学院硕士研究生,主要研究方向为企业国际化与社会责任;刘思义,对外经济贸易大学国际商学院副教授、博士生导师,主要研究方向为审计与内部控制。

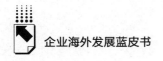

对于北京建工经营实践的相关研讨，对我国建筑类企业"出海"参与"一带一路"共建国家投资建设、在国际化经营中管控海外风险、优化融资及管理模式等具有一定的借鉴意义。

**关键词：** 北京建工　"一带一路"共建国家　国际化

# 一　北京建工企业概况

## （一）北京建工企业简介

1953 年 11 月，北京建工集团有限责任公司（以下简称"北京建工"）在首都北京正式成立。在数十载的企业发展历程中，北京建工以工程建设为主业，坚持全产业链一体化发展，深耕建筑与市政工程、房地产开发与物业管理、节能环保与全产业链服务四大主要产业板块，着力打造首都北京建筑业龙头企业并取得显著成效，目前业已成为国内市政工程与房屋建筑建设的领军企业之一，并拥有建筑工程施工总承包特级资质、市政公用工程施工总承包特级资质、公路工程施工总承包特级资质。根据美国《工程新闻记录》、中国企业联合会和中国企业家协会、《建筑时报》等的统计资料，北京建工2022 年在《工程新闻记录》全球最大 250 家国际承包商中排第 116 名，在"中国 500 强"企业中排第 214 名，在《工程新闻记录》《建筑时报》中国承包商 80 强中排第 7 名。同时北京建工曾累计荣获中国建设工程鲁班奖 105 项，詹天佑奖 60 余项，国家优质工程奖 86 项，获奖次数位列北京市属建筑国企之首，在海内外建设了大量得到官方荣誉表彰的经典暨精品工程，为新中国城市文明建设以及国家重大区域经济规划实施提供了重要支撑。

2019 年，北京建工同北京市政路桥集团进行了合并重组，进一步显著增强了北京建工的城市建设综合服务能力。当前北京建工企业资产总额已达到 2181 亿元，年市场营销额超过 2100 亿元，年产值超过 1200 亿元，经营业务涉及工程建设、房地产开发经营、建筑技术开发及技术咨询、建筑设计、环境修复与环境咨询、建筑机械租赁、制造和销售商品混凝土、货物运输及物业管理等多项领域,承接工程承包与项目开发业务覆盖全国 32 个省级行政区,同时依托国家"一带一路"建设总体规划方针将企业工程布局和影响力扩展至境外 28 个国家及地区。

## (二)北京建工国内外发展历程

### 1. 国内发展历程

1953 年 1 月 19 日,经中央人民政府政务院批准,建筑工程部直属工程公司和北京市建筑公司合并组建为北京市建筑工程局,由此开启了北京建工波澜壮阔的经营与发展历程。在新中国成立初期的风雨征程中,北京建工承建了人民大会堂、中国革命历史博物馆、民族文化宫、民族饭店、钓鱼台国宾馆、全国农业展览馆、工人体育场以及毛主席纪念堂等多项具有重要历史意义的建筑工程,同时也承建了相当一部分北京居民的住宅建设工程。

1984 年 3 月 8 日,北京市建工局正式改组为北京市建筑工程总公司,由原先的政府机构转变为具有法人资格的企业实体。后续在 1992 年 11 月 19 日,市政府又正式批准设立了北京建工集团总公司,并于 1995 年底在公司内部普遍推行了用工制度改革,同 95% 以上的职工签订劳动合同,走在了央企现代企业制度改革的前沿。同一时期,北京建工继续在北京市政建设之中承担重要角色,其承建的北京图书馆、中央彩色电视中心、长城饭店、北京国际饭店四项代表性建筑工程均入选了 20 世纪 80 年代"北京市十大建筑",中央广播电视塔、奥林匹克中心及亚运村、新世界中心、北京植物园展览温室、首都图书馆新馆、清华大学图书馆新馆、北京恒基中心、北京国际金融中心八项工程入选 20 世纪 90 年代"北京市十大建筑",同时北京建工参与建设的北京西客站主站房综合楼和亚运会场馆等惠及民生的重点项目也均取得成功。

1999 年 8 月 24 日,北京建工集团总公司正式改制为北京建工集团有限责任公司并沿用至今,作为北京市人民政府国有资产监督管理委员会的独资控股企业(见图 1),北京建工明确自身解放思想、转变观念的方针路径,

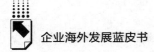
坚持产业结构优化调整与建筑企业的技术、管理密集型转型，强调新形势下的企业科研战略、社会责任与国际化战略，重视以崭新的企业风貌迎接新时代征程。

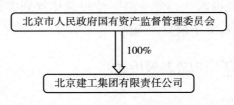

**图1 北京建工股权结构**

资料来源：北京建工网站。

在成立50周年的科技质量大会上，北京建工正式提出了以"奖励贡献突出科技人员办法"、"成立专家顾问团"和"专业技术带头人培养办法"三项举措为核心的新世纪科研战略发展规划，以科研能力强化和科研成果转化为抓手提振北京建工的行业竞争力。在社会责任层面，北京建工提倡低能耗、低污染的绿色建筑设计与施工能力，依托可持续发展战略建设自身绿色、高效、协同的全产业链服务能力；在建党100年、建工70年等重要历史纪念活动之中提供社会保障层面支持，以"一企一村"对口精准扶贫支持脱贫攻坚战略，在援助汶川和抗击非典中以高质量的工程成果保护群众生命健康基本权益，正如北京建工在企业使命中对其央企文化的言语凝练"强企报国，建筑幸福"。

在数十载的奋斗征程后，目前北京建工业已成为我国建筑行业的标杆企业之一，企业财务表中各项经营成果衡量指标也连续多年保持稳健、正向的增长，北京建工年度报告显示，在2018~2022年的五年间，集团合并报表资产总计由1448.67亿元增长至2181.25亿元，增长率为50.57%；营业总收入由838.76亿元增长至1296.12亿元，增长率同样高达54.53%（见图2）。与此同时，北京建工合并报表中的各项利润指标也基本保持稳定持续的向好态势，净利润由2018年的13.86亿元增长至2021年的18.10亿元。

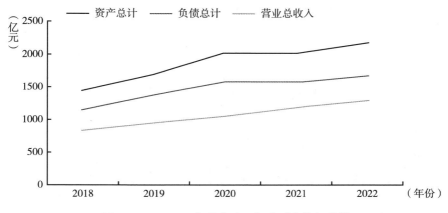

**图 2　2018～2022 年北京建工相关财务指标趋势**

资料来源：北京建工年度报告。

从 2018～2022 年北京建工分地区建筑施工业务年（期）末在手合同额数据来看（见图 3），北京建工目前的主营市场仍旧是北京及国内其他地区，国外市场仍存在较大发展潜力。同时，北京建工年（期）末在手合同额增速正在逐渐趋缓，新签合同额近三年每年在 1880 亿元左右波动，但新签亿元以上项目合同额下降态势明显，而最新的相关财务数据指标也体现出目前北京建工主营业务正在承压发展，企业存在进一步开拓"一带一路"共建地区市场、提升企业国际竞争力的相应需求。北京建工 2022 年合并报表的净利润项目出现了少见的显著下滑，当年净利润总额仅为 12.26 亿元，远低于 2021 年报表列示的 18.10 亿元，而同期营业利润则从 25.99 亿元下降至 18.54 亿元；就具体财务数据项目来看，该部分净利润的下滑可能来自管理费用及研发费用两部分合计 4.54 亿元的上调，以及对联营企业和合营企业投资由于公允价值变动损益、信用减值损失、资产减值损失等项目合计而产生的 1.48 亿元投资收益相对下降。

从宏观环境来看，北京建工也同样有进入国际新兴建筑承包市场的动机与需求。2022 年国内房地产行业复苏乏力，该年全国房屋建筑施工面积 156.45 亿平方米，同比下降 0.70%；房屋建筑竣工面积 40.55 亿平方米，

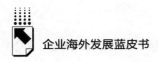
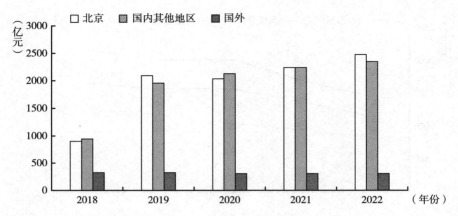

**图 3　2018~2022 年北京建工分地区建筑施工业务年（期）末在手合同额**

资料来源：东方金诚国际信用评估有限公司跟踪评级。

同比下降 0.69%；从业人数 5184.02 万人，同比下降 0.31%。万达、碧桂园等多家内地代表性房地产企业陷入流动性偿债危机。当前北京建工短期内存在一定程度的经营压力，且在国内市场面临的竞争压力有所加大，为贯彻集团打造"国内一流、国际知名的工程建设与城市综合服务商"的长期愿景，北京建工仍需继续对其主要产业板块（见表 1）和从业能力进行优化调整，并尝试开拓集团业务新的经济增长极。

**表 1　北京建工主要产业板块**

| 主要产业板块 | 发展目标 | 具体内容 |
|---|---|---|
| 建筑与市政工程（传统主业） | 房屋建筑建设:提供优质的专业施工领域一体化总承包服务 | 机场机库建筑、科学装置与创新平台、教育建筑、文化建筑、医疗建筑、酒店建筑、使馆建筑、新基建工程、高科技厂房工程、军民融合工程、文物保护工程、专业承包工程 |
| | 基础设施建设:市政公用工程施工总承包特级资质、公路工程施工总承包特级资质 | 道路工程、桥梁工程、轨道交通工程、枢纽工程、地下空间工程、水利工程、水务工程、综合管廊工程、过街设施与钢结构、隧道工程、管线工程、照明工程、园林绿化工程 |
| 房地产开发与物业管理（第二主业） | 打造宜居城市,建设美好居住环境 | 城市更新、写字楼、酒店、公寓、精品别墅、高端住宅、保障性住房、康养小镇 |

| 主要产业板块 | 发展目标 | 具体内容 |
|---|---|---|
| 节能环保 | 以生态优先、绿色发展为导向,参与生态文明建设 | 环境修复、资源循环利用、建筑节能、绿色建材 |
| 全产业链服务 | 提供城市建设相关产业布局和资源配置的全产业链、全价值链服务 | 投资带动、城市规划、工程设计、监理咨询、运营服务 |

资料来源:北京建工网站。

总体而言,我国建筑行业目前呈现出资产负债率较高、行业发展方式比较粗放的特点。由于建筑项目本身所固有的投资需求大、投资回收期长等特点,建筑行业整体资产负债率平均在80%左右,北京建工2022年集团合并资产负债表显示当年集团总资产为2181.25亿元,总负债为1674.97亿元,集团整体资产负债率为76.79%,相对行业整体而言处在较好的水平。而随着国内统一大市场战略的逐步深入推进,目前国内区域市场进入壁垒逐渐取消,市场区域性准入门槛的相对降低将提高建筑行业的市场竞争程度,这也对北京建工在新形势下的企业经营与管理提出了更高要求;同时由于我国目前建筑行业组织方式和生产方式相对落后,同质化竞争程度较高而技术创新相对滞后的特点,行业总体仍属于粗放式劳动密集型产业,这也进一步驱动北京建工将迈向世界的国际化战略付诸实施。

2. 在"一带一路"共建国家发展历程

北京建工的国际业务起始于20世纪50年代的国家对外援助工程,最初是依托国家的宏观规划对友好国家援建酒店、体育场馆等设施,并随着国家经济实力、建筑工业水平的上升逐步扩大了业务范围。1973年5月,北京建工援建斯里兰卡的班达拉奈克国际会议大厦正式竣工,作为中斯友谊的见证得到了斯里兰卡人民的高度赞赏。在80年代后,北京建工仍旧保持着对外援建和建筑工程"走出去"的企业传统,在"一带一路"共建国家及其他存在市场潜力的地区广泛开展工程承包业务,拥有着深厚的国际工程建设

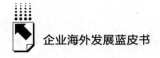
经验积淀。

2002年9月4日，北京建工在企业第一次党代会上提出了"建设具有国际竞争力的新型企业集团"的发展目标，旨在将北京建工打造成为具有综合影响力的国际领先建筑集团。2006年2月，北京建工集团开始托管北京市国资委直属企业北京国际建设集团有限公司，并在日后将其改组，且参与了商务部援刚果（布）综合医院和医疗队宿舍项目、援阿富汗喀布尔大学中文系教学楼和招待所项目两个项目的监理工作。2007年7月26日，"北京建工集团美国有限责任公司"和"北京建工美国合资公司"成功进入当时世界上准入门槛相对较高、整体规模世界领先的美国建筑市场，标志着北京建工的国际化战略布局正式迈入了崭新的历史阶段。

2008年7月8日，北京建工国际工程公司在北京市西城区注册成立，并作为北京建工助力国家"一带一路"倡议、增强企业国际综合竞争力的前哨阵地开始经营运作。北京建工以工程承包、项目开发、国际贸易和国际劳务四项主要业务板块为核心，逐步在非洲等传统市场、"一带一路"共建国家和地区以及欧美发达国家开启自身的国际化战略布局，尽管在国际化过程中不可避免地会遇到部分特定风险，尤其是土木建筑等实体企业还可能易于遭受安全威胁，北京建工仍旧在以人为本原则下最大限度保障员工人身及财产权益，同时取得了丰厚的海外建设成果。2012年京交会中北京建工成功签下总造价为35.8亿美元的阿根廷1350兆瓦风力发电项目，一举成为当时世界最大内陆风电项目的EPC（设计—采购—施工）总承包商。

2009年竣工的现代化五星级综合大厦阿斯塔纳北京大厦，同年成功交付的超大型现代化体育场坦桑尼亚国家体育场，曼谷湄南河畔耸立起的303米超高层地标项目（见表2），无一不彰显着北京建工强大的国际工程建设能力，这种国际竞争力源自企业数十载历史经验沉积和持续在工程技术、项目管理层面的进取优化。"一带一路"共建国家之中，正竖立起越来越多的中国地标。

表 2　北京建工承建的部分海外代表性项目

| 项目 | 所在国家 | 建成时间 |
|---|---|---|
| 班达拉奈克国际会议大厦 | 斯里兰卡 | 1973 年 |
| 阿斯塔纳北京大厦 | 哈萨克斯坦 | 2009 年 |
| 坦桑尼亚国家体育场 | 坦桑尼亚 | 2009 年 |
| 曼谷湄南河畔地标 | 泰国 | 2017 年 |
| 刚果(布)布拉柴维尔商务中心 | 刚果(布) | 2019 年 |
| 援缅甸国家艺术剧院维修改造 | 缅甸 | 2022 年 |
| 以色列阿里埃勒·沙龙城市广场 | 以色列 | 正在施工 |

资料来源：北京建工国际工程公司网站。

## （三）北京建工在"一带一路"共建国家发展现状

在"建设具有国际竞争力的新型企业集团"发展目标的引领下，北京建工正积极地开展其全球化业务，以央企担当助力"一带一路"建设高质量发展。目前，北京建工已经在全球 30 余个国家广泛开展工程承包项目，为来自非洲传统市场、英美等发达建筑行业市场以及以色列、泰国、缅甸等"一带一路"共建国家用户广泛提供工程承包与项目开发业务。

以色列阿里埃勒·沙龙城市广场项目、蒙古国乌兰巴托市中央污水处理厂建设项目和沙特皇家委员会总部大楼项目等数十个工程承包项目的稳步推进，显示着北京建工在其主业领域强大的技术工程能力和超高的市场认可度，由北京建工出品的建筑工程正成为越来越多"一带一路"共建国家核心地区的地标性建筑。而毛里求斯椭圆公寓项目、曼谷湄南河畔地标项目（曾获 2020 年度中国建设工程鲁班奖）（见表 3）等高技术难度的超大型项目开发，体现了北京建工强大的技术能力与高效的管理架构，在为企业集团积累技术经验的同时也极大提升了北京建工的市场形象。正因如此，现如今北京建工才会在"一带一路"共建国家连续签下大额订单，这正体现了市场对于北京建工工程实力与企业服务的积极肯定。除此之外，北京建工目前

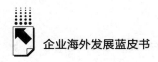
还提供着国际贸易与国际劳务的相关服务，向"一带一路"共建国家的基建与经济发展给予多方位的鼎力支持。

表3　北京建工国际获奖项目

| 项目名称 | 奖项 |
|---|---|
| 坦桑尼亚国家体育场 | 中国首批境外工程鲁班奖 |
| 曼谷湄南河畔地标 | 2020年度中国建设工程鲁班奖 |
| 援科特迪瓦阿比让体育场 | 2020年度中国建设工程鲁班奖 |
| 坦桑尼亚桑给巴尔国际机场三号航站楼 | 2021年度中国建设工程鲁班奖 |

资料来源：北京建工网站。

现如今北京建工已经连续多年跻身《工程新闻记录》全球最大250家国际承包商，2022年在榜单中排第116名，正处于国际化进程持续推进、国际竞争力持续提高、国际业务经营规模持续扩张的向好态势之中。正如北京建工所宣称的，企业集团正在打造"国内一流、国际知名的工程建设与城市综合服务商"的愿景下继续砥砺前行。

## 二　北京建工参与"一带一路"建设动因分析

### （一）秉承国际化思维，建设跨国强企

北京建工在企业21世纪以来的历届五年规划中，均提出了要建设具有国际竞争力企业的发展目标，既要在欧美等供应链高度发达的建筑市场之中学习分包体系、管理模式等先进经验，又要在传统非洲市场和"一带一路"共建地区建立符合当地传统的人员雇佣与实体合作机制，在各类复杂新环境中实现北京建工由大到强的国际承包商定位演变。自1993年以来，北京建工已经连续20多年跻身"《工程新闻记录》全球最大250家国际承包商"（见表4），参与"一带一路"共建地区投资建设深切契合了企业的发展现状与国际化思维，正是北京建工不可错失的历史性机遇。

表 4　北京建工所处行业地位

| 荣誉 | 排名 |
|---|---|
| 《工程新闻记录》全球最大 250 家国际承包商 | 2022 年排第 116 名 |
| "中国 500 强"企业 | 2022 年排第 214 名 |
| 《工程新闻记录》《建筑时报》中国承包商 80 强 | 2022 年排第 7 名 |

资料来源：北京建工年度报告。

"一带一路"共建国家的相应投资建设，对于北京建工而言也是一场涉及跨文化、政治语境，考验其综合调度和统筹管理能力的国际大考。北京建工目前在世界其他国家和地区拥有多家海外子公司和分支机构，雇佣了 200 余名外籍管理人员和 4000 余名各国工人并承建了多项"一带一路"共建地区的大型项目。这类海外大型工程虽然给企业带来了新问题、新挑战，但同样也是其国际化战略真正践行的唯一落脚点，要求北京建工在经营过程中融入当地商业环境、文化语境，将旧有的企业管理和雇佣模式同本地实际接轨，注重与当地研究机构、产业链上下游及非政府组织的关系维护，筛选及培育属地优质工程与管理人才的能力。

在新环境中的磨砺，也锤炼着北京建工同异国政府机构沟通交流、投标及施工过程中信息搜集和分析、大型项目融资和海外建筑材料数据库建设等多方面的能力。北京建筑国际工程公司作为北京建工对接海外市场的窗口型子公司，正卓越地履行着集团层面雄心勃勃而又审慎客观的国际化战略总体规划，正如其本身所期许的，"我们致力于成为受人尊重的跨国公司，融入社区，尊重当地法规习俗，践行企业责任，传授技能和友谊，展示中资企业的'中国形象'"。

## （二）承接海外业务，开拓新兴市场

当前，北京建工国外建筑施工业务年（期）末在手合同额常年维持在 300 亿元左右，相应海外业务布局具备历史悠久、储备深厚、运营稳健且存在较大发展潜力的特点。而"一带一路"共建国家多为经济增长处于起步阶段的发展中国家，相关市场存在广泛的对于基础设施和工程项目的迫切需求。从整体数据来看，2008~2020年中国对外承包工程新签合同额由1054亿美元增长至2555亿美元，增长率为142.41%；在分国别和地区数据列表中可以明显看出，我国对外承包工程的主要客户群体即为亚洲和非洲国家，亚非地区在同一期间与我的新签合同额由926.07亿美元增长至1808.76亿美元，增长率95.32%，且在总工程合同额之中占比始终高于70%，沙特阿拉伯等发展中国家始终是我国建筑行业"走出去"的重要市场（见图4）。

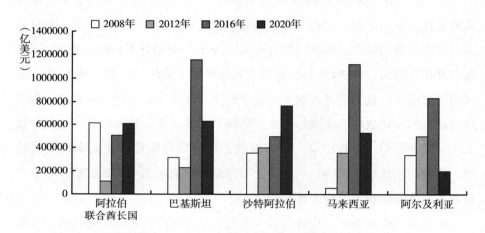

**图4 2008~2020年中国对外承包工程新签合同额（部分主要国家）**

资料来源：《2020年度中国对外承包工程统计公报》。

"一带一路"共建国家存在的旺盛工程建设外包需求，为北京建工在相关地区大展宏图提供了难得的优质机遇，当前北京建筑国际工程公司网站列示的企业工程承包项目多达49个，同时还有11个大型项目开发活动。由北京建工承建的几内亚广电大楼、沙特法赫德国王石油和矿产大学信息科技中心、毛里求斯路易港商务办公楼等一批批建筑正是在这样的时代背景下应运而生、在双方合作共赢的大环境下拔地而起的。

（三）业内实力领先，契合市场需求

建筑业是我国国民经济的支柱产业，具有就业容量广阔和相关产业关联度高的特点,全国建筑业增加值占国内生产总值比例连续多年保持在6.85%以上,行业容纳就业人口超过5000万人,2022年国内建筑业总产值311979.84亿元,有施工活动的建筑业企业多达143621家。经过多年的持续发展,目前我国已经积累了丰富的工程承包经验和相关专业技术人员,并在工程实践过程中涌现出了一大批具有国际一流施工资质的优质建筑企业,而北京建工正是其中的翘楚之一。作为《工程新闻记录》全球最大250家国际承包商、《工程新闻记录》《建筑时报》中国承包商80强企业的北京建工,有充足能力对接"一带一路"共建国家对于大型基础设施项目和地标建筑的相应需求,并以实际成果得到了诸多客户的高度评价。

同时,在国内及海外市场建设的实践过程中,北京建工也培育出了一批高素质高水平的人才队伍,锤炼出了大量具备丰厚经验的工作团队,为参与"一带一路"建设存储了人力资源。为稳固并持续发展企业的人力资源体系,北京建工与国内外高校、研究机构等建立了多个充足完善的人才培养项目(见表5),为企业管理水平、工程建设能力和国际化竞争力的提高源源不断地输送着新鲜血液。

### 表5 北京建工人才培养项目

| 项目 | 具体内容 |
| --- | --- |
| 高级经营管理人才培养工程 | 与国内高校开展合作,培育符合企业发展战略的高级经营管理人才 |
| 专业技术人员知识更新工程 | 动员项目经理、商务经理、项目总工三类专业技术人员总计1500余人接受项目管理知识轮训 |
| 大项目人才和海外人才培养计划 | 150余名国际项目管理骨干参与培训,7批次管理人员参与对外交流 |
| 高技能人才培养工程 | 以职业能力建设为核心培养高技能人才队伍 |
| 复合型党群人才培养工程 | 通过系统培训建设复合型党群人才队伍 |
| 建立专家工作室 | 目前业已建成岩土工程和钢结构两个专家工作室 |
| 建立博士后工作站 | 已经成功出站12名博士后 |
| 深化校企合作 | 设立"北京建工奖学金",校招优秀毕业生800余人 |
| 大型项目"双总工"科技人才培养 | 践行人才强企战略,培育综合性高端科技人才 |

资料来源:北京建工网站。

### （四）国家政策支持，把握历史机遇

2013年，中国国家主席习近平提出了共建"丝绸之路经济带"和"21世纪海上丝绸之路"的倡议，在秉持共商共建共享原则的基础上寻求实现欧亚非地区的资源整合与协同发展。"一带一路"倡议自提出以来便得到了有关国家和地区的高度重视，并在各方努力之下迅速发展。中国同"一带一路"152个共建国家、32个共建国际组织签署200多份合作文件，区域经贸合作网络基本建立成形。而中国同上述国家10年间货物贸易总额已从2013年的1.04万亿美元增长至2022年的2.07万亿美元，年平均增长速度高达8%，中国企业同一时期在相应地区的投资额累计达到571.30亿美元，并创造了多达42.1万个新增就业岗位。

"一带一路"倡议的主体框架，是"六廊六路多国多港"，即包括横亘欧亚大陆的新亚欧大陆桥、中蒙俄、中国—中亚—西亚、中国—中南半岛、中巴和孟中印缅六大国际经济合作走廊，在六廊沿线基本建设完成的铁路、公路、航运、航空、管道和空间综合信息网络，以及多个合作国家和若干保障海上运输大通道安全畅通的合作港口。习近平主席2019年在第二届"一带一路"国际合作高峰论坛开幕式上提出："在各方共同努力下，'六廊六路多国多港'的互联互通架构已基本形成。"[①] 目前已经基本成形的贯穿欧亚大陆的陆路海路交通运输网络和紧密的区域经贸合作关系，为北京建工继续"走出去"并打造企业国际竞争力提供了难得的历史机遇。

北京建工秉承着"国企姓党、国企强国、国企为民"的企业文化，积极投身于"一带一路"建设的宏伟蓝图之中，并以其深厚的海外工程承包经验和先进的技术及管理经验在项目中标和实际施工过程中屡创佳绩，所承建的303米超高层建筑曼谷湄南河畔地标项目、甲级体育场援科特迪瓦阿比让体育场荣获2020年度中国建设工程鲁班奖，坦桑尼亚桑给巴尔国际机场

---

① 《"硬联通"与"软联通"互促互进》，中国政府网，2019年9月10日，https://www.gov.cn/xinwen/2019-09/10/content_ 5428692.htm。

三号航站楼荣获 2021 年度中国建设工程鲁班奖,打造出了诸多"一带一路"共建地区宏伟壮观的中国地标,在砥砺奋进之中既受恩于国家政策支持,又反过来以优质产出为区域经济建设做出了卓越贡献。

# 三 北京建工参与"一带一路"建设关键影响因素分析

## (一)依托国家总体规划

北京建工的相关工程项目承包在根本上服从并受惠于国际"一带一路"区域经济建设的总体规划方针,国家在相应区域经贸合作中构筑的基础设施体系、统一规则标准及区域合作协议,是北京建工参与"一带一路"建设的最大依靠。北京建工在投标海外工程项目时,应首先考虑将有限的企业资源尽可能集中于国家划定的"六条经济走廊"和同我国签署相关合作文件的"一带一路"共建国家,由此既能享受其他先期建设项目所带来的高效率及低成本,同时又由于相关区域中资企业和友好外方实体积聚,各方有条件在共商共建共享原则的基础上发挥经济资源的整合作用,在合作共赢之中提高各方的工作效率并避免由于信息不互通而导致的无序竞争与低效浪费。

此外,依托国家总体宏观规划,也能使企业依托国家力量消解部分自身难以解决的宏观问题,正所谓大树之下便于乘凉。在"一带一路"所涉及的中枢地带中东地区,自阿拉伯之春以来,伊斯兰国家之间的宗教及政治矛盾便越发严重,且伊拉克、伊朗等部分地区性强国时常陷入内部的冲突与动荡局势之中,这对建筑企业海外投资项目的稳定性造成了严重冲击。从企业微观层面而言,地区性政治冲突和不稳定性往往是企业所无力解决的系统性风险,为尽可能控制降低此类风险水平,在相关地区的建设投资应当紧密依附国家"一带一路"建设总体规划,将建设资源集中于国家支持的关键核心区域以争取享受宏观资源惠及。2023 年 3 月 10 日,沙特和伊朗签署了同意恢复双方外交关系的"北京和解"协议,该协议有望加强双边关系并强力地维护相关地区经贸往来平稳健康运行,押注于相关地区项目的企业自然

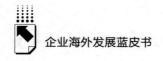

也能从中获益，北京建工的沙特 SABIC 二期项目、沙特国防部空军基地公寓楼及配套公建项目等大批沙特工程承包项目便在其列。

## （二）审慎选取投资对象

由于不同国家和地区经济发展水平以及政治局势稳定性的差异，建筑企业"出海"投资固然可能从海外投资对象中获取资源和人力成本相对较低的收益，但也不能忽略与之相关的潜在风险。目前，"一带一路"建设所涉及的"六条经济走廊"之中，就有部分国家存在政治局势不稳定、国内或地区贸易保护主义抬头的风险，这对于北京建工工程建设项目的平稳运行以及职工的人身财产安全都可能构成潜在威胁。

除却紧急危机导致的企业安全事件之外，建筑企业在"一带一路"共建国家的相应投资建设还可能会面临项目所在国政治局势动荡导致的项目整体经营风险，导致承包方无法正常施工或收取工程款。整体而言，任何潜在的显著性地区政治变化、法律变更及经济波动都可能会对建筑企业海外工程的经营稳定性、施工成本及人员安全造成影响，这便要求"出海"建筑企业恪守审慎原则选取投资对象，并尽可能保持全流程的风险跟踪和控制。

## （三）积极推动企业合作

在海外业务承包与工程实施之中，北京建工秉承了密切推进国内、国际企业合作的思路规划，广泛与不同国家不同类型企业开展多领域的高水平合作，以求综合利用各方在海外新环境中的人力、财力等资源禀赋，并削减自身在新市场中面临的信息不对称，在短时间内迅速提升企业的相对竞争力。

在海外大型工程项目承包中，信息不对称和融资难度大往往是困扰建筑企业的两大难题。海外承包商对于业务所在国的相关信息掌握可能并不充分，从而一定程度上降低了尽职调查的可信度；而大型工程同时又存在初期一次性资金投入大、项目资金回收期长的特点，不但工程企业前期存在较大的资金压力，金融机构一般也并不偏好于为该类项目提供融资。为解决以上两项阻碍企业承包业务的现实难题，北京建工积极推进与分支机构所在国家其他企业的通力合作，譬如在曼彻斯特机场项目中，中国工商银行实际上承担了整个项目的核心评估工作，并在决定参与投资之后作为中间人引入了北京建工，同时对项目提供了多达 6.5 亿英镑的资金支持。北京建工通过与中国工商银行的友好关系与健全合作机制，一举解决了信息不对称和融资难度大两个重要问题，极大地推进了该机场城业务执行进度。

另外，建筑企业在大型工程项目的实际操作过程中，经常也会面临相关人力资源紧缺、工程设计及施工难度大等问题，为此北京建工在参与"一带一路"建设中也同其他建筑企业广泛开展了具体实际业务层面的合作共建。在著名的哈萨克斯坦阿斯塔纳北京大厦项目建设过程中，北京建工阿斯塔纳分公司便与中石油阿克纠宾油气股份公司等其他企业通力合作，共同完成了这座集写字楼、酒店和商业于一体的现代化五星级综合大厦的建设工作，为哈萨克斯坦国际合作及国际交流提供了一张带有中国亮色的名片。

### （四）尊重当地文化环境

亨廷顿在《文明的冲突》一书中提到："经济合作的根源在于文化的共性。"然而由于国际合作随着世界经济一体化进程逐步推进而越发呈现出跨文化交流的特点，如何应对跨文化语境的经贸合作往来以及尽可能地避免正常磋商过程中的文化冲突，已经日益成为中国建筑企业"走出去"过程中的重要问题。作为进入新市场环境的建筑企业，北京建工一贯秉承着尊重当地《劳动法》《环境保护法》等法律法规，以友好合作态度拉近同当地居民及组织关系，在与项目所在地的传统文化习俗和平共处之中推进工程运行。

在部分海外子公司成立初期，北京建工也面临着对当地经营模式、法律规章及项目总承包业务模式不熟悉的困局。基于提升企业国际竞争力的目标，北京建工积极推进各海外子公司在管理模式等层面和项目所在地区接轨，力求使海外子公司融入当地文化语境。例如，北京建工国际英国子公司在其早期发展历程中，便一直着力开展与中英国际贸易促进协会、英国皇家土木工程师协会等当地相关组织的文化交流和研讨活动，力求实现海外子公司的高质量本土化经营；在社区关系层面北京建工还曾向海外项目所在地捐赠两辆校车以协助解决学生上学通勤需求，有力维护了同社区的和睦关系。

此外，国内外不同市场间在建筑法律法规制定上也可能存在一定差异，譬如国内《建筑法》规定了禁止承包单位将其承包的全部建筑工程转包给他人，但在国际化业务开展时，某些分包关系发达的工程承包市场允许总承包方可以将全部工程分解到若干分包项目之中，这也对参与相关活动的总承包方提出了更高的信息整合、资源统筹方面的要求。在参与国际项目时，建筑企业便应当注意诸如此类的国内外法律或规章差异，谨慎避免在跨文化语境和跨法律体系的国际项目中触碰当地法律红线。

### （五）股权投资带动增长

在国际业务承建过程中，北京建工接触到了英国发达建筑市场中的股权投资带动承包工程模式，并基于该模式进行了对于曼彻斯特空港城的项目开发。该项目由曼彻斯特机场集团（MAG）出资 50%、北京建工和英国建筑公司 Carillion 分别出资 20%、大曼彻斯特养老基金出资 10% 共同进行开发，工程承包层面则由北京建工和 Carillion 公司分别承担 50% 的项目施工业务。

首先，股权投资带动承包工程的一个显著特点是，建筑企业不再以"承包商"的身份参与项目建设，而是转变为项目"甲方"，以股东身份与其他企业共同参与项目开发，从而便有效避免了海外承包市场中的互相压价和恶性竞争风险；其次，以股权身份参与开发赋予了北京建工非公开议标的机会，使得企业有条件获取更高的中标价格和挖掘更多的潜在盈利点；再次，北京建工作为股权方参与项目议标时可以同各方进行多轮谈判，有利于彻底澄清项目中工程款支付条件、工程工期等多项关键条款，降低实际施工过程中的潜在冲突风险；最后，在和当地企业以共同参股的形式参与项目建设过程中，当地企业出于共同的股东利益有动机同北京建工分享信息、人力和财务等资源，帮助"出海"企业有效规避刚刚进入新市场时与竞争对手激烈竞争和信息不对称的风险，并在综合利用各方优势的情况下最大限度地实现了总体经济效益。

北京建工在该项目中通过 20% 的投资获得了项目整体 50% 的施工业务，具体股权投资金额仅为 0.12 亿英镑，但项目总价值却高达 8 亿英镑，相当于通过最终开发价值 1.5% 的金额成功参与到项目开发之中，并能获取 20% 的股权利润分配和相应的项目建造利润，极大提升了自身参与发达市场工程承包的经验水平和能力，在日益激烈的国际竞争环境和庞杂的国际业务风险交织之中探索出了一条可行的工程承包新路径，值得我国其他"出海"建筑企业学习与借鉴。

# 四 展望与建议

作为中国建筑企业参与"一带一路"建设的标杆企业之一，北京建工秉承着"建设具有国际竞争力的新型企业集团"的发展目标持续稳健发展，在相关地区广泛地设立了子公司和分支机构并承建了众多高质量的知名地标性建筑，目前已发展成为全球最大 250 家国际承包商和中国承包商 80 强之一。北京建工卓越经营成果的取得，与企业本身成熟完善的经营管理模式不无关系，其在树立品牌形象、管控海外风险、优化融资结构和着力培育人才等方面的经验，值得我国其他建筑企业学习与借鉴。

## （一）树立品牌形象，维护企业声誉

经过数十年的稳健经营与品牌建设，目前北京建工已经成为具有卓越品牌形象和海外声誉的国际知名工程建设与城市综合服务商。在各类具体项目中，北京建工始终重视品牌形象和企业声誉，致力于推动子公司在文化和法律上融入当地环境，对所在地员工进行契合当地环境的统筹管理，高质量完成工程建设任务并通过员工职业技能培训、深入中小学参与公益活动等措施增进同当地社区的联系。北京建工坚持以工匠精神和国企担当诠释"中国制造"，打造了为客户所欣赏的品牌形象。

优质的品牌形象为北京建工带来了"一带一路"共建国家政府与企业的信任，也帮助北京建工在职工招聘、属地管理等层面与当地人民维持了共

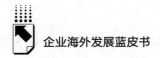
同繁荣的和谐氛围。品牌形象和企业声誉不会凭空产生，而是要从实际建设成果之中来，从属地管理的实际经历之中来，中国建筑企业在"走出去"的征程中，应该同样重视各层面企业品牌形象保护，在会议交流、职工培育、社区服务、公益活动及施工质量等层面维护企业声誉。

### （二）客观评估项目，管控海外风险

相对于国内经营活动而言，北京建工参与"一带一路"共建国家投资不可避免地面临经营风险显著上升的情况，这既来源于国内企业对当地文化语境和社会各方关系的不熟悉，又来源于部分国家客观存在的政治与经贸风险。尤其在近年来贸易保护主义抬头和区域政治摩擦频发的宏观环境中，诸如北京建工一类的"出海"建筑企业尤其应当对于投资对象进行谨慎客观的综合评估，并在实际施工期间重视并管控海外风险。

在海外建设投资面对地区冲突时，建筑企业时常是相对弱势的一方，这便要求企业从微观层面谨慎地进行投资对象抉择，在工程承包和项目开发时优先考虑友好国家和稳健政体。

### （三）优化融资结构，适应管理模式

在 2019 年 7 月 10 日国家国际发展合作署有关领导参与的一场关于"援外工程项目普遍问题"的调研中，北京建工国际工程公司提出了两项在实际经营过程中所遇到的困难：一是融资层面现有援外框架下建筑企业往往资金负担过重；二是作业层面海外人员合同管理要求与国内管理体系双轨并行，增加了企业的管理难度。而这也是我国建筑企业"出海"建设过程中所存在的普遍问题。

"出海"建筑企业的资金负担难题与建筑工程前期投资巨大而回收周期漫长的特点有关，为缓解在项目早期的资金压力，其他建筑企业在参与"一带一路"建设时可参考北京建工在英国开展曼彻斯特空港城项目的有关经验，选取可采用分批投资模式的工程项目以减轻前期现金流压力，并通过与国内外金融机构合作同时开拓多元化融资渠道，以融资结构优化收

窄资金缺口。

管理体系的双轨制则是"出海"企业所面临的一个更广泛的问题，基于不同市场规则短期内难以实现统一标准化和尊重属地模式有利于各方合作共赢共同发展的判断，其他建筑企业应同北京建工一样在海外项目建设过程中优先考虑属地化管理模式，尊重当地各项人力规章和习俗传统，通过在人员管理层面融入属地语境开展经营业务。

### （四）着力培养人才，育成建筑精英

建筑行业作为我国经济持续增长的核心拉动点，行业增加值大，且由于其上下游产业链绵长的特点，长期以来在我国经济社会之中处于重要位置。然而随着近年来国内经济发展结构的优化升级，工程建筑行业的热度相对有所下降，在社会招生考试中土木工程、建筑工程等专业已然出现了部分遇冷的情况。为维持并逐步提升土木工程从业人员的相关素质，为"一带一路"建设提供日益高质量的建筑从业人员，北京建工及其他建筑企业有必要加大人才招聘与培育阶段的投入力度。

就员工引入机制而言，北京建工和其他建筑企业可以加大校园和社会招聘及国际化宣传力度，通过建立与相关院校的专标人才培养企划及人才输送合作机制在源头汲取新鲜血液，同时也可以针对"一带一路"相关区域项目设立一些待遇优厚、发展前景良好的特定管培生项目，以加大该类工程对于优秀青年学生的吸引力度。就员工培养机制而言，北京建工目前在其网站列示了树立劳动模范、组建青年突击队和培育并建设专家人才队伍三项人才培养目标以及一批人才培养企划工程，并针对国际化和"一带一路"共建区域经济建设订立了大项目人才和海外人才培养计划，致力于培育能承担海外大型工程项目的高级人才，从而增强企业海外子公司和分支机构的整体凝聚力和国际竞争力，而这也是值得我国其他建筑企业学习和借鉴的。

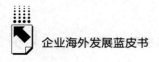

**参考文献**

北京建工集团有限责任公司网站，https：//www.bcegc.com/。

北京建工国际工程公司网站，https：//bcegi.bcegc.com/。

《2020年度中国对外承包工程统计公报》，商务部网站，2021年9月9日，http：//www.mofcom.gov.cn/zfxxgk/article/gkml/202109/20210903196509.shtml。

王亮：《项目股权投资带动对外承包工程新模式——以曼彻斯特空港城项目为例》，《国际工程与劳务》2015年第10期。

# B.15
# 中国电建在"一带一路"共建国家
# 发展案例研究

张容若 杨道广*

**摘 要:** "一带一路"倡议提出以来,中国电建践行央企责任,服务国家
顶层设计,深度参与"一带一路"建设,取得了丰硕成果。基
于此,本报告将中国电建作为研究对象,对其参与"一带一路"
建设的动因以及关键影响因素进行了深入分析。具体而言,中国
大力推动"一带一路"倡议的落实,出台了一系列政策文件,
为中国电建参与"一带一路"建设提供了良好的环境;中国电
建自身的国际化战略以及长期以来形成的国际经营优势又为公司
在"一带一路"共建国家的发展提供了坚实的基础。在这个过
程中,中国电建坚持国际经营属地化以增强区域经营能力;打造
全产业链一体化以推动业务转型升级;保持风险防范意识以保障
企业安全经营。最后,本报告从国际运营风险、业务绿色转型、
科技创新以及人才培养四个层面,为中国电建今后在"一带一
路"共建国家的发展提出了建议。

**关键词:** 中国电建 "一带一路"共建国家 国际化

---

* 张容若,对外经济贸易大学国际商学院硕士研究生,主要研究方向为审计与公司治理;杨道
广,对外经济贸易大学国际商学院教授、博士生导师,主要研究方向为内部控制与公司财
务、审计与公司治理。

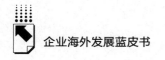

# 一　公司概况

## （一）中国电建简介

中国电力建设股份有限公司（以下简称"中国电建"），前身为中国水利水电建设股份有限公司（以下简称"中国水电"），于 2009 年 11 月 30 日由中国水利水电建设集团公司和中国水电工程顾问集团公司共同发起设立，2011年，在上海证券交易所主板挂牌上市。表 1 列示了公司的发展历程。

表 1　公司发展历程

| 年份 | 重要事件 |
| --- | --- |
| 1989 | 中国水利水电建设集团有限公司成立 |
| 2003 | 中国水电工程顾问集团有限公司成立 |
| 2009 | 中国水电集团联合水电顾问集团,共同发起设立中国水利水电建设股份有限公司 |
| 2011 | 中国水利水电建设股份有限公司在上海证券交易所上市 |
| 2014 | 公司更名为"中国电力建设股份有限公司",证券简称由"中国水电"变更为"中国电建" |

资料来源：中国电建年报。

中国电建以"建设清洁能源，营造绿色环境，服务智慧城市"为使命，致力建设成为具有全球竞争力的世界一流企业。在发展过程中，公司始终聚焦主业，巩固自身在水电领域的市场主导地位；同时，积极调整产业结构，结合自身优势和国家政策培育新的产业增长点。此外，公司持续推进国际化战略，抓住国家"走出去"战略、"一带一路"倡议等政策机遇，助推企业海外业务发展。经过 10 多年的经营，中国电建已然发展为全球电力能源基建领域的龙头企业，承建设计了国内 80% 以上的大型水电站，承担了 65%以上的风力发电及太阳能光伏发电的规划设计任务，拥有全球 50% 以上的大中型水利水电建设市场。目前，中国电建业务遍及全球 130 多个国家和地区，是全球清洁低碳能源、水资源与环境建设的引领者，全球基础设施互联互通的骨干力量，服务"一带一路"建设的龙头企业。

　　近年来，中国电建以"建世界一流企业，创全球卓越品牌"为愿景，制定了"立足大基建，聚焦'水、能、砂、城、数'，集成'投建营'，推进全球化"的战略目标，致力建设成为引领全球绿色低碳产业发展和技术创新的世界一流企业。图1为2022年中国电建营业收入的构成情况。从图1中可以看出，工程承包与勘测设计为公司的核心业务，对公司的营业收入贡献最大，占主营业务收入的88.57%；电力投资与运营为公司的重点业务，该板块全年实现营业收入238.14亿元，占主营业务收入的4.18%，其中，新能源业务的营业收入为86.41亿元，毛利率高达55.70%，为公司毛利率最高的业务。其他业务主要包括设备制造与租赁、砂石骨料的开发销售、商品贸易及物资销售、特许经营权及服务业等，以及房地产开发业务，该板块2022年实现营业收入412.59亿元，占主营业务收入的7.25%。

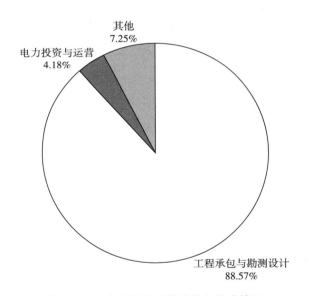

**图1　2022年中国电建营业收入构成情况**

资料来源：中国电建年报。

　　图2是2016~2022年中国电建总资产与营业收入情况。可以看到，公司的总资产总体呈上升趋势，增长速度快，从2016年的5002.78亿元增长

到 2022 年的 10400.78 亿元，规模扩大了 1 倍有余，体现了公司经营规模的稳定增长。公司的营业收入整体呈上升趋势，2016~2018 年保持平稳增长，此后保持着高速增长。营收从 2016 年的 2386.96 亿元增长到 2022 年的 5716.49 亿元，总增长率为 139.49%，体现了公司较好的经营能力。图 3 为 2016~2022 年中国电建净利润变化情况。可以看到，公司净利润保持稳定增长，呈现上升趋势，从 2016 年的 75.86 亿元增长到 2022 年的 156.84 亿元，总增长率为 106.75%，体现了中国电建较好的盈利能力。

图 2　2016~2022 年中国电建总资产与营业收入情况

资料来源：中国电建年报。

图 3　2016~2022 年中国电建净利润变化情况

资料来源：中国电建年报。

## （二）中国电建国内发展历程

自 2009 年成立以来，中国电建紧跟国家发展规划，不断优化市场结构、业务结构和产业结构，通过设立子公司、并购等方式推动业务结构调整与产业链升级，逐渐成为特大型综合性工程建设企业集团。

表 2 展示了中国电建国内发展历程。从表 2 中可以看出，中国电建始终聚焦主业，大力推动全产业链一体化发展，在巩固自身在水电领域的核心优势的同时，结合国家政策与自身经营优势，培育新的产业增长点，持续推进业务多元化发展。经过多年努力，中国电建逐渐形成了"大土木、大建筑"的横向宽领域产业优势，水利水电设施建设、水资源和环境的治理和修复能力全球领先。

**表 2　中国电建国内发展历程**

| 年份 | 重要事件 |
|------|----------|
| 2013 | 新设立中水电成都建设投资有限公司,强化区域市场投资业务管理;并购武汉南国置业有限公司、河南中新置业有限公司、哈密荣信新能源有限公司等,经营规模得到扩大 |
| 2015 | 购买电建集团持有的水电顾问集团、北京院、华东院、西北院、中南院、成都院、贵阳院、昆明院等八家勘测设计企业 100%的股权,形成了集规划、勘测、设计、咨询、监理、施工、安装、采购、制造、运营维护、能源投资于一体的完整产业链 |
| 2016 | 成立中电建(北京)基金管理有限公司,积极构建符合公司战略及市场竞争秩序的 PPP 等投融资类项目的经营管理模式 |
| 2018 | 初步搭建了以中国电建集团财务有限责任公司、中国电建集团租赁有限公司、中电建(北京)基金管理有限公司、中电建商业保理有限公司为主要平台的综合性金融服务体系 |
| 2019 | 积极探索水生态环境、垃圾分类末端处置、绿色建筑骨料生产等领域,培育新的产业增长点 |
| 2020 | 相继成立西部、南方、北方投资公司,推进公司区域营销体系建设 |
| 2021 | 组建中国电建新能源集团有限公司,整合旗下新能源资产,打造新能源品牌 |
| 2022 | 将持有的房地产板块资产与电建集团的电网辅业资产进行置换,并于同年发布 150 亿元定增预案,资金投向风电和抽水蓄能等项目 |

资料来源：中国电建年报。

近年来，中国电建紧扣国家战略及"十四五"规划，聚焦主责主业，致力结构调整和发展方式转变，"水、能、砂、城、数"业务布局、"投建营"一体化产业链供应链布局、境内外市场区域化属地化的全球化发展布局加快调整构建，经营发展的质量、效率、动力发生深刻变革。2022年，公司的市场地位进一步提升，在ENR发布的"全球工程设计公司150强"排名中，连续三年蝉联"ENR全球设计公司150强"榜首；ENR全球工程承包商250强排第5名，全球最大电力设计商和承包商地位稳固，体现了中国电建在全球工程总承包、咨询设计领域的专业实力和行业领导地位。

### （三）中国电建在"一带一路"共建国家发展概况

自成立以来，中国电建始终坚持"国际业务优先发展"战略，深耕海外市场，承接了许多国际工程项目，经过多年努力，公司逐步形成了国际业务市场、人才、管理、资金、技术和品牌优势，比较优势明显。截至2013年底，公司在全球72个国家和地区建立了95个驻外机构，海外在建项目分布在72个国家。

"一带一路"倡议提出后，公司积极响应国家号召，积极参与"一带一路"共建国家和地区的建设，通过在重点国别设立子公司的方式持续推进"国际经营属地化"，实现资金、人才、技术等生产要素的本地化，推动公司在"一带一路"共建国家的业务稳步增长。截至2022年底，中国电建已经在全球100多个国家设立了300多个代表处或分支机构，为东南非、中西非、中北非、欧亚、亚太和美洲地区的国家提供基础设施建设等服务，国际化程度稳步提高，海外经营收入平稳增加。

表3列示了中国电建在"一带一路"共建国家发展概况。从表3中可以看出，中国电建紧随国家战略安排，积极融入"一带一路"共建国家和地区的建设，在能源资源开发、电力投资与运营等领域签约并交付了一批重点工程项目，在国际上树立了良好的品牌形象，品牌知名度不断提高，逐渐成为服务"一带一路"建设的龙头企业。

表 3 中国电建在"一带一路"共建国家发展概况

| 年份 | 重要事件 |
|---|---|
| 2014 | 参与"一带一路"共建区域内中巴经济走廊能源规划、孟中印缅经济走廊能源合作研究、东盟地区互通互联研究、中缅电力合作总体规划、中阿能源合作、中泰能源合作和南海区域风能、光能规划及示范项目研究和中亚五国可再生能源与电力系统规划 |
| 2015 | 设立海外规划专项资金,开展"一带一路"重点国别市场的电网规划、能源规划和基础设施规划研究;牵头开展我国"一带一路"能源专项规划的编制,启动中亚五国可再生能源规划编制工作;重点推动了中巴经济走廊和亚洲铁路互联互通"一揽子"项目,成功签署了巴基斯坦卡西姆港应急燃煤电站、中老铁路、雅万高铁等一批海外重大项目并顺利开工 |
| 2016 | 签署了尼日利亚希罗罗 300MW 水光互补电站、以色列克卡夫·哈亚邓 340MW 抽蓄电站、津巴布韦 Kunzvi-Musami 大坝—哈拉雷供水项目;成功中标中老铁路 Ⅳ 及 Ⅴ 标段、哈萨克斯坦巴丹莎 200MW 风电项目;报告期内建成并移交的埃塞俄比亚阿达玛二期风电项目已成为中国在风电领域整体"走出去"的标志性工程 |
| 2017 | 承办"一带一路"国际能源高峰论坛,创新了老挝南欧江梯级电站全流域投资开发模式和巴基斯坦卡西姆港应急燃煤电站投资建设模式,成为中资企业参与"一带一路"建设的典范 |
| 2018 | 顺利签约卢旺达胡也公路升级改造、越南油汀 420MWdc 光伏电站 EPC 项目、孟加拉国 ZEE 吉大港 1200MW 液化天然气联合循环电站等一批重大项目 |
| 2020 | 签约赞比亚 3 个 200MW 光伏项目、越南平大 310MW 海上风电项目、越南禄宁 550MW 光伏项目、越南薄寮三期 141MW 海上风电 EPC 总承包项目等 10 多个重点新能源项目 |
| 2021 | 深化第三方市场合作机制,与日立 ABB 电网、维斯塔斯、德国福伊特等国际企业签署战略合作协议 |
| 2022 | 签约阿根廷规模最大输气管道项目、巴西最大垃圾发电项目、"中企海外最大单体风电项目"老挝孟松风电二期等一批重点工程 |

资料来源:中国电建年报。

　　综上所述,中国电建在致力建设成为"能源电力、水资源与环境、基础设施领域具有国际竞争力的质量效益型世界一流综合性建设企业"的过程中,持续实施国际业务优先发展战略以及全球发展等国际化战略,国际化程度不断提高,海外业务规模不断扩大,已经在全球市场上取得了卓越成绩,品牌形象持续提升,赢得了全球多个国家和地区的广泛好评。

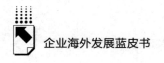

## 二 中国电建参与"一带一路"建设动因分析

### （一）紧跟国家战略布局，把握时代发展机遇

中国电建之所以积极参与"一带一路"建设，离不开"一带一路"倡议的提出与落实。"一带一路"倡议以政策沟通、设施联通、贸易畅通、资金融通和民心相通为主要内容，致力于亚欧非大陆及附近海洋的互联互通，建立和加强共建各国互联互通伙伴关系。该倡议一方面释放了巨大的基础设施建设需求，为中国电建的海外发展提供了前所未有的历史机遇；另一方面，相关政策的实行，为中国电建参与"一带一路"建设提供了强大的支持。

"一带一路"倡议连接着东亚和欧洲，主要途经东南亚、中亚、中东、北非等地区，共建国家大多为发展中国家，人口众多、资源丰富，但总体工业化水平不高，基础设施建设落后，对公路、铁路、电力、能源开发等基础设施建设的需求强烈，这为以工程承包与勘测设计、电力投资与运营为主要业务的中国电建创造了良好的市场机遇。随着加入"一带一路"倡议的国家越来越多，中国提出了共建"一带一路"的主体框架——"六廊六路多国多港"，这推动了新亚欧大陆桥、中蒙俄、中国—中亚—西亚、中国—中南半岛、中巴和孟中印缅等六大国际经济合作走廊的建设，带动了"一带一路"共建国家开展铁路、公路、港口、电力等基础设施建设需求。中国电建积极参与中巴经济走廊、中印缅孟经济走廊、丝绸之路经济带、亚洲互联互通项目群的开发，成功签署了巴基斯坦卡西姆港应急燃煤电站、中老铁路、雅万高铁等一批海外重大项目，国际经营规模与层次进一步提升。

此外，为了更好地推动"一带一路"倡议的实施，助推中国企业"走出去"，国家提供了诸多政策支持。表4为中国在投资贸易合作、资金融通、财税支持等方面采取的具体措施。从表4中可以看到，中国不断推进贸易与投资的自由化与便利化，为企业参与"一带一路"建设提供资金融通与税收方面的支持，进一步促进了中国企业在"一带一路"共建国家的投资规模的扩大。中国电建在"一带一路"共建国家承接的业务多为大型基础设施建设项目，具有资金需求大、建设周期长、回收周期长等特点，国家提供的资金融通政策支持更好地助推了公司海外业务规模的扩大与国际化经营层次的提高。

表4 中国推动"一带一路"倡议实施采取的主要支持措施

| 支持政策 | 具体措施 |
|---|---|
| 投资贸易合作 | 1. 加快投资便利化进程,加强与"一带一路"共建国家双边投资保护协定,避免双重征税协定磋商,消除投资壁垒<br>2. 与有关国家合作建设境外经贸保税区、跨境经济合作区等,促进产业集群发展<br>3. 拓展相互投资领域,加大传统能源资源勘探开发合作,积极推动水电、核电、风电、太阳能等清洁可再生能源合作,形成能源资源合作上下游一体化产业链 |
| 资金融通 | 1. 成立亚投行和丝路基金,为"一带一路"共建国家和地区的基础设施建设、资源开发等与互联互通有关的项目提供投融资支持<br>2. 我国银行业通过银团贷款、产业基金、对外承包工程贷款、互惠贷款等多样化金融工具,合理引导信贷投放,支持项目涵盖公路、铁路、港口、电力、通信等多个领域<br>3. 中资银行积极开展业务创新,为中外资企业提供多元化金融服务,包括为企业跨境贸易提供结算、清算、汇兑等便利性支持,为跨境投资提供财务顾问、并购搭桥、股权融资等投行服务,帮助企业合理评估风险,提供套期保值、掉期等衍生工具有效对冲风险<br>4. 逐步构建起由政策性银行、商业银行和国际性开发机构组成的多元的、开放式的金融服务体系,为"一带一路"建设提供长期、市场化、互利多赢的金融保障支持 |
| 财税支持 | 1. 深化国际税收合作,与"一带一路"共建国家签订双边税收协定<br>2. 深化国别税收信息研究,发布"一带一路"重点共建国家的投资税收指南<br>3. 落实对外投资和对外承包工程出口货物退(免)税政策及境外所得税抵免政策等,减轻企业税收负担,促进国际资源共享和国际产能合作<br>4. 推动税收服务优化升级,落实出口退(免)税企业分类管理、简化出口退(免)税流程、简化消除双重征税政策适用手续等规定 |

资料来源：根据公开信息整理。

经过数年的规划和实践推动，"一带一路"倡议已经发展成为惠及全球发展的重要国际公共产品和构建人类命运共同体的重要实践平台。2022年,我国企业在"一带一路"共建国家非金融类直接投资 1410.5 亿元人民币，对外承包工程方面，我国企业在"一带一路"共建国家新签对外承包工程项目合同 5514 份，新签合同额 8718.4 亿元人民币。截至 2023 年 6 月，中国已经同 152 个国家和 32 个国际组织签署 200 余份共建"一带一路"合作文件，涵盖亚洲、非洲、欧洲、拉丁美洲、南太平洋地区国家。随着"一带一路"高质量建设的推动，未来，中国电建在国际工程承包领域仍大有可为。

### （二）坚持国际战略引领，开拓海外基建市场

成立以来，中国电建秉持"国际业务优先发展"战略，在海外大力发展水利水电建设核心业务，大力拓展火电、铁路、房建市政等工程领域，推动形成海外业务多元化发展的格局。此外，为实现国际投资业务的专业化管理，2012 年，中国电建成立中水电海外投资有限公司，加大了海外市场的投资、开发和管控力度，同年，公司成功开辟了蒙古国、波黑、白俄罗斯、波兰、塞内加尔、利比里亚、几内亚七国市场，实现了在欧盟高端市场"零"的突破。经过多年的国际业务开发和积累，中国电建逐步形成了国际业务市场、人才、管理、资金、技术和品牌优势，国际化经营程度较高，比较优势明显。

随着"一带一路"倡议释放了共建国家巨大的基础设施建设需求，中国电建对"国际业务优先发展"进行战略升级，提出"国际业务集团化、国际经营属地化、集团公司全球化"全球发展三步走发展战略。2016 年，公司成立中国电建国际工程有限公司，对海外业务进行集团化管控，提升了国际业务管理能力；同时在亚太、中东北非、东南非、中西非、欧亚、美洲等地设立六大区域总部，对"一带一路"重点国别市场进行深度开发，国际经营效益和品牌影响力得到进一步提高。

在国际化战略的指引下，中国电建积极参与"一带一路"共建国家基础设施的互联互通，在市政基础设施、城市轨道交通、高速公路、铁路、机场、港口与航道等基础设施领域顺势而为，顺利签约了中老铁路、中泰铁

路、雅万高铁等交通基础设施，以及老挝南欧江流域梯级水电站、埃塞俄比亚阿达玛二期风电项目、卡西姆燃煤电站项目等电力工程项目。

图4展示了2013~2022年中国电建境外收入。从图4中可以看出，境外收入整体呈上升趋势，从2013年的370.25亿元增长到2022年的748.24亿元，10年间翻了一番多；从增长速度来看，2013~2019年境外收入增长速度较快，2020年与2021年，境外收入较2019年下降幅度大，主要是受新冠疫情影响，部分境外工程承包与勘测设计等业务暂停履约。

**图4 2013~2022年中国电建境外收入**

资料来源：WIND 数据库。

综上所述，中国电建坚定不移地实施"国际业务优先发展"战略，经过多年发展，公司海外业务涵盖水利电力建设、公路和轨道交通、市政、房建等领域，且逐渐形成了以亚洲、非洲为中心，辐射美洲、大洋洲和东欧的多元化市场格局，这与"一带一路"倡议的规划布局、业务领域高度契合。因此，在公司国际化战略的引领下，中国电建深度融入"一带一路"的建设与市场开发，顺利完成了一批重大工程，品牌知名度和市场地位不断提升。如今中国电建已成为服务全球基础设施互联互通的骨干力量之一。

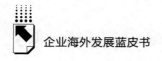

### （三）发挥国际经营优势，打造世界一流企业

"一带一路"倡议提出前，中国电建就已经拥有较为完善的国际营销网络、丰富的海外项目建设经验、行业领先的技术水平等优势，秉持着"建设世界一流企业"的目标，公司积极参与"一带一路"建设。

自成立以来，中国电建坚持"国际业务优先发展"战略，经过多年的国际市场开发和区域市场深耕，逐步在全球建立起广泛的市场营销网络，具有海外经营的先行优势和布局优势，截至 2013 年底，公司已在全球 72 个国家和地区建立了 95 个驻外机构，海外在建项目分布在 72 个国家。公司的国际业务以水利水电专业领域为核心业务向相关专业多元化发展，涉及水利水电、火电、电网、交通、房建、市政等基础设施建设领域，承建了许多地标式的工程，积累了丰富的海外项目建设经验。除此之外，公司拥有众多工程承包资质，技术水平保持行业领先。中国电建代表着中国水利水电工程建设的最高水平，掌握着该领域的核心技术；同时在高速铁路施工关键技术、盾构施工控制技术、燃气电站施工技术等方面达到国内领先水平；此外，公司拥有国家级企业技术中心，水利水电工程施工总承包特级资质，水利行业工程设计甲级资质，以及众多公路、市政、房建、港口、隧道施工等一级资质。表 5 为截至 2022 年中国电建拥有的资质。

表 5　截至 2022 年中国电建拥有的资质

| 编号 | 资质名称 | 编号 | 资质名称 |
|---|---|---|---|
| 1 | 工程设计综合甲级 | 10 | 石油化工工程施工总承包壹级 |
| 2 | 工程勘察综合甲级 | 11 | 机电工程施工总承包壹级 |
| 3 | 水利水电工程施工总承包特级 | 12 | 河湖整治工程专业承包壹级 |
| 4 | 电力工程施工总承包特级 | 13 | 输变电工程专业承包壹级 |
| 5 | 市政公用工程施工总承包特级 | 14 | 机场场道工程专业承包壹级 |
| 6 | 公路工程施工总承包特级 | 15 | 桥梁工程专业承包壹级 |
| 7 | 建筑工程施工总承包特级 | 16 | 隧道工程专业承包壹级 |
| 8 | 港口与航道工程施工总承包壹级 | 17 | 地质灾害治理工程甲级 |
| 9 | 矿山工程施工总承包壹级 | 18 | 房地产开发企业壹级 |

| 编号 | 资质名称 | 编号 | 资质名称 |
|---|---|---|---|
| 19 | 工程监理甲级 | 23 | AAA 级信用企业 |
| 20 | 工程造价咨询企业甲级 | 24 | 特种设备制造许可证 |
| 21 | 房地产开发企业壹级 | 25 | 特种设备安装改造维修许可证 |
| 22 | 地质灾害治理工程勘察、设计、施工、监理单位甲级 | | |

资料来源：中国电建网站。

图 5 展示了 2014～2022 年中国电建海外新签合同额及其占本年新签合同总额的比重。从图 5 中可以看出，公司海外新签合同额总体呈上升趋势，增长速度较快；2014～2020 年海外新签合同额占当年新签合同总额比重保持在 30%上下，体现了公司积极发挥自身经营优势，促进海外业务规模的增长；2021 年和 2022 年，受到疫情影响，海外业务增长不及预期。

**图 5 2014～2022 年中国电建海外新签合同额及其占本年新签合同总额的比重**

资料来源：中国电建年报。

综上所述，在参与"一带一路"建设中，公司充分发挥自身优势，整合国际经营资源，创新融资模式，进入发达国家高端市场，国际业务转型取得新进展，投资规模质量持续上升，国际规模稳步增长。公司获得三大国际评级机构全球建筑类企业较高等级信用评级，POWERCHINA 及 SINOHYDRO、HYDROCHINA、SEPCO3 等品牌长期在 ENR 排名中名列前茅，具备较强的海外影响力。

## 三 中国电建参与"一带一路"建设关键影响因素分析

### （一）坚持国际经营属地化，增强区域经营能力

中国电建顺利融入"一带一路"建设，离不开其"国际经营属地化"策略的落实。"一带一路"横跨欧亚非大陆，共建国家的政治环境、经济发展水平、法律制度建设等各不相同，加之复杂的国际政治经济形势，公司的国际经营风险较高。此外，公司在"一带一路"共建国家的业务涵盖电站、铁路、公路、港口、市政建筑等基础设施建设，涉及投融资、咨询设计、工程建设、运营管理全产业链，存在管理幅度大、行业跨度大、专业化程度高等问题。

为了解决上述问题，2016 年，中国电建整合集团内部国际业务优势资源，新设成立中国电建集团国际工程有限公司，大力推动国际业务集团化，对集团所有成员企业国际业务进行全面引领和管控，优化集团内国际资源的配置，减少了集团内部的同质化竞争问题。此外，公司在亚太、中东北非、东南非、中西非、欧亚、美洲等地设立六大区域总部，将国际经营资源向其倾斜，实现了管理中心与经营中心的前移。

中国电建按照"一国一策"的原则，采取了多种措施推动国际业务的属地化经营。公司将"一带一路"共建国家作为海外投资建设的重要市场，在一些重点国别设立子公司，实现资本、技术、人才等的属地化。同时，公司主动与当地政府对接，共同探索相关经济合作机制，推动海外业务的规模增长。此外，公司还积极履行社会责任，深度融入当地的发展建设。在当地建设学校、医院等公共基础设施，雇佣当地居民并开展相关技能培训，提供了大量的就业岗位，与当地政府建立了良好的关系，公司知名度和品牌形象大大提升。

自实施国际业务集团化管控和属地化经营以来，中国电建国际化经营的广度和深度不断拓展，业务结构及经营层次不断提高，经营业绩实现了快速增长。

### （二）打造全产业链一体化，推动业务转型升级

全产业链一体化的能力使得中国电建获得了更多的海外市场订单，为其在"一带一路"共建国家的业务增长做出重要贡献。

中国电建之所以推动全产业链一体化能力的形成，一方面是为了推动业务向价值链中高端转型，另一方面是因为国际工程承包业务的要求提高。成立初期，中国电建的工程承包业务以工程建造为主，处于产业链中游环节，附加值低，整体而言该业务"大而不强"，且企业内部存在较为严重的同质化竞争现象。而国际上，由于欧债危机、欧美发达经济体经济增长整体缓慢等因素的影响，欧美许多工程公司重返亚非建筑市场，这些公司无论是经营实力还是技术水平都高于中国电建，随着国际工程承包业务的要求逐渐提高，公司海外业务面临着严峻的挑战。推动产业链一体化成为中国电建迫切实现的目标。

2014年，中国电建开始布局全产业链一体化，正式启动了将水电、风电勘测设计业务资产注入上市公司的重大资产重组工作；2015年公司成功收购了控股股东电建集团下属的八大设计院，在水利水电、风电领域，形成集勘测、设计、投资、建设、运营于一体的全产业链的经营能力，大大提升了公司在水利水电、风电领域的产业链一体化协同效应。此后，凭借国家的政策支持与公司不懈的努力，公司构建起集规划、勘测、设计、咨询、监理、施工、安装、采购、制造、运营维护、能源投资于一体的完整产业链，形成了"懂水熟电、擅规划设计、长施工建造、能投资运营"的核心优势，有效推动了公司资源整合能力和价值创造能力的提升。

公司发挥产业链一体化的优势，积极推动商业模式创新，形成了EPC、BOT、BT等新型商业模式，使公司得以水利水电、火电、风电及城市、交通、民生基础设施等领域提供集成式、一站式服务，增强了在国际市场的竞争力，推动了公司在"一带一路"的业务规模增长，同时为公司迈向高端

国际建筑市场奠定了坚实基础。此外，产业链一体化的优势还使得公司进一步巩固了在水电领域的行业领导地位，为公司在水环境整治、水资源利用领域的开拓做出了重要贡献。近年来，公司不断推动向产业链关键环节和价值链高端转型升级，加快从传统建筑产业向投建营一体化发展的战略转型，市场竞争优势进一步增强。

综上所述，产业链一体化一方面推动了工程总承包等商业模式的形成，提高了公司在国际工程承包市场上的竞争力，使得公司得以顺利签约一批重点项目，扩大了公司在海外的市场份额；另一方面进一步巩固了公司的核心优势，拓宽了公司的业务领域，优化了公司的产业结构，创造了新的收入增长点。

### （三）保持风险防范意识，保障企业安全经营

参与"一带一路"建设给公司带来的不只有巨大的发展机遇，还有不小的风险。中国电建在国际化经营的过程中，始终保持高度的风险防范意识，建立了较为完善的风险预防机制，针对常见的风险如政策性风险、国际化经营风险、资金风险等制定了相关的策略，为公司参与"一带一路"建设保驾护航。

中国电建在海外的主要经营业务为建筑工程承包与建筑工程设计，项目的投资周期与建设周期长，资金投入大，受国家的基础设施投资、财政政策、信贷政策等政策影响较深，当国家金融信贷政策收紧、财政支出减少、税收政策调整时，很可能会给公司带来不利影响。针对此种政策性风险，中国电建持续加强国家产业政策、宏观经济政策的跟踪、研究，制订应对方案；在继续巩固公司在水电领域的市场领导地位的同时，结合国家战略规划，大力拓展新的业务领域，培育新的经济增长点，规避因国家政策变化给公司带来的不利影响。

由于公司在"一带一路"多个共建国家开展业务，这些国家政治经济、法律制度、市场环境、人文风俗等各不相同，所以国际化经营风险较高。针对此种风险，公司加强了对海外国别市场发展趋势分析，做好海外投资的布

局、市场和国别选择;同时通过"一国一策"做深做实属地化市场,做优做大重点国别属地化公司,打造国际合作和竞争优势;深挖"一带一路"政策红利、市场红利,不断深耕传统市场、积极拓展新兴市场;此外,公司加强国际项目管理,提高国际项目合同履约和成本管控能力,健全完善项目精益化管理体系,降低全要素管理成本,不断提升国际项目创效能力。

在参与"一带一路"建设中,受市场竞争环境、商业模式和行业特点等因素影响,公司的存货、应收账款和未完施工规模明显扩大,大量保证金、业主监控资金、海外业务资金等受限资金较多,公司的资金周转面临压力。针对资金风险,中国电建实施"两金"压降双目标机制,大力推广"两金"压降包保制;全面深化预算管理,以财务承受能力作为业务预算和投资预算的边界和红线,建立关键指标、风险红线、预算执行硬约束机制;完善资金结算体系,加大子企业资金池建立和应用力度,进一步提升公司资金集中化管理水平,提高资金使用效率,强化资金风险防范。

综上所述,在"一带一路"倡议为企业带来前所未有的发展机遇同时,也增大了企业面临的风险。中国电建保持着客观的态度,理性分析公司经营可能有的风险,对这些风险采取有针对性的措施,为公司的海外业务发展提供了安全保障。

# 四 展望与建议

## (一)关注国际动向,防范国际运营风险

在参与"一带一路"建设过程中,中国电建高度关注国际化经营风险,建立了较为完善的风险应对机制。在推进"国际业务集团化、国际经营属地化、集团公司全球化"全球发展三步走发展战略时,中国电建按照"做实国别、一国一策"的原则扎实推进属地化经营,提高了国际业务的风险应对能力。

当前,世界百年未有之大变局加速演进,逆全球化思潮抬头,单边主

义、保护主义明显上升，传统和非传统安全风险不断加大，外部环境日趋复杂。未来一段时间，中美西博弈、发展中国家主权债务风险、合规风险、境外社会安全形势、俄乌冲突等将成为国际业务经营风险的主要因素。因此，企业一方面应当继续保持对国际动向的高度关注，加强宏观经济趋势研究分析，及时识别市场变化带来的风险和挑战，提前做好防范和应对；另一方面，企业要更加审慎地选择海外市场与工程项目，降低企业的经营风险。

## （二）把握"双碳"机遇，推进业务绿色转型

近年来，全球能源转型进入新阶段，为应对气候变化，各国加快推动煤炭、石油、天然气等传统化石能源向以太阳能光伏、风能为代表的绿色能源转型。2022 年，国家发展改革委发布《关于推进共建"一带一路"绿色发展的意见》，提出要进一步推进共建"一带一路"绿色发展，让绿色切实成为共建"一带一路"的底色。未来一段时间，"一带一路"绿色基建、绿色能源、绿色交通、绿色金融等领域充满发展机遇。

在此种背景下，公司一方面要加快推进以风电、光伏发电、水电等清洁能源为核心的电力投资与运营业务，着力推动业务结构持续向绿色低碳发展；另一方面积极打造绿色产业链供应链，为海外绿色建筑提供能源清洁化、建材绿色化、建设运营低碳化的解决方案。此外，在设计和承建海外项目时，将绿色低碳理念融入项目全生命周期管理中，坚持绿色规划、绿色设计、绿色施工、绿色运营，在促进东道主经济发展的同时，为应对全球气候变化做出积极贡献。

## （三）加强科技创新，巩固企业市场地位

创新是引领发展的第一动力。中国电建创新形成公司集中营销和子企业自主营销相结合的国际业务营销新模式，拓展了公司的国际营销网络；此外，公司创新业务模式，推动 EPC、BOT、BT 等商业模式的形成，促进业务规模提升；另外，公司始终保持着对科技创新的投入，在一批关键技术上实现重点突破，获得了一批技术专利，提高了企业的核心竞争力。

随着新一轮科技革命和产业变革深入推进，新储能技术、工业互联网、人工智能等数字化、信息化技术催生新产业、新业态、新模式，边缘创新和跨界融合趋势凸显，全球建筑业正逐步推进工业化、数字化、智能化升级。在这种情况下，企业更应该坚定以科技创新为引领，着力技术攻关、平台建设、成果转化和人才培养，推动全产业链价值提升，持续提升公司自主创新能力和核心竞争力。

### （四）培养高端人才，助推海外业务发展

"一带一路"横跨欧亚非三大洲，途经上百个国家和地区，其政治经济环境、人文风俗、法律制度、市场标准等各不相同，对企业的管理水平提出了很高的要求。此外，受到人工成本的提高、市场竞争进一步加剧的影响，劳动力密集型工程承包项目的利润空间受到更多挤压，项目的科技含量逐渐成为国际工程承包的重要标准。而不管是提高管理水平还是加强技术创新，都离不开对高端人才的培养。另外，随着近年来中国电建持续推动管理数字化、业务数字化、产品数字化和数字产业化等，其对数字化人才的需求大大增加。

因此，企业要坚定不移地实施人才强企战略，强化以人为本、尊重人才的理念，加大对科技人才、国际化人才、复合型人才以及创新型人才的培养力度，持续优化培训管理，筑牢人才高地。同时，企业还应进一步完善以价值创造为中心的人才激励机制，实施差异化薪酬，建立与岗位、绩效、能力等多因素相匹配的激励机制，充分发挥人才的主观能动性，促进公司业务转型升级。

**参考文献**

中国电建网站，http：//www. powerchina. cn/。
中国一带一路网，https：//www. yidaiyilu. gov. cn/。
商务部网站，http：//www. mofcom. gov. cn/。

# Abstract

With the rapid evolution of the unprecedented major changes in the world, Chinese companies face increased pressure and uncertainty in their overseas development. On one hand, the global economic growth has slowed significantly, the world economy has weak recovery, inflation remains high, financial market risks have increased, and geopolitical conflicts persist, bringing multiple pressures to China's foreign trade. On the other hand, China persists in promoting high-level opening-up, with strong economic resilience, great potential, and vitality, and still possesses favorable conditions for the development of foreign trade. Faced with increasingly unpredictable international situation, how China's foreign trade can overcome difficulties, stabilize its foundation, optimize its structure, improve the quality and level of foreign trade, and enhance China's competitiveness in foreign trade, are important components of stabilizing the overall economic and social situation.

The report starts with an overall evaluation of the overseas development of Chinese enterprises in 2022. Secondly, it analyzes Chinese listed enterprises in the 2022 Fortune Global 500, Chinese enterprises in the Top 100 Most Valuable Global Brands in 2022 and overseas investment of Chinese listed companies in 2022. Then it conducts researchs on Beijing Free Trade Zone and service trade, Beijing Free Trade Zone and digital trade, RCEP and Beijing's foreign trade, RCEP and Beijing's foreign investment, and the high-quality development of Beijing's cross-border e-commerce. It also carries out in-depth analysis and exploration of Beijing enterprises' digital trade along the "Belt and Road" and their co-construction of investment along the "Belt and Road". Finally, case studies are conducted on four typical enterprises of Beijing enterprises' overseas development in 2022. Overall, this report provides a comparative and systematic analysis and evaluation of the current development status, trends, and policy orientation of Chinese enterprises overseas.

The book points out that in 2022, China's foreign trade reached a new high in scale, and the trade layout, commodity structure, and trade mode were further optimized. Service trade continued to grow, the travel service industry gradually recovered, and digital trade showed good development momen-tum. Foreign direct investment remained stable, with non-financial direct invest-ment showing some growth. The number and revenue of Chinese enterprises included in the "Fortune 500" in 2022 showed a certain degree of growth, while the number of Chinese brand enterprises included in the "Top 100 Most Valuable Global Brands" showed a certain degree of decline, and domestic leading brands temporarily encountered setbacks. In terms of overseas investment by Chinese listed companies, the total amount of overseas investment by Chinese listed companies in 2022 continued to grow, and the investment was mainly concentrated in countries (or regions) with obvious geopolitical and complementary advantages; the investment areas were diversified and mainly focused on the metal, equipment manufacturing, and energy and power industries; the investment mode was mainly independent investment, capital increase, and M&A; the regional distribution of investment enterprises showed a characteristic of "more in the east and less in the west"; the investment enterprises mainly came from the manufacturing industry; and the investment enterprises were mainly private enterprises. Beijing Free Trade Zone focuses more on the development of service trade, with labor-intensive services exports and knowledge-intensive and capital-intensive services imports, promoting the high-quality development of Beijing's digital trade. Since the formal implementation of RCEP, some initial benefits have been achieved in promoting the high-quality development of Beijing's international trade, which also brings challenges and opportunities for promoting the high-quality development of Beijing's foreign investment. In 2022, Beijing's cross-border e-commerce trade was mainly import-oriented, and there was a cluster effect in regional distribution. The continuous introduction of favorable policies, the development opportunities created by RCEP, and the emergence of new models and technologies play a key role in promoting the continuous development of Beijing's cross-border e-commerce. In addition, Beijing enterprises have advantages in digital trade along the "Belt and Road" in terms of digital economic development, digital infrastructure, enterprise R&D innovation, and policy support system, but they also face challenges such as being restricted by key core technologies in critical areas, fragmented rules of digital trade, increasing concentration of global digital trade, and insufficient synergy in the development of digital trade. Beijing enterprises also face risks and opportunities in investment in countries participating in the co-construction of the "Belt and Road". Finally, this book systematically reviews and analyzes the internationalization of typical Beijing enterprises such as Century UU, IReader Technology, Beijing Construction Engineering Group, and POWERCHINA, and discusses the key influencing factors. It has important guiding value for Chinese enterprises to explore overseas markets.

The book suggests that China needs to continue to promote high-level opening-up, accelerate the development of digital trade, utilize financial and financial support to support foreign trade development, and optimize the development environment for foreign trade. Chinese companies should place their own development consciously within the overall framework of China's modernization construction, adapt to the new situation and new requirements of deeper development of the new round of technological revolution and industrial transformation, rely on the expanding advantages of China's super-large-scale market, attract global resources and elements with the domestic circulation, enhance the linkage effect between the domestic and international markets and the two types of resources, and constantly enhance global competitiveness. Domestic Chinese brands should continue to strengthen the construction of brand quality and resist various risks through high-quality development. Chinese companies "going global" must continue to pay attention to mature markets, enhance the role of driving engines in the source regions, actively build a new regional economic cooperation pattern with risk control system as the basis, with the leading role of private enterprises, centered on stabilizing and expanding the competitive advantages of the manufacturing industry and with emphasis on key areas and multiple initiatives. Beijing Free Trade Zone should make efforts from the perspectives of policy and enterprise to promote the high-quality development of service trade in

Beijing. The development of digital trade in Beijing Free Trade Zone should actively explore the path of digital governance, be the builder of digital trade rules, establish a complete digital ecological system, form a cluster of digital trade industries, and break through international barriers to digital trade created by RCEP. At the same time, Beijing should make good use of the RCEP agreement, leverage its advantages in the digital economy, promote high-quality development of international trade and Beijing's foreign investment. The development of Beijing's cross-border e-commerce should fully grasp policy support and opportunities for regional cooperation such as the "Belt and Road" and RCEP, promote the transformation and upgrading of the industry towards high-end, intelligent, and green, strengthen cross-border data risk management and security protection, and promote high-quality and stable growth of Beijing's cross-border e-commerce industry. The Beijing Municipal Government should guarantee the development of local enterprises in digital trade along the "Belt and Road", and further promote investment in countries along the "Belt and Road".

**Keywords:** Chinese Enterprises; Overseas Investment; Beijing Free Trade Zone; Digital Trade; Cross-border E-commerce

# Contents

## Ⅰ General Report

**Abstract**: In 2022, China's foreign trade with stood multiple pressures and achieved a new high in trade volume. The trade layout, structure, and trade mode were further optimized, achieving the goal of maintaining stability and improving quality, and making important contributions to overall economic and social stability. The service trade continued to grow, with travel services gradually recovering, and digital trade showing good development trends. Foreign Direct Investment (FDI) maintained steady growth. China became the second-largest FDI inflow country and the third-largest FDI outflow country globally. Non-financial direct investment also increased. However, in 2022, the value and number of cross-border mergers and acquisitions by Chinese companies decreased, especially for large transactions, and the value of newly signed overseas engineering contracts also declined.

**Keywords**: Foreign Trade; Trade in Service; FDI

# II  Topical Reports

**B . 2**  Evaluation and Analysis of Chinese Enterprises Listed

in the 2022 Fortune Global 500

*Qing Chen , Yang Daoguang* / 039

**Abstract:** This repeort analyzes quantitatively the Chinese enterprises listed in the 2022 Fortune Global 500 from three dimensions: geographical distribution, industry distribution and ownership structure distribution, and summarizes the qualitative analysis with typical cases of typical enterprises. Generally speaking, the number of Chinese enterprises on the list in 2022 has increased to a certain extent compared with that of 2021 in terms of number and business revenue. In terms of geographical distribution, most of the shortlisted enterprises still come from the eastern region, but enterprises in the central and western regions have made breakthroughs in the past; in terms of industry distribution, the top three industries are manufacturing, general and finance; in terms of ownership structure distribution, state-owned enterprises still account for a large proportion and remain the backbone of China's economic development, but private enterprises are building up their strengths under the support of strong policies. The distribution of ownership structure shows that state-owned enterprises still account for a large proportion and remain the backbone of China's economic development. Combined with the specific cases of typical enterprises, this report maintains that if Chinese enterprises want to continue to become stronger, better and bigger, and accelerate the construction of world-class enterprises with excellent products, outstanding brands, leading innovation and modern governance, they should, on the one hand, start from the basic national conditions, consciously put their own development in the overall situation of Chinese modernization, adapt to the new round of scientific and technological revolution and industrial change. On the one hand, we should consciously place our development in the overall situation of

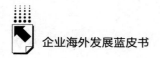
China-style modernization, adapt to the new situation and requirements of the new round of scientific and technological revolution and industrial transformation. On the other hand, we should rely on China's ever-expanding advantage of super-large-scale market to attract global resource elements with the domestic macro-cycle, enhance the linkage effect of the two resources in the domestic and international markets, continuously improve our global competitiveness, accelerate the cultivation of globally renowned brands, comprehensively enhance our global resource allocation and integration capacity.

**Keywords**: Chinese Enterprises; Fortune Global 500; Enterprise Evaluation

## B.3 Evaluation and Analysis of Chinese Enterprises in the Top 100 Most Valuable Global Brands in 2022

*Ge Chao, Yang Daoguang* / 088

**Abstract**: This report makes a quantitative analysis of the Chinese brand enterprises listed in the "Top 100 Most Valuable Global Brands" in 2022 from the dimensions of geographical distribution, industry distribution and ownership structure distribution, and selects typical enterprises for qualitative analysis and summary. Overall, in 2022, China's shortlisted enterprises showed a certain decline in the number and overall brand value compared with 2021. From the perspective of geographical distribution, most of the Chinese brand enterprises shortlisted are still from the eastern region, the western region and Hong Kong have one shortlisted, and the central region, northeast region, Taiwan region and Macao region have no enterprises shortlisted. From the perspective of industry distribution, the industries with the largest number of finalists are information transmission, software and information technology services, followed by wholesale and retail, and financial industry. Among the shortlisted industries, manufacturing has the smallest number of companies, with only two. From the perspective of ownership structure, private enterprises still account for a large proportion, followed by state-owned enterprises, and the number of wholly-owned brands in Hong Kong, Macao and Taiwan is the least, with only 1. Based on the specific cases of typical enterprises, the analysis shows that under the influence of multiple adverse factors such as the anti-globalization trend, the novel coronavirus epidemic and the improper strategy of some enterprises, China's local cutting-edge brands have suffered a brief setback in the realization of brand sustainable development. In the future, Chinese local brands must continue to strengthen their own brand quality construction and resist various risks through high-quality development.

**Keywords**: Brand Value; The Top 100 Most Valuable Global Brands; Ownership Structure

## B.4 Analysis of Overseas Investment of Chinese Listed
## Companies in 2022 *Chen Shuai, Yang Daoguang* / 117

**Abstract**: This report takes the Chinese listed companies in 2022 as the analysis object. On the basis of introducing the general situation of overseas investment, we make a quantitative analysis of overseas investment enterprises from six dimensions including investment region, investment field, investment mode, regional distribution, company industry and ownership structure. Analysis shows that, against the backdrop of continuous global economic downturn, the overseas investment businessof Chinese listed companies has performed well in 2022 and the total investment showed a contrarian growth trend; the investment regions were mainly countries (or regions) with obvious geographical advantages (Southeast Asia) and complementary advantages (Europe); the investment areas tend to be diversified and mainly concentrated in the metals, equipment manufacturing, energy and power industries; the main investment modes are independent investment, capital increase and M&A; the geographical distribution of investment enterprises is uneven, showing the characteristics of "more east and less west"; investment enterprises mainly come from manufacturing industry, and private enterprises are the main types of investment enterprises. Combined with the analysis of typical enterprise cases, our report believes that, in order to promote the high-quality development of overseas investment under the new development pattern, Chinese enterprises must deeply tap into existing mature markets, continuously enhance the role of power source regions as engines, and actively build a new pattern of regional economic cooperation based on risk management and control systems, with a focus on leveraging the leading role of private enterprises, and with stability and expansion of competitive advantages in the manufacturing industry as the core, with prominent priorities and multi-polar efforts.

**Keywords:** The Listed Companies; Overseas Investment; Investment Layout; The New Development Paradigm

# III  Special Reports

**B.5**  Research on the Promotion of Beijing Free Trade Zone
Construction to Facilitate High-quality Development of
Service Trade in Beijing  *Zhao Wenzhuo, Yang Daoguang* / 149

**Abstract:** On the basis of introducing the general situation of Beijing Free Trade Zone, this report systematically sorts out the compatibility of Beijing Free Trade Zone in developing service trade from three dimensions of policy coordination, industrial coordination and "Two-Base" construction. Based on this, this report further clarifies the influence mechanism of Beijing Free Trade Zone to promote the high-quality development of Beijing's service trade from the four aspects of optimizing the business environment, improving the trade structure, promoting the flow of talents and promoting the digital economy. The data show that after the establishment of Beijing Free Trade Zone, the total import and export volume of Beijing's service trade has increased significantly; distinguish between import and export structure finds, the service trade deficit fell to US $ 12.1 billion, narrowing by 40.98% year-on-year. On this basis, this report further discusses the current situation of Beijing's service trade from the four dimensions of traditional service trade, emerging service trade, characteristic service trade and digital economy. Based on the above analysis, this report holds that the government should improve the construction of supporting policies to accelerate the integration of digital technology and service trade, optimize the legal system of market regulation, and actively explore the "Beijing experience" by seizing the opportunity of pilot. Enterprises should formulate international development strategies based on their own conditions, and actively promote the digital transformation and upgrading of enterprises.

**Keywords:** Beijing Free Trade Zone; Service Trade; High-quality Development

**B**.6    Research on the Promotion of Beijing Free Trade Zone

Construction to Facilitate High-quality Development of

Digital Trade in Beijing                    *Ding Xuan, Liu Siyi* / 171

**Abstract:** Under the dual background of global digital trade accelerated development and the establishment of China's free trade zone, this report focuses on how to promote the high-quality development of digital trade in the constru-ction of the Beijing Free Trade Zone, first sorting out the summary of the development of the Beijing Free Trade Zone and the development of digital trade, including digital trade the connotation and characteristics of the Beijing Free Trade Zone Digital Trade Development and the key tasks of digital trade development in the Beijing Free Trade Zone; secondly, on this basis, in detail the macroeco-nomics, policy system, digital wisdom technologies and digital economy are analyzed in detail the high -quality development advantage of digital trade in the trade zone, and specifically analyzed the construction path of the construction of the Beijing Free Trade Zone to promote the implementation of the high -quality development of digital trade from six aspects. Policy suggestions, including actively exploring digital governance paths, builders who do digital trade rules, establish

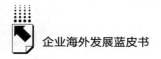
and improve digital ecosystems, form a digital trade industry cluster, and make full use of the RCEP dividend to break the international barriers of digital trade.

**Keywords:** Beijing Free Trade Zone; Digital Trade; Digitization

**B**.7 Research on the Promotion of High-quality Development of International Trade in Beijing Through RCEP

*Guo Tongtong, Liu Siyi* / 191

**Abstract:** From the three dimensions of trade in goods, trade in services and digital trade, this report combs the basic status quo and important achievements made by Beijing enterprises and RCEP member countries in international trade, and on this basis summarizes the future opportunities and important challenges for RCEP to promote the high-quality development of Beijing's international trade. In general, since the official entry into force of RCEP, the level of cooperation between Beijing and relevant member states in trade in goods, trade in services and digital trade has continued to deepen, significantly enhancing the foreign trade resilience of Beijing enterprises; the dividends of tariff reduction and exemption for intra-regional goods were gradually released, and the level of benefits enjoyed by enterprises was significantly improved. Trade facilitation and investment liberalization have been strengthened, and Beijing has steadily improved its opening up. In the future, the accelerated release of cross-border e-commerce dividends, the efficient docking of the construction of the two districts in Beijing and the RCEP agreement, and the comparative advantages of the capital Beijing will become important opportunities for RCEP to promote the high-quality development of Beijing's international trade. The complex and severe foreign trade situation, the accelerated layout of high-end industries, and the subversive changes in the competitive landscape are the main challenges faced by Beijing enterprises and RCEP member countries in international trade. Based on this, the Beijing Municipal Government should give full play to its advantages and endowments in the digital economy, take the "two zones" as the fulcrum, build a demonstration zone of economic and trade rules with multiple supports, and provide more convenient and open policy support and service guarantee for Beijing enterprises to carry out international trade cooperation. This report has certain reference significance for Beijing to make good use of the RCEP agreement, give play to the advantages of the digital economy, and promote the high-quality development of international trade.

**Keywords:** RCEP; International Trade; Beijing

## B.8 Research on the Promotion of High-quality Development of Overseas Investment in Beijing Through RCEP

*Jin Ying, Liu Siyi / 218*

**Abstract:** The Regional Comprehensive Economic Partnership (RCEP) has energized the regional economic integration, and also brought challenges and opportunities for promoting a high-quality development of Beijing's overseas investment. To this end, this report examines how the RCEP can promote a high-quality development of Beijing's overseas investment. Firstly, the report introduces the RCEP and its investment rules, and analyzes the market access issues Beijing faceswhen investing in RCEP countries under these rules. Secondly, the report discusses the basis on which Beijing can promote its overseas investment under the RCEP, including policy foundation, industrial advantages and experience accumulation. Thirdly, the report emphatically analyzes the status quo of and opportunities for Beijing to promote its overseas investment under the RCEP, including the status quo of Beijing's investment in RCEP countries in 2022, the status quo of RCEP countries to attract foreign investment in 2022, the challenges the RCEP brings for Beijing's overseas investment, and the opportunities the RCEP brings for Beijing's overseas investment. Finally, based on the above analysis, this report puts forward suggestions for promoting a high-quality development of Beijing's overseas investment under the

RCEP, including coordinating the overall planning of the whole industrial chain in the region, innovating ways of overseas investment and cooperation, connecting with other countries' development plans, popularizing the concept of ESG, and interacting with and learning from the Belt and Road Initiative. The purpose of this report is to provide reference for promoting a high-quality development of Beijing's overseas investment under the RCEP.

**Keywords:** RCEP; Investment Rules; Overseas Investment

# Ⅳ   Regional Reports

**B. 9**   Research on the Development of Beijing's Cross-border

E-commerce in 2022              *Sun Wanlin, Wang Fenmian* / 247

**Abstract:** In 2022, cross-border e-commerce in China and Beijing demonstrated resilient growth against the backdrop of a complex global environment, providing new impetus for China's economic growth within the framework of the new normal. After a comprehensive analysis of the development background and external environment, this report summarizes the current status and characteristics of Beijing's cross-border e-commerce development. Notably, Beijing's cross-border e-commerce trade centers on imports and displays regional clustering. Moreover, this report examines some key drivers such as favorable policies, the RCEP, and emerging business models and technologies shaping Beijing's cross-border e-commerce growth. Simultaneously, it assesses challenges spanning global economic uncertainty, data cross-border compliance and security, customer access and purchase transformation. Drawing from exemplar cases like POP MART, Sobot, and TikTok Shop, this report underscores the need for leveraging policy support and regional cooperation opportunities like the Belt and Road Initiative and RCEP. It also advocates for advancing high-end, intelligent, and environmentally conscious industry transformation while prioritizing robust cross-border data risk management and security measures to facilitate the high-quality and stable growth of the cross-border e-commerce industry in Beijing.

**Keywords**: Cross-border E-commerce; Beijing Enterprises; High-quality Development

**B**.10　Research on the Digital Trade of Beijing Enterprises
in the "Belt and Road" Initiative in 2022

*Peng Jiao*, *Liu Siyi* / 267

**Abstract**: Under the dual background of increasingly close trade exchanges along the "Belt and Road" and the booming digital trade, this report focuses on how Beijing enterprises develop high-quality the "Belt and Road" digital trade. Firstly, this report reviews the current development status of digital trade at home and abroad. Secondly, analyzes the advantages of Beijing enterprises in developing the "Belt and Road" digital trade from the four aspects of digital economy development, digital infrastructure, enterprise R&D and innovation, and policy support system, and also points out that they face challenges such as core technologies in key areas being weak, digital trade rules being fragmented, global digital trade concentration improving, and lack of synergy in digital trade development. Thirdly, proposes five key development paths from strengthening digital infrastructure construction, enhan-cing data security protection capabilities, collaborating with the development of the industrial chain supply chain, fully leveraging unique advantages, and actively utilizing international public goods. Finally, relevant policy recommendations were proposed for the Beijing Municipal Government, looking forward to motiving the development of digital trade along the "Belt and Road".

**Keywords**: Beijing Enterprises; The "Belt and Road"; Digital Trade

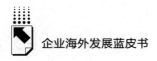

**B**.11    Analysis of Beijing Enterprises' Investment in Countries
Involved in the "Belt and Road" Initiative in 2022

*Han Zixuan，Yang Daoguang / 298*

**Abstract**：This report focuses on the investment activities of Beijing-based enterprises in the countries along the "Belt and Road" initiative，employing a methodology that combines comprehensive data analysis with case studies. It delves into the investment scale，geographic distribution，industry dynamics，and the primary challenges and opportunities faced by these enterprises in 2022. The study reveals that the investment strategies of Beijing enterprises in the "Belt and Road" countries are influenced by various factors，including geopolitical dynamics，global economic environment，and market opportunities. Particularly，the Russia-Ukraine conflict，U. S. sanctions against Chinese enterprises，the Western criticism of the "Belt and Road" initiative，and pressures regarding environmental protection and green transformation significantly impact their investment decisions. Despite these challenges，the investment of Beijing enterprises in the "Belt and Road" countries shows signs of recovery，indicating their ability to effectively adapt to the unpredictable international environment and maintain investment vitality amidst concurrent risks and opportunities. In light of these findings，the paper proposes a series of strategies and recommendations，such as strengthening international interactions，building innovative cooperation platforms，enhancing service and support systems，and reinforcing enterprise risk management and environmental awareness. These measures aim to help Beijing enterprises better adapt to the complexities of the international environment，thereby achieving high-quality investment development in the countries participating in the "Belt and Road" initiative.

**Keywords**：Beijing Enterprises；"Belt and Road" Co-construction Countries；Overseas Investment

# V  Case Reports

**B**.12  A Case Study of Century UU's International Development

*Sun Wanlin, Wang Fenmian* / 331

**Abstract**: As a leading Chinese enterprise in global content distribution, Century UU has adhered to the strategy of "cultural overseas expansion" since its establishment, playing a pivotal role in presenting remarkable Chinese film and television content to global audiences. This report focuses on Century UU as the research subject, employing a single-case study method to analyze the company's process, status, driving factors, and competitive advantages in its international development. The analysis reveals that, driven by domestic industry evolution, untapped overseas market potential, and supportive policies, Century UU went global by "riding on the tide". Subsequently, through channel establishment, localized operations, Sino-Thai cultural interactions, and technological empowerment, Century UU gradually established its international competitive advantage and has achieved a high degree of internationalization. Based on the analysis, this report suggests that Chinese film and television enterprises should enhance their overall risk management capabilities, utilize digital technologies to deepen the understanding of international market demands, enhance international human resource management, and focus on key markets around the "Belt and Road" and RCEP regions.

**Keywords**: Film and Television Enterprises; International Development; Century UU

**B**.13  A Case Study of IReader Technology's International

Development　　　　　　　　　　　　*He Jia, Wang Fenmian* / 353

**Abstract**: IReader Technology is one of the leading digital reading platforms

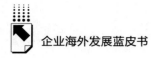

in the world. It is also the most influential Chinese reading platform globally. It possesses abundant book copyrights and leading digital technology advantages. It serves as a model for Chinese cultural enterprises "going global", and its internationalization process can provide reference for other cultural enterprises. This chapter focuses on the analysis of the international development of IReader Technology. This chapter reveals that rich content resources, a vast overseas online reading market, and the support and guidance of policies have facilitated IReader Technology's internationalization. In the process of IReader Technology's internationalization, factors such as mature content creation models, localized and refined operations, and the application of digital technology have played a key role. In the future, IReader Technology needs to further strengthen international cooperation, enrich book genres, deepen the application of digital technology, and expand into more languages to further promote the globalization of Chinese culture.

**Keywords:** IReader Technology; Online Reading; Cultural "Going Global"; Digitization

## B.14　A Case Study on the Development of Beijing Construction Engineering Group in Countries Along the "Belt and Road" Initiative　　　*Zhang Chi, Liu Siyi* / 369

**Abstract:** As one of the leading enterprises in China's construction industry, Beijing Construction Engineering Group has profound international layout capabilities and comprehensive overseas investment and construction experiences, its corresponding practices in co-building national development under the "Belt and Road" initiative can provide ideas for other overseas enterprises to learn from and rely on the path. Therefore, this report takes BCEG as the main research object, studies its internationalization strategy and business practices in the "Belt and Road" regions. By tracing the domestic and foreign development process of

BCEG and the development status of the "Belt and Road" co-construction countries, discusses and explains the motivation of BCEG to develop corresponding regions and the key factors of achieving excellent construction results. With the continuous deepening of the "Belt and Road" initiative and the increasing demand for engineering construction in overseas emerging markets, a group of leading domestic construction enterprises represented by BCEG are increasingly moving to the global market, actively promoting the construction of relevant regions under the support of the macro layout of "six corridors, six roads, multiple countries and multiple ports", and strive to achieve the evolution of the positioning of international contractors from large to strong. The specific experiences accumulated by Beijing Construction Engineering Group in its international operation practice, such as conforming to the overall national plan, selecting investment objects and regions, extensively carrying out enterprise cooperation, relying on territorial culture management and equity investment to drive the contracted project mode, are important bases for its in-depth promotion of internationalization strategy and the advantages of participating in overseas market competition. In the future, Beijing Construction Engineering Group also aims to continue to optimize its corporate image building, business risk control, employee territorial management and professional talent training, and build a "domestic first-class and internationally renowned engineering construction and urban integrated service provider". This report has a certain reference significance for Chinese construction enterprises to participate in the "Belt and Road" co-construction, control overseas risks in international operations, and optimize financing and management models.

**Keywords:** BCEG; "Belt and Road" Co-construction Countries; International

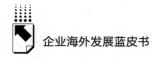

企业海外发展蓝皮书

**B** . 15　A Case Study on the Development of POWERCHINA in
　　　　Countries along the "Belt and Road" Initiative

*Zhang Rongruo , Yang Daoguang* / 391

**Abstract**: Since the "Belt and Road" initiative was put forward, POWERCHINA has been fulfilling its responsibility as a central enterprise, serving the national strategy, and deeply participating in the construction of countries along the "Belt and Road", which has achieved fruitful results. Based on this, the report takes POWERCHINA as the research subject and conducts an in-depth analysis of its motivations and key influencing factors in participating in the construction of countries along the "Belt and Road" initiative. Specifically, China vigorously promotes the implementation of the "Belt and Road" initiative, issuing a series of policy documents, which creates a favorable development environment for POWERCHINA in countries along the "Belt and Road". The company's internationalization strategy and the long-standing advantages in international operations provide a solid foundation for its development in countries along the "Belt and Road." In this process, POWERCHINA adheres to localized operations to enhance regional operational capabilities; promotes full industry chain integration to improve international competitiveness; and enhances risk prevention mechanisms to reduce international operational risks. Finally, the paper offers suggestions for POWERCHINA's future development in countries along the "Belt and Road" in terms of international operational risks, business green transformation, technological innovation, and talent development.

**Keywords**: POWERCHINA; "Belt and Road" Co-construction Countries; International

# 北京市哲学社会科学研究基地智库报告
# 系列丛书

### 推动智库成果深度转化

### 打造首都新型智库拳头产品

为贯彻落实中共中央和北京市委关于繁荣发展哲学社会科学的指示精神，北京市社科规划办和北京市教委自 2004 年以来，依托首都高校、科研机构的优势学科和研究特色，建设了一批北京市哲学社会科学研究基地。研究基地在优化整合社科资源、资政育人、体制创新、服务首都改革发展等方面发挥了重要作用，为首都新型智库建设进行了积极探索，成为首都新型智库的重要力量。

围绕新时期首都改革发展的重点热点难点问题，北京市社科联、北京市社科规划办、北京市教委与社会科学文献出版社联合推出"北京市哲学社会科学研究基地智库报告系列丛书"。

# 北京市哲学社会科学研究基地智库报告系列丛书

（按照丛书名拼音排列）

· 北京产业蓝皮书：北京产业发展报告

· 北京人口蓝皮书：北京人口发展研究报告

· 城市管理蓝皮书：中国城市管理报告

· 法治政府蓝皮书：中国法治政府发展报告

· 健康城市蓝皮书：北京健康城市建设研究报告

· 京津冀蓝皮书：京津冀发展报告

· 平安中国蓝皮书：平安北京建设发展报告

· 企业海外发展蓝皮书：中国企业海外发展报告

· 首都文化贸易蓝皮书：首都文化贸易发展报告

· 中央商务区蓝皮书：中央商务区产业发展报告

# 权威报告·连续出版·独家资源

# 皮书数据库
## ANNUAL REPORT(YEARBOOK)
## DATABASE

## 分析解读当下中国发展变迁的高端智库平台

### 所获荣誉

- 2020年，入选全国新闻出版深度融合发展创新案例
- 2019年，入选国家新闻出版署数字出版精品遴选推荐计划
- 2016年，入选"十三五"国家重点电子出版物出版规划骨干工程
- 2013年，荣获"中国出版政府奖·网络出版物奖"提名奖
- 连续多年荣获中国数字出版博览会"数字出版·优秀品牌"奖

皮书数据库　　"社科数托邦"
　　　　　　　微信公众号

### 成为用户

　　登录网址www.pishu.com.cn访问皮书数据库网站或下载皮书数据库APP，通过手机号码验证或邮箱验证即可成为皮书数据库用户。

### 用户福利

- 已注册用户购书后可免费获赠100元皮书数据库充值卡。刮开充值卡涂层获取充值密码，登录并进入"会员中心"—"在线充值"—"充值卡充值"，充值成功即可购买和查看数据库内容。
- 用户福利最终解释权归社会科学文献出版社所有。

数据库服务热线：400-008-6695
数据库服务QQ：2475522410
数据库服务邮箱：database@ssap.cn
图书销售热线：010-59367070/7028
图书服务QQ：1265056568
图书服务邮箱：duzhe@ssap.cn

社会科学文献出版社 皮书系列
SOCIAL SCIENCES ACADEMIC PRESS (CHINA)

卡号：291991645644
密码：

# S 基本子库
## SUB DATABASE

### 中国社会发展数据库（下设 12 个专题子库）

紧扣人口、政治、外交、法律、教育、医疗卫生、资源环境等 12 个社会发展领域的前沿和热点，全面整合专业著作、智库报告、学术资讯、调研数据等类型资源，帮助用户追踪中国社会发展动态、研究社会发展战略与政策、了解社会热点问题、分析社会发展趋势。

### 中国经济发展数据库（下设 12 专题子库）

内容涵盖宏观经济、产业经济、工业经济、农业经济、财政金融、房地产经济、城市经济、商业贸易等 12 个重点经济领域，为把握经济运行态势、洞察经济发展规律、研判经济发展趋势、进行经济调控决策提供参考和依据。

### 中国行业发展数据库（下设 17 个专题子库）

以中国国民经济行业分类为依据，覆盖金融业、旅游业、交通运输业、能源矿产业、制造业等 100 多个行业，跟踪分析国民经济相关行业市场运行状况和政策导向，汇集行业发展前沿资讯，为投资、从业及各种经济决策提供理论支撑和实践指导。

### 中国区域发展数据库（下设 4 个专题子库）

对中国特定区域内的经济、社会、文化等领域现状与发展情况进行深度分析和预测，涉及省级行政区、城市群、城市、农村等不同维度，研究层级至县及县以下行政区，为学者研究地方经济社会宏观态势、经验模式、发展案例提供支撑，为地方政府决策提供参考。

### 中国文化传媒数据库（下设 18 个专题子库）

内容覆盖文化产业、新闻传播、电影娱乐、文学艺术、群众文化、图书情报等 18 个重点研究领域，聚焦文化传媒领域发展前沿、热点话题、行业实践，服务用户的教学科研、文化投资、企业规划等需要。

### 世界经济与国际关系数据库（下设 6 个专题子库）

整合世界经济、国际政治、世界文化与科技、全球性问题、国际组织与国际法、区域研究 6 大领域研究成果，对世界经济形势、国际形势进行连续性深度分析，对年度热点问题进行专题解读，为研判全球发展趋势提供事实和数据支持。

# 法律声明

"皮书系列"（含蓝皮书、绿皮书、黄皮书）之品牌由社会科学文献出版社最早使用并持续至今，现已被中国图书行业所熟知。"皮书系列"的相关商标已在国家商标管理部门商标局注册，包括但不限于LOGO（ ）、皮书、Pishu、经济蓝皮书、社会蓝皮书等。"皮书系列"图书的注册商标专用权及封面设计、版式设计的著作权均为社会科学文献出版社所有。未经社会科学文献出版社书面授权许可，任何使用与"皮书系列"图书注册商标、封面设计、版式设计相同或者近似的文字、图形或其组合的行为均系侵权行为。

经作者授权，本书的专有出版权及信息网络传播权等为社会科学文献出版社享有。未经社会科学文献出版社书面授权许可，任何就本书内容的复制、发行或以数字形式进行网络传播的行为均系侵权行为。

社会科学文献出版社将通过法律途径追究上述侵权行为的法律责任，维护自身合法权益。

欢迎社会各界人士对侵犯社会科学文献出版社上述权利的侵权行为进行举报。电话：010-59367121，电子邮箱：fawubu@ssap.cn。

社会科学文献出版社